高高山顶立　深深海底行
gaogaosky.com

Ew: Wohlgeb. waren so gütig, der Beschwerde der Anwohner am Schloßgraben, wegen der stentorischen Andacht der Heuchler im Gefängnisse, abhelfen zu wollen. Ich denke nicht daß sie zu klagen Ursache haben würden als ob ihr Seelenheil Gefahr liefe wenn gleich ihre Stimme beym Singen dahin gemäßigt würde daß sie sich selbst bey zugemachten Fenstern hören könnten (ohne auch selbst alsdenn aus allen Kräften zu schreyen). Das Zeugnis des Schützen, um welches es ihnen wohl eigentlich zu thun scheint: als ob sie sehr gottesfürchtige Leute wären, können sie dennoch bekommen; denn der wird sie schon hören, und im Grunde werden sie nur zu dem Tone herabgestimmt, mit dem sich die frommen Bürger unserer guten Stadt in ihren Häusern erweckt genug fühlen. Ein Wort an den Schützen, wenn Sie denselben zu sich rufen zu lassen und ihm obiges zur beständigen Regel zu machen belieben wollen, wird diesem Unwesen auf immer abhelfen und denjenigen einer Unannehmlichkeit überheben dessen Ruhestand Sie mehrmalen zu befördern gütigst bemüht gewesen und der jederzeit mit der vollkommensten Hochachtung ist

Ew: Wohlgeb.

gehorsamster Diener

I Kant

9 July 1784

一种理论热情，一种对智慧的追求。

康德认识论讲课提纲　97.9.7. 化北405. 下午

99.3.11. 化北106. 上午8:00

2002.9.5. 教一304. 晚7:00—10:00

2005.3.4. 教一202. 下午3:05—5:35

2020.9.8. ~~[illegible]~~ 教一305. 上午9:50—11:25.

教材：《康德〈纯粹理性批判〉指要》《康德〈纯粹理性批判〉句读》

~~第二讲~~ 绪论.

一、意义.

前言："三论" 大学教授之学问. "蓄水池"（集大成），通、现代哲学，推动 ~~P.5~~ 16页 (P.5)

科学与人文、问题 [illegible]

二、方法.

P6-7. 内容—形式. 调和两派，切忌断章取义

全面理解，发现其内在矛盾，为什么会有矛盾.（理论说明）

三、背景.

P.11 政治背景：法国大革命，德国启蒙运动，"我们的时代是真正批判的时代"（序言）

科学：牛顿（自然科学）和卢梭（人文科学）. P.15. 第二个牛顿.

P.16 哲学：唯理论和经验论（独断论和怀疑论），休谟的挑战.（重新论证的必然性）

四、主题

P.19 科学和自由（自然和道德），四个问题，归结为人是什么？认识论是首要问题.

三、结构：人的诸认识能力结构：感性、知性（判断力）和理性.

欲望能力和情感能力（略），纯粹理性和实践理性，三大批判回答三个问题 ~~[illegible]~~ 《纯批》结构见P.26表.

第一讲. 《纯粹理性批判》的主要思路.（涵盖序言）.

人类的知、意、情，三大批判，《纯批》理论认识论

一、为什么要对理性进行批判？

形而上学变成战场的根源. 为什么会导致这个冲突. 由独断、怀疑、批判、启蒙.

哲学史上争论出自理性自身不可回避的问题，因而无论怎样争论又总不得解决.

先是独断论，接着是怀疑论，从古到今，无休止的争吵. 因而休谟的挑战.

现在到了这样一个时代：对理性本身进行批判，以解决形而上学是否可能的问题.

奠定科学的基础、道德的前提.

二、什么是"纯粹"？ Kritik der reinen Vernunft.

transcendental 1. 先验性：是批判理性本身的先验能力（理性）.（内容）

rein 2. 纯粹性：不涉及经验，理性的结构.（方法）

3. 完整性：全面考察理性的先天知识（体系）

4. 建设性：为将来的形而上学奠定基础.（目的） ~~为自由开路~~

所有一切形而上学 [illegible]

总之，是理性的自我批判，与法国启蒙运动（理性法庭）的区别：更深化了.

Vernunft "理性"：最高认识能力之一.（P.37）[illegible]（38，原则）问题的另方面、层次性

Kritik "批判"：原意为判分、判定，康德主张通过正当途径确定结果，又是一种训练，具有限制、否定的结果，本身是理性的自我批判、自我审查（反问）

德国古典哲学讲演录

邓晓芒 著

湖南文艺出版社
HUNAN LITERATURE AND ART PUBLISHING HOUSE

图书在版编目（CIP）数据

德国古典哲学讲演录 / 邓晓芒著. -- 长沙 : 湖南文艺出版社，2017.7

ISBN 978-7-5404-8287-9

Ⅰ. ①德… Ⅱ. ①邓… Ⅲ. ①德国古典哲学—研究
Ⅳ. ①B516.3

中国版本图书馆CIP数据核字（2017）第208564号

上架建议：畅销书·哲学

DEGUO GUDIAN ZHEXUE JIANGYANLU
德国古典哲学讲演录

作　　者 邓晓芒
出 版 人 曾赛丰
责任编辑 薛　健　刘诗哲
总 策 划 高　欣
监　　制 孙广宇　于向勇
流程编辑 陈文彬
营销编辑 王晓琦
封面设计 高高国际
出版发行 湖南文艺出版社
（长沙市雨花区东二环一段508号　邮编：410014）
网　　址 www.hnwy.net
印　　刷 北京文昌阁彩色印刷有限责任公司
经　　销 新华书店
开　　本 710mm × 1000mm　1/16
字　　数 366千字
印　　张 31.5
版　　次 2017年10月第1版
印　　次 2017年10月第1次印刷
书　　号 ISBN 978-7-5404-8287-9
定　　价 88.00元

质量监督电话：010-59096394
团购电话：010-59320018

伊曼努尔·康德
1724年4月22日—1804年2月12日

德国古典哲学创始人

有两样东西，人们越是经常持久地对之凝神思索，它们就越是使内心充满常新而日增的惊奇和敬畏：头上的星空和心中的道德律。

伊曼努尔·康德

格奥尔格·威廉·弗里德里希·黑格尔
1770年8月27日—1831年11月14日

德国古典哲学的集大成者

上帝永远不会僵死，
而是僵硬冰冷的石头
会呼喊起来，使自己
超升为精神。

格奥尔格·威廉·弗里德里希·黑格尔

约翰·戈特利布·费希特
1762年5月19日—1814年1月17日

唯心主义的主体哲学家

行动！行动！——这就是我们的生存目的。

约翰·戈特利布·费希特

弗里德里希·威廉姆·约瑟夫·谢林
1775年1月17日—1854年8月20日

主体和客体绝对同一的哲学家
德国浪漫派的精神教父

以有限的形式表现出来
的无限就是美。

弗里德里希·威廉姆·约瑟夫·谢林

路德维希·安德列斯·费尔巴哈
1804年7月28日—1872年9月13日

以感性炸毁思辨体系的哲学家、人本主义者

我的第一个思想是上帝，第二个是理性，第三个也是最后一个是人。神的主体是理性，而理性的主体是人。

路德维希·安德列斯·费尔巴哈

目　录

绪 论

今天开始讲“德国古典哲学”这门课。这门课是第一次开，在此之前，我讲过康德的认识论，讲过黑格尔辩证法，讲“西方哲学史”的时候也涉及德国古典哲学，而且还是重点，但是没有系统地开过德国古典哲学的课。我们这门课的教材，用的是杨祖陶先生的《德国古典哲学逻辑进程》一书，由武汉大学出版社出的，1993年初版，2003年又再版了。这本书是我帮杨老师整理的，当然我也不会完全照着书上的讲，照本宣科最没意思了。但基本的线索是那样的。杨老师是我国德国古典哲学的大家，也是我的老师，长期以来做德国古典哲学的研究和翻译。他是贺麟先生的得意弟子。他们的这样一个传承，就是要把哲学做得像个哲学，要有思想、有理解，还要有激情，当然不是外露的那种，而是一种理论热情，一种对智慧的追求。写哲学书，哪怕是哲学教科书，不能像工匠一样，把各种材料搜集拢来就完事，而要有深层次的思考。

我们看看杨老师这本书的标题：《德国古典哲学逻辑进程》。他强调的是“德国古典哲学的逻辑进程”，这个标题非常有特色。就是说，你能不能够把德国古典哲学的这样一些人物，他们代表性的思想，用一条“逻辑线索”把它们串起来？也就是说，这些人在当初思考这些问题的时候并不是想到一点就写一点，他是有线索的，他是从前人的思想那里经过进一步的思考而推出来、创造出来的。这些进一步的思考在前人的基础之上，通过消化，然后加上自己的新的思考，随着时代精神的变革，有了一些新的想法，有了一些灵感，有了一些新的视角、新的眼光，然后把这些东西糅合进去，就成就了一种新的哲学。哲学史上的哲学家应该都是这样来的，所谓“逻辑进程”，什么叫逻辑进程？一个哲学家要提出一个思想，他不是说凭空，什么也不知道，然后躺在床上，脑子里蹦出来几个想法，写出来了，人家就感到很吃惊，于是他就成立了。不是这样的。他是在时代精神各种思想的互相感召、互相激动、互相商讨、互相批判的这样一个激烈的旋涡之中自然而然诞生出来的。那么既然是这样，它就有一个逻辑在里面。就是说，他为什么要提出这个思想？他这个思想跟前人相比在哪些方面有所不同，在哪些方面有所改进？每个哲学家都认为自己的思想和前人思想相比较而言有所改进，肯定是这样的。不然你提出这个思想干什么？你还赶不上前人的思想，你干吗要提出这个思想？肯定是他自认为比前人思考得更聪明、更深刻、更深入，他才会提出自己的思想，而且呢，别人也才会接受他的思想。如果你提出来的是老套，或者只不过是旧的东西换上一种新的说法，或者甚至于还比前人不如，还倒退了，还更加拙劣，就算你写出来，人家也不会承认你，留不下来的。在哲学史上，在历史上，人家之所以承认你，还是因为觉得你这里头有新意，比前人更高明。我们现在也是这样，你提出一个东西，把旧的东西翻出来，说一说，热闹一下，然后就消失了，那是没有什么意义的。我不用你这个东西，我看古典的东西也可以嘛，你提出一个时髦的思想，那个思想其实古人早就说了，那我还看你的干什么？那样你是站不住的。而德国古典哲学之所以各个哲学家都站得住，就是因为他们每一个人都在前人的思想上有发展，有创新。这个创新不是凭空的，而是有前提、有基础的，是站在巨人的肩膀上能够看得更远的，是这样一种创新。

所以杨老师这个总体的构思呢，很有特色。就是你要把这样一段时间，从18世纪末到19世纪的上半叶，这一段时间的哲学思想，用一条逻辑线索清理出来，这个是需要极大的分析能力和领悟能力的。你要把握每个哲学家的线索，不光是记得他那些观点和说法，而且要透入他那些观点和说法的背后去掌握一个哲学思想发展的必然逻辑。这一步是这样的，下一步必然就会是那样的。例如康德提出来二元论、自在之物，把所有以前的哲学家都批完了，好像已经说到头了。那么下一步再怎么办呢？再进一步肯定就是要怎么样把这个自在之物消化掉，把它跟这个主体的东西合并为一。只可能向这个方向发展了，康德已经说到头、已经说到绝处了。如果不超越他，那他就是绝对真理了。所以这里头有必然的原因，不要以为哲学思想好像是每个人的天才闪现、偶然地提出来的。当时人们可能觉得是偶然的，但是事后回过头来一看，里头确实有必然性。要么它就停滞不前，当然也有，经常有一个思想提出来，几十年甚至于几百年都停在这个上面。你要更进一步，就必然需要有一些人出来，创造出一条新的思路，超过前人。

所以《德国古典哲学逻辑进程》，就是要把德国古典哲学写成哲学，不是写成史料，不是写成历史，要把它写成哲学，要有哲学味儿。当然这些哲学思想本身有哲学味儿，但是你写它是不是能够写出哲学味儿，你能不能有一个高层次的把握，对这些哲学思想洞若观火，把人类哲学思想怎么一步步走过来的，这一步是这个人，那一步是另外一个人，作为它的代表，把思想推向前进，这就有哲学味儿了，这就进入到哲学思想的底蕴，哲学背后的东西了，不是表面的那些命题，那些判断。那些判断他已经说出来了，那当然谁都可以说了。但是他之所以能够说出这些判断，他的那种聪明，他的那种智慧，你没有，你不过是重复他而已。你要把他的那种聪明和智慧吸收过来，你就必须要展示他之所以能够提出这些判断和命题的根本原因，他思想内部的那种活动。当然我们这个课不能讲得那么详细，我们还只是粗线条的，大家如果有兴趣研究的话呢，那可以把这本书好好地、反反复复地读一读。我认为这本书是可以立足于国际学术界的。在国外也没有看到这样一种分析方法，国外的教科书一般也都是摆出哲学史料，顶多也就是个别的分析。但是把这一段哲学从这样一种角度前前后后贯通起来，描述为一个思维发展的必然逻辑进程，这个是杨老师这本书的独创性。

当然这个独创性也不是天上掉下来的，他还是从黑格尔和马克思的“逻辑和历史相一致”这样一个立场发展出来的。最初是黑格尔，黑格尔可以说是天才地把历史和逻辑统一起来，历史里面有逻辑，历史里面有哲学，哲学史的那些哲学思想不是一些僵死的史料，而是哲学思想本身在那里活动，在那里生长，在那里发展。这个思想是黑格尔第一个提出来的，马克思、恩格斯充分肯定了他的这样一种方法。而在马克思、恩格斯以后，没有后继者。文德尔班试图做这样一种尝试，但是文德尔班的《哲学史教程》仍然没有达到这样一个程度，他的哲学史写得很乱。你能不能从历史里面，发现一种逻辑线索：哲学思想发展到这一步，下一步就必然会走向某一个方向，只有走向某一个方向，它才能更上一层楼——把这种必然性揭示出来？这是杨老师这本书里面所做的一个开拓性的工作。我们以后看哲学史也好，看其他的问题也好，都要把这种方法学到。我们读书不是记几个命题，应付考试，而是要掌握一种素质。我们学了德国古典哲学以后，我们的思想层次要有一个提高。以后我们运用这个方法，看任何问题，也许都能够用得上，我们可以比一般的人要深刻。有时候你自己都会感到吃惊，我为什么能够看到这一点，别人为什么没看到？因为你受过训练。所以我们这个课程主要是给大家一个训练，当然也有一些基本的知识。基本的知识呢，主要的东西我们在学西方哲学史的时候，在学通史的时候，在学概论的时候，我们已经有所熟悉。我们学西方哲学史当然要介绍这几个人了，康德啊，费希特啊，谢林啊，黑格尔啊，费尔巴哈，这五个主要代表人物，当然还有青年黑格尔派，这几个人我们都知道，他们主要的观点，主要的命题，我们也都知道了。但是这些命题是如何得出来的？我们这个课堂上面呢，主要着眼于把这一点给大家展示出来。

那么，我们从今天开始讲绪论。绪论所讲的内容有两个，一个是德国古典哲学的发生，也就是它发生的前提，它的基础，德国古典哲学是在什么样的基础上生长出来的，这是我今天要讲的一个问题。第二个问题呢，就是它的发展的线索，它经历的几个阶段，我们要描述它的逻辑进程，那么这个逻辑进程是分阶段的，分层次的，在历史中，展示出思维的从低到高的这样一个发展层次、发展阶段。

一、德国古典哲学发生的前提

首先我们来看德国古典哲学发生的前提。当然这个前提的概念很广，大致上呢，我们可以归纳一下，把它分成这样几个前提。第一个是当时的社会前提，社会政治经济形势；第二个是当时的科学的前提，包括自然科学和社会科学；第三个当然是近代哲学思想的前提。德国古典哲学，我刚才讲了，它不是凭空产生的，它有前人在哲学上面所做的大量的工作。主要是这三个层次，三个方面的前提。

1. 社会前提

现在我们看看第一个前提，当时的社会状况，德国、德意志民族的社会状况。从18世纪末到19世纪的上半叶，整个欧洲都处于一个所谓革命的年代，最典型的就是1789年的法国大革命。当然在此之前，有1688年的英国革命，“光荣革命”，还有更早的荷兰的资产阶级革命。但是，1789年的法国大革命是最具有震撼力的。它跟前面的两次革命都不一样，震撼了整个欧洲。它把一种普遍的思想带给了欧洲。当然1789年以后，还有比如说1830年的法国革命，1848年的德国革命，革命不断地兴起。兴起以后呢有一段沉寂，但是又在酝酿新的革命。所以我们把这一段时期，德国古典哲学所经历的这整个历史时期，称为“革命的年代”，包括酝酿革命，爆发革命，革命的沉寂，以及再次兴起这样一个过程，反反复复，是一个激烈动荡的年代。激烈动荡反映了什么呢？反映了当时的经济、社会、阶级关系都处于一个剧烈的变化过程中。那么这种动荡呢，当然跟思想启蒙是紧密结合在一起的。法国革命就是由法国启蒙运动所酝酿出来的。法国启蒙运动也波及当时的周边国家，包括德意志。法国革命本身就是对启蒙思想的一种普及。法国革命以后，拿破仑的铁蹄横扫整个欧洲，同时，也把一种启蒙精神带到了那些封建落后的国家。所以那些国家虽然被法国所侵略，有一种民族主义的屈辱，但是同时，在知识界从心里面是欢迎的，欢迎法国革命。这个很奇怪，这种情况在我们中国好像没有发生过，人家来侵略我们，我们还欢迎他。为什么欢迎他？因为他带来一种新鲜的空气，把过去的那样一套陈旧的封建官僚体制一扫而空，用一种新的法权思想、规章制度、政治体制取代了过去那些陈腐的东西。所以，就算拿破仑最后失败了，退走了，撤离了，但是这一套东西留下来了，对整个欧洲有一种促进。

所以德国在这样一种形势之下呢，也受到了巨大的震动。我们知道德国在16世纪的宗教改革以后不断地连年战争、分裂，四分五裂。德意志当时在此之前已经不能称之为一个国家。就算在康德的时代，德国古典哲学初创的时代，德意志的统一还是一个问题。分裂成大大小小300多个公国，各种各样的小城邦，这样来统称为德意志，只是一个名称，德意志已经不存在了。30年战争，就是在德意志土地上进行的，封建的领主们各自为政，每个领主占一个城邦，就是公国，就是王国。他就是一个小领主，然后跟其他的各个领主城邦之间又谈判啊，又打仗啊，四分五裂了。所以在当时的德意志呢，就像一个瘫痪了的巨人，虽然很大，德意志有它的传统，甚至于他们自命为“神圣罗马帝国”的代表，但是实际上呢，不成一个国家。他们的民族无以凝聚。那么，他们在政治上如此的瘫痪，在经济上呢，也非常落后，严重地阻碍了德意志的经济发展。当时的德意志的经济基本上还是旧的那种封建的农奴制。有一点点行会的手工业，贸易也不发达，近代化工业更加谈不上，还处在一个学习的过程中。他们很羡慕英国已经走上了健康的资本主义发展的道路。法国经过法国大革命以后，复辟王朝也开始注重发展资本主义，资产阶级的力量比德国那是更加不可同日而语。所以他们很羡慕。英国、法国、荷兰都走到前面去了，但是德国还是这么落后，所以在思想界有一种改革的倾向。他们那个时候就搞改革，非常强烈地呼吁要改革体制，要废除这些旧的体制，比如说农奴制。普鲁士的国王腓德烈·威廉二世一上台就把自己的全部农奴解放了。旧的传统再也不能继续下去了。

所以当时从上到下，德意志有一种改革的思潮。有点像我们今天，德意志当时也属于“转型时期”。我经常读德国古典哲学的书的时候，就想到这一点。我一边读，我一边就觉得这些东西中国人是太需要了。中国人的思想，中国人的思维方式、观念模式，太需要变革。直到今天我们还是几千年来用惯了的那一套思维模式，但是你读一读康德，你读一读费希特，你读一读黑格尔，你就会发现，里面有一种全新的东西。这种东西是我们中国目前也处在改革和转型的过程中特别需要的。至于现代的和后现代的东西，对我们来说还是一种奢侈品，我们往往用不上。但是，德国古典哲学的东西，你拿来，说不定就能用得上。它是一种近代启蒙的理性精神，我们缺的就是这个。怎么样启蒙？什么叫理性精神？我们在康德和其他几位德国古典哲学家那里，可以清清楚楚地看到。你不去读它，理性精神就是一个名字，就是一个口号，你只有在读了他们以后你才知道什么叫理性精神。我们现在盛行反理性主义，觉得理性精神太狭隘了，后现代要抛弃理性精神，我们也要抛弃理性精神。但是我们知道什么叫理性精神吗？我们连什么是理性精神都不知道，你怎么批判？所以我们现在需要的就是这个。

德意志当时也是这样。在当时，德意志的政治和经济都非常落后，但是它的思想非常活跃。法国启蒙运动影响了德国人，通常是这样认为，比如说莱布尼茨和沃尔夫，莱布尼茨就是常年在法国做学问，他的很多作品都是用法文写的，肯定受法国的影响。但是他有自己的发展。他跟法国人不一样，他有德国人的特点。所以造成了思想的激荡，一种非常生动、活跃、超前的这样一种局面。德国人的思想是非常超前的，所以后来马克思、恩格斯都说，德意志民族在经济上那么样的落后，但是在哲学上却可以拉第一小提琴，可以领衔整个欧洲世界。这是很奇特的一种现象。为什么？因为人家在那里搞革命，在那里动荡，在那里改变现实的社会关系；而德意志呢，在一个非常僻静的角落里面，观察这些东西，在默默地看着这些东西，同时在思索。你所想到的东西，他都想到了，你没有想到的东西，你在实践中暴露出来的问题，他也在想。所以德意志民族的思想有一种超前性。他的哲学领先于他的老师，领先于英国、法国、荷兰。当然英国、法国、荷兰都很了不起，都有它们伟大的哲学家，但是德意志的哲学家，特别是德国古典哲学家出来以后呢，世所公认这是一流的。他们想得更深更远。但是另一方面，他们在行动上面呢是庸人，德国人在行动上面是畏畏缩缩的。他不敢贸然行动，他在没有想清楚之前，他不敢迈出任何一步。这是德国人的特点。

这个特点有它的长处，就是说他的每一步都是有计划的，都是考虑了后果然后才迈出去的。当然也有发疯的年代。比如说希特勒，希特勒不考虑后果。后来人们讨论为什么会产生希特勒这个问题，德意志那么理性的民族，有那么理性的传统，为什么产生希特勒？但是实际上就连希特勒，也是很理性的。他的社会达尔文主义，他的种族主义，都是经过“科学”论证的，你不要以为他就完全是在发疯。他当然是利用了民众里面那种非理性的情绪，但是他的行为方式仍然是科学的，计划好了的，当然他的计划不一定能够切中现实，有失误，所以最后失败了。但是他是有理性特点的。我们看德国的足球也是如此，打得很没有意思，德国足球最没意思，他就是按部就班地、规规矩矩地，按照他既定的一套方法，他就坚持到最后，没有一点感情用事，所以他老是能赢。但赢了你也觉得不光彩，你这样赢了人家，有什么看头。没有一点精彩，他就是一种纯粹的理性。这种精神，在德国古典哲学里面呢，表现得最为突出。当然在此前，也有表现，比如说德语的语法、德国的语言，从马丁·路德以后，把《圣经》翻译成德语，奠定了德语的基础，我们就可以看出，德语非常理性，非常有逻辑。它的一句话几乎就没有产生歧义的可能，它就是这个意思。所以我们在翻译康德的著作的时候，也有这种感觉，非常有逻辑，哪怕一句话老长老长，但是你还是可以发现，它没有任何一个地方是出错的。如果你觉得哪一个地方出错，肯定是你错了，它不会错的。它是严谨的德语。德语有它的传统。当然在德国古典哲学以前呢，还没有充分发挥出来。莱布尼茨经常用法文写作，甚至于经常用拉丁文写作。沃尔夫通常也用拉丁文写作。康德是第一个主要用德文写作的德国哲学家。

而非理性呢，在康德以前也有，像艾克哈特呀、波墨呀，雅可比这样一些人，都带有非理性这样一种倾向。所以，德意志民族的民族性里面呢，可以有两种倾向，一个是神秘主义倾向，另外一个是极端理性主义倾向。那么德国古典哲学其实也有两个方面，康德是当然表现为极端的理性主义，但是随后的费希特、谢林，包括黑格尔，也掺杂了德意志民族的那种神秘主义、非理性主义。但在这个时候呢，这些东西，主要是以一种启蒙理性的方式，表现出改革、超前这样一种倾向。但在行动上面，他们是庸人，他们保守，德国人在当时被看作是保守的典型代表。马克思、恩格斯的词汇里面经常把德国和庸人联系在一起，说是“德国庸人”。为什么呢？因为德国人确实很多庸人。德国的“容克地主”，那是非常保守的。容克地主阶级也经常搞一些现代的工业，也想发展一些现代工业，但是他们的根是在农村。他们是地主，他们的工业搞赔了本，或者打不开局面，他就可以回去，回到他的领地去，他有个归宿。“容克”就是德语的Jungherr，“小主人”，年轻的主人，或者叫“少爷”。地主家庭里面的那个长子就是容克。容克在外面搞社交，充当国家的官员，或者有的经商、办企业。但是他们的根始终在他们的领地里，农奴制嘛。所以他处于一种既想求新，同时又有退路的状况，在他的领地那里，最后他们还可以退回到他们的田园生活里面去。所以他们有一种保守、胆怯的特点。哪怕是德国的资产阶级，也有这种特点，既保守又胆怯。

但是在当时的时代呢，有三个很重要的德国的统治者，主要是普鲁士王国，普鲁士王国的国王，一个是普鲁士国王腓德烈·威廉二世，就是康德那个时代的普鲁士国王。普鲁士国王腓德烈·威廉二世的统治被称为“开明专制”。腓德烈·威廉二世鼓吹德国人要做“世界公民”，就是要打开眼界。普鲁士代表德意志，在什么上面代表呢？普鲁士是一个很落后的王国，在当时它比魏玛、巴伐利亚那些地区都要落后、野蛮，特别是东普鲁士，它属于和斯拉夫民族交界的地方。康德当时住在哥尼斯堡嘛，哥尼斯堡（Königsberg）意思是“王城”，曾经是普鲁士的首都，它虽然是一个很小的城市，但是充当过普鲁士的首都。可见当时普鲁士是一个边缘的地区。但是普鲁士国王呢，他认为他们的思想是最开放的。虽然好像很落后，没有上面说的那些城市的文化根底，但是我们放眼世界，我们要当世界公民，推行世界主义。所以他具有一种非常开明的眼光，有世界公民的理念。他的继任者腓德烈三世呢，创办了柏林大学，也是鼓励学术，容忍宗教自由，宽容自由主义，宽容自由思想。虽然他也压制，但是相比而言呢，他还是宽容的。在腓德烈三世之下，有像费希特、谢林、黑格尔这些哲学家在柏林大学造成巨大的影响，在柏林大学当教授，甚至于当校长。第一任校长就是费希特。费希特是一个自由主义者啊，很强烈的自由主义者，但是在普鲁士国王的统治下，能够容忍他，这就很了不起。所以他们当时有几个很好的国王，包括再后来的腓德烈四世，他也是崇尚知识、崇尚文化，他本人就是一个浪漫主义者，向往德意志的浪漫主义，在他的统治下，德意志的浪漫主义蓬勃地发展。施莱格尔兄弟啊，诺瓦里斯啊这些人，都在那个时候发展出一种非常高的文化，非常有特色的。所以我们说，德意志虽然在当时落后于其他的欧洲国家，但是他们很幸运，连续有几位这样开明的国王、领导者，把整个德国带向了改革之路。

那么自从宗教改革以来300年间，一直到现在，在德国古典哲学发展这一段时期之内，才开始摆脱了他们的四分五裂的状态、停滞不前的状态，而走向了逐步发展资本主义的道路。资本主义当时是处在新兴的、上升的阶段。而且呢，由于他们发展资本主义跟英国和法国发展资本主义这样一个时代背景已经大不一样，英国、法国已经发展成近代的大工业，近代的工厂，近代的企业，近代的金融。在这种条件下，德意志要发展起来，比它的先驱者要更快。我们中国现在也是，我们在现在的国际条件之下，我们的发展肯定比美国、欧洲资本主义国家发展要更快。我们现在国民经济的增长速度是惊人的，这个是不奇怪的。德意志在当时也比其他的国家发展更快。但发展得快也就引起了大动荡，引起思想上面的激烈的动荡。发展太快了，而思想方面、意识形态方面跟不上，于是呢就产生了一些冲击。一方面，近代的资本主义要发展，另一方面呢，封建时代的残余又死死地拖住向前的步伐。所以他们那个时候的转型期也是非常艰难的。发展很快，既然发展快就不稳，就有很多冲突、很多矛盾，很多东西要抛掉，又割舍不下，仍然在阻碍着社会的发展，那就有斗争了。这种斗争反映在哲学上面就是德国古典哲学短期内不断地发展，爆发式的，马克思把它称为“凯旋行进”，把德国古典哲学这几个人物，这几十年的发展称为“凯旋行进”。不断地克服旧的思想，摧毁旧的残渣余孽，树立新的目标，吹响了进军的号角，就是凯旋行进。这就是这个时代的政治经济形势方面的特点。

2. 科学前提

下面我们再谈一下科学——自然科学和社会科学。自然科学在这样一个时代也是一个转型期，我刚才讲了，社会是转型期，但在自然科学方面也是个转型期。是什么转型期呢？可以概括为自然科学领域里面，由过去的主要是搜集各种信息资料的阶段转到了主要是把这些资料贯通起来，构成体系，揭示这些资料中的相互联系、相互转化的这样一种机制的过程。是这样一个转型。以前呢，自然科学就是我们通常讲的“博物学”，什么都知道，自然界的什么都知道，天上的，地下的，矿物、植物、动物、人，什么他都知道，但是都是一些零零碎碎的知识。这个在德国古典哲学以前呢，是很普遍的。当然也有一种体系化的倾向了，比如说牛顿。牛顿是最典型的，想用一种自然哲学——牛顿的主要代表作就是《自然哲学的数学原理》嘛——把整个自然界看作一个系统。比如说牛顿的故事，说他坐在苹果树下，一个苹果掉在他的头上，于是他想这个苹果掉在头上的这样一个规律，自由落体这样一个规律，跟整个天体的运行的规律应该是统一的。苹果下落这是一个现象，我晚上看天象、看星星的运行，那是另外一个现象。而这两个现象之间是不是有联系？要找出这个联系，这是牛顿所考虑的问题。所以他已经有这种联系的倾向，并且呢，至少在力学领域里面构成了体系。牛顿三定律嘛，万有引力嘛，这些东西都构成一个体系。但是这样一个体系呢，只是在力学领域里。在其他领域里，还没有构成，比如说光学、电学、磁学，更不用说生物、生理学、解剖学，那些还是零零星星的。甚至于到了康德的时代，康德都还不认为生物学可以成为一门真正严格意义上的科学。他只是认为，像这种有机体的观念，它不是科学的，它是人的一种主观反思的需要。那么到后来，到了黑格尔以后的时代呢，由于达尔文的进化论，生物学才成为科学。这是一个转型的过程，整个德国古典哲学是一个转型的过程。就是开始呢，总是一门一门的科学，这一门，那一门，我什么都知道，但是科学与科学之间有什么联系，化学和物理学之间有什么联系，物理学跟天文学之间有什么联系，光学、电学、磁学之间有什么联系，有机化学跟生物学、跟细胞理论有什么联系，这些是在后期，在转型时代后期才开始探讨的。这样才能够把整个自然界当作自然“哲学”的对象联系起来。

社会科学方面，最有影响的应当数法国启蒙思想家孟德斯鸠和卢梭的社会政治理论。孟德斯鸠在《法的精神》中总结英国政治革命的经验，提出了司法、行政、立法的“三权分立”的思想，它的基本理念直到今天还是西方法制社会的理论框架，在当时也是德国古典哲学家们的政治思想的“圣经”。卢梭的《社会契约论》则打出了“主权在民”的旗帜，由此所催化的法国大革命虽然造成了人性的灾难，但它的原则精神却深入人心，成为德国古典哲学的思想养料。卢梭的《人类不平等的起源和基础》揭示了人类社会历史的异化的本质规律，《爱弥儿》把近代人道主义思想全面系统地贯彻到一种新的教育理念中，这些在当时都激起了巨大的反响。当时社会上的有识之士对这些新思想、新概念趋之若鹜，法国启蒙运动波及整个欧洲，也使封闭落后的德意志大开眼界。在某种意义上，我们可以说德国古典哲学就是法国和德国的启蒙运动的深化，从康德到黑格尔和费尔巴哈，他们思想中都可以看出启蒙运动的影子。即使他们对启蒙运动的批判，也还是立足于启蒙的基本原则之上进行的。

3. 哲学前提

德国古典哲学的第三个前提就是近代西欧各国的哲学。近代西欧哲学的核心问题是认识论问题，这与以往的哲学把宇宙论、本体论甚至神学问题作为核心问题有一个根本性的区别。近代哲学的创始人是培根和笛卡儿，他们以认识论为核心，分别开创了英国经验主义哲学和大陆理性主义哲学的传统。英国经验派在培根之后经过霍布斯和洛克的发展，已经成为系统化了的经验论哲学。他们认为人的认识起源于感觉经验，并且一切知识都要以直接经验为最后的标准，“凡在理智中的无不先在感觉中”。当然他们也不完全否认理智的作用，培根建立了归纳法的一些基本原理，霍布斯强调推理在使经验知识得到整理和条理化方面的作用，洛克则在“感觉的经验”之外还提出了一种“反省的经验”，包括抽象、比较、分析和形成概念等理智活动。但所有这些理智的活动在经验派看来都只是对经验知识的一种整理工作，使经验知识更加清晰而已，本身并不能形成什么知识。如果理性想单纯凭自身构成知识，那肯定是没有根据的玄想。所以归根结底，一切知识都只能是感性的经验知识，离开了感性的经验，任何知识都是不真实的。经验派在它的早期形态中都具有唯物主义的认识论基础，也就是不假思索地承认我们的感觉来自于一个客观的物质对象，但是在它的进一步发展中，这种唯物主义的假定就遭到了毁灭性的质疑。贝克莱就认为，所谓“物质”，实际上不过是“感觉的复合”，我们凭什么设定一个在感觉底下的抽象的物质实体的存在呢？“存在就是被感知”，凡是抽象的东西，都是不可感知的，因而也就是不存在的。这就把经验主义的原则推到了极端，成为一种只承认自己的感觉的真实性的主观唯心主义了。为了避免陷入一种无人能够接受的“唯我论”，贝克莱把这种感知赋予了一个无所不知的上帝，认为当我们没有感知到一个对象时，这个对象不一定就不存在，而有可能存在于上帝的感知中。

但另一位更加极端的经验论者休谟，则连这一点也否定了。他认为上帝也好，物质实体和精神实体也好，在彻底的经验论和感觉论看来都是没有根据的。认识的唯一的根据就是最直接的知觉印象，除此之外，一切抽象的概念如实体性、因果性等等，都仅仅是我们在多次接受知觉印象时所形成的联想和习惯，并没有客观必然性和实在性。所以我们在认识论上必须坚持知觉印象的直接性和生动性，而对一切客观物质实体和精神实体，包括灵魂和上帝，都保持一种怀疑的态度，我们既没有理由承认它们，也没有理由否认它们。休谟的这种彻底的经验论以及它所导致的主观唯心论和怀疑论在当时的知识界引起了极大的恐慌，因为它不但导致了整个自然科学的知识基础全部成了问题，失去了客观必然性的根据，而且动摇了宗教、道德和法律的普遍依据，即个体人格的同一性和上帝存在的信念。经验论的发展在这里最终走向了对经验论本身的认识论原则的自我否定。经验论的这一发展历程，特别是休谟的这一发展结局，对德国古典哲学的创始人康德的思想产生了极大的震撼力，使他从“独断的迷梦”中被惊醒，重新考虑自己的理性派的认识论原则。康德就是由于致力于寻找一条摆脱休谟怀疑论的道路，以拯救当时被视为“理性法庭”的自然科学的根基，并重建被休谟摧毁的道德和宗教，才提出了自己的“批判哲学”的。

近代认识论哲学的另一条线索就是以笛卡儿、斯宾诺莎和莱布尼茨为代表的大陆理性派哲学。与经验派不同，理性派哲学家继承了古代柏拉图的先验主义认识论的传统，认为感性知识是变动不居的，因而是不可靠的，只有逻辑上一贯的永恒的知识才是真正可靠的知识。而这些知识的逻辑顶点应该是某种自明的理智直观，一切知识都可以从这种直观的公理按照逻辑必然性推导出来。所以理性派又称为大陆“唯理论”。唯理论的哲学家们花很大力气寻求的就是那个最高的直观的公理，在笛卡儿那里，这就表现为他通过“怀疑一切”而找到的一个不可能再怀疑的基点，这就是“我在怀疑”，或者说“我思”。他由“我思”推出“我在”，并由“我思故我在”推出一条认识论原则：“凡是我清楚明白地意识到的都是真的。”他所理解的“清楚明白”是理性直观和逻辑意义上的。于是他按照这一原则推出了上帝存在，并通过上帝而保证了整个物质世界的合乎规律的存在。笛卡儿的唯理论承认心灵实体和物质实体都是真实的存在，具有唯心主义和机械唯物主义的二元论性质，而从笛卡儿派中分化出来的斯宾诺莎的学说则带有泛神论和机械唯物主义的倾向。斯宾诺莎认为，要真正按照“清楚明白”的原则来建立哲学体系，就用不着像笛卡儿那样先从“怀疑一切”出发，而必须从最直接的理智直观出发，这就是没有任何人能够真正否认的客观世界、自然界，我们把它称为“实体”，也可以叫作“神”。它的最根本的规定就是

"自因"，即它自己是自己的原因。它本身具有两种"属性"，即物质性的"广延"和精神性的"思维"，各自服从机械运动的规律和逻辑规律。但由于这两种属性都属于同一实体，所以它们一一对应，不可分离，并由此表现出各种各样的"样式"来。而每一样式只有被看作实体的表现才有实在性，本身则是不实在的，如各种经验现象都是如此。斯宾诺莎认为他这一套体系是严格"按照几何学方法"来"证明"的，他甚至在证明的程式上也模仿几何学。

笛卡儿是法国人，斯宾诺莎是荷兰人，而德国的莱布尼茨可以说是对德国古典哲学产生了直接影响的唯理论哲学家。莱布尼茨的哲学出发点也是"实体"，但他先对实体概念进行了一番理性的分析。他认为实体的本质就在于它是不可毁灭的东西，而凡是有广延的物质性的东西都是可以分解的，因而是可以被毁灭的，所以真正的实体应该是没有广延的东西，这就是精神性的"单子"。单子是构成万物的不可分的精神实体，它的特点是具有自发的能动性，同时具有独立性和封闭性，表现为内在的知觉和欲望。在构成事物时，每个单子和其他单子之间是连续的，永远还可以插入无数其他单子来连接，但单子和单子之间不能够互相影响和直接发生作用，它们的关系是由上帝这个最高单子按照"前定和谐"的原则规定好了的，每个单子的任何自由行动都是遵循着上帝预先安排好的曲谱在演奏。每个单子内部都以自己的方式反映着整个宇宙的曲谱，但只能以模糊的方式反映，所以凡是它们自以为是自由的或者是偶然的行为及事件，都不是无缘无故的，背后其实都有其"充足理由"，最终都是由上帝安排好了的。上帝在一切可能的世界中选择了我们这个最好的世界，这就是一个最合乎逻辑规则的世界。所以莱布尼茨认为世界上一切事情都有其数学的精确性，所有的问题，包括那些玄而又玄的形而上学问题，其实都可以归结为数学和逻辑问题，都可以拿出纸和笔来“算一算”而得到解决。莱布尼茨因此被视为现代数理逻辑的创始人。莱布尼茨的这种宿命论和庸俗的乐观主义在当时遭到了人们的嘲笑，伏尔泰还专门写了一个剧本来讽刺他，但他这种把一切都放到逻辑理性上来衡量的做法对德国人的散漫无序的思想是一种极其重要和必要的规范。尤其是他的追随者沃尔夫，将这种理性主义通俗化、体系化，对德国思想界实际上起到了一种启蒙的作用。当这种理性主义与德意志民族传统的神秘主义结合起来，便爆发了极其伟大的思想力量，成为德国古典哲学中潜在的动力。早期的康德就是一个莱布尼茨—沃尔夫派的信徒。

二、德国古典哲学的主要发展线索

下面我们来看看德国古典哲学所面对的问题，以及它围绕这些问题所展开的逻辑进程的梗概。我刚才已经讲到了近代哲学的前提，那么在这样一个前提之下，我们引出了德国古典哲学的一个核心问题，就是首先在认识论上，其次在本体论上，如何处理能动的主体性和客观的制约性之间的关系。也就是一方面如何面对休谟的怀疑论所提出的问题，以及另一方面，如何解决理性派的独断论所面临的困境。休谟提出的怀疑论是对一切独断论的挑战，不论是唯理论还是经验论都受到了挑战，在当时的欧洲没有人敢于回应，但是又非常需要回应。如果不回应的话，当时的整个科学就失去了基础，包括牛顿物理学，包括整个自然科学、社会科学，都将失去它的科学的基础，失去它的普遍必然性。那对科学来说呢，是一个摧毁。近代启蒙思想的前提，就是科学、理性这样一些概念，这些概念都将死无葬身之地。

那么首先呢，康德回应了这个挑战。康德曾经讲，是休谟打断了我的独断论的迷梦。因为康德出身于大陆理性派，它原来继承的莱布尼茨—沃尔夫的传统，属于理性派传统。从笛卡儿、斯宾诺莎到莱布尼茨，莱布尼茨的弟子沃尔夫把莱布尼茨的体系完善化了，构成了一个体系，那么，康德就是在沃尔夫的体系这样的熏陶之下成长起来的德国哲学家。莱布尼茨、沃尔夫都是德国人嘛。康德首次回应了休谟这样一种怀疑。就是说，主体和客体之间的关系，不能按照休谟的那样一种方式完全避开。康德认为，休谟有一点是对的，就是说我们只知道我们能够知道的东西。至于我们能够知道的东西背后是不是有一个自在之物的对象，这个我们确实没有办法搞清楚。当然康德认为有，但是我们没法认识，这是他跟休谟不同的地方。就是说，康德的不可知论，是认为有一个对象，事物的背后、现象的背后有一个对象，有一个自在之物，但是我们没法认识。那么休谟这个怀疑论更彻底一些，就是说，就连有没有这个自在之物，我们都不知道。这样一种不可知，那就更加被动了，就是说，完全是怀疑，悬疑，悬而未决，处在这样一个层次上面。所以康德提出来呢，自在之物还是有的，但是我们不可认识。我们既然被它刺激了我们的感官，我们就必须承认它的存在。感官嘛，肯定是被刺激起来的，不然为什么叫感官呢？感觉嘛，就是感受。为什么叫感受呢？感受肯定是有东西刺激了我才感受到，但是这个感受并不能反映刺激我的那个对象。我们只知道感受，然后在这个感受的基础上呢，我们运用我们主体的能动性，建立起了我们的知识。

所以，康德是从这个方面来解决主体的能动性和客体的关系问题的，就是说这个客体，它只是现象客体。他把客体分成两个层次。我们所知道的只是现象客体。尽管是现象客体，但是它是有规律的。为什么有规律呢？并不是因为它是现象，并不像休谟讲的它仅仅是我们的感觉的印象、知觉，而是因为有我们主体的能动性把规律强加于它了，在显现出来时就强加于它了，否则它连显现出来都不可能。所以在必然规律这个方面呢，康德强调了主体的能动性的作用，通过这种能动性而使得我们的知识成为一个有规律的体系。主体能动地把规律加给各种现象，使它们成为一个有序的系统，在这个现象的领域里面，解决了主体和客体的统一的关系问题。但是还留下了一个自在之物这样一个本体领域里面的客体和主体的关系问题。他把这样一个问题排除在知识的范围之外，他认为这个问题我们是没有办法解决的。主体，你再有能动性，你的能动性不能超越现象的范围触及那个物自体、自在之物——自在之物又翻译成“物自体”。所以他实际上是把主体和真正的、绝对的客体对立起来了。主体的能动性，跟真正的客体——自在之物之间是对立的，是没有沟通的可能的。只有在现象领域里面，我们可以发挥主体的作用，建构起我们的科学知识体系。这是一种解决方案，这是在认识论中的方案。另外一种解决方案是本体论的方案，就是在自在之物的领域里面，我们可以采取另外一个角度，不从认识的角度，而是从实践的角度，从道德的角度看，这个客体跟主体是统一的。就是人的实践的主体，人的自由意志的主体，也是一个自在之物，所以在实践的领域里面，主体和客体在另外一种意义上面，也可以达到统一。自由意志是主体，同时呢，它又是自在之物。所以在康德那里有两个系列，纯粹理性批判和实践理性批判，这两个系列里面，在不同的意义上，都可以实现主体和客体的统一。在实践的领域里面，人可以按照自己的自由意志来形成他的客观规定性，这就是道德律。在认识领域里面，是人的主体的所谓统觉的统一，人的认识能力的统觉的统一，它可以把现象构成一个科学知识体系。而这两个系列相互之间是对立的，一个是现象界，一个是自在之物、本体界。他最终没有把这个主体和客体完全统一起来，但是，他把主体和客体这样一种根本对立揭示出来了。康德的功劳就在这里，他把主体和客体最后的那种对立呢，揭示出来了。虽然他想尽了办法，要把它们统一起来，但是最后他揭示出来它们是对立的。康德的创造性就体现在这两个系列的对立上。理论和实践，或者是认识和实践，这两者是对立的。这是康德的一个基本的哲学的结构。这是康德一节所讲的。

那么第二节呢，是费希特。费希特对康德的改进——我刚才讲逻辑进程，什么叫逻辑进程？就是后人对前人做了一些必然的改进——费希特对康德的改进体现在什么地方呢？体现在把认识和实践合而为一，把它们统一起来。康德把认识和实践对立起来，把认识和道德割裂开来了，这是他的功劳，但也是他的缺陷；那么费希特呢，他把两者统一起来，就是说认识本身也是一种实践活动，而实践本身也可以纳入到认识的里面作为一个环节。甚至于从根本上来说，实践是第一的。康德虽然讲实践理性高于理论理性，但实际上他认为认识是摆在前面的，要从认识出发来看实践。那么费希特认为呢，实践首先是第一的原则，要从实践这个角度来看认识。所以费希特把自己的哲学称为“行动的哲学”，也就是实践的哲学。费希特的自我意识是一个行动的自我意识，是一个实践的自我意识。费希特把这两者统一起来，使人的认识本身就成了自由意志的活动，并且在这种自由意志的活动中，通过一种必然规律，发展出道德，发展出科学知识，所有的东西都是因为它这样一个自由意志的基点，从这个费希特的行动的“自我”里面发展出来的。所以他把康德割裂开来的东西统一成了一个体系。这可以说是在行动的主观主义条件下，在我的这样一种主体性的条件之下，把主体和客体统一起来了。但是呢，他这种统一毕竟还是一种主观的统一，在“我”的这个前提之下的统一，所以它跟真正的客体呢，仍然处于极端对立的状态。费希特还是一个主观主义者，他撇开了真正的现实的客观存在，把一切都看作是主体所建立起来、所造成的。

第三个阶段是谢林。为了克服费希特这种极端主观主义，他把自我和非我——也就是客体，归结为一个绝对的同一性。他认为最开始既不是一个客体，也不是一个主体，而是客体和主体的绝对的同一性，绝对无差别。所谓绝对同一性就是绝对无差别。这个是谢林哲学的一个出发点。首先是主客体的这种绝对同一性，然后才分化出比如说客体，从客体里面又产生出主体，然后从主体里面呢，又上升到更高的客体，然后又回归到主体和客体的绝对统一。通过什么恢复到主体和客体的绝对统一呢？最后是通过一种神秘的直观，所谓的理智直观，艺术直观。理智直观是一种哲学直观，从里面还会产生更高的阶段，就是艺术直观。通过一种艺术直观，灵感，创造，使自己成为客体，最后回到绝对统一。那么这样一个体系最后就是非常静止的一个体系了，虽然具有客观性，但是你如何知道这个客观性呢？它是神秘的，只可意会，不可言传。

为了克服这样一种片面性呢，最后黑格尔提出来，绝对同一和绝对差异这两者也是绝对统一的。你说绝对同一，这本身就是一种绝对差异。绝对同一，你的意思就是说跟绝对差异“不同”嘛，跟差异不同，那也就是跟差异“有差异”嘛。所以黑格尔提出来，绝对同一里面其实本身就包含着绝对差异，或者它本身就是绝对差异。那么从这种绝对同一里面，通过它自身的差异而衍化出主体、客体所有这些阶段，作为同一个历史发展的各个阶段。所以我刚才讲，逻辑和历史的一致就是从黑格尔那里开始提出来的。黑格尔通过一种辩证法，把主体、主观的能动性和客观的制约性统一起来了。当然这种统一呢，还是一种客观唯心论的统一，就是说这种统一最后是统一于精神了。绝对精神作为一种精神，它还是属于主体方面的，虽然采取了客观的、客体的形式，但是呢，还是属于主体的。

到了费尔巴哈呢，就通过感性，把绝对精神扬弃了。主体和客体的同一是同一于感性，这个感性包括感性的自然界，那就不光是精神性的东西。感性本身就是精神和物质统一的东西，因而也是一种联结精神和物质的东西。所以费尔巴哈从唯心主义转向了唯物主义。前面三个哲学家都是立足于唯心主义，客观唯心论和主观唯心论，但是费尔巴哈转向了唯物主义。在这样一个唯物主义的条件之下呢，他建立起了主体和客观世界之间的一种感性的统一。当然这种感性的统一呢，还是一种静观的，一种直观的感性，直到最后费尔巴哈影响了马克思、恩格斯。马克思、恩格斯也是感性的统一，但是马克思、恩格斯的感性是一种感性活动，不是静观的，是一种能动、实践的统一。

这个就是德国古典哲学发展的逻辑线索，如果简单地描述的话，就是这样一个逻辑线索。它们都是围绕着主体能动性和客体制约性相互之间怎样的纠缠、怎样的联系、又怎样的冲突，设想了种种解决方案，最后在一个新的阶段上面、更高的层次上面达到这两者的统一。当然最后是通向马克思的辩证唯物主义，或者是通向马克思的历史辩证法。这就是杨老师这本书里面最后所描述所达到的结论。我们在书的最后看到画了一个图表，这个表很清楚地把他的逻辑线索描述出来了。大家可以仔细琢磨一下，会很有收获的。

第一讲　康德哲学的形成及结构

我们今天讲第一讲，要谈论康德哲学，它的形成，它的大体的结构，以及从这个结构里面所提出的种种问题。通过这一讲，我们要了解康德的哲学究竟是讲什么的。首先它是怎么来的，然后它是讲什么的。

一、康德批判哲学的形成

首先我们来看一看康德哲学的形成。这个形成当然就涉及一些具体的影响，康德哲学是受到哪些哲学思想的影响而形成的。这个问题我们在上一堂课里面已经接触到一些，但是没有具体展开，包括自然科学方面的，包括唯理论和经验论对康德的影响。康德哲学就康德本人来说，他是出身于大陆理性派这样一个传统。德国哲学近代以来比较重量级的代表人物，最高是莱布尼茨，当然在莱布尼茨之前还有一些中世纪的神秘主义者啊，但是近代，就是莱布尼茨。莱布尼茨形成了一个莱布尼茨-沃尔夫派，沃尔夫是把莱布尼茨的哲学系统化的一个哲学家，也是德国哲学家。那么最早呢，康德从他的哲学生涯开始的时候，他本人就是一个沃尔夫派，他相信沃尔夫的理性派的哲学，后来他当然对自己进行了批判，他认为那是独断论的。但是在早年呢，他是相信沃尔夫派的。他给学生开的形而上学，以及逻辑学的课，都是用的沃尔夫派的教材。当时在德国，沃尔夫派的教材被定为国家统编教材，是由教育部颁布的，每个大学都要教这一套。那么康德当然也教这一套。但是教着教着，他就发现不对劲了。我们可以看康德现在翻译成中文的有一本《逻辑学讲义》，《逻辑学讲义》是他在教沃尔夫派的逻辑学教材的时候，他做的一些发挥。这些发挥有很多都是对这个教材的一种批判。所以，他们那个统编教材是很怪的，把教材放在那里，但是老师怎么教，他不管。所以康德的上课是很有意思的，他拿一本教材放在那儿，讲一句就批一句。这个讲得不对，应该怎么怎么样。所以他是通过彻底地批判以沃尔夫为代表的大陆理性派，来形成自己的观点的。

那么，康德哲学观点的形成呢，首先我们要考虑他的自然科学方面的前提，我在上节课已经讲到了，自然科学，牛顿物理学，笛卡儿的几何学，机械唯物论，这样一套理论，对康德有很大的影响。康德早年希望自己能够献身于科学，所以他对各门科学比较关注，高度地关注，各领域他都是内行，他甚至于加入了当时欧洲科学界的顶尖级人物的一些学术讨论。比如说动量和动能，当时叫作“死力和活力的讨论”，我们学物理学的时候也要介绍到这方面，当时叫作“死力和活力”，后来认为实际上是动量和能够转化为其他运动的那种能量，是这两种区别。这个在当时始终搞不清楚。莱布尼茨也讨论这个问题，甚至于引入了微积分。牛顿也是，牛顿也引入了微积分。牛顿和莱布尼茨在这个问题上面有争论。甚至于在这样的情况之下呢，仍然没有解决这个问题，这是到现代物理学才完全解决这个问题。那么康德也加入了，康德也提出了他的见解。再就像地球自转和潮汐摩擦的关系，潮汐是由月球的吸引力引起的，那么通过潮汐的摩擦，使地球的自转在亿万年以来趋于一个不断地减缓的过程。康德对这个问题有研究，这些都是当时的一些顶尖级的问题，天文学的问题、物理学的问题。甚至于他还能动手，他亲自为哥尼斯堡教堂上面设计了一个避雷针。原来的避雷针打坏了，康德认为设计有毛病，他自己亲自设计了一个。所以他在自然科学方面完全是一个内行。在当时呢，除了康德以外，黑格尔也是当时自然科学的顶尖级的人物，虽然他没有什么发明创造，但是他对自然科学极其熟悉，包括高深的数学理论，黑格尔都有钻研。那么康德呢，主要是在自然科学方面呢，他有一些研究。

他的最大的功劳是提出了星云说，也就是星云如何形成天体的理论。天体如何形成的，历来《圣经》上就有说法，上帝七天之内创造了世界。那么近代以来的科学家们不断地探讨这个问题，上帝创造世界究竟是怎么创造的？创造了以后是不是就丢在那里不管了？创造了以后这个世界是不是还有发展呢？那么康德在这个方面呢，提出了一个非常大胆的设想。就是说，整个宇宙的物质，它的基本的力，就是吸引和排斥。在它的最原始的状态中，整个宇宙是一片雾状的混沌状态，没有什么星体，没有星球，没有行星也没有恒星，太阳系、银河系都没有，地球更没有。那么如何形成的呢？是由于吸引和排斥造成了这些星云互相纠缠，互相吸引，同时又排斥，那么就必定会造成旋转。吸引和排斥相互之间，引力和斥力相互抵消，按照常规人们认为就会处于静止的状态。但是康德认为，它们不是处于抵消的状态，而是总有某些偏差，吸引力和排斥力之间不会绝对地对等的。这有点伊壁鸠鲁原子偏斜的思想在里头，是一种偶然性。只要有一丁点偶然性，它就会开始偏转，而一个地方偏转，其他地方也会受到影响。于是整个宇宙的星云就开始从一种混沌的无序状态转向一种旋转状态。开始是个别地方旋转，后来带动了越来越大的部分的旋转，乃至于最后导致整个宇宙星云的旋转。而在旋转的过程中，由于吸引和排斥的交互作用，于是产生了一些星云团的凝聚。这些凝聚，本身也是旋转的，一边旋转一边凝聚，于是就产生了各种各样的天体。它们组合在太阳系里，太阳系又组合在银河系里面。所以我们这个宇宙不仅仅是有我们这样一个太阳系，它有无数个太阳系，甚至有无数个银河系。整个宇宙就是这样慢慢慢慢、一步步地形成起来的。在此过程中，不需要上帝插手，没有上帝的位置。当然你可以说最初的那些物质是从哪来的，那还是上帝创造的，但是上帝创造的那些物质，它本身有自身的客观规律性，它能够仅凭自身的物质规律而形成整个天体宇宙。

这样一种星云说，对世界各国的思想界来说，那是一个巨大的震动。后来拉普拉斯公开提出了星云说。实际上康德在他之前已经提出来了。拿破仑问拉普拉斯，在你的体系中，上帝在哪里？拉普拉斯回答说，我不需要上帝的假设，就凭物质，我就可以解释，我们这个天体宇宙是怎么形成的。这种学说一直影响到中国，我们知道康有为当年也提出来，康德讲的星云说，物竞天择，所谓天演论嘛，天体演化的理论。严复把这个进化论翻译成《天演论》，里面就提到了康德的星云说。就是说，整个宇宙都是演化来的，自然界也是演化来的，物种也是演化来的。那么物竞天择，我们中国人还要不要在世界上立足？一切问题都是这里引出来的，一切解决问题的方法，也是从这个地方引出来的。这个是康德的一个巨大的贡献。那么这样一种星云说的提出呢，它的意义就在于，它第一次把整个宇宙看作是发展出来的。以往人们认为宇宙是不发展的，比如说《圣经》上面讲的上帝在七天之内创造了世界，创造了人，那么从上帝创造那个时候开始呢，一直到今天，就是那么一些物质，就是那么一种状态，再没有变化了。机械论的物理学呢，大体上也是采取这样一种静止的、静观的观点来解释整个宇宙。宇宙的万物从古以来就是这个样子。《圣经》上面讲，“太阳底下没有新东西”，自古以来就是这个样子，以后也不会变，顶多以后可能会毁灭。以前人类也毁灭过，挪亚方舟，世界洪水在挪亚方舟里面保存了一切物种，那么我们现在的物种都是在挪亚方舟里面保存下来的，没有其他的东西。这么样一种世界观。但是在康德星云说以后呢，人们开始变了。我们要用一种历史的、进化的、发展的眼光来看待自然界，更不用说看待人类社会了。康德的批判哲学——我们通常称为“批判哲学”，因为康德讲批判嘛——首先有这样的一个形成的过程，有一个前提，就是说你必须把这样一些自然万物看作是发展出来的，那么当然人类的思维也可以看作是发展出来的。它是怎么发展出来的呢？那你就要追溯了。批判哲学的思想的萌芽或种子其实已经在这里头包含了。

再一个呢，就是哲学思想，认识论。我在前面讲了，近代哲学的核心就是认识论。而近代认识论体现为两个主要的派别，一个是经验论，一个是唯理论。经验论和唯理论的争论在康德之前非常激烈，有过好几次大争论。笛卡儿和霍布斯，莱布尼茨和洛克，笛卡儿和伽桑狄，这些都有争论，他们之间都有书信往来，都讨论问题。那么这些争论都是公开的，在欧洲只要搞哲学的人，尽人皆知。那么经验论只注意经验，只注意感性，我上次已经提到它的最后的代表人物就是贝克莱和休谟，特别是休谟，把认识论引向了怀疑论。认识论不能解决问题了，认识论最终导致了怀疑。你本来是要确定我们怎么样能够获得可靠的知识，但是最后导致了怀疑论，那认识论就破产了。那么唯理论呢，它走向了另外一个极端，就是独断论。我不怀疑，唯理论说，你去怀疑你的，我们有理性的人，我们是不怀疑的。有哪几个东西是不容怀疑的呢？一个是上帝，上帝是有理性的；一个是物质世界，上帝创造这个物质世界是有规律的；再一个呢，是人的灵魂，人的人格，人的主体，是不容怀疑的。休谟怀疑人的主体，怀疑人格统一性，这是很荒谬的，也是行不通的。你说，昨天的我做的事情不是今天的我做的事情，我昨天犯的罪，你要惩罚昨天的我，你不能惩罚今天的我，那是说不通的。但是，你怎么反驳它呢？你得有道理呀。独断论呢，它不反驳。它就是说，你那是荒谬的，你那东西没人相信，我们都相信每个人都有一个一贯的人格，我们都相信物质世界是客观的，有它一贯的规律，有它必然的规律，那就够了。但是这种独断论呢，虽然是理性主义者，但是最后变成不讲道理了。所以，理性主义也是自相矛盾的。你要坚持你的理性主义，你必须论证你的理性主义。你是理性主义嘛，你的理性主义对你的前提怎么可以不论证呢？独断，那就是盲目了。

所以康德提出的批判哲学，也就是要把理性主义贯彻到底，对理性本身，要进行理性的思考，要进行论证。在没有进行论证之前，我们要进行批判。批判就是一种理性的态度，我们后来称为“批判理性”。理性有好多类型了，一种是知性的类型，就是我们通常讲的理智；一种是更高的理性的类型，就是不仅仅是要把握确定性，而且呢还要把握本质的东西，把握变动不居的东西、运动的东西；再一种呢，就是批判的理性，就是用理性来批判理性，或者说理性的一种自我批判，这才是真正的理性。理性如果没有自我批判，那么这还不是彻底的理性，你是建立在盲从之上的，你盲目地相信理性。康德不是讲了吗，当我们在使用一个工具之前，我们必须要对这个工具的可靠性以及有效性的范围预先进行考察。你不能盲目地拿来一个工具，就用起来了。用在什么地方？你很可能用错了地方，用错了地方你就达不到你的效果了。康德的批判哲学由此就提出来了。

二、康德哲学的总体构想：批判哲学和人类学的视角

那么经验论和唯理论呢，双方对康德都有巨大的影响。经验论，特别是休谟对康德的影响，按照康德自己的话来说呢，是惊醒了他的独断论的迷梦。他的原话是这样的："我坦率地承认，多年以前，我对休谟理论的思考，第一次打断了我的独断主义的迷梦，而且给我的思辨哲学理论中的钻研一个完全不同的方向。"康德原来是独断论的，他是沃尔夫派嘛，他是理性派嘛，他也相信有些东西我们凭借理性直接就可以去设定。比如像物质世界的存在和灵魂实体的存在，以及上帝的存在，如果没有这些东西存在，那么我们现实生活中很多事情将会解释不通，将会没有道理。为了解释我们在生活中所遇到的所有的问题以及整个宇宙和世界观的问题，我们必须设定这样一些不言而喻的前提。这看起来好像是理性的，它要寻求根据，但是这个根据本身有没有什么根据呢？根据本身，上帝也好，灵魂也好，物质也好，在休谟的怀疑论面前，人们

发现都站不住脚。休谟就坚持，我只有感觉到了我才相信，那是我亲身把握到了的，我没有知觉到的东西我一概不信。你要我信，你要拿证据来，你要让我感到，你要让我看到。休谟是很讲实在的，有点像我们乡下农民，你把什么东西给我，要亲自交到我手里面，交到手里还不行，我要吃到肚子里面，吃到肚子里面还要不生病，那我才相信了。休谟也是这样。你讲得天花乱坠，你有经验吗？你感觉到了吗？你指给我看看，上帝在哪里？灵魂在什么地方？你指不出来，那么你就是讲空话，你就是讲的废话。所以，休谟这一套东西呢，是彻底的怀疑论的。

彻底怀疑论当然在现实生活中间，没有人能够接受它，因为现实生活中间，我们每个人都假设了某些东西，比如说，你肚子饿了，你想到去找块面包来吃。你不会说，我找块石头来吃。为什么你找面包而不找石头呢？有规律呀。面包能够养人，石头不养人啊。你怎么知道石头不养人呢？以前你吃过石头吗？以前我吃过面包，这个经验就使我知道面包是养人的。但是休谟说，你这种经验只不过是你的一种习惯而已。当然你要去吃一块石头，你会发现很难受，但是休谟会告诉你，这只是你没有习惯而已，你习惯就好了。或者说，这次偶然你吃了难受，但是你下次再吃，很可能就不难受了。你为什么不再试一下？所以在休谟看来，没有什么规律性，一切因果律、实体性，这都是人想出来的，都是一种习惯。习惯是人生的指南。不错，我们就是靠习惯在世界上生活的，但是从理性的角度来看，你能否给这些习惯提供一种必然可靠的理论根据？休谟认为是不可能的，我们只能按习惯去做，至于有没有什么根据，我们只好存疑。我称之为根据，我们称之为必然性的，那都只是一种很大可能的或然性，一种很大可能性。我吃了面包，很大可能我的肚子会饱。我吃了石头的话，很大可能我会不好受。这只是很大可能，但不是绝对的。你说有必然性，有放之四海而皆准的必然的普遍规律，休谟是不承认的。当然这一套东西在现实中没有人能够接受，休谟自己也说，我这一套东西只是理论上谈谈而已，在现实生活中，我绝对不会去吃石头。我在现实生活中间，我也知道人格是统一的，我做了事，我犯了罪，我也得负责，甚至于我也相信上帝。因为相信上帝对我有好处，对人类有好处。我们已经多次经验证明，一个人如果不相信上帝的话，就会为所欲为，社会就会受到破坏。所以我们必须相信上帝。但是这只是一种实践上面的需要，而不是理论上的确定。后来的实用主义就是立足于这一点。

经过休谟的怀疑论的这样一种冲击，康德中断了他的独断论的迷梦。就是康德后来一想，休谟说得对呀，我长期以来所相信的那些东西到底有没有什么根据呀？我是出身于理性派，但是理性派什么东西都是独断设定的，我从来没有怀疑过，那么我现在怀疑一下，我发现找不到根据了。休谟就是这样认为的。休谟很老实啊，他说我找不到根据我就说出来了，我就说我找不到根据，找不到根据那当然就存疑了。休谟认为，很多人不老实，虽然找不到根据，但是呢，他闭眼不看，他就独断地认定就是了，就以为自己证明了。休谟呢，就把自己的疑惑喊出来了，就像那个看到皇帝没有穿衣服的孩子，大家都说皇帝穿的是新衣，其实皇帝什么也没穿，休谟就是那个孩子。他这么一喊，把康德惊醒了，康德就考虑这个问题了。就是自然科学我们通常认为是必然的，有普遍规律，那么这个普遍规律何在？是不是在经验里面？在经验里面没有给我们指出客观规律，它只是指出来，这个事情是这样的，那个事情是那样的，但是这件事情是不是由于那件事情？你可以把这两件事情联系起来，形成一种主观心理上的习惯，但是客观上它并没有必然性。

那么康德又不能接受休谟的这样一种完全的怀疑，就是说，康德作为一个科学家嘛，他认为自然科学还是不容怀疑的，数学还是不容怀疑的。那么，不容怀疑，又受到了休谟的挑战，那怎么办呢？那只有去想另外一条办法，去给自然科学、数学，以及包括以往的形而上学找一种可靠的根据，找一种客观必然性。这是康德的一个转向，通过唯理论和经验论的冲击、交锋，康德从里面悟到了有某种转机，必须抓住。就是要另辟蹊径，不能够按照以往的两条互不相干的路子一直走下去了，我们要把双方结合起来，把唯理论和经验论的双方的合理的部分结合起来。休谟有他的道理，但是休谟的道理不能完全否认唯理论派的基本的出发点，他们的前提。感性和理性，各有它的必要性。所以人的知识是由感性和理性合起来所构成的。这是康德所开辟出来的一条道路。怎么样合？这个我下面还要讲。这就是他的批判哲学。就是说在考察我们的知识之前，我们首先要考察我们的知识能力，要对我们的知识能力进行批判。他这个批判不是我们通常讲的“大批判”的意思，我批判你，就是批评你，就是谴责你。他这个批判，Kritik这个词呢，在康德那里是跳出来，从旁边来进行一番评论和考察的意思。你不要陷在里头，要采取批判的立场。也就是说，我们要站在旁边，拉开一定的距离，来考察我们自身，我们的理性，我们所采用的理性工具，究竟具有多大的可靠性，在什么意义上可以使用，在什么范围之内可以使用。要把这些先决的问题解决了，那么我们就可以放心大胆地使用我们的理性了。启蒙运动以来，推崇理性，这是不错的，理性的法庭，一切都要放在理性面前来检验，这个是不错的。但是，这样一种理性主义呢，它缺乏一个批判的考察，缺乏对它的前提的一种检验。这就是唯理论和经验论共同的毛病。休谟的经验论其实也是理性主义的，他要求一切都要有根据，没有根据就不相信，这也是理性主义。

再一个呢，就是人性论的影响。就是当时康德的时代，人性论的思想开始萌芽，这个一方面我们刚才讲到的休谟，已经有这种思想，休谟的主要的著作就是《人性论》嘛。《人性论》里面包含知、情、意三个部分，考察人的认识能力，考察人的道德能力，考察人的意志能力和情感能力。这三个部分在休谟那里呢，被当作哲学的主要部分来进行考察。但是休谟的这种考察呢，在康德看起来，主要是属于心理学的。人的灵魂具有这三个方面的功能，这种考察是心理学的，它没有提升到哲学。那么卢梭对他的影响，可能更大一些。在人性论方面，卢梭在他的《人类不平等的起源和基础》这本书里面一开始就提出来了，我们人类关于世界的知识里面，唯有一种知识是最不完善的，这就是关于我们人自身的知识，关于人类的知识，关于人性的知识，是最不完善的。我们对自然界，认识得已经非常完善了。我们有了牛顿的物理学，天文学，都已经非常完善了，已经精密化了，已经定量化了，但是我们对于人的知识还处于开拓之中。所以卢梭毕生所探讨的问题，主要是围绕着人的问题，不管是教育学，还是社会契约论，还是历史，各方面的考察，他主要是围绕着人的问题。那么，康德在这方面深受卢梭的影响。康德有一段话可以作为我们的参考。我上次讲了，康德对卢梭非常推崇，他的家里面挂的唯一的一幅画就是卢梭的像，他唯一的一次中断了自己往常的习惯，晚上不睡觉，就是看卢梭的《爱弥尔》，卢梭的教育学，看入了迷。那么他的这一段话也表明了卢梭对他的影响。他说："我生性是个探求者，我渴望知识，不断地要前进，有所发明才快乐。曾有过一个时期，我相信这就是使人的生命有其真正尊严的，我就轻视无知的群众。卢梭纠正了我。我意想的优点消失了。我学会了来尊重人，认为自己远不如寻常劳动者之有用，除非我相信我的哲学能替一切人恢复其为人的共同权利。”这是一个非常重大的转机，康德按照他自己的描述，就是，读了卢梭的书以后，他放弃了以前的那种高傲。他从小想当一个大学教授，想当一个科学家，研究大自然的奥秘，解决大自然的问题，要在科学上面有所创造，有所发明才快乐。一般老百姓都很愚蠢，他们都不关心这些事情，那么只有知识分子关心。所以他是自视自己是精英知识分子，是知识精英。但是卢梭教育了他。就是说，你的这一套东西，要对劳苦大众有用，你的科学知识，你对天文学的兴趣，等等，这些方面，如果对老百姓没有用处，那么它没有什么价值。除非你懂得怎么样把这样一些知识跟老百姓的日常生活，跟他们的安身立命结合起来。所以康德从此以后走上了一条人类学的道路。就是说，康德的哲学我们可以从两个角度来看，一个是批判哲学，另外一个是人类学。现代很多西方的哲学家更多地从人类学的角度来理解康德。比如说胡塞尔，胡塞尔就把康德的哲学看作是人类学。当然康德自己没有这样说，但是他也有些说法。他认为他自己的这些东西总体上可以看作是人类学，这个我们可以从下面一点来专门考察一下。

从他的书的结构上来看，我们可以从人类学的角度来把握它。当然康德自己写过一本《实用人类学》，这本书是他20多年，接近30年，每年都开的一门课。他把他的讲稿整理出来了，出了一本书，这是他自己在晚年出版的最后一本书。《实用人类学》不是一种先验的人类学，不是一种形而上学，它是一种经验的东西，就是用人类学的角度，来指导我们在日常生活中，怎么样为人处事，怎么样看世界，怎么样看社会，等等，一些具体的经验指导，所以他称为实用人类学。这就是他早年那种想为老百姓安身立命的想法，最后落实在实用人类学上了。但是实用人类学后面的根基实际上是建立在他的三大批判的基础之上的。人类的知、情、意，他也是考虑这三个方面，《实用人类学》里面也是分成这三个方面，分门别类地加以考察。那么他的先天原则呢，是在三大批判里面加以考察的，就是：《纯粹理性批判》考察的是知识的领域，《实践理性批判》考察人的意志和道德，那么《判断力批判》呢，考察人的情感。所以这三大批判呢，我们总体上结合起来看呢，我们也可以把它看作是一种先验的人类学。当然这个说法不是康德提出来的，康德没有说有一个先验人类学[1]，他只有一种实用人类学。而且通常康德提到人类学这个词Anthropologie，都是从实用、经验的意义上谈的。但是从他的三大批判中我们可以明显地看出来，他就是探讨人的知、情、意，三种能力，认识能力、意志能力和情感能力。而且在《纯粹理性批判》里面，康德在后面的"方法论"部分呢，曾经也有过这样一种说法，就是说，我们人类理性所感到兴趣的三个最重要的问题，是这样三个问题，也就是他的对于理性的探讨所涉及的最重要的问题有三个问题。第一个是"我能知道什么"，第二个问题是"我应该做什么"，第三个问题呢，是"我可以希望什么"。那么这三个问题在后来的论述里面呢，他把它们归结为第四个问题，例如在他的《逻辑学讲义》里面，也有这三个问题，但是呢，最后把它归结为第四个问题，就是："人是什么"，他说这要由"人类学"来解决。就是说，这三个问题最后归结为人是什么。虽然这个地方没有提出"先验的人类学"这样一个术语，但是呢，实际上已经有这个意思了。

所以，我比较倾向于，对于康德的哲学呢，有两个角度，我们可

1 最近据德国格哈特（Dr.Prof.Volker Gerhardt）教授考证，康德在他的《反思录》中曾提出过"先验人类学"一词，虽然是用的拉丁文。

以从批判哲学的角度来看它，我在前面讲的都是从康德的批判哲学如何形成来理解的；那么，我们还可以从另外一个角度，从他受到休谟和卢梭的影响，我们可以从人类学的角度来看待康德。康德哲学三大问题，第一个问题是我能够知道什么，这是认识论的问题，是在《纯粹理性批判》里面解决的；第二个问题，我应当做什么，这个是道德的问题，这个在《实践理性批判》里面解决了；那么《纯粹理性批判》和《实践理性批判》解决这两个问题是为了给两大形而上学奠定基础。哪两大形而上学呢？一个是自然科学的形而上学，或者叫自然的形而上学，我们对自然界的认识的基础；第二大形而上学就是道德形而上学，道德方面有另外一种形而上学。所以，康德毕生要重建形而上学，他的目标是瞄准着两种形而上学，一个是自然形而上学，一个是道德形而上学。他认为未来的科学的形而上学，可以分为这两个不同的部分，也就是康德所讲的“头上的星空和心中的道德律”。头上的星空，就是自然的形而上学所探讨的；心中的道德律，就是道德形而上学所探讨的。这是他的两大形而上学。那么第三个问题，我可以希望什么，它本身不构成一个独立的形而上学。我可以希望什么，是属于前面两大形而上学的综合。我们在《纯粹理性批判》和《实践理性批判》的后面一部分，都可以看到，它涉及了宗教的问题。所以康德认为，他的第三个问题是用宗教学来解决的，它既具有认识论的含义，同时又具有道德论的含义。所以宗教学是前面两个批判的综合，但是它本身不构成一个形而上学。它在自然的形而上学和道德形而上学里面，都有它的份额。我们在《纯粹理性批判》后面部分，和在《实践理性批判》后面部分，我们都看到他在讨论宗教的问题。至于第三批判是不是就对应第三个问题呢？那倒不一定，他没有这样明确的说法。第三批判是在他的后期，在他的两大批判已经出版了以后，他突然想到的一个问题。就是怎么样把这两个批判所建立的形而上学相互之间架起一座桥梁，把它们沟通起来。只有情感，才能够作为这样的沟通桥梁。所以，第三批判也没有自己的形而上学，它只是在两大形而上学中起一种调和的作用，起一种桥梁作用。真正的形而上学就是两个，一个是自然科学的形而上学，一个是道德的形而上学。那么第三批判的后面也谈了宗教的问题，可以说三大批判的后面部分都涉及了宗教问题，都涉及康德所提到的第三个问题，"我可以希望什么"。所以，"我可以希望什么"是在他的一本专门的著作，就是《单纯理性限度内的宗教》这本著作，李秋零翻译的，在这个著作里面来解决的。《单纯理性限度内的宗教》是康德的宗教学，主要是四篇重头论文，四个主题，组成了他的宗教学，这个是解决他的第三个问题。至于《判断力批判》呢，它只是一个桥梁。这是康德的总体结构，我们可以从先验人类学这个角度来看，更容易把握。

三、康德哲学的总问题：先天综合判断如何可能？

我们这个讲课有一些发挥的东西不一定完全对照书上亦步亦趋，有些地方超出了书本，有些书本上的东西我们又简化了，所以大家听的时候可以不一定完全就是看书上的，可以把书上的和我讲的对照着来看，这个可以理解得更全面一些。

那么下面我讲第三个问题，康德哲学的总问题。康德哲学的总问题主要是在《纯粹理性批判》里面提出来的。《纯粹理性批判》有第一版序言、第二版序言，除此之外还有一个导论。这个导论里面提出来了他的总问题。但是康德这个总问题呢，不仅仅限于《纯粹理性批判》，在《纯粹理性批判》里面它是作为总问题，但是实际上在其他的两大批判里面呢，它也是总问题。什么是总问题呢？就是“先天综合判断如何可能”这样一个问题。这就是康德哲学的总问题，也是他的三大批判的总问题。先天综合判断在《纯粹理性批判》里面，主要是指人的必然性的客观知识何以可能。那么在《实践理性批判》里面呢，它是指人的道德律何以可能，道德律也是先天综合判断，是道德的判断。人的知识是以先天综合判断为前提的，所有的知识都是建立在先天综合判断之上的，这在知识领域里面确实是这样的。在道德领域里面，也是这样，就是说，道德律，本身也是一个先天综合判断，是最根本的道德判断。你把这个问题解决了，想清楚了，那么其他的道德原理就顺理成章了。所以它也是《实践理性批判》的总问题。当然他在《实践理性批判》里面没有这样明确地提出来，但是实际上也是这样做的。在《判断力批判》里面其实也是，《判断力批判》里面讲的审美的原则，情感能力的普遍原则，也就是共通感的原则，这本身也是一个先天综合判断，是审美判断。这也是康德美学中间的一个至关紧要的部分。当然，把这个问题展开来谈，仅仅是在《纯粹理性批判》里面全面地展开，在其他两大批判里面呢，他没有这样全面地展开，只是顺带地提到而已。但是我们可以看出来，其实这个问题涉及整个康德哲学三大批判体系。

我们先来考察一下他的“先天综合判断”究竟是什么意思。首先我们可以看“先天”。“先天”这个概念是拉丁文，a priori我们把它翻译成先天，那么这个概念有很多不同的译法，有的人把它翻译成先验。我们在这里不翻译为先验，我们把先验用来翻译另外一个词，我们在这里把这个词翻译成先天。它的意思就是说，先于一切经验，先于经验的，先于后天的，后天所获得的都属于经验。经验到的嘛，就是后天的。后天的就是posteriori。那么与此相对的，就是先天赋予的，先天固有的，不需要经验，我们原来就有。先天是这么个意思。但是，先天的这个译法有它的毛病，就是说，按照中国人的概念，先天好像是天生的，先天带来的，有一种生物学的倾向。好像动物有先天的本能，有先天的机能，人也有，人先天头脑带来的，这个人生来就特别聪明，这是他先天的禀赋。但是康德在这里用的这个词呢，没有这个意思，不是“天生”的意思，它是先于经验的，但是它并不是从天生的角度来理解它的。因为天生的还是经验的。你可以去分析动物的先天机能是怎么构成的，由遗传所带来的嘛。遗传学当然也是一门经验科学了，也是要在经验里面去加以考察的。所以这种天生的意思呢，在康德看来还不是真正先天的，它根本上还是后天的东西。那么康德的先天的是什么意思呢？是逻辑上的意思，是逻辑上在先的。就是说，逻辑上，它是不以经验为转移的。当然它可以体现为人的一种主体的先天能力，比如说人的认识能力、人的范畴、人的表象里面有一些是先天的，有一些是属于先天的，它不是后天接触来的。

所以韦卓民先生呢，曾经有一个很好的设想，就是把这个词翻译为“验前的”，可能比“先天的”更好。但是这个词、这个概念中国人很不习惯。韦卓民先生主要是从逻辑上来考虑，就是经验以前的意思，但是没有流行开来。自从韦卓民先生用了这个词，而且说明了这种用法以后呢，没有流行开来，它不符合中国人的习惯。我们这个“先天的”翻译呢，虽然不是很准确，也不够好，但是呢，约定俗成，大家都习惯了，在目前我们认为，对康德哲学还处在一个启蒙的阶段，虽然有那么多人研究过，但是真正地进入呢，还是刚刚开始，所以我们尽量地减少一些不必要的障碍，我们还是沿用了人们习惯的概念。但是我们要注意，加以注明，就是说这个词不是讲的天生的意思。天生的，就你个人来讲是先天的，但是就人类来说，还是后天的，就经验世界来说，天生的东西都是经验的东西，从进化论的立场来说，先天的都是慢慢地进化出来的。所以我们不要从这个角度来理解，而要从逻辑上来理解。为什么要从逻辑上来理解？就是说，康德所探讨的不是人的心理结构，不像休谟那样，休谟的认识论实际上可以归结为一种心理学，习惯啊，联想啊，这都是心理学。而康德想把它提升到一种哲学，一种认识论。所以他提出a priori这个词有一种逻辑上的含义。就是说，不管是人类也好，任何有理性的存在者也好，如果要进行认识的话，那么，他的认识结构里面必须有这一个层次，就是先天。一切认识，一切知识本身有先天成分，他是这个意思。至于这个先天成分从哪里来的，是人天生固有的呢，还是后天经验获得的，这个问题康德不讨论。你要讨论这个问题就陷入心理学里面去了。

所以我们首先要说明的是，a priori这个概念是属于逻辑在先的概念。你把任何一个知识拿来加以分析，你就会发现，在知识里面，必须有一些东西，必须有一些条件，是逻辑上在先的，才能组成这个知识。如果没有这些在先的条件，这个知识是构成不起来的，这个概念是形成不起来的。在这个意义上讲呢，是先天的。并不是说你生下来就带有某种机能，那个还是属于后天的，那个是属于经验的。这是先天的意思。那么先天的意思在这个里头就包含有某种普遍性和必然性的联系。就是说，它既然不是由后天的东西所支配，任何知识里面都必须有先天东西的成分在里头，它就有一种普遍必然性，就是说是逃不掉的东西。它先天已经决定了的，必须要把它纳入进去，否则的话，你的后天的知识就构不成知识。这也是康德从理性派那里吸收过来的东西。我刚才讲，理性派、经验派，康德都吸收了一些东西，那么这个先天的成分呢，是他从理性派那里吸收来的。任何知识里面，除了有后天经验的东西以外，都必须有先天的东西才能够构成。这是先天的含义。

那么，综合synthetisch，这是一个来自希腊文的词，前面一个词来自于拉丁文，而synthetisch是来自于希腊文，这个syn就是合起来的意思，thetisch就是命题的意思，合起来的命题。它这个词尾是一个形容词词尾，综合的。综合大家比较好理解了，就是它不是分析的，它跟分析Analytik是相反的。分析就是把一个对象分开来，把它提取出来，分割开来，加以考察。那么综合呢，就是把多个东西统一起来，加以考察。这个大家都比较好理解。那么判断，Urteil，下判断，这个大家也好理解。但是我们合起来看，什么叫“先天综合判断”？这个我们就要加以说明了。康德认为，一切知识都是判断。这个也是当时流行的一个说法，从古代亚里士多德就已经提出来了。就是任何知识，都是以判断的形式表现出来的。为什么呢？比如说逻辑学里面讲，概念、判断和推理，推理就是多个判断组合起来嘛，一个三段论有三个判断嘛。那么，概念，一个单独的概念能不能构成知识？不能。凡是一个概念，如果没有形成一个判断的话，任何一个概念都不成为一个知识。你说“上帝”这样一个概念，它是知识吗？你没有说上帝怎么样啊，你只说了一个概念，你做了一个发音，当然你也可以跟我解释，说上帝就意味着什么什么，但是你还没有对这个上帝做判断哪，上帝有没有呢？如果你能证明上帝有，或者你能证明上帝没有，或者你能证明上帝是全能的，你能证明上帝是全在的，这些都可能形成知识，因为它构成了判断。比如说有的人说一个字“鬼”，你就不能说，你这个人迷信。我说一个鬼字怎么是迷信呢？我没有说有没有鬼嘛。我可能说有鬼，也可能说没有鬼，怎么能说是迷信呢？所以，这里并没有表达一种态度，没有去构成一种知识，他只是提出了一个概念而已。一个表象也是的，“红色”，我说一个红色，这也不是一个知识，甚至于不是感性知识。你必须说，什么是红色的，花是红色的，太阳是红色的，红是一种颜色，等等。你要把这样一些概念加上去，形成一个判断。一个判断至少有两个概念。有两个概念，你就可以形成知识了。

所以感觉的表象也好，抽象的概念也好，单独看来都不构成知识，只有当它们构成一个判断的时候，我们才能称之为知识，才有对和错的问题。你只说一个概念，你说的这个概念无所谓错不错，但是我说你错了，是说你对这个概念所作出的判断错了。你说鬼是有的，错了。我可以给你证明，你到哪里可以找到鬼呢？没有。你说这朵花是红的，我说你说得对。你说这朵花是黄的，我说你说得不对。你不信的话，它有一个标准可以来检验，拿来看一看就是了。总而言之，判断就可以有讨论的余地了，即算你找不到标准来检验，你也可以讨论了，这就是有对错问题了。所以一切知识的基本的细胞就是判断。当然这个观点在后来也遭到了质疑。比如说黑格尔就认为，概念也可以成为知识，知识的细胞应该是概念，而不是判断。判断只不过是从概念分化出来的，由一个概念分化出两个概念。黑格尔说Urteil（判断）这个词就是原始划分的意思，Ur就是原始，teil就是划分。他从词源上面讲，判断实际上是一个概念把自己划分开来所形成的。当然，黑格尔的概念跟康德的概念有很大的区别。黑格尔所理解的概念，不是一个静止的、僵死的概念，康德以及康德时代的人们所理解的概念呢，是一个静止的、形式逻辑的概念，它是不动的，保持同一性，保持不矛盾性，它就是它，再也不变了。但是黑格尔的概念是变的，它是运动的。所以黑格尔认为知识的原始细胞应该是概念，他有他的道理。但是在康德这里不是这样的，他的这个概念呢，是一个一个的，独立的，僵化的、僵死的概念。所以你要形成知识，必须由一个概念加上另外一个概念，构成一个判断，我们才能说这是知识。

既然一切知识的基础都是建立在判断之上的，那么判断有哪几种类型呢？康德分出来有两种基本的类型。一种是分析判断，一种是综合判断。那么什么是分析判断呢？所谓分析判断，就是说，它的谓词是已经包含在主词里面的，你作一个判断，就是把主词里面已经包含的谓词从里面分析出来，然后又加在主词上面。它本来就有，然后你把它分析出来，给它构成一个判断，等于是把它原来已经有的东西更清楚地说一遍。康德举的例子呢，比如说，“物体是有广延的”。这是一个判断，但是这个判断有它的特点，就是“广延”这个概念，在你形成“物体”这个概念的时候是必不可少的。我们要形成一个物体的概念，我们首先想到的既然是物体嘛，它就应该有广延，如果说这个物体没有广延，这是自相矛盾的，这是不可能的。哪个物体是没有广延的呢？没有广延还叫物体嘛？它不占空间，那就不叫物体了。我们说灵魂是没有广延的，但是灵魂不是物体。凡是没有广延的东西都不能叫作物体。之所以称之为物体，是因为我们预先把广延已经考虑进去了。所以说，物体是有广延的，虽然看起来好像是两个不同的概念，但是实际上广延已经包含在物体的概念之中了。所以我这样说，是有一种先天的必然性的。一切分析判断，都有先天的必然性。当然物体这个概念你可以说是后天形成的，但是当我用物体这个概念做判断的时候，我说物体是有广延的，这个判断具有先天性。一旦你承认了物体这个概念，你知道物体这个概念是什么意思，那么你就会承认“物体是有广延的”这个判断是一个先天的分析命题，是一个先天的分析判断。所以先天分析判断的特点就是它是有普遍必然性的，任何地方，只要有物体，就是有广延的。凡是没有广延的地方，也没有物体，也不能称之为物体。它有普遍必然性，无一例外的。这哥不是休谟所讲的习惯或者联想，或者想象力，那都不是的。这是有一种逻辑上的普遍必然性的。这是分析判断的特点。所以，理性派的哲学家最喜欢采用分析判断的方式来谈问题，特别是谈形而上学的问题。通过分析判断的制定，他们认为可以把握到最确凿的知识。因为它是普遍必然的，它没有例外啊。我如果在我的论述中到处都是分析判断的话，那人家是挑不出毛病的，人家甚至举不出任何例外的例子来反驳我。所以理性派非常热衷于采取这种方式来看问题。

那么综合判断呢，有两种情况。一种情况呢，是后天的综合判断。后天综合判断就是经验判断。凡是经验判断都是综合的。那么综合判断的特点是什么呢？综合判断的特点就是说，谓词没有包含在主词里面，是外加上来的。康德举了个例子：物体是有重量的。“物体是有重量的”看起来是和“物体是有广延的”差不多。我们通常讲的物体，好像也都是有重量的。但是按照当时的牛顿物理学，已经有这么一种观点，就是说，重量不过是吸引力的一种表现。万有引力嘛，是吸引力的一种表现，在某种特定情况之下的表现。比如生活在地球上，我们就可以发现，地球上的一切物体都是有重量的。但是当万有引力达到平衡的状态的时候，比如说在太空，万有引力很弱很弱，或者说地球的引力跟其他的引力，达成一种平衡的状态，这个时候人就会失重。当人们在太空旅行的时候，就会飘浮在空中，失去了重量。而且呢，甚至于人在电梯里面也会失重。重量实际上是物体在一种特定情况下的表现，它并不是说，没有重量，我就形不成物体的概念。我们首先形成物体的概念，广延是少不了的。但是重量呢，不见得。有的人可能把重量加进去了，那是他不严密。但是一个严格思考的科学家呢，最初他不会把重量加进去，他会把广延加进去。所以物体是有重量的这样一个命题，是一个综合命题，是一个后天命题。我们在地球上所看到的物体，都是有重量的。但是我们在太空所见到的物体呢，不见得有重量。月球为什么不掉到地球上来？对于地球来说，它属于失重状态，当然也不完全是这样的，地球对它来说，还是有一定的吸引力，说不定多少亿万年以后，它也会掉到地球上来。但是它的重量呢，总是随着它的处境而变化，在某种情况下，它是失重的。所以综合判断的一种情况呢，是经验判断。凡是经验判断，都是综合判断。

但是，还有一种可能性，就是先天综合判断。为什么要提出先天综合判断这样一个设想？就是说，综合判断跟分析判断相比，它有它的长处，也有它的短处。它的长处就在于，它能够扩展我们的知识。分析判断的长处呢，在于它的知识具有普遍必然性，但是它的短处呢，就在于它不能够扩展我们的知识。分析判断是不能扩展知识的，它只能够把已有的知识更清楚地表述出来而已。你不太清楚什么叫物体，我告诉你，物体是有广延的，你一想，哦，确实是这样的。我原来就是这样想的，但是我怎么没有想到。他可以同意，同意这是一种知识。但是这种知识没有扩展我们的知识，它就是在原有的知识里面，把原有的概念所包含的各种各样的东西展示出来就完了。但是经验的判断，或者是后天综合判断，可以扩展知识。这朵玫瑰花是红的，地球上的物体是有重量的，等等，这些东西都不能通过概念分析而推出来，必须通过经验，另外加上其他的属性，来解释一个主词的概念。所以，我们大量的科学知识，特别是自然科学知识，都是由后天的经验判断所构成的。但是经验判断所构成的知识有一个致命的缺点，就是没有普遍必然性。这是休谟指出来的。休谟就是抓住这一点，你讲那么多，这些都没有普遍必然性，都是就事论事，都是只有一定的偶然性，或然性，这一次成功了，你下一次不一定成功。你天天看到太阳从东边升起，说不定它明天就不升起来了。这个完全是有可能的，你不能否认它有这种可能性。所以，经验的知识，经验的判断，致命的缺点就是它的普遍必然性不知道从哪里来。所以你积累了再多的知识，你也是只是一个博物馆，一个资料馆。你懂得一大套资料，你见多识广，什么你都看过，都知道，但是你找不出任何一条规律，你只能找出一些大致的或然性、高度的可能性的这样一些命题，但是你找不出一种必然的命题。这是它跟先天分析的判断相比，它具有这样的优点同时也具有那样的缺点。

所以康德由此就设想，能不能有一种判断，既具有先天的普遍必然性，同时又能够像经验判断那样扩展我们的知识，有没有这样一种可能？康德认为有。是否有先天综合判断这个问题，不是一个理论问题，而是一个事实问题。康德从事实里面举出来，来证明这一点。举例说明，比如说，我们现有的知识里面，数学是不容怀疑的，牛顿物理学，也是不容怀疑的。这两门科学，数学和自然科学，是不容怀疑的，这个是不需要证明的。已经成功了，人类有史以来最成功的两门科学，一个是数学，一个是自然科学。当然还有形而上学。形而上学不成功，形而上学都失败了。但是我们也可以把它们为什么失败拿来出来考察一下，我们首先也可以考察它里面的构成。

首先我们看数学的构成，康德认为，数学的结构就其最纯粹的那些部分而言，是先天综合判断。当然，这些先天综合判断一旦成立，那么我们可以利用分析判断从里面分析出很多东西来。但是它的最纯粹的部分、最高级的部分，是先天综合判断。比如说那些最基本的命题，欧几里得几何的那些公理，那些基本的原理，都是属于先天综合判断。比如说两点之间的直线最短。“两点之间的直线”，我们把它看作一个概念的话，但是它里面并没有包含“最短”这样一种概念。我形成两点之间的直线很简单，我在两点之间画一条直线就够了，但是我不用考虑它是不是最短。但是作为一条几何学的公理，两点之间的直线最短，我们一说大家都知道，直观到它是正确的。两点之间的当然是直线最短了，你弯一点，就绕路了。连动物都知道，逃跑的时候，要跑直线嘛，绕了路你就会被抓住了。所以两点之间直线最短，这个不是通过分析，分析两点之间的直线，然后推出来必然会最短，不用通过分析，它是一种综合判断。两点之间的直线最短，是你看出来的，这个综合判断是通过直观综合起来的。我在两点之间画一条直线，我一看，最短。这个是他举的一个例子。当然还有其他的例子，算术里面的例子，5+7=12，通常认为这个命题应该是一个分析命题，或者是个逻辑命题，但是康德说不是，5+7这个概念里面，并没有包含着12这个概念，你要从5+7里面判断它有12，你必须把5个棒棒加上7个棒棒，像小学或幼儿园的做算术那样，一个个加，数手指头，通过直观，最后呢，你才知道5+7确实等于12。这是通过直观。直观不是通过分析，而是一个综合命题。数学里面肯定是有先天综合命题，因为它一旦揭示了，你就会认为，这是天经地义的，这是没有什么可怀疑的，我直观一下就可以先天地确定这是对的。

自然科学里面呢，也是这样。自然科学里面最重要的，比如说有一条这样的原则——当然那些具体的原则要通过经验，比如说牛顿的万有引力啊，牛顿的惯性定理啊，还有具体的一些定理啊，我们可以加入一些经验成分——但是那些最高的原则，是先天综合判断。比如说：一切发生的事情，都是有原因的。这样一个原则在自然科学里面，是不言而喻的。但是一切发生的事情里面，都是有原因的，这个“原因”概念并没有包含在“一切发生的事情”这个概念里面，所以它的一个综合命题。尽管是一个综合命题，但是你一说出来，所有人都承认。你能设想一件发生的事情是没有原因的吗？那就是迷信了。世界上有奇迹吗？没有。一切发生的事情都有原因。这个原则我可以先天地断言。比如说一件事情还没有发生，或者说我还没有看到，人家说有一件事情将要发生，或者人家告诉我有一件事情发生了，我马上可以断言，那它是有原因的。当然你这个话说了等于没说，谁不知道任何事情都是有原因的呢？但是你先天地能说这句话，这就给你的自然科学的研究提供了一个前提，你可以去探讨它的原因嘛。如果你怀疑一切发生的事情不见得是有原因的，那你的探讨的信心呢，就要受到打击了。休谟就是这样的。为什么这样讲，休谟摧毁了自然科学的基础？就是因为他连这个东西都怀疑起来了——未见得一切发生的事情都是有原因的。但是我们任何一个受过科学训练的人，甚至于懂得一点科学常识的人，不迷信的人，我们都会知道任何一件事情的发生，都是有原因的，哪怕我还不知道它，我都可以先天地断言，它一定是有原因的。而且在科学发展的过程中，这个原因果然就被寻找出来了。这是先天的，先天断言的。所以在自然科学里面，先天综合判断确实存在，而且是作为自然科学的前提。所以康德说，自然科学的那些最纯粹的原理，是属于先天综合判断。没有这些先天综合判断，数学也好，自然科学也好，都不能成立。当然，除了这个“原因”以外，还有一个“实体”，一切存在的事物都有它的实体，一切实体都有它的偶性，或者是属性，等等。或者任何一个事物都是有联系的，万物都是有联系的。这些命题都属于先天综合命题，它指导了我们自然科学的研究。所以，先天综合命题，先天综合判断是否存在这个问题，不是一个单纯的理论问题，而是一个事实问题。我们从数学和自然科学里面分析出来，已经可以确认有先天综合命题，或者有先天综合判断。

那么，形而上学里面有没有呢？形而上学里面也有。以往的形而上学，虽然我们今天认为它们都失败了，但是以往的形而上学之所以能够建立起来，它们都是建立在先天综合判断上的。比如说，以往形而上学的那些命题，“世界是有限的”，世界的概念中并没有包含有限的概念。“上帝是存在的”，上帝的概念里面，不见得就包含存在的概念，当然理性派认为包含存在的概念，但那是概念混淆，我们后面还要讲到的，康德特别批判了理性派对上帝存在的各种证明，说他们是混淆了概念。“灵魂是不朽的”，灵魂里面没有包含不朽的概念，但是理性派认为，这个是在逻辑上成立的。当然逻辑上也有问题。总而言之，过去的形而上学，尽管它们有这样那样的错误，导致了它们的垮台，但是他们至少自认为他们的那些能够成立的命题，从本质上来看，都属于先天综合判断。

所以，先天综合判断在数学里面，在自然科学里面，在以往的形而上学里面都存在着。那么，由此我们可以推论，在将来要建立的形而上学里面，也必然存在。我刚才讲了，康德的目的不是要摧毁一切形而上学，而只是要重建形而上学。他对以往的形而上学全部进行了摧毁，但是他的目的还是建设性的呢，他要建立未来的，作为科学的形而上学，那么这种形而上学呢，肯定也要以先天综合判断作为它的前提。

这就是他从这四个领域里面，一个数学，一个自然科学，一个形而上学——过去的形而上学和未来的形而上学里面，用举例的方式证明，它们都必须以先天综合判断作为它们的前提，而且确实建立了一些先天综合判断命题。但是，最关键的问题就在于"如何可能"，这些先天综合判断的命题是如何可能的呢？我们在事实中已经发现有了，数学里面有，自然科学里面有，以往的形而上学里面也有，那么它们是如何建立起来的呢？它们的可能性的条件何在呢？这个问法我们中国人很难习惯，很多人觉得不知道他问的什么。他就是问的这样一种追溯性的前提。西方思辨哲学的一个很重要的特点就是追溯，知其然，还要知其所以然。我们知道事实上有先天综合判断，那么我们就要追根溯源，这个先天综合判断的条件是什么？既然已经有，那么那些条件也应该有，现在有待于我们去挖掘，去发现。所以，康德所做的工作就是去发现、去挖掘这些先天综合判断背后的那个条件何在，这就是他提出这个问题的主要意思。先天综合判断是如何可能的？这就是康德哲学的总问题。康德哲学的总问题我们可以简单一句话概括，就是问，先天综合判断是如何可能的？先天综合判断的条件到底是什么？是什么东西使我们有权去进行先天的又是综合的判断？那么，这样一种问话的回答，就组成了康德《纯粹理性批判》的四个主要的部分。

康德的《纯粹理性批判》的结构是这样的，一个是先验要素论，一个是先验方法论，这是大框框。先验要素论，就是组成知识的要素究竟是哪些；先验方法论，就是说，我们采取什么样的一种方法，来重建形而上学，根据我们对知识要素的分析，我们采取一种什么样的方法来重建形而上学。那么在先验要素论里面，又分为先验感性论和先验逻辑。先验感性论和先验逻辑的这种划分，体现出康德对于经验派和理性派双方的一种兼容并蓄。先讲感性，然后再讲逻辑，逻辑也就是理性了，也就是康德所讲的知性。逻辑是理性派最讲究的，而感性是经验派最讲究的。那么在先验逻辑里面呢，又分成先验分析论和先验辩证论两个部分。先验分析论里面讲的是知性，也就是讲的自然科学知识的各种条件；先验辩证论呢，讲的是理性。理性所遇到的一些困难，就造成了先验辩证论。先验辩证论是解决困难的，是揭示理性的自相矛盾性的，是揭示理性在过去的形而上学中犯了哪些错误的。

所以总的来说，我们可以归结为这样四个大的部分，一个是先验感性论，是讨论数学中的先天综合判断是如何可能的，这个有点奇怪，这可以说是康德的独创，就是把数学归于感性。在康德之前，数学通常被归于理性。但是康德认为，从先天综合判断来说，数学都是出于感性的基础、直观的基础、也就是说，两点之间直线最短是看出来的，5+7=12是一个指头一个指头掰着数出来的，这是建立在感性直观的基础上的。但是这个直观又具有先验性，就是说，它不是像经验派所说的完全是后天的，它有先天的形式。所以先验感性论它是讲的数学何以可能的条件。那么先验逻辑里面的先验分析论，是要讨论自然科学那些先天综合判断何以可能。先验逻辑里面的先验辩证论，是讨论以往的形而上学所提出的那些先天综合判断是何以不可能，或者是他们认为是何以可能的，但是其实是不可能的。所以也是解决在以往的旧形而上学里面，先天综合判断何以可能，要解决这个问题。那么最后的先验方法论，是讲往后的、未来的、科学的形而上学何以能够建立起先天综合判断。我们讲康德哲学的总问题在《纯粹理性批判》里面呢，就体现在这四个方面。先天综合判断何以可能的问题，就体现为数学何以可能，自然科学何以可能，以往的形而上学何以可能，未来的科学的形而上学何以可能。体现为这四个方面。所以，他的四个方面都体现了先天综合判断何以可能的这样一个总问题。那么，以往的形而上学为什么还要加以探讨？在康德看来呢，就是要把它里头的这样一种必然犯错误的机制揭示出来。以往的形而上学是作为一种“自然倾向”的形而上学，就是康德批判以往的形而上学，也不是完全一概否认，而是承认了这个里头有一种自然的倾向，就是人类几千年以来一直在努力地提出一种形而上学，它是人的理性的一种本能，一种本性。他们之所以犯错误也是出于本性，不是一种偶然的错误，不是他不够聪明，而是他有一种自然倾向，使他要提出形而上学问题，但他们的提法不对。他们没有提高到先天综合判断这样一个问题上面来讨论问题，所以呢，他们犯了错误。但是尽管犯了错误，他们这种自然倾向还是值得肯定的。我们把这种自然倾向继承下来，可以用来发展一种新的、未来的形而上学，我们就可以不犯那种错误了，这是康德对未来的一种设想。为什么要批判以往的？是为了要开拓出未来的一个新天地。

第二讲　康德的认识论：先验感性论

我们今天讲的是第二讲，第二讲进入到康德的认识论。康德的《纯粹理性批判》是他的认识论的代表作。那么《纯粹理性批判》是一个非常复杂的、非常庞大的体系。我们这里只能够简单地、粗略地介绍一下它的线索。我在上次已经谈到了康德哲学的总问题，基本问题就是四个问题，总的来说是先天综合判断如何可能。我们一切知识，如果一方面必须是要能够提供新的知识，新的信息；另一方面必须有普遍必然性，那就必须有先天综合判断。如果没有先天综合判断的话，那么要呢，就是你有知识，但是没有普遍性，那种知识呢，也不能叫作真正的知识。一种没有普遍性的知识，那只是一些偶然的、或然的东西。那种知识是没有用的。或者呢，你有普遍必然性，但是呢，它是从已有的知识里面分析出来的，那也不能够叫作真正的知识。真正的知识必须能够提供一种新的信息，你没有提供新的信息，人家已经知道的，你再把它说清楚一点，当然不是说没有用处，但是那不能叫真正的知识。真正的知识必须是先天综合判断。这是我们上一节课已经触及的总问题。那么这个总问题呢，分成四个环节，或者四个阶段来看。一个是纯粹数学何以可能，纯粹数学必须以先天综合判断作为它的条件，那么这个条件是何以可能的；再一个是纯粹自然科学何以可能，纯粹自然科学包括因果律，包括实体学说，包括定量、定性这样一些基本的法则，它是何以可能的；再一个就是以往的形而上学作为一种自然倾向是何以可能的，以往的人们花那么大的气力，两千多年都在探讨哲学问题，那么这个哲学问题肯定也是有一种先天综合判断作为它的前提。虽然这个先天综合判断在康德的后来论述中指出是假的，但是毕竟在哲学家当时看来是先天综合判断，那么这个先天综合判断又是何以可能的。而康德所要建立的未来的真正的形而上学、科学的形而上学，肯定也要以先天综合判断作为它的条件和前提，那么这种先天综合判断又是何以可能的。这四个这样的问题就构成了康德《纯粹理性批判》各个部分依次所要解决的一些问题。

那么今天我们来考察的，就是第二讲所要考察的，首先就是康德的时空观。作为康德认识论的第一个环节，就是他的时空观。他的时空观是在他的《纯粹理性批判》的先验感性论里面提出来的。“先验感性论”也是属于康德的“要素论”的第一个环节。所谓要素论——他的《纯粹理性批判》总的来说就是两部分嘛，要素论和方法论，要素论就包含前面三个环节。就是说，我们人类的知识是由哪些要素所构成的。这些要素呢，总而言之可以归结为，一个是感性，一个是知性，一个是理性。这三个环节是康德最经典的划分。以往的唯理论和经验论两派哲学争论只划分感性和理性，他们把知性也归于理性，但是康德呢，是三分的。感性，然后经过知性，最后上升到理性。当然康德有时候也把知性和理性统称为理性，Vernunft。但是呢，在具体论述中还是把它们区分开来。总而言之有三个主要的要素。当然，在知性这个要素里面呢，还包括一个判断力，但是它也是属于知性的，这个我在后面再讲。所以他首先要考察的呢，就是这三个环节。

一、感性的含义

第一个环节就是感性。我们都知道，感性是经验的来源，我们通常讲经验知识，当时的经验论，万事都求助于经验，我们通常理解，你求助于经验那你就要求助于感性。你没有感官，你的经验从哪里来？只有通过感官，通过感觉，通过知觉印象，所获得的那些知识，那才叫作感性知识，那才叫作经验知识。经验知识我们通常把它和理性知识分开来看，理性派无非就是强调理性知识，不需要经验和感官；而经验派呢，无非就是要强调感性的经验知识是最重要的，理性呢，倒是可有可无。这是两派的对立。那么康德呢，他试图把这两方面综合起来，调和起来。我们通常讲，康德哲学的一个最大特点就是调和不同的、对立的各种学派。各种学派，所有的学派，他这个里头都能找到它们的反映，它们的一分子。问题在于，只有康德才能把所有这些互相冲突、互相矛盾的成分调和起来，构成一个体系。所以康德一方面强调感性，另一方面呢，他也强调知性，强调理性。他有一个观点，就是一切知识既离不开经验、感性等后天的东西，也离不开先天的东西。如果有一个东西只是后天的，感性的东西，经验的东西，那么它是没有普遍必然性的。如果一个知识只是先天的东西、理性的知性的东西，那么，它也不具有实在性，它是空的。所以康德有一句话叫作：“直观无概念则盲”，直观没有概念就是盲目的。概念是从知性来的，从理性来的，直观无概念则盲；“思维无直观则空”，思维没有直观，那也是空的。思维是通过知性和理性来进行的。他在这样一个规定里面，把这两个方面的关系，做了一个精确的表达。一切知识都是由感性和理性两方面结合而成的。这是他的一个基本的出发点。所以他要调和理性派和经验派。

所以，我们在读康德的书的时候，特别是在读他的先验感性论这一部分的时候，我们要有一个背景知识，就是说，他处处都是针对着经验派和理性派各自的片面性，以及它们各自的合理之处在谈问题。你有这个背景以后，你就会知道，他这句话的背后是要说明一个什么问题。否则的话，你没有这样一种线索，你就很难猜透他到底是怎么想的。所以康德有一句话是被人们经常引用的，就是说，“一切知识都开始于经验，但并非一切知识都来源于经验”。这句话听起来很难理解，为什么都是“开始于”经验，也就是说一切知识都是从经验来的，我们讲“开始于经验”就是这样来理解的。但是他反过来又说，并非一切知识都“来源于”经验。什么叫“来源于经验”？经验本身当然是后天的，所有的知识都离不开后天的经验。没有后天经验，这个知识就值得怀疑了，就像休谟所讲的，这本书里面讲了什么事实没有？没有。那我就把它丢到火里去了。你没有讲什么事实嘛，你没有提供新的信息嘛。所以一切知识都要开始于经验，但是，一旦开始，我们从这个经验知识里面，所分析出来的、所发现出来的就不仅仅是经验了。他是这个意思。就是说，一旦经验开始了，我们从经验开始构成知识了，那我们对这个已经构成的知识加以分析，我们就会发现，它已经有一些先天的东西了。甚至于没有这种先天的东西，我们要从经验开始也是不可能的。我们要从经验开始，我们必须具有一些先天的东西，比如说我们对感性材料的一种接受能力。感觉你必须接受它，接受它如果你没有接受能力，那怎么能接受呢？而接受能力是先天的，接受能力不是说是后天才获得的。人有五官，有感官，有感觉能力，这还是后天赋予的，但是人具有一套接受感觉内容的先天的形式，所以人能够接受感觉从感官所带给我们的后天的经验知识。但是如果一块石头，它就不行啊。太阳照在我们人的眼睛里面，我们就感觉到光明。太阳照在石头上面，石头并不会感觉到光明。为什么？因为石头没有那种先天的接受能力。

所以一旦经验被赋予了我们，我们从经验开始，一切知识都是从经验开始的，但是一旦开始，我们要反过头来，对这样一种已经接受的知识进行反思，进行分析。要知其然而且要知其所以然：它为什么会被我们所接受了，为什么被我们所经验到，所感受到了？这个我们要反过头来加以追究。所以一切知识都是由先天和后天两部分加起来才构成的。这就是直观无概念则盲，思维无直观则空。

那么从先验感性论开始，这就是康德认识论的出发点。为什么要从感性开始？因为一切知识都开始于经验。开始于经验我们当然要从感性开始。但是康德的感性不是一般的感性，它是先验感性论：die transzendentale Ästhetik。什么叫先验感性论？这个词、这个标题本身值得琢磨。感性本来在我们看起来都是后天的，通常认为感性都是后天的，感官嘛，感官所接受下来的东西那不是后天的东西嘛，但是为什么有“先验”感性论？先验感性论表明康德对感性论有独特的改造，对以往的感性论有一个独特的改造。就是以往我们讲感性是通过感官后天获得的，你讲感性就是这样的。但是康德从我们已经获得的感性里面，通过分析，发现不仅仅是这样。当然是通过后天，但是这个后天之所以能够被我们获得，或者用他的话来说，之所以被“给予我们”，还是因为我们具有这种接受能力。所以康德在先验感性论里面要探讨的就是感性认识中的先验成分。已经给了我们感性认识了，比如我看到一朵花是红的，那么这个红的这样一种感性，它里面有没有先验的成分呢？红肯定是后天给予我们的。如果没有这朵花在面前我是看不到红色的，只有给了我一朵玫瑰花，我才能看到红，这朵玫瑰花是红的，这肯定是后天的。但是就在这个红色本身里头，它就有先天的成分，也就是说时间和空间。时间和空间看不见摸不着，你怎么能通过感官来感觉到时间和空间呢？它是先天的。但是一块红色，如果没有时间的延续和空间的广延，我们怎么能看到它呢？你说我看到一块红色，人家说，你看到的那块红色有多大？你得说出来呀。你说它没有多大，它不占空间，那你就是在说笑话了。你看到了一块红色，又是一块不占空间的红色，你怎么能看得到？你看到一块红色，你连一瞬间都没有持续，你能说你看到了这块红色了吗？你连任何时间都没有持续，你能说你看到了红色了吗？所以感官所接受下来的这些感性的表象本身是可以分析的，它里面已经包含有先天的东西。从这点我们可以理解为什么他说一切知识都开始于经验，但并非都来源于经验。一旦开始了经验，开始了感性，那么这个感性里面就有先天的成分。而康德在先验感性论里面，所要讨论的就是这些先天的成分。后天成分他不讨论，后天的他也没法讨论。你说颜色、声音等具体的性质、内容、质料，那是没法讨论的，那些要讨论也是心理学和生理学讨论的话题，而不是认识论讨论的话题。所以他不讨论它的质料，他只讨论感性的形式，就是它的先验的形式。

二、先验的含义，以及其他几个概念

那么我们这里又要区分一下了，这里讲的“先验”（transzendental）跟我在上一堂课讲的“先天apriori”有什么区别？先验的当然也是先天的了，所有先验的东西可以说都是先天的东西，都是先于经验。我刚才讲的也是这一点已经是暗含着了，虽然没有展开。凡是我们讲到先验的，肯定都是先天的，这是毫无疑问的。但是，是不是所有的先天的都是先验的呢？未见得。先验的这个概念有其特定的含义。先验这个概念是从拉丁文字来的，本来的意思就是在先的东西。比如说亚里士多德的形而上学，他把它称为第一哲学。也就是说，所有的宇宙原理，都要追溯到它才能得到理解，它是最先的。所有后天的东西，以及其他的，哪怕其他的也有先天的东西，但是最后都要追溯到第一哲学。亚里士多德的形而上学在这里具有一种在先的位置。那么在康德这里把这个词用来说明在经验之先，先于一切经验，这个跟先天是同样的意思。但是跟先天不同的意思，就是说，它先于经验并不脱离于经验。它先于经验，但是呢，它所讨论的呢，是经验何以可能。也就是我在前面讲的，先天综合判断何以可能。先天综合判断，在事情发生前你就能够作出判断，这一件事情何以可能。也就是说，对先天的东西何以能够构成经验的东西加以考虑，加以思考。这就是先验的意思。简单地说，先天的东西是不涉及对象的，比如说形式逻辑。形式逻辑是先天的，它不管对象。形式逻辑的判断可能根本就是没有对象的。形式逻辑下一个判断，它不管它的对象存不存在，我们讲形式逻辑只管正确性的问题，而不管真理性的问题，或者真实性的问题。形式逻辑的大前提是假定的，你给我一个大前提，我就可以运用形式逻辑来推，只要我不出错，你就不能说我犯了错误。形式逻辑是“先天的”这样一种逻辑。

但是“先验的”的意思呢，它就不是说完全不管对象了。先验的当然也是先于经验，但是它要探讨的是，我们有关对象的经验知识何以可能。所以，先验的东西是属于认识论的，它不属于单纯的那种形式逻辑，它跟形式逻辑不同，它是讨论我们关于对象的知识何以可能的。形式逻辑呢，它不管对象的知识，它甚至可以用来玩游戏，用来进行逻辑推理，进行逻辑游戏，进行博弈，用来下象棋，我们用在电脑里，可以用来下象棋。象棋只是一些符号，它没有对象嘛。但是先验的东西是要考虑对象的。例如说，数学，作为一种知识，它何以可能。数学作为一种知识，它是关于对象的。牛顿物理学是对自然界的一种知识，它就标明是《自然哲学的数学原理》嘛，这是牛顿的代表作。就是说，数学原理是用在自然界上面的。虽然它也许有时候还没有来得及运用于自然界，但是我们仍然认为，所有的数学上的原理，在自然界里面呢，都是可以找到它的对应物的。虽然我们现在也许还没有找到，但是呢，它肯定是有的，我们是能在自然界找到对应物的。自然物没有违背数学知识的，凡是数学知识都能在自然界里面找到对应物。但是凡是合逻辑的东西，就不一定。比如说，我说“飞马能飞”这样一个命题，完全符合形式逻辑，飞马当然能飞了，但是世界上有没有飞马？没有。所以形式逻辑不管世界上有没有飞马，你给我一个飞马的概念，我就能给你做出一个判断。飞马能够飞，如果能够飞的话，那它就怎么怎么样，我就可以进行推理了。孙悟空是猴子变的，他就有猴性，等等。但是有没有孙悟空？没有。它不管。但是，先验的东西，它就管。它就管我们关于自然界的知识的对象是何以可能的，其中包括数学。自然科学更不用说了。

所以，先验的知识呢，跟先天的知识相比，它有一种包含的关系，它被包含在先天的知识中，但是它比先天的知识更具体，它是这样一种先天知识，它是关于对象的知识是何以可能的这样一种先天知识。那么这种先验知识跟具体的自然科学或者具体的数学知识相比呢，这样一种先验的知识呢，它又是不直接管对象的。比如说牛顿物理学的定理那些东西，万有引力、惯性定理等等，我们不能说它是先验的，它还是经验的。它具有普遍性，但是这种普遍性呢，是另外更高的原理赋予它的，比如说因果性原理。因果性原理是先验的，但是由因果性原理所推出来的，比如说惯性定理，那就不是先验的了，那是后天的。所以，跟具体的惯性定理呀这样一些定理相比呢，先验的知识无关对象。但是跟普通的形式逻辑这样一些知识相比呢，它是和对象有关的。所以康德在不同的地方，你有时候琢磨不透，他有时候说它好像跟对象没有关系，它先于对象已经有了这些知识；但是另一方面他又说，它虽然跟对象没有关系，但是呢，它是跟对象的知识有关，跟对象的知识何以可能有关。它跟对象没有关系，它本身也不是对象的知识，但是它专门考察有关对象的知识何以可能。它在这方面跟对象间接地有关。所以我们说它是与对象有关的那些知识的一些先天原理，也就是经验的知识之所以可能的原理，关系到它们的可能性条件。讨论这些条件，那就是先验的知识。

这样一些先验的知识我们可以简单地把它等同于认识论的知识。它既不是自然科学，也不是数学，也不是逻辑学，也不是心理学，也不是生理学，它是认识论，所以它是哲学。形式逻辑在某种意义上不是哲学，它是一种思维的形式，按照形式逻辑学家自己的看法来说，形式逻辑不属于哲学，逻辑不属于哲学。虽然我们在学科划分里面把逻辑划到哲学的名下，但是很多逻辑学家说逻辑学不属于哲学，他们说我不是搞哲学的，而是搞逻辑的。那么实际上是逻辑学它没有上升到认识论。但是到康德这里已经不同了，康德已经开始把逻辑学和认识论沟通起来了。这个我在后面要讲的，就是讲到康德的先验逻辑的时候，我们特别要阐述它们的关系。总而言之，凡是谈到先验的东西，在康德那里就是讲认识论，讲认识论就是讲认识何以可能。我们的一切知识都是经验知识，那么这个经验知识何以可能？经验知识肯定是有关对象的，经验对象嘛，我们要讲知识呢，肯定要涉及对象，关于对象的真理，观念和对象的符合，都要讲这些问题。那么，先验的知识就是要讨论，我们何以能够使观念和对象相符合。这当然就要涉及对象了，它跟形式逻辑不一样。但是它本身又不是对象，又不是关于对象的直接的知识，它是关于对象的知识的知识，或者说它是关于对象的先天知识的先天知识。我们关于对象有一些先天知识，这些先天知识何以可能呢？先天综合判断何以可能呢？这就是先验的知识了。先验的知识是关于先天综合判断何以可能的知识，也就是关于先天知识的先天知识。可以这样来理解。

所以他这里有这样一些相对应的或者相对立的概念，一个是先天，一个是后天。先天和后天相对立。那么先验呢，它是跟经验中的那些经验性的东西相对立，先验的跟经验性的相对立。“经验性的”也就是后天的，但是呢，它是特指的我们的感官所获得的那些经验性的知识，它跟“经验的”有区别。“经验性的”是个形容词，来自于拉丁语，empirisch是经验性的，它跟德文词的Erfahrung、也就是“经验”相区别。很多中译本上面都没有区别开来，其实是有区别的。你如果不区分开来，就有可能陷入某种陷阱。在德文里面区别很明显嘛，一个是拉丁文，一个是德文，一个是形容词，一个是名词。经验的意思我刚才讲了，一切的知识都开始于经验，但并非一切知识都来源于经验。一切知识都开始于经验，但是在经验里面呢，包含有先天东西，包含有先验的东西。但是在经验性的东西里面呢，不包含有先验的东西。在经验性的东西里面，它特指在经验里面的那些材料，那些后天的材料。经验总的来说是后天的，但是经验的东西后天的里面包含着先天的成分，所以它才能为后天所接受，因为有先验的东西在里头。但是接受下来的这些内容，这些材料，就是empirisch，就是经验性的。这个区分应该掌握。这是这两个概念相对应。

那么还有一个概念我们后面还要讲到的，现在在这里呢，顺便也把它提一下，就是超验的概念，transzendent。它跟transzendental这个词，两个词都是拉丁文，而且在拉丁文里面几乎是同义词，都是形容词的形式，它们的词根也是一样的，但是两个形容词词尾稍微有点不同。那么在中世纪的时候呢，经院哲学专门讨论了这两个词。这两个词虽然是同义词，但是呢，它们的用法又有一些细微的区别。我刚才讲了，transzendental先验的这个词呢，是在先的意思，先于一切经验，也先于其他的一切概念，它是指在先，亚里士多德说的“第一哲学”，就是最先的哲学。但是亚里士多德所说的第一哲学有另外一个名字叫作“神学”。这个形而上学，一方面叫作第一哲学，另一方面叫作神学。神学这个概念就包含有超越现实世界、彼岸的意思。所以在拉丁文里面呢，又给了它transzendent这样一个形容词，它也是先于经验的，但同时又具有“超越”的意思。transzendental是先于什么，在一切之先的意思；transzendent是超越的意思。牟宗三有一种翻译叫作“超绝”，也是这个意思，就是说它跟世俗生活完全没有关系了。神学嘛，神学高高在上，它已经不管人世间的事情。它已经不再用人世间的同等的概念了。我们把它译作“超验的”，以和“先验的”相对。在康德这里也有这个意思，就是说，先验的东西通常是知性的特点，知性讲认识论，感性、知性和理性。那么理性呢，它就表示超验的特点。在知性里面没有超验的特点，它只有先验的特点。超验的或者译成超越的，超验，超越，超绝，都是这个意思。就是知性它是先验的，但是它不是超验的。而理性呢，它就可以达到超验。超验的东西，它不但是先于经验的东西，而且是超越经验的东西。它已经不管经验的东西是何以可能了，理性真的要管的是形而上学的知识何以可能。所以它已经完全抛开了经验知识了。而知性呢，它要探讨的恰好是我们这个世界的自然科学、经验知识是何以可能的。这个是我后面还要讲的。

还有一个概念就是内在的，这个后面还要提到的，现在先让大家来了解一下。Immanent，在康德那里是“内在的”。它也是个特别、专门的术语。我们翻译成内在的，有时候其他的词也可以翻译成内在的，但是immanent这个内在的它有特定的含义，就是说，它是在经验之内的，在经验的范围之内，就叫作内在的。那么，超验的概念和内在的概念是相对立的，超验的东西跟内在的东西是相对立的，而先验的东西跟内在的东西不相对立。先验的东西是要考察经验的东西何以可能嘛，所以它还是在经验知识的范围之内考虑问题。康德讲，先验的概念只能有内在的运用，也就是只能运用于经验知性那些范畴、那些概念只能用于经验来构成经验知识。如果你离开经验，来运用这些范畴，那你就要假定自己对物自体有所认识了。但那是不可能的。知性概念无直观就是空的，它只能够在经验范围之内运用，内在的运用。而内在的就是说，你不要超出经验范围之内。你超出经验范围之内运用，那只有超验的东西才有这个资格。当你探讨形而上学的时候，你才有这个资格。你探讨一般的知识何以可能的时候，那是不允许超越于内在范围之外的。这是几个概念。

所以，在康德看来，“先验的感性论”，这并不是一个自相矛盾的概念。好像我们讲“木制的铁”，“圆形的方”，是自相矛盾的，感性是后天的，怎么会有先验的感性论呢？在康德看来，这没有什么矛盾，而且可以说是康德的一个相当重大的发现，就是在感性的东西里面发现了先验的东西，发现它有先天的成分。而且呢，他把数学归于这个成分里面，这是很重要的一个改革。以往把数学都是归结于知性和理性。我们讲这个人理性很强，因为他数学很好。通常都是这样讲的。但是康德跟别人不同的一个地方就是说，数学的问题要在先验的感性论里面加以解决。数学是先天的，这没有疑问，但是这种先天呢，它不是知性的先天，而是感性的先天，是直观的先天。先天直观，直观Anschauung，schauung就是看，An就是挨着，直接地、挨着去看，贴着去看，直接地看，我们把它翻译成直观。直观跟感性这个概念相比呢，它稍微要广一点，就是我们人只有感性的直观，我们只能通过感官去看。但是如果有上帝的话，他也许不用通过感官，因为上帝没有眼睛鼻子，没有五官嘛，上帝没有感性嘛。但是上帝也能够看，那是另外一种直观了，是更高的理智直观或者智性直观，那是更高的直观。但是我们不知道，我们只知道我们人有感性的直观。所以直观跟感性对人来说，就是一回事。直观跟感性一样，它分成直观的材料、质料和直观的形式。直观的形式，那就是时间和空间。先验感性论里面就是讲的时间、空间问题。只有时间和空间，才是感性里面先天的东西。我们专门要考察这两个成分。那么先天的直观呢，他又称为“纯粹直观”，“纯粹”这个概念是说，把质料的东西排除了以后，一种纯形式的概念。“纯粹”理性批判就是排除了一切后天经验的成分以后，专门来考察这个理性，那就是纯粹理性批判。纯粹的知性或者纯粹的直观都是这个意思，就是排除了感性的东西、经验的东西以后，排除了质料的东西以后。

那么这里还要介绍一个重要的概念，表象Vorstellung，这是很多人在读《纯粹理性批判》的时候感到困惑的一个词，表象究竟是个什么意思呢？表象在康德那里是一个最广泛的概念，无所不包，凡是在我们心中出现的都叫表象。虽然无所不包，但是在康德那里，他又不是把它专门看作他的一个特殊的成分，一个特殊的要素，它不像知性啊、感性啊、理性啊，因为这个概念是一个心理学的术语。心理学的"表象"的概念就是说，凡是在我们的内心"表现"出来了的这样一个"象"，一个东西。德文里面Vorstellung，就是放置在我们面前的意思，凡是放置在我们面前的东西都是表象，这是心理学的术语。就是说，我们内心里面凡是出现了的一个东西，那就叫作表象。所以这个表象呢，它无所不包，它包括感性直观，也包括知性概念，也包括理性的理念，甚至于也包括这些概念的活动，它的原理，反正你意识到你能够把它当作对象来考察的所有的东西都可以称之为表象。自我意识也是表象，红色也是表象，花也是表象，因果性也是表象，上帝也是表象，所有的东西都是表象。它的意思就是说，它在你的内心已经摆在那里了，就是表象。但是它跟"现象"又不一样，我们说在内心呈现的就是现象了，但是它跟现象不一样。在内心呈现的某一种现象，现象Erscheinung，我们有时候翻译成"显现"，它的词根来自于scheinen，就是光照、照射出来。那么现象呢，用康德的话来说，就是指"一切经验性的直观未规定的对象"。经验性的直观就是那种质料，质料在直观中被给予了。我们的五官受到刺激以后，呈现出来了，显现出来了，但还未来得及规定，这样一些表象，我们把它们称为现象，或者称为显现。但是它不是包括所有的表象的，你要注意他这里讲一切经验性的直观“未规定的”的对象，那么规定了的对象，当然也在内心里面显现出来，这些对象一旦被规定，那么这个规定从哪里来呢？这个规定当然也是表象。比如说知性，用范畴，用知性概念对这些现象加以规定了，规定了以后呢，就成了一个“现象界”了。现象界就是被规定了的现象。康德经常用这样一个词来表达，Phänomena这是个希腊文，它也是显现的意思。这个现象本来跟德文这个现象是同义词，但是用希腊文表达出来，康德表达了特殊的意义。在很多场合下，这两个词可以等同，Erscheinung就是Phänomena，但是康德认为Phänomena是已被规定的现象，已被规定的现象还是现象呢，不是说已被规定了，它就不是现象了，但是这跟那个现象有一点区别。所以我们把它翻译成这个“相”，“现相”，这个“现相”要更加抽象一些，它不是形象的意思，它已经有了一定的形相。柏拉图的Eidos，柏拉图的理念，我们很多人建议应该翻译成“相”，它本来就是“相”的意思，看到的形相的意思。所以这个用“现相”来翻译比较抽象一些，更具有确定作用。这是一些相关的术语的介绍，我们要好好记住，不要搞糊涂了。

三、空间与时间

既然先验感性论就是讨论空间和时间这两种先天直观形式的，那么，现在我们来看看，康德的先验感性论对于空间和时间是怎么说的。对于空间和时间，康德分别有两个“阐明”，一个是“形而上学的阐明”，一个是“先验的阐明”。所谓形而上学的阐明，是就空间和时间的概念来一般地加以先天的说明，就是说明空间和时间“是什么”；所谓先验的阐明，则是就空间和时间的认识功能来进行说明，是说明空间和时间在认识上“做什么”。我们前面讲了，“先验”这个词与认识论有关。凡是讲先验的，都是讲在认识论上所起的作用，讲它是如何使得某种对象的知识成为可能的。而形而上学的阐明是抽象地规定空间和时间的概念，如何理解它们，如何将它们与其他概念相区别。这是在先天的层次上讲的，而不是在先验的层次上讲的。就是说，不看它们所构成的对象，单只就它们本身的概念而言，确定它们的逻辑层次，我们首先要在形式逻辑上将它们的含义搞清楚。而先验的阐明则是要涉及它们如何构成有关对象形式的认识，也就是如何使数学成为可能。我们前面讲了康德的“先天”和“先验”的区别，正是从这两个不同的层次，构成了康德的两种阐明的划分。我们先来看看“形而上学的阐明”。

空间的形而上学阐明是规定了四条，其中第一条和第三条是否定性的，说明空间“不是什么”；第二条和第四条是肯定性的，说明空间“是什么”。概括起来说，空间不是后天经验性的，而是先天的；不是概念，而是直观形式。总之一句话，空间是对外部事物的纯粹先天直观形式。康德的论证方式很有特色，他说，你想想看，我们可以设想一个空间中没有任何事物，但是我们不可能设想任何外部事物不在空间中，这就证明了空间先于一切外部事物。他又说，你想想，所有的空间是不是都只是唯一的空间的一部分？空间与空间之间除了处于唯一空间的不同位置外还有什么区别？没有任何区别。所以空间不是概念，空间不是通过推理推出来的，而是看出来的，它只是直观。由此说明，空间只能是先天直观形式。时间的形而上学阐明与此类似，只是多了一个第三条，对时间的一维性、相继性作了描述。但他后面说，这一条已经涉及时间的先验阐明了，它谈到了时间因此是“使经验根本上成为可能的诸规则”。后面在正式讲时间的先验阐明时只是把这一点发挥了一下，说时间的表象是使得“变化”和“运动”的概念得以可能的先天条件。

按理说，空间和时间的“先验阐明”应该分别阐明几何学和算术何以可能的问题。但康德只阐明了空间是使几何学成为可能的先天条件，却没有阐明时间是使算术成为可能的先天条件，而是阐明了时间是使运动变化、也就是自然科学成为可能的先天条件，这里把后面的先验的图型法的内容预先讲了。这表明时间和空间虽然都是先天直观形式，但还是有某种不对等之处，时间所起的作用比空间重要得多。它不能仅仅局限于先验感性论中来讲，而是延伸到了先验逻辑中的先验判断力的图型法中，成为时间图型。[1]所以康德在谈到空间和时间的相互关系时说，空间只是一切外部现象的先天直观形式，时间则是一切内部和外部现象的先天直观形式，因为一切外部现象要成为知识，最终还得归总到内心的时间中来加以安排。所以时间作为“内感官”成为一切现象知识的大总管，它比空间更具有能动性和主动性。时间对空间的这种优势，后来很多哲学家在强调主体性的作用时都要提出来讨论，如柏格森的《时间与自由意志》，海德格尔的《存在与时间》。

康德从这些阐明中所得出的结论，总的来说就是两条。一条是，空间和时间在形成知识的作用上具有“经验性的实在性”，就是说，它们能够使感性知识带上实在性，但只能是经验性的实在性，而不可

1 关于这个问题，还可参看拙文：《康德时间观的困境和启示》，载《江苏社会科学》2006年6期。

能带来独断论的那种“先验的实在性”。另一条是，它们就本身的形式而言只是一种“先验的观念性”，但这种观念性又并不是主观唯心论的那种“经验性的观念性”，例如休谟和贝克莱的那种观念性，而是“先验的”，也就是具有普遍必然性意义的，或者说是“客观的”观念性。康德在认识论上对“客观”有自己的理解，就是指普遍必然的，因而是不能由主观随意改变和违反的。当然另外还有本体论上、自在之物的理解，那是“绝对的客观性”，要区分清楚。空间时间只是感性材料的接受形式，不能把它们视为自在之物本身的形式，否则就会是先验的实在性，将带来虚假的幻相。上述两条，经验性的实在性和先验的观念性，是康德很重要的两个认识论原则，它们又是不可分的，互相支持的。经验性的东西之所以能够获得实在性，是由于空间和时间先验的观念作用而造成的，如果没有这种先验的观念作用，那么经验性的东西就会像休谟所说的那样，成为没有任何规范的一盘散沙，那就永远只是一些知觉印象的碎片，就只能有经验性的观念性，最后将导致怀疑论和主观唯心论。反之，如果把这种先验的观念作用变成先验的实在性，而撇开经验性的内容，那就是独断论，就是把一种“空的”东西误当作实在的东西了。只有将这两方面紧密结合起来，才能形成真正的知识，即具有客观实在性的经验知识。所以康德的这两大原则是他的认识论的根本原则，它不仅适用于先验感性论，而且适用于先验逻辑，适用于自然科学的先验原理和对旧形而上学的批判，在后面的论述中还多次引用为理论依据。

整个先验感性论是为后面要讲的先验逻辑提供前提的，也就是提供先验逻辑能够运用于其上的经验对象。前面讲了，概念无直观则空，但直观如何形成？必须靠空间和时间这两个先天直观形式接受感官的各种杂多，才能够被给予。先验感性论就是讲直观对象如何“被给予的”，如果没有空间和时间中的直观对象被给予出来，则知性的范畴也就没有用武之地了。但反过来说，如果没有知性范畴对这些直观对象加以更进一步的规范和加工，这些直观对象就还不成其为真正的客观对象，而只是用来形成客观认识对象的一些材料。空间和时间对于经验性的材料如感觉、知觉和印象而言，已经是先天直观形式了，但由它们所构成的直观对象对于知性范畴而言，又还只是一些材料，范畴则是加在它们之上使它们成形的一些形式。但知性范畴也不能空转，而必须以它们为前提，才能起作用。

第三讲　康德的认识论：先验逻辑的先验分析论

我们从今天开始讲第三讲。前面我们已经把康德的认识论的时空观，也就是感性论介绍了一下，康德的感性论Ästhetik这个词呢，一般译成“美学”。这里要提醒大家一下，就是这个词本来的意思是“感性学”，但是从鲍姆加通创立德国美学以来，他就把这个词用在关于美和艺术的理论、原理这些方面，Ästhetik就被后人用在“关于美的科学”的意义上面，后来日本人把它翻译成“美学”，我们中国人也跟着把它翻译成美学。但是“美学”这个词的原义就是感性论。那么康德在这里把它的原义恢复了，这个词在希腊文里面就是“关于感性的学说”。康德把它的原义恢复以后呢，用在他的感性认识的理论这方面，不再是“美学”的意思了。这个要提醒大家。有的人不太熟悉的，在翻译外文资料的时候，碰到康德的Ästhetik，就把它翻译成康德的“美学”，其实是翻错了的。康德的Ästhetik应该翻译成康德的“感性论”。康德的美学有另外的一些说法，当然偶尔他也用这个词来谈美学，那是根据约定俗成。但是一般地来说呢，他的Ästhetik就是认识论意义上的“感性论”。

一、知性及与理性的关系

那么我今天要讲的呢，就是康德认识论的第二个层次，范畴及其原理，或者说他的范畴论。康德的范畴论是很著名的，在康德看来范畴论主要是关于知性的学说，它跟感性的学说相比是更加提高一个层次了。我们通常讲感性认识和理性认识，在康德那里，我们通常讲的理性认识就是他的知性Verstand。当然还有理性，我上次讲到的Vernunft。这两个词，一个我们把它翻译成知性，一个翻译成理性。当然通常的译法呢，把它们看成是差不多的，都是理性。知性有时候翻译成理智、理解，理性呢，有时候也翻译成理智。都是差不多的词。但是康德把它们区分开来了。就是说知性和理性处在两个不同的阶段，理性是更高的阶段。但是康德有时候呢，又把这两者通称为理性，或者把知性也称为理性。纯粹理性批判其实严格说起来应该是纯粹知性批判。当然知性也属于理性的范围，属于高级认识能力，所以也可以称为纯粹理性批判。那么感性属于低级认识能力、初级认识能力。或者说，感性在认识中是一种接受的能力，知性和理性才是一种认识能力。那么范畴论以及范畴论的原理，也就是知性的原理，它们都属于知性的范围。在这个范围里面呢，它是解决自然科学知识何以可能这样一个问题。感性论是解决的数学何以可能，我上次讲到数学的时空，使得几何学和算术得以可能。由于有时空的接受能力，先天的接受能力，先天的直观形式，所以使得几何学和数学呢，建立起来了。那么在今天讲的这一个部分呢，就是说范畴及其原理使得自然科学得以建立起来了。所以这一部分呢，在康德的先验逻辑里面它是属于知性的学说。先验逻辑跟先验感性论相比呢，显然是更高的层次了。我们从感性那里接受了经验材料以后，我们就要通过逻辑来把知识建立起来。你光是感性材料那还不成为知识啊，你还必须要有一整套先天的逻辑形式，把这些经验材料建立为我们的自然科学知识。或者说，我们通常讲，光是数学还不能算严格意义上的知识。我们还必须把数学运用到自然界。如牛顿的“自然哲学的数学原理”，数学必须用到自然哲学方面，才能形成自然科学的思想。真正的严格的知识，就是自然科学的知识，有关经验对象的知识，这就是严格意义上的知识了。

那么先验逻辑呢，也分两个部分，先验的分析论和先验的辩证论。知性是属于先验的分析论所讨论的问题，也就是自然科学何以可能的问题。那么，另外一部分是先验辩证论，我们下一次才讲的，它属于理性的更高层次的问题。知性和理性属于不同的层次，那么理性是更高的，但是理性由于它最高，所以呢，它想试图以此来建立形而上学的那种努力呢，就会遇到辩证论的麻烦。所以这是先验逻辑的第二个部分先验辩证论所要解决的问题，就是这些麻烦怎么解决。但是那是理性所要解决的问题的领地。先验分析论主要分析我们现有的牛顿物理学的知识体系，从里面分析出那些先验的成分。知识已经在这里了，你不可否认，休谟想要否认这些知识，那是徒劳的，那是没有用的。所以他不跟休谟去争论究竟有没有知识。我们的知识已经有了，大家都公认，但是我们的任务呢，是要分析它何以可能，从里面分析出它何以可能的先天条件。这是我们哲学家的任务。所以严格说起来，康德和休谟并没有正面交锋。休谟已经把知识摧毁了，也有道理呀。那么你要把知识重建起来，你得去驳斥他呀。但是休谟作为一个怀疑论者，是没有办法驳斥的。一个真正的、彻底的怀疑论者，是没有人可以驳斥的。他反正都怀疑一切，一切都是存疑，你拿不出真实的根据。所以康德要解决这个问题，他所采取的办法呢，是不跟它正面冲突。就是说，你否认牛顿物理学的可靠性，我们现在不跟你争，我们现在已经知道它可靠了，欧几里得几何学已经可靠了，数学已经可靠了，物理学已经可靠了，那么我们主要是解决，它到底是何以可靠的，它的可靠性的根据何在？那么我们就要从这些现实可靠的知识里面去把它的前提分析出来。这就是先验分析论，为什么叫分析论，就是这个意思。它所要解决的问题就是自然科学知识的可靠性根据。

二、先验逻辑

那么首先我们就要把先验逻辑的概念搞清楚。什么是先验逻辑？我们通常都知道，逻辑就是指形式逻辑。但是康德提出来一个先验逻辑。先验逻辑跟以往讲的形式逻辑是不一样的。以往讲的形式逻辑，康德也称之为逻辑。而且，一般来说当他讲逻辑的时候，就是指的以往的形式逻辑。但是以往的形式逻辑跟他新提出来的这种先验逻辑有什么区别呢？他认为，以往的形式逻辑是一种普遍的逻辑，die allgemeine Logik，有的人也翻译成“普通逻辑”，其实严格说来不太准确。应该叫普遍逻辑。为什么叫普遍逻辑呢？就是它能够运用于一切事物，一切对象，能够运用于任何真的、假的、设定的、幻想的、甚至于没有对象的这样一些事物之上，这样一些表象、这样一些观念之上。比如说，你写一篇小说，写小说也要合逻辑呀。你发表一篇演说，这个演说也要合逻辑呀。你下棋，下棋也要有逻辑思维。做游戏，也要有逻辑。打牌，这都需要有逻辑。形式逻辑就是无所不包，凡是人们思考、动脑子、讲话、幻想、甚至于做梦——我们通常讲那个梦不合逻辑，但是在梦里面，其实在每一处都是合逻辑的，都有逻辑在里面，不过它是跳跃性的，一下跳到这里，一下跳到那里，所以总体上看，好像不合逻辑——反正形式逻辑是无所不包。人们凡是要思维，就必须用到它。所以通常称之为工具，形式逻辑是人们思维的工具，或者说是一种技巧，一种技术，告诉我们正确思维的一种技术。所以它在这方面具有无所不包的普遍性，叫作普遍逻辑。但是先验逻辑不一样，先验逻辑没有这种普遍性。

我在上一次讲到了先验和先天的区别。形式逻辑是先天的，任何思维都有先天的成分在里头。但是先验逻辑除了它也是一种先天的逻辑，——逻辑当然是先天的，——但是先验逻辑呢，它还要考察我们有关对象的思维，我们的思维跟对象的关系，究竟如何才能合乎逻辑，我们的思维跟对象的关系，如何才能够获得真理。这就是它跟形式逻辑的区别。形式逻辑不管对象，一切对象它都适合。假的对象它也适合，子虚乌有的对象它也适合。我讲一个神话故事，也要合乎逻辑，它也要用逻辑。但是那个神话故事没有那个对象，孙悟空、猪八戒都没有，但是我讲得很合逻辑，所以形式逻辑不管对象，它不管大前提嘛，它不管有没有猪八戒。你给我一个猪八戒的概念，我就可以按照猪八戒的逻辑来写出一篇小说。它不管大前提，所以它是普遍的。但是先验逻辑要管对象，它不是直接管，当然就逻辑本身的概念而言，它是不管对象的。但是它涉及对象，就是这个对象的知识何以可能。有关一个对象的知识，我们要形成它，那么如何才能形成有关对象的知识，它必须遵守一些逻辑规范。这个就是先验逻辑所要探讨的问题。所以我们讲，形式逻辑它是不管真理性问题的，它只管正确性问题。什么叫真理性问题？真理性问题就是思维和存在的关系，主观和客观的关系，形式逻辑不管。形式逻辑只管主观能够不矛盾，正确思维，保持不矛盾律、同一律、概念的同一性，那就够了。但是先验逻辑呢，它要考察你这个概念如何才能够与对象相符合。当然以往的认识论要解决这个问题通常的办法就是，肯定对象是在那里的，我们的观念呢，要紧贴对象，就可以跟它相符合。但是，康德的先验逻辑呢，把这个关系颠倒过来了。就是说，不是我们的观念去符合对象，而是对象要符合我们的观念。

这个说法听起来很怪，对象怎么可能主动来符合我们的观念呢？这涉及康德对对象的一种特殊规定。就是对象是双重的，一种是物自体，另外一种是现象中的对象，我们所知的对象。物自体不是我们所知的，我们所知的对象都是现象。而这个现象中的对象是离不开主体的，或者说，它是由我们的主体所建立起来的。所以它当然要符合我们的主体了，它当然要符合我们的先验逻辑，才能成为对象。所以，康德把这个问题颠倒过来以后呢，他就认为，不是我们的观念符合对象，而是对象符合我们的观念。这就叫作认识论里面的“哥白尼式的革命”。他打哥白尼这个比方，哥白尼当年提出来，不是太阳围绕着地球在旋转，相反是地球围绕着太阳旋转。他把那个世界观、宇宙观整个颠倒过来了。那么康德认为，他在认识论里面也造成了一场哥白尼式的革命。不是我们的观念符合对象，而是对象本身是由我们的观念所建立起来的，它要符合我们的观念，符合我们的先验的逻辑。我上次讲到了先验的观念性和经验性的实在性，经验性的实在性是由先验的观念性所建立起来的，客体的实在性是由主体的观念性所建立起来的。这就要发挥主体的能动性。当然一旦建立起来以后，我们的观念也就符合这个对象了。它们互相符合嘛，所以他并没有否认传统的真理观，就是主观符合客观，他并没有否定这一点，但是他把主观之所以符合客观的原因归结为这个客观本身是由主观建立起来的。首先是由于客观符合主观，所以我们的主观才符合客观。这就是他的哥白尼式的革命。在认识论里面呢，他做了这样一个颠倒。这跟形式逻辑不一样了，形式逻辑不管认识论的问题，只管正确性。那么先验逻辑呢，它是要管认识论的。前面说过，凡是我们遇到“先验”这个概念的时候，我们就要想到，它涉及认识论，也就是思维和存在的关系问题，主体和客体的关系问题。所以它是要管真理性的。先验逻辑里面的先验分析论，康德又把它称为“真理的逻辑”，它属于认识真理的逻辑。那么先验辩证论则是属于“幻相的逻辑”，即避免谬误的逻辑，这是我下一次要讲的。这是先验逻辑的两个区分。

那么先验逻辑的特点呢，它既然是认识论，所以呢，它就具有综合性的特点。形式逻辑的特点是分析性的，形式逻辑讲分析，就是说，一个概念你要保持它的概念的清晰，要经得起分析，不要出现矛盾，这就够了。所以我们今天有分析哲学，因为分析哲学注重形式逻辑，和由形式逻辑发展出来的数理逻辑。那是一种分析哲学。但是康德的先验逻辑是一种综合逻辑，它要涉及对象，要把主观和客观综合起来，它不是在主观概念里面进行分析就完了，它要把主观和客观，要把对象综合起来，要通过综合来建立一个对象。这就是先验逻辑的使命。所以康德把先验逻辑的任务做了这样的规定。他说，先验逻辑就是要确定知识的来源、范围和客观有效性。所谓先验逻辑的使命，它跟形式逻辑不同，它是要确定知识的来源。知识从何而来？知识如何才能够建立起来？它的范围——也就是说什么范围之内才叫知识？当然后来康德指出，只有在经验的范围之内才叫知识。超出经验的范围就不能叫知识了。关于上帝的知识，关于彼岸、来世的知识，那都不叫知识了。关于知识的来源、范围和客观有效性。客观有效性也是必须限制在经验的范围之内，经验性的实在性才是客观的，才是有效的，先验的实在性则是不可能的。

所以，形式逻辑和先验逻辑不同，形式逻辑的特点是工具主义，被当作一种工具。我们知道今天的逻辑实证主义也是把逻辑当成一个工具，用逻辑去实证，在经验的材料里面去加以整理。那么逻辑本身呢，就是一种工具。但是在大陆理性派那里，逻辑本来也不是一种单纯的工具，而是世界的结构。理性派对逻辑的看法跟经验派对逻辑的看法是不一样的。经验派认为逻辑是一种工具，它跟对象世界不需要一致，是两码事。对象是经验，是感觉，感觉怎么能用逻辑来加以分析呢？感觉本身是不合逻辑的。不过逻辑经验主义认为，经验和感觉又离不了逻辑，所以逻辑成了一种外在的工具，就像我们拿一个锤子去钉一个钉子，去修理一个对象，这个锤子的结构不必跟那个对象的结构相一致，工具和工具所作用的对象，不必是同样的结构。这就是工具主义。我采用间接的工具去达到那个不同的目的。但是理性派的逻辑观呢，认为所谓形式逻辑实际上就是世界的结构，它不是我们采用的工具，或者说，我们之所以能够采用它作为工具，是因为它实际上是世界本身的结构。这种逻辑观，我们把它称为本质主义。本质主义的逻辑观，就是把世界的结构看成是逻辑的，世界的存在不是以一种经验的、感性的方式存在，而是以一种逻辑结构的方式存在，这是理性派的观点。以往人们对于形式逻辑就有这两派观点。

那么康德的先验逻辑呢，试图在这两方面之间采取中间道路，既不是工具主义的，也不是现成的、那种本质主义的。我们的先验逻辑既不能当作一种工具论，好像我拿着这个工具我就可以来用在一切对象上面，包括用在上帝的证明啊，用在证明灵魂的不朽啊，用在世界整体啊，用在神话故事啊，或者用在下棋、打牌啊，先验逻辑不是起这个作用的。所以它跟形式逻辑相比呢，它不是一种普遍的逻辑，它没有那么普遍。它只是考虑科学知识，有关经验对象的知识何以可能。普遍逻辑就是形式逻辑，先验逻辑呢，它是专门要考察我们有关对象的知识何以可能。它既不是工具。又不是对象世界本身的客观结构。那么它是什么呢？它是我们建立起对象世界客观结构的一种方法。那么既然是方法，当然也有工具的意义在里头，但是呢，它同时又具有世界结构的意义。就是一旦建立起来，那么这个经验世界里面，肯定有它的作用在里面。我们关于对象世界的知识里，肯定有它的结构在起作用。我们把这个对象世界，看作包含有它作为一个骨架——这种逻辑骨架而建立起来的。但是它跟本质主义的逻辑观不同，就是说这种逻辑结构并不是客观世界固有的，而是我们建立起来的，是我们主体能动地建立起来的。我们所看到的这个现象世界在我们没有整理它之前，它只是一大堆经验的杂多表象，它本身里面好像没有什么逻辑结构，是我们用逻辑去整理它，使它形成了一个对象。一大堆杂多表象还不是对象，它没有对象性，我们可以把它看作是主观的一些表象，就像休谟所讲的，知觉、印象、感觉，就是这一大堆东西。它还不成为对象，它还仅仅是主观的，只有经验性的观念性，还没有实在性嘛。所以休谟的怀疑论陷入一种主观唯心主义嘛。我们的经验性的表象都是我们主观中呈现出来的东西，没有客观性。但是有了先验逻辑，就可以把它们整理成一个具有客观性的对象。当然这个客观性是现象的，不是物自体。但它有客观性。它是不以人的意志为转移的。你想要它这样或者不这样，那是做不到的，它有它自身的规律。但是这个自身的规律还是我们主体先天建立起来的。

所以康德对客观性的解释，也跟以往不同了，他所讲的客观性，除了讲物自体是客观的这一层意思以外，还有一层更重要的意思，就是我们的知识具有一种普遍必然性。他讲的客观性可以理解为普遍必然性，在认识论上，在人的知识里面，当他讲到客观性的时候，实际上是一种普遍必然性。这种普遍必然性呢，是由我们的先验逻辑所建立起来的，它是先天的嘛，放之四海而皆准。当然必须是面对经验自然对象。任何一个自然对象，只要是自然的，只要是客观的，我们就可以设想，它必然会具有某些特点。比如说，凡是发生的事情，都有原因。我在后面还要专门讲一讲因果性的问题，就是因果性可以说是一个具有普遍必然性的概念。放之四海而皆准，没有一件事情可以逃出它，无一例外，逃不出因果性，逃不出实体性，逃不出量、质这样一些范畴。那么既然这样，那我们就可以把它看作是客观的。这种客观是由我们主观建立起来的，但是呢，它不是你可以随便改动的。比如说有一件事情，你说这件事情恐怕例外，恐怕它是没有原因的。你这样说，就说明你没有受过基本的自然科学的常识的教养，没有教养的人才会说这样的话的。凡是有过自然科学知识的教养的，都会肯定，如果哪里发生了一件事情，那肯定是有原因的，哪怕他没有看到。为什么还没有看到他就可以断定它是有原因的呢？就是因为原因这个概念，是普遍必然的，具有普遍必然性。这种普遍必然性从哪里来？就是从先验逻辑来。所以，先验逻辑是一种先验的观念性，但是呢，它跟经验性的实在性是分不开的。经验性的实在性就是由这种先验性的观念性所建立起来的。所以你很难说他的这个东西到底是主观的还是客观的。这个一般地来说很难，因为主观客观的概念在康德这个地方呢，被他搞得非常复杂，很多人说被他搞乱了。我们通常说的主观客观的概念很简单，客观就是自在之物，就是现象后面的那个客体。主观就是呈现在我们主观表象里面的那些东西。但是现在康德把这个客观的概念双重化了，自在之物他也承认，但是那个客观我们没有办法知道。从认识上来说，我们所能知道的客观就是我们主观所建立起来的客观。我们一旦建立，它就不以我们的意志为转移，我们就认为它是普遍必然的，任何事物都逃不出它，它对我们形成了一个所谓的对象。"对象"这个概念也是双重化的，就认识范围之内讲的对象，那是不以人的意志为转移的。你想要改变它，没那么容易。你想要说一个事物是没有原因的，你想要说一个东西是没有实体的，或者一个实体是没有偶性的，没有性状的，没有属性的，那都不行。你先天地已经注定了必须要按照这一套逻辑思维来考察你的对象。在这个意义上，这个对象就是客观的。

所以有的人讲，康德讲的客观实际上就是我们讲的主观。也没错。他的现象中的对象，现象中的客体，实际上是我们主体建立起来的，归根结底是主观的。但是这个主观不是我们可以随意改变的后天的主观，而是先天的主观，先天定下来的主观。所以这个先天的框架呢，你可以说它是一个客观的框架，不能改变嘛，只要你一认识，你就必须受到它的限制嘛。所以这个先验逻辑呢，在这个意义上面来说，它是建立起客观性的一套根本的逻辑。那么这一套逻辑跟形式逻辑当然不一样，形式逻辑不管对象，它只是自身有一套逻辑规律。但是为什么先验逻辑也叫作逻辑呢？既然它跟传统的形式逻辑不一样，它为什么也叫作逻辑？在康德看来，先验逻辑也好，形式逻辑也好，它们都是人的一种知性能力的表现。形式逻辑是人的知性在形式上运用的表现，把人的知性仅仅限于形式的运用。那么先验逻辑就不仅仅是形式的运用，它还要顾及对象，顾及有关对象的知识，真理性问题。但是它们都出于同一个知性，它们都是出于同一个知性能力。那么正因为如此，知性能力在它的形式层面可以表现为形式逻辑，在它的内容层面可以表现为先验逻辑。知性当它顾及内容方面的时候，它就要按照先验逻辑来运作。所以这两者有一种亲缘关系。不仅仅有一种亲缘关系，而且呢，它们的结构都是一样的。也就是说，所谓的先验逻辑不过是把形式逻辑的那一套结构加之于对象之上，去考察它如何能够加之于对象之上而形成起来的。

三、从判断分类中引出范畴

那么，我们从形式逻辑里面，也就可以理清先验逻辑本身的结构是一种什么样的模式。所以，康德把形式逻辑称为先验逻辑的一条“线索”。我们要寻找先验逻辑的线索，首先要到形式逻辑里面去寻找。康德对形式逻辑是很熟悉的，他教过形式逻辑的课，他用沃尔夫派的那个国家规定的统编教材《逻辑学》给学生上过课，虽然上的时候还一边上一边批判，但是他还是按照那个框架上下来，只不过加上了他自己的先验逻辑的理解。所以形式逻辑虽然跟先验逻辑不同，但是先验逻辑要从形式逻辑里面引出来。先验逻辑表现为一系列的范畴，那么这些范畴从哪里引出来呢？要从形式逻辑的判断里面引出来。我在上一堂课讲了，判断是康德非常看重的，判断是一切知识的细胞，，所有知识首先必须要构成判断，才能称之为知识。当然也可能是错误的，一个判断不一定就是一个知识，但是一个知识必定以一个判断的形式出现，在形式上你必须要构成一个判断，才叫知识。那么，从形式逻辑的判断里面，康德引出了先验逻辑的诸范畴。怎么引出来的？我们首先要看一看形式逻辑的判断，康德是如何对它进行分类的，因为康德是从每一类判断中引出了一个相应的范畴。康德首先提出来了一个形式逻辑的判断的分类表，从这个判断分类表里面呢，他引出了先验逻辑的范畴的分类表，这是我们马上要接着讲的。

那么什么是判断的分类？我们可以把一切判断分成这样的四大类。这四大类分为量、质、关系和模态判断。每一大类里面呢，又分成三个一组。量的判断里面分成全称判断、特称判断和单称判断；质的判断里面呢，分为肯定判断、否定判断和无限判断；关系的判断里面呢，分为直言判断、假言判断和选言判断；那么模态判断里面呢，分为或然判断、实然判断和必然判断。这大体上是遵照形式逻辑的一种划分。当然跟传统的形式逻辑相比，跟亚里士多德的划分相比，有一些改进。传统形式逻辑一般来说，是两分法，不是三个，一般都是两个。比如说，量的全称判断和特称判断，在传统形式逻辑里面，它就没有单称判断。那么，肯定、否定和无限呢，在传统形式逻辑里面，就没有无限判断。那么关系判断里面呢，就有很多，除了直言、假言、选言以外，还有肯定和否定，也是属于关系。有条件的判断和无条件的判断，也是两个。再就是简单判断和复合判断，等等，这都属于关系判断。传统形式逻辑里面，都把它们划到关系判断，搞得非常的乱，非常的复杂。那么康德排除了旧的划分，干脆提出来，所谓的关系判断，就是这三个，直言的、假言的和选言的。直言判断在传统形式逻辑里面是简单判断，假言的和选言的呢，在传统形式逻辑里面就是复杂判断，因为它不光是一个判断，而是有两个以上判断组合成的。假言判断就是说，如果怎么样，那就怎么样。选言判断就是说，不是A，就是B，二者必居其一，或者A、B、C三者必居其一，或者数者必居其一。这就是选言判断。康德作了改进，废除了简单和复杂判断的区分。那么，模态判断中的或然判断、实然判断和必然判断在传统形式逻辑里面研究得非常的弱，在亚里士多德那里只提了个影子，没有去专门研究，一直到现代，像卢卡西维茨——波兰的一个逻辑学家——在二十世纪才提出来建立一个模态逻辑，这就发展出一套崭新的思想。它是从亚里士多德那里引申出来的，但是在亚里士多德那里讲得很含糊，所以说，逻辑学界认为当时那是一种不成熟的想法。那么康德呢，第一次把它条理化了，把它定型化了。他把或然、实然和必然——或然就是可能性——可能性、现实性和必然性，把这三个判断呢，看作是认识发生的三个不同的层次。首先这个东西要有可能你才能去想它，然后可能了是不是实然的呢？是不是现实的呢？然后这个现实是不是必然的呢？这三个是有不同层次的。总而言之，康德用四大类、三分法来整理了传统形式逻辑的判断分类表。

这个判断分类表分为四大类是有它的讲究的。为什么分成四大类？因为每一类在一个判断里面着重于不同的方面。我们通常讲的一个标准的判断，比如说任何一个判断A是B，它就有一个主词“A”，有一个谓词“B”，还有一个系词“是”。系词在中间联系两端。那么量的判断是着眼于主词的量的外延：是全称的呢，还是特称的呢，还是单称的呢？有多少？我们通常讲，“所有的人都是有理性的”，那么这个“所有的”就表现出我们重视主词的量的外延。或者说，“有些人是有理性的”，也是注重于主词的外延。那么质的判断则不同，质的判断注重于谓词，因为谓词是描写一种性质嘛。所以，质的判断是注重于谓词的性质，这个性质是肯定的呢，还是否定的？有没有这个性质？或者呢，它就是一种无限的性质，不限定的性质，就是既不是肯定的，它不是否定的。那么关系的判断呢，是注重于主词和谓词的关系。为什么叫“关系判断”呢？就是它注重于主词和谓词的关系。直言、假言和选言，它们相互之间是一种简单的关系，还是一种条件的关系，还是一种任选的关系？模态呢，它注重中间那个系词，系词的状态。你说A是B，那么这个“是”就有不同的含义了，它是可能是，还是真的是、实在是，还是必然是？它注重这方面。那么这种解释，在康德那里呢，实际上已经不单纯是形式逻辑的立场，我们讲形式逻辑根本就不管对象嘛，不管客观事实究竟是怎么样的，它只管逻辑上不矛盾，只管正确性而不管真理性。但是康德的这番整理恰好是出于一种认识论的考虑，为了适合于认识论的运用，所以它已经是用一种先验逻辑的眼光来看待形式逻辑，来改造形式逻辑，以便使形式逻辑能够成为先验逻辑的一个引线，从这里我们已经可以看出这个苗头了。

四、范畴表

关于范畴表，先验逻辑的范畴表是从形式逻辑的判断表里面引申出来的。那么范畴在康德看来呢，属于纯粹知性概念，这个概念是从判断的形式里面引出来的。判断的形式只是抽象的形式，可以用在任何事物之上，但是范畴呢，它跟判断的形式不同的地方，就在于它是用在经验对象上的。它不能用在别的地方，不能用在上帝身上，不能用在灵魂身上，不能用在无限的宇宙身上，它必须用在经验对象身上。所以，我们可以把范畴看作是形式逻辑的判断形式当它局限于用在一个经验对象之上的时候，它必须表现为这样一种概念，这就是纯粹知性概念，也叫作范畴。所谓范畴，Kategorie，它的概念是亚里士多德提出来的，这是一个希腊词。亚里士多德提出来十个范畴，包括实体啊，偶性啊，时间啊，空间地点啊，运动啊，状态啊，等等。一共有十个范畴。但是康德对亚里士多德的范畴表不太满意，就是说，他这十个范畴是经验地搜集到的、碰上的。他要找范畴，就到语言里面去找，我们说话的时候经常用到的哪些概念，他就去搜集。搜集到了十个，后来发现不够用，又提出来另外五个后范畴加以补充。但是实际上还可以补充，你还要继续不断地去搜集。因为经验的东西总是无边无际的，是偶然碰上的。

但是康德对此不满，他认为范畴既然是知性的一些纯粹的概念，它就必须要有逻辑性，必须要有体系性。什么叫知性的纯粹概念？知性的纯粹概念跟一般的经验性的概念不一样。我们通常讲的概念，比如说动物的概念，马的概念，生物的概念，这样的概念，它都有它的概念的一定的范围。动物的概念就不能运用于植物，生物的概念就不能运用于矿物，它有它一定的经验的界定。那么有没有一个概念它可以运用于所有的经验，运用于万物呢？如果一切事情都具有这样普遍性的概念，那么这样的概念就叫作范畴。中文里面呢，把它翻译成范畴是取自于《尚书》里面讲的“洪范九畴”。“洪范”就是洪大的范围。如果有一个概念它的范围达到无所不包了，那么这个概念就是范畴。概念和范畴本来没有什么很大的区别，但是范畴是指那些最普遍的概念。它从亚里士多德来，但是呢，康德对它进行了改造。就像他对于判断的分类也进行了改造一样，那么在范畴表上面呢，他从判断分类表里面引申出他的范畴表。我刚才讲了这个判断分类表是有逻辑关系的，它从一个最根本的典型的范畴A是B，一个注重A，一个注重B，一个注重A、B的关系，一个注重“是”的状态：只有这四种，穷尽了，再没有别的判断类型了。所以它是一种逻辑关系，这四个层次呢，是具有一种逻辑关系的。那么范畴表也应该有这样的逻辑关系，它才成体系。所以康德认为，他提出的这个范畴表，是无所不包的。所有的范畴都在这里头了。当然你还可以搜集出很多经验的范畴，你可以在经验中再搜集其他的范畴，但是你一旦搜集起来，你看看，它们肯定都能归属于这个范畴表的体系的某一项之下，逃不出这个范畴表的。

所以他这个范畴表呢，是一张人类认识之网。我讲过，人类认识就像一个网络，用这面认识之网去捕捉经验的材料，这样呢，我们才能构成我们的知识体系。这个网络有其固定的纽结，有它的规范，有它的格式，这些范畴呢，就是网上的纽结。它在那个位置上，它是不动的，但是我们用它可以捕捉那些千变万化的经验事物，来形成知识。那么这个范畴表的网络呢，它也是按照判断表的分类方式分成量、质、关系和模态，我们也可以把它列一下，分成这样的三四一十二个范畴。当然后面这两排范畴不是一个一个的，而是一对一对的。实体和偶性，原因和结果，互为因果，还有可能性和不可能性，现实性和非现实性，必然性和偶然性，它们是一对一对的范畴。所以我们讲康德的十二个范畴，但是实际上不止十二“个”，可以说是十二“类”范畴。前面两排呢，是一个一个的，被称为“数学性的”范畴，后面两排呢，被称为“力学性的”范畴。为什么叫作数学性和力学性的呢？就是说，这四大类范畴，两两相对，它们不太一样，层次上也不太一样。就前面两大类来讲，一个是讲量，一个是讲质。也就是说，它们都是针对某个对象，来考察它的量上面有多少，有多个呢，还是只有一个呢，还是所有的都在这个地方？再一个是考虑它的质，它是实在的呢，它有实在的内容呢，还是它空空洞洞的，没有什么内容？它很稀薄，它的内容很少，还是限制性，就是说它在实在性和否定性之间，它既不是完全充实的，又不是完全空洞的，而是有一种限制的度？在质的方面，康德主要考虑一个事物的程度。比如说一个红色的东西，红到什么程度，它很红，非常的红，红到什么程度？一种温度，它高到了多少度？我们今天的气温达到了27度，有一点像夏天一样了，我们用这个度来衡量它的充实性的程度。这个度是一种限制，它既不是完全充实，也不是完全虚空。它是在充实和虚空之间某一种程度。

康德对质的这样一种看法呢，是一种自然科学的看法。我们知道近代自然科学把所有的质都还原为一种程度，还原为量，“定量分析”嘛。不但定性，而且还定量分析自然科学的对象。最重要的是定量分析。定性呢是一个入门，你知道这个东西的性质了，然后我要问你有多少程度，你能不能给我做出一个数学模型出来，能够给它进行定量分析。这就是一直到当代的实证科学、精密科学所要求的。性质没办法定量，但是呢，我们可以用量的眼光定它的程度，可以把它在程度上面加以规定。在程度上规定也是定量，是另外一种定量，在质的方面定量。所以，程度是质和量的统一。后来黑格尔的三个范畴就是，一个质，一个量，一个度。这在康德这里已经有了。所以康德把质称为内包的量，把量称为外延的量。外延的量和内包的量都是量，这就是科学的眼光。科学其实是不管质的，只要你把量定好了，它的那个质是科学不太关心的了，它就把它撇开了。所以后来康德要提出美学，来考察被科学所撇开了的那些质。比如说，一个红色美不美啊，漂不漂亮啊，这些东西没有办法用科学定量，所以只好用美学来加以规范。它涉及人的心理上的一些感觉和情感。但是总而言之，前面两个呢，都是属于数学性的范畴。为什么叫数学性的范畴？它们都属于数学定量的范畴。而且呢，它都是针对一个一个的具体的事物或对象。

那么后面两排呢，它们属于力学性的范畴，就是说，它们所处理的不是一个一个对象，而是诸多对象之间的一种关系，一种作用。实体和偶性，实体是一个现象，偶性是另外一个现象，这个偶性，是那个实体所表现出来的。这就是两件事情了。在现象中，有两个表象了。太阳的光，太阳的热，我们说是太阳表现出来的，我们的太阳是一个实体，太阳的光照在大地上面，是另外一个现象。我们看见了太阳，我们还看见了太阳所照耀的山川树木、水的反光。但这两种现象之间有关联，所以它又不是针对某一个对象来考察它的量啊，质啊，而是从一个对象上面考察到它跟另外一种现象之间的关联。因果性更加是如此，原因和结果，是两个东西，两种事物，两个现象，哪怕是一个现象，它也是表现为两种现象。一个事物表现为两种现象，原因，或是结果。协同性，多个现象相互之间的关联。协同性有的人翻译成交互性，我们把它翻译成协同性。实际上交互性不光是交叉在一起，而且是要互相协调起作用。模态也是，可能，或不可能。可能性相对于不可能性而言，它有可能性；相对于不现实而言，事物有现实性；相对于偶然性而言，事物有必然性。这些都是属于物与物的关系，现象与现象的关系，它不是像数学性的范畴那样，只是针对某一个具体的东西的，它的面更广。所以这些力学性的范畴呢，层次更高。但是它的基础呢，还是那些数学性的范畴。

那么这些范畴呢，它们跟判断表是一一对应的，单一性对应于全称判断，多数性对应于特称判断，那么全体性对应于单称判断。这里头有一点不太明白，就是说，按道理全体性应该对应于全称判断，单一性应该对应于单称判断，为什么倒过来了呢？康德自己也有犹豫。他在他的

《反思录》里面，以及他的私下的笔记里面，曾经有一度呢，是把它倒过来的。全称性判断对应于全体性。单称判断呢，对应于单一性。但是后来又把它改过来了。那为什么要改过来？这里头有一点很有意思的关系。就是说，你从形式逻辑本身的角度来看，当然应该是单一性对应单称判断，全体性对应全称判断，从形式逻辑本身的角度看应该是这样。但是如果你从先验逻辑的角度看，情况就会反过来，这里有一种辩证的关系在里头。就是说，所谓全称，它对应于单一性，全称就是所有的东西都在这里了，你把它当作一个对象来看，你把所有的东西当作一个对象来看，从先验逻辑的对象的角度来看，全称性应该对应于单一性。它有一个单一的东西，贯穿在所有的东西里面。单一性在先验逻辑的眼光之下呢，它不仅仅是一个东西的意思，而是一个普遍的东西的意思。单一性这个概念很有意思的，我们通常讲的要统一，要统一这个概念包含两层意思，一个意思呢，就是所有的东西都包含在内；另外一个意思呢，就是要由一个人来指挥。统一性本身就包含两个意思，一个是没有遗漏，统一嘛，统在一起，没有遗漏，都要在里面，就是全称。但是另外一个意思，要统一指挥，统一步调，要像一个人一样，那就要由一个人来指挥。所以它有另外一层意思，就是贯彻在所有的各个部分里面，它是同一个原则。康德曾经举例子，有两种不同的单一性，一种呢，就是单个的一个东西；另外一种呢，就是贯彻在所有东西里面的那种抽象的东西，抽象的原则。比如说讲故事，故事不能是散的，东拉西扯的，你必须有一个同一的主题，贯穿在你所讲的故事里面。你是讲的同一个主题。你演一出戏，从头至尾，它都是统一于同一个主题。亚里士多德提出来所谓的戏剧的统一性嘛，“三一律”，后来人们把它归总为三一律，演一场戏都要符合时间、地点和情节的统一。这就是它的主题。你一场戏不能有两个主题，有两个主题就散了，就缺乏震撼力了，就缺乏艺术性了。但是这个戏又不是单个的一个人出现一下就完了，它有很多很多人物，很多很多情节。但是里面贯穿一个单一的原则。所以当你要涉及对象来理解，而不是单纯从形式上来理解的时候，你的全称性呢就对应于单一性。怎么样才能全，才能清晰，必须用一个原则才能把所有的东西概括起来。概念就是这样的。概念之所以是普遍的，就是因为它是单一的，它是清晰的。它是一个概念，在所有事件里面，它能够普遍地贯穿下来。那么单称也可以看作是全体的，单称判断也可以看成是全体的。它是两个含义交织在一起。所以呢，从形式上来看是这样的，从内容上来看，从先验逻辑的角度来看，它就会倒过来了。还有一些其他的说明，像这个无限判断对应于限制性范畴的关系，选言判断和协同性之间的关系，也有些新的思想，因为时间关系呢，这里就不具体的地深入了。

所以康德是在对传统的形式逻辑进行了一番改造以后，从里面引出了他的先验逻辑的范畴表。在先验逻辑范畴表里面，正像在形式逻辑的判断表里面一样，所有的第三个范畴，都包含有康德自己的特殊的创见。就是从他的先验逻辑这样一个新型逻辑来考察形式逻辑探讨的那些问题。那么这个范畴表的这样一些范畴，我刚才讲了，它们其实就是形式逻辑那些判断当它关注于有关对象的真理的知识的时候，形成起来的。它其实不是另外提出来的，它就是从判断分类表里面引申出来的。怎么引申出来的呢？就是说，在判断分类表中形式逻辑不管对象，不管大前提。但是如果它这一套形式，当你把它用来专门关注对象的知识的时候呢，它就形成了范畴。范畴其实已经包含在形式逻辑的判断里面，每个范畴包含在形式逻辑的相应的判断形式里面，只是没有被挖掘出来。一旦被挖掘出来，这些形式逻辑的判断形式，当然也就被运用于对象了。那么当它运用于对象的时候，它就会体现出范畴了。比如说我刚才讲的全称判断，当它运用于对象的时候，它就体现出单一性范畴。特称判断，当它运用于对象的时候，它就体现多数性范畴。其他的判断也是如此，都是在考察一个判断的形式专门运用于有关对象知识的时候，有关科学知识的时候，它所体现出来的一个新的概念，它们组成了先验逻辑的范畴。而且呢，这个范畴也是三分法的。判断表本来就是三分法的，都是三个一组。这三个一组之间的关系都是一种“正反合”的关系。黑格尔的辩证法就是从这个里面受到启示而发展出来的。第一个范畴是正，第二个范畴是对第一个范畴的反，第三个范畴是前两个范畴的一种综合。都具有这样一种特点。

五、范畴的先验演绎

那么这个范畴表，作为一种先验认识的网上纽结，它是如何运转起来的？我刚才讲，我们从形式逻辑的判断表里面分析出这样一些范畴来，那么，这些范畴是如何起作用的？它们要去作为网上纽结、作为一面认识之网，要去捕捉、把握这些经验的杂多的材料，在这样一个作用过程中，它们的动力从何而来？它们何以使得经验的事物成为经验对象？如何能够构成经验对象？我刚才讲，在现象中的那些经验对象，是由主体的范畴建立起来的。如何去建立？这就涉及它的演绎，Deduktion这个概念通常我们翻译成演绎。也就是如何从范畴表里面，揭示出它构成一个经验对象的必然性。我们在法庭上面，你要提出你对这个财产有一种法律上面的所有权，那么你得提出你的根据。你不能只举出事实，你得提出法律根据。你不能说我从来就住在这个地方，这块土地就是我的，这个房子就是我的。你必须提供法律上的根据，先天的根据。那么，在认识论里面也是这样。一个经验对象，我认识了，那么我如何能够认识这个经验对象的，你必须提供你的根据。这个根据呢，就是这些范畴。那么范畴作为一些纯粹知性的概念，它的这种能动性从何而来？范畴本身作为一些概念，它是有能动性的概念，它跟形式逻辑通常讲的概念不太一样，它要针对一个对象去建构，它针对那些经验的材料，要建构起一个对象来，那么它这种力量从何而来呢？康德由此做出了他的演绎。也就是说，把它们追溯到先验的自我意识。所以这些范畴其实都是先验的自我意识的能动性的一种体现。

什么叫先验的自我意识？自我意识有两个层次，一个是经验的自我意识，就是说，每个人都知道我是个什么人，我的教养，我的经历，我的情绪，我的爱恨，等等，这些都属于经验的自我意识，它属于心理学研究的对象。但是先验的自我意识呢，就是笛卡儿所讲的“我思”。抽象的“我思”，不管我是个什么人，但是我在思考，这一点是确定的。我思，就是先验的自我意识。那么我思实际上是一种能动性，一种主体的能动性，主体能动性要把握对象。我思，我可以思对象，但是我也可以思我自己。我如果思我自己呢，我必须要把我所思的对象全部概括到一个我之下，我才能够知道我如何在思我自己。因为我思是一个活动嘛，所谓这样一种思维的我，不过是把所有东西都想一遍，不断地想，这样一个活动。那么通过我的这个想的活动呢，我发现，我思不过是这个活动本身。它不是它所想的任何对象，但是它所想的任何对象都属于

“我”。我所想到的任何东西都是我的知识，我的一切知识都是我的知识，都只有在我之下才能够被我想到。所以这个我呢，就变成了一个能动性的概念，它不仅仅是一个表象加在所有的知识之上，而是作为一个能动的活动，去构成所有的知识。我所有的知识都是由我构成的，由我的能动性构成的。如何构成的？他认为，这种构成呢，是一种“本源的统觉的综合统一”。这是他的一个重要的概念。

统觉，Apperzeption，这个概念通常翻译成统觉，也有的人直接就把它翻译成自我意识。统觉就是自我意识。自我意识就是统觉，把所有的经验材料统起来，把它们抓起来，把它们构成一个对象，构成一个东西。这就是统觉。这个统觉是本源的活动，它不是心理学上的，而是认识论上面的，就是任何认识的主体，都具有这样一种能动性。心理学上的统觉呢，它要受到一些外界环境的影响，人的生命力，人的认识一时有模糊的时候，有糊涂的时候，但是先验的统觉跟后天经验的影响没有关系，任何认识主体都有这样一种本原的统觉综合统一。综合统一就是把经验的材料综合起来，统一成一个对象。我在前面讲的先天综合判断，就是来自于先验的自我意识这种本源的统觉的综合统一，把经验材料统一为一个对象，来加以认识。当它们被统一为一个对象的时候就已经认识了，它就建立起对象了。那么，这样一种统觉的本源的综合统一表现在十二个方面，表现在十二范畴。十二范畴实际上是来自于我们的统觉，我们的统觉就是知性，也可以说就是一种先验的综合统一。来自于知性这样一种统觉能力，这种统觉能力通过十二范畴，分门别类地去把握那些经验材料，或者说，当我们捕捉到一堆经验材料的时候，我们必须从这十二个方方面面对它们加以把握。当你从这十二个方方面面都对它加以把握了以后，你对这样一个对象的认识，就算是完成了，完全把握住了。这是我们人类认识之谜，人类认识的结构，就是这样构成的。

六、图型法和知性原理

那么最后我们看看这个范畴所构成的图型。范畴有它的图型，为什么要有图型？就是说范畴是来自知性，是先天的，属于先验逻辑；那么经验的知识呢，它有后天的成分，从感性而来的一些经验材料。范畴要把这些东西抓起来，才能够构成知识。所以，这两个方面作为知识的来源是不同的。任何一个知识里面都有两个来源，一个是先天的范畴，另外一个是后天的经验材料，这个我在前面已经讲到了。那么这两个来源既然不同，所以它们是不可通约的。抽象的概念和具体的感性表象，怎么能通约呢？它不能放在同一个层次上面来谈嘛。那么不能通约，它们就有一个困难，就是说，这些范畴如何能够把握这些后天的经验材料呢？康德认为必须要有个中介。这个中介呢，就是图型。图型法，Schma就是图型，Schematismus就是图型法。就是通过图型法把先验的范畴和后天经验的表象结合起来，通过图型能够使经验材料结合到那些范畴底下来构成对象。所以图型是一个中介，能够把知性和感性连接起来，形成判断。我刚才讲了，在康德看来，知识的细胞是判断，范畴表还只是些概念，那么如何能够借它来形成判断，如何能够去结合那些经验的材料，这个中间需要一个图型。有了图型它就可以建立一个判断，就可以用范畴来判断一个对象了：这个是那个的原因，那个是这个的结果，可以结合在经验对象之上来下判断了。那么这个图型是什么呢？他认为是时间，或者说是“时间的先验规定”。我们在先验感性论里面已经讲到了，时间是属于感性论里面的先天直观形式，在感性论里面它是最根本的，所有的空间形式所把握到的东西都要归到它上面来讲。但是，时间的这样一些形式呢，作为感性论的最高顶点，它又可以作为结合感性和知性范畴的一个中介。这就在于它有一些先验规定，这些先验规定是通过想象力所规定下来的，通过一种先验的想象力，想象力对时间加以处理，先验地对它作了一些规定。比如说，时间的系列，时间的内容，时间的次序，时间的组合，等等。时间本身没有什么规定，它就是一个先天的直观，但是想象力可以对它作一些处理，做出一些先验的规定。当然想象力也有先天的和后天的，先验的想象力和后天的再生的想象力。比如说联想、记忆，这属于后天的。康德这里讲的想象力主要是先天的、创造性的。人先天就有一种想象力，能够对时间加以处理。那么通过这种处理呢，就能够把范畴和经验材料结合起来，由此形成了一些知性原理。

这些知性原理呢，包括这样四大类，它所有的东西都是按照这四大类来安排的。首先是“直观的公理”，就是一切直观的东西都有它的扩展的量，一个是在空间上扩展，一个是在时间上扩展。这就是直观的公理。任何一个东西都可以在时间和空间上对它加以规定，只要是自然界的东西，不是你幻想出来的东西，它都会有时间、地点，你都可以对它加以大小长短的规定，这是一个公理。那么其次就是“知觉的预测”，知觉可以预测，怎么预测呢？当然它本身不能预测，你预测你今天出门将碰到一辆什么颜色的汽车，预测不了。但是如果给你一种颜色，你就可以预测了。在这种颜色的基础上，我们可以想象，它也许过几天变淡了。比如说一朵红色的玫瑰花，我可以预测，过几天它的颜色就会淡下去，它的程度就会减少，它将变成什么样子，这个是可以预测的。给你一个既定的质，我就可以预测它的程度，这就是知觉的预测。那么直观的公理呢，它是属于“时间的系列”，在图型上面是属于时间的系列，它都是在时间系列之中来加以把握的。那么知觉的预测呢，它属于“时间的内容”这样一种先验的规定。第三大类是“经验的类比”，它属于“时间的秩序”。时间有它的秩序，包括实体，实体永远不增不减，我们讲物质不灭定理，实体是永远不增不减的。那么，因果性永远是相继的，不能倒因为果，这都是时间秩序的规定呐，时间的持存，时间的相继。再一个呢，交互性，协同性。协同性呢，它是时间的并存。协同性有好几个选言支，形成一个选言判断。不是这个就是那个，不是那个就是那个，几者必居其一。所有这些可能性都并存。它们都是通过时间的不同图型而建立起来的。最后一类呢，是“一般思维的公设”，也是通过时间的图型而建立的，这就是“时间的总和”，可能性、现实性和必然性都是从时间的总和方面来看待事物的。可能性，借助于它的时间图型，在时间的总和里面，它是符合经验的形式的。现实性在时间的总和里面是符合经验的质料的。必然性在时间的总和里面，是符合一切经验的普遍法则的。这就是可能性、实在性和必然性，它们也要通过时间的先验规定，才能够形成。

而所有这四条，直观的公理，知觉的预测，经验的类比，一般经验思维的公设，都是属于知性的原理。我们讲人为自然界立法，是康德提出来的一个很重要的命题，哥白尼式的革命，不是自然界让我们获得了知识，而是我们人为自然界建立了知识的法庭，建立了因果性、实体性、量、质等等这样一些范畴。人为自然界立法。那么立了哪些法呢？

就是立了这样四条主要的法则。直观的公理，知觉的预测，经验的类比，一般经验思维的公设，这是我们为自然界所立的法。我们就是用这一套原理，来把握自然科学的知识。而所有这些范畴和原理，都来自于先验自我意识这样一种能动性，就是本源的统觉的综合统一。那么它的中介呢，就是这些图型。图型在里面起一种什么作用呢？就是能够通过时间把抽象的范畴具体化，把它们运用于经验对象。而任何经验对象，都离不了这样一些范畴来建立。如果没有这样一些范畴先天地建立起一个对象，那么我们就只好跟从休谟的判断，认为一切知识都不可靠。

再就是，这个原理和范畴体系在康德看来是最完备的，没有任何漏洞，而且是普遍的，它可以到处运用。我们掌握了这样一套体系，我们就可以把握康德的主要思路，在任何地方，比如在《实践理性批判》里面，在《判断力批判》里面，在伦理学里面，在宗教学里面，所有的地方，他都是从这四个层次，一步一步地来探讨。他把这个框架用到所有的地方，先是量，然后是质，然后是关系，然后是模态。他到处都是这样运用的。所以今天讲的这个范畴表以及它的原理是很重要的。

第四讲　康德的认识论：因果性问题

我们今天开始讲第四讲，康德认识论里面的因果性问题。前面我们讲到了康德的认识论，他的感性论和知性范畴、知性论，也就是先验感性论和先验逻辑里面的先验分析论的部分。先验分析论，我在前面讲到，它的作用主要是阐明康德的哥白尼式的革命，就是人为自然界立法，这是像哥白尼式的一种认识论里面的颠倒，一种革命。也就是说，以往的人总认为，所谓的认识的真理，就是在于主观符合于客观。但是康德在先验分析论里面指出来，实际上，我们认识的真理性在于客观符合于主观。为什么客观能够符合于主观？就是因为客观的规律是由主观所建立起来的，是由我们的主体，按照我们的先验自我意识提出的十二个范畴，设立了一套法规，用这一套法规去捕捉我们的经验中出现的那些感性的知觉、印象，那些材料，那些感觉，然后呢，把它们构成一个对象，这样我们才有了客观。这个客观实际上并不是真正的自在之物的物自体的那个客观，而是在现象界，在我们所能知道的范围之内，我们所认为的那个客观，实际上是由我们的主观建立起来的。这就是康德的人为自然界立法或者是哥白尼式革命的基本原理。就是说，我们的认识不是主观去符合客观，而是客观要符合主观，才能立得起来。也就是说，这种客观是我们的主观建立起来的，它只是仅限于现象界的范围之内，而不涉及物自体。这是他的一个独特的提法，也是他在哲学史上面非常有贡献的、引起众多的争议的一种提法。也就是说，他首次把人的主体性、能动性引进到了认识论的领域。以往的认识论都是被动的，反映论呐，或者是上帝的启示啊，反正是人只能够被动地接受客观事物作用于我们所产生的那些客观的属性。但是自从康德以后呢，人们意识到，人的认识实际上是一个非常能动的过程，人在对象面前不是毫无作为的，等着它去刺激自己，然后获得知识，而是能动地去、主动去把握它。就像我在前面讲到，人的心中有一面认识之网，这些范畴呢，就是网上的纽结，去捕捉落到我们视野中那些经验的现象。这样我们才构成一个客观对象，否则的话，那些经验的现象就是一些过眼云烟，那些现象就像休谟所讲的，仅仅是主观的一些知觉印象，没有客观意义。但是康德讲有客观意义，客观意义就在于我们这些先验的范畴，给它建立了一套法规，为自然界立法嘛。这套法规是每个人都不得违背的，只要你有理性。只要你在认识，你就只能够按照这一套法规去认识，所以它具有客观性。这种客观性的意思呢，实际上就是普遍必然性的意思。普遍的，任何事物都要服从它。因果律，任何发生的事情都必须有原因，或者都必然有结果，没有一件事情可以例外，可以违背这个法则。你不能说有个东西它是无缘无故就产生的，也不能说一个事情产生了它不留下任何后果。这就是它的客观性所在。凡是有发生的事情，它客观上，必然会有它的原因。

一、因果性范畴的位置

所以普遍必然性，意味着这个是不以人的意志为转移的，你想要它没有就没有，那是做不到的。但是，这个因果性呢，它又是主体建立起来的，它是由主观理念那一套先验的法规建立起来的，这一套法规主体自己也违背不了。凡是要想认识，他就必须按照这一套法规来运作。这是它的客观性的含义。当然还有物自体，那是另外一种客观性。客观性有两个层次上的含义，一个是在现象界，现象界的客观性，是我们主观建立起来的，尽管如此，它还是客观的，我们不能违背。我们可以相信这个对象它有客观性，它有实在性，它有实实在在的内容，不是我主观想出来的，虽然是由我主观建立的，但是并不是我凭空想出来的，或者任意想出来的。它有它的规律。但这只是现象界里面的客观性，它不能够推到物自体身上去，这个就是先验分析论里面得出的这样一个结论，现象和物自体要划分开来。分成两个领域来谈，你不能混在一起谈，混到一起就谈不清楚了。但是上节课讲的人为自然界立法这一套先验范畴体系，我们还只是非常大致地、抽象地给大家介绍了一下，那么今天这堂课呢，我想跟大家具体地举例来说明一下，康德的思想和思路到底是怎么来的。你不举个例子，脑子里面就是几个范畴，这些范畴怎么运作的呀？怎么动起来的呀？怎么样立法的呀？我们都不太清楚，所以，今天我想以因果性为例，给大家说明，我们上次以及上上次关于先验感性论和先验逻辑、先验分析论里面讲的那些范畴的作用。给大家示范一下。

首先因果性是康德的一个范畴，上次已经讲了，它是属于关系范畴的第二个范畴。有量的范畴，质的范畴，关系范畴和模态范畴，四个类别。每一大类里面都有三个，一共十二个。那么关系范畴属于第三大类。里面分三个范畴，一个是实体和偶性，通常我们讲实体性，实体性其实就包括实体和偶性的关系，不是光讲一个实体，讲实体必须讲与它对应的关系，也就是偶性嘛。没有偶性你怎么知道有实体呢？实体和偶性的关系，这是第一重关系。第二重关系就是因果关系，第三重关系呢，就是交互、协同关系。万事万物，互为因果。互为因果造成一种协同关系。这是他的三大关系范畴。其中第二个关系范畴就是因果关系。这个范畴其实是最重要的，虽然他把它排在一个不太起眼的地方，它既不是第一个，也不是最后一个，而是中间的那个，但是它起一个核心的作用。比如说实体关系，实体关系你真正要理解，要通过因果关系来理解。你说那里有个实体，它表现出了它的偶性。那么人家就会问你，你怎么知道那是一个实体呢？那么我们就说了，因为它发生了作用，它产生了这些偶性，它产生了它的后果，所以实体被当作一个原因来看，当作一个力的根源。当时牛顿物理学是以力学为核心的，那么力学就是用因果性来解释的。力和力的表现就是原因和结果。那么我们用这个关系来理解实体关系就很好理解了，你不是说，肯定那个地方有个实体吗？当然要肯定，但为什么能肯定，就是因为它作用于他物，我就能肯定有个东西在那里，肯定是有个实体在那里，它的作用呢，就表现为它的偶性。这是实体关系要用因果关系来解释。那么交互协同关系呢，也可以用因果关系来解释。我们讲互为因果。如何协同？协同不是说两个东西摆在那里就协同了，它们要交互作用，要互相作用，互相产生原因和结果的关系，那么，这种协同才协同得起来。所以关系范畴里面呢，最重要的就是这一对范畴，原因和结果，因果关系。那么在整个其他的量啊，质啊，模态啊，所有这些里面呢，也是的，量和质，它是为关系范畴奠定基础的。这个关系，它是对什么的关系呢，它是对那些具有量和质的对象的一种关系，是那些个对象相互之间的关系。那么模态范畴呢，也是，可能性啊，实在性啊，必然性啊，也是针对着关系范畴来谈的，针对着因果关系来谈的。总而言之，因果关系是一个核心的范畴。

所以要看因果问题在康德哲学当中的地位，那么我们发现一个很明显的特点，就是“第二类比”，即因果性的类比，因果关系的类比，它讨论的篇幅大大超过其他部分，甚至于是超过关系范畴的实体性和协同性的总和。所以，有的人评价，对关系范畴的讨论是最重要而且最基本的论证之一。

二、休谟对因果性的摧毁

为什么这么重视因果性？有三点原因。首先一点，它与康德当时所面对的问题有关。他面对着什么问题呢？休谟问题。什么叫休谟问题？休谟摧毁了因果性，这就成了问题了。当然今天讲休谟问题有两个意思，一个是因果问题，还有一个是归纳问题。实际上这两方面都是属于因果性的关系问题，所以把它归结为因果问题。休谟的怀疑论把因果性归结为人的一种习惯性的联想，休谟是抱一种彻底的经验论这样一个立场。我们学过西方哲学史的人都知道，休谟认为，所有知识都只是我们的知觉、印象、感觉复合起来的，特别是印象，它是最强烈的，最真实、最可靠的知识，就是强烈地激动了我们的感官的那些表象。那么，这些印象一过，它就留在记忆里面了，它当然还可以回忆起来，但是呢，已经淡化了，已经就不太可靠了。人的记忆是不太可靠的，隔得越远就越不可靠。所以我们不断地时时刻刻回到第一印象来，不断地要温习，要重新去感受。所以休谟的怀疑论是一种极端的经验论，只承认当下的经验是最可靠的，那么其他的一切呢，包括理性啊这些东西，都是不太可靠的。那么为什么有理性，特别是为什么有因果性？因果性当然是一种理性的推理，有个事情发生了，我们说它有原因，而且我们找到另外一个事物是它的原因。比如说太阳晒，石头热，我们看到石头热了，我们抬头看看，看到太阳了，这个石头热起来，跟刚才不一样，为什么呢？因为太阳出来了。所以我们就得出一个因果性的判断，就是太阳晒是石头热的原因，石头热起来是太阳晒的结果。但是休谟对这一点提出质疑，你凭什么说太阳晒是石头热的原因？我所看到的只是太阳在那里晒，然后石头在某个时候热起来了。虽然它们在时间上可能有巧合，刚好太阳一晒，石头就热了，但是你何以能够证明它里面就有因果关系呢？就有一种力和力的表现的关系呢？很可能这个石头热不是太阳晒热的，或者它有别的原因，那完全有可能啊。我们经常也有搞错的时候啊，这石头热不是由于太阳晒的原因，而是比如说有人在底下烧火，或者是有人泼了一桶开水，预先做了手脚，那完全是有可能的。所以休谟对这一切都产生怀疑。凡是有因果性的地方，他认为，我们所能直接看到的，就是有一个事情发生在先，另外一个事情发生在后，所以在这之前发生并不能证明就是由于这，在这之前发生的东西，并不是本身就能够直接证明它就是这个事情的原因。

这是休谟的一个很重要的论证。休谟强调他是实在论者：我们是实在论者，我们有一说一，有二说二，多了的我们就不说，没有看到的我们就不乱说。那么我只看到了太阳在晒，然后呢，石头热起来了，我就说这就够了。你不要说太阳晒热了石头，你只能说太阳晒在前，石头热在后，这就够了，这就是实在论。实实在在的，我能知道的就是这个。至于因果关系，我们没有看到。因果关系是概念，我们眼睛看到的是感觉，我们眼睛看不到概念，凡是抽象的概念都是可疑的。那么我们为什么老是说有因果关系呢？太阳晒我们总是说是石头热的原因，或者说，没有这个原因，肯定有别的原因。我们为什么老是习惯于这样说呢？休谟认为，这只是我们的一种心理习惯而已，习惯性的联想。我们多次地看到太阳晒，然后石头就热了，于是我们就把这两件事连在一起了，在我们的心理上就形成了一个固定的纽带，太阳晒接着来的肯定就是石头热，或者石头热的前面肯定有一个东西跟它有相关性。于是呢，我们就形成了一个习惯性的联想，多次反复以后就形成了这样一个联想。但这种联想是主观的，你不能够说，我主观上能把它联想起来，客观上就一定有这么一种关系，那是说不过去的。客观上没有这种关系，或者说我找不到这种关系，你假定也只是假定，我们能够真正把握到的就是我们有了这样一种习惯。因果性是我们的一种习惯性的联想。那么这种习惯完全是可以改变的，如果下一次联想改变了，不是这种联想，而是另外一种联想，多次重复，或者我们原来的联想多次失败，那我们就改变了。太阳晒，多次没有把石头晒热，我们就改变了看法，太阳晒不是石头热的原因。那么我们也可能找到另外的联想，我们可以说别的东西是使石头热的原因。那完全是可能的。所以这种联想没有必然性。当然很有用，我们在生活中间，运用我们的习惯，可以处理很多事情。休谟不是有句名言嘛，“习惯是人生的指南”。我们生活在世界上就是靠习惯，我们没有习惯也不行，但是习惯你不要过分相信它，它只有一种或然性，它没有必然性。或然性就是这个概率，比如说有70%的概率，有的概率很大，比如说明天太阳能够升起来，每天太阳照样升起，这个是极大的概率，但是呢，它不是必然性。那很可能明天太阳就不升起来了。你能否认有这种可能性吗？哪怕你有99.9999%的可能性，但是那个0.0001%的可能性你不能否认。归根结底，这种习惯只是一种或然性。

休谟对因果必然性的这样一种质疑是非常有力的，在当时引起了欧洲哲学界和科学界的普遍的恐慌，就是说，搞来搞去牛顿物理学那么样的神圣不可侵犯，好像是上帝创造世界的规律和法则，结果到了休谟手里面全都变成了一种主观的联想、一种习惯，而这种习惯是可以改变的。牛顿物理学的定理也是可以改变的吗？惯性定理，作用力和反作用力的定理，万有引力定理，这些都是可以改变的吗？但是又说不过他。休谟说我不是说它现在就可以改变过来，但是呢，它是有可能改变的。你不能否认有这种可能性。因为你找不到必然性啊，它的必然性究竟在什么地方？你说它是必然的，你凭什么？你没有根据，那你就得存疑，你就得存而不论。那么我提出怀疑，你也没有办法反驳。所以当时欧洲科学界和哲学界的人在休谟提出质疑以后呢，都觉得信仰倒塌了。一下子什么东西都靠不住了。原来以为是天经地义的，以为牛顿物理学以后，再没有物理学了，物理学再没有发展了，上帝已经把他的秘密告诉牛顿了。但是现在呢，一切又重新成了问题。休谟在当时是没有办法被反驳的。任何人，如果他想要做一个彻底的怀疑论者，那你就拿他没办法，他反正就不相信。我们没有看见，我只有看见了的，我才相信，眼见为实嘛，耳听为虚嘛。你告诉我的东西，那我要看，你说有因果必然性，你说你看到了，我没有看到，我看到的只是感觉、知觉、印象，这么一大堆的东西。然后呢，我在头脑里面呢，有一些习惯性的联想，这些联想有它心理学的根据，一个事情多次重复，那就使我一旦接触到这一个，马上想到另一个。这是很自然的。除此而外，一概不相信。

这个就是非常麻烦的一件事情，所以对康德震动很大。因为康德当年是理性派的哲学家，在他进入到批判时期以前，他是完全相信莱布尼茨-沃尔夫派的那种绝对理性的。一切都是绝对的，有它必然的客观规律，不可违反。但是休谟这一说，打破了他独断论的迷梦，这是康德自己在《形而上学导论》里面讲的，“休谟的提示在多年以前首先打破了我独断的迷梦”。所谓独断，就是没有根据的断言，有一个因果关系，有一种普遍必然性。但是你从哪里得知有一种因果关系和普遍必然性？你的根据何在？理性派是独断的，它没有提供可靠的根据，它就是说，有一个物自体，物自体是怎么怎么样的。我们今天在学校里面的那些哲学原理教科书上面也是这样讲的，“世界是物质的，物质是运动的，运动是有规律的”，就是这样几个教条，一开始就搬出来了。但是你怎么知道？你怎么知道世界是物质的而不是精神的？你怎么知道这个运动是物质的运动，而不是你的习惯性的联想？你怎么知道这个规律就是客观规律，而不是你的主观的一些心理上的规律？能不能问一下？你如果不问，那你就是独断的，你是教条主义的。独断论也翻译成教条主义嘛，教条主义的迷梦。康德早年多年都在做教条主义的迷梦。是休谟打破了他的迷梦，因为休谟的刺激太强烈了，你根本没有办法反驳他。所以一切科学的信念都倒塌了，我们信以为真的那些东西，其实都是不可靠的，拿在手里的东西，都是随时可能溜走的。那些规律会变质。

三、康德的回应

那么为了应付休谟的挑战，康德提出了他的先验逻辑的设想。先验逻辑的设想他认为是对付休谟的挑战的一个唯一的办法。休谟要做一个彻底的经验论者，要做一个彻底的怀疑论者，这个你拿他没办法。但是我可以想另外一种办法，正面跟他交锋不行，康德也没有正面地批驳休谟，休谟是不可批驳的。如果一个人什么都否认的话，你怎么跟他证明？那是没办法的。但是康德从另外一个角度，就是说，我们首先有些东西是不可怀疑的，比如说牛顿物理学，比如说数学。他利用休谟的自相矛盾。休谟说虽然别的东西都可以怀疑，但是数学不可怀疑。为什么数学不可怀疑？因为数学不涉及对象，不涉及自然界，它就是我们头脑里面的这样一些观念和观念的关系，就像我们在脑子里做游戏。我们先设定了一个东西，然后按照这个东西做游戏，这个当然不可怀疑了。数学就是这样。形式逻辑也是这样，概念和概念之间的关系。所以休谟首先把这些东西排除以后，才提出因果性是值得怀疑的，数学和逻辑那是不可怀疑的。但是不可怀疑它也没什么用，它只是你头脑里面的游戏，它不是知识。

那么康德就提出来，自然科学、牛顿物理学是人类公认的科学，这是一个事实，这没法怀疑。数学呢，休谟自己不怀疑，那么现在我们就可以提出问题了。我们现在不是说首先来怀疑这个自然科学和数学是科学，而是先肯定数学和自然科学是科学，然后再来看它们“何以可能”，它们的条件是什么，我们来分析。摆了一个自然科学在我们面前，我们从它里面分析出一些东西来，看看里面有没有必然性。你不是要否认必然性吗？我从一个事实出发，我从里面分析出它的必然性来。这就是所谓先验分析论。先验分析论从自然科学里面分析出了必然性。先验感性论呢，从数学里面也找到了必然性，就是先天的时间、空间。先天的时间、空间是人的先天的一种接受性，它也是必然的，你没有任何东西能够摆脱时间和空间而成为知识，包括休谟所谈的知觉印象。休谟不是讲，“先有”太阳晒，“然后有”石头热吗？他虽然没有从里面看出因果关系，但是他至少知道太阳晒在前，石头热在后。那他不是看到时间的前后了吗？时间他也看不到啊，你怎么看得到时间呢？你既然看不到时间，你凭什么说“先有”太阳晒，“后有”石头热？你休谟自己自相矛盾了嘛。你已经承认有些看不到的东西，你是必须要假定的，必须要认可的，比如说时间的先后。你承认了时间的先后，那就好说了。时间的先后也是抽象的，也是看不见的。但是它是你看见任何东西的前提。你没有时间的先后，你怎么能看见任何东西呢？我在前面讲了，你看见一种红色，没有任何时间，你怎么能看到红色呢？所以你在看到红色那种直接印象、第一印象的时候，已经看到了时间，已经看到了先天的东西。那么，你在看到牛顿物理学的那些法则所表现出来的对象的时候，你实际上也已经假定了某些前提。这个已经没法否认了。你休谟总不至于说你看到的那些印象，不需要时间空间吧。那么在牛顿物理学那些自然科学现象底下呢，你也可以假定因果律。所以他是采取了这样一种方式，来为因果律做辩护，就是说，因果律虽然眼睛看不到，但是它是我们的眼睛要看到任何事情发生的一个前提。你可以假定。你不能只有眼睛看到的才能承认，你要反思啊，你是怎么看到的？你要知其然还要知其所以然。你是怎么看到的，如果没有因果性，你不可能看到任何东西的发生。你讲一个东西发生了，你就必须要把因果性假定在前。所以他强调因果性，这与休谟的怀疑论有关。休谟的攻击最具有摧毁性的就在因果问题上。当然其他地方也有很多，比如说人格的同一性啊，比如说实体啊，是不是有一个同一的实体啊这些，但是最能迷惑人、最能摧毁人心的，就是他对因果性的批判，认为这是一个教条。那么，这种批判呢，也首先打断了康德的迷梦，使他进入到了批判哲学。他从一个莱布尼茨派的理性派哲学家成为一个批判哲学家，就是这个地方开始的。

四、因果性的历史渊源

那么下面我们再谈一谈另外一个原因，为什么康德这么重视因果性。这涉及西方科学精神的传统。也就是说，休谟对因果性的攻击，造成如此巨大的反响，为什么会这样呢？因为因果性的问题是西方两千多年科学精神的传统，这是一个主要的支柱。没有因果性，那西方的科学就发展不起来。从两千多年以前，我们要追溯到亚里士多德，亚里士多德是西方科学精神、古希腊科学精神的一个奠基者。当然他前面还有一些，比如像毕达哥拉斯，柏拉图的理念论啊，但是亚里士多德是集大成者。亚里士多德的物理学，亚里士多德的形而上学，给后来的西方科学的发展奠定了理论基础。那么亚里士多德的形而上学，它的主题，就是追求事物的原因。亚里士多德的本体论，就是实体学说。所谓实体学说呢，就是追求事物的本体，追求事物的本体，也就是追求事物的原因。这个事物何以成为这个事物，它的原因何在？他在这个基础上面提出来一个实体学说，再一个呢是“四因”学说，四种原因的学说。任何一个事物的产生，它有四种原因，一个是质料，再一个呢，这个质料必须有一定的形式。一个是质料因，一个是形式因。还有一个是动力因，又叫作致动因，怎么样使这些质料由形式聚集起来，构成一个东西呢？必须要有动力，必须要去做。最后一个呢，是目的因。就是说，你做这个东西是为了什么。质料因、形式因、动力因和目的因。这是亚里士多德的四因。它为任何一个事物呢，都找出了这四种原因。所以，后来的科学的发展，也就是循着这样一些原因去寻找，然后呢，建立起了西方近代的科学。当然中世纪科学是衰落的，中世纪把这些四因运用到对上帝的证明上面，上帝是一切的原因。何以见得？那么对上帝作为万物的原因要加以论证，上帝是一切事物的形式因、动力因，目的因，还有质料因，都是用来证明上帝的。但是近代以来呢，虽然不用来证明上帝，但是呢，用来建立起了近代的自然科学。

所以，到了近代自然科学，原因当然已经抛开了亚里士多德那种神秘的色彩，比如说目的因啊，就被抛开了，目的因我们不谈了，说有上帝创世的目的，这是不科学的。但是保留了质料因和动力因。形式因呢，当然在某种意义上也有，也要追求形式，像培根的《新工具》就是要追求事物的形式，这个是有亚里士多德的传统的。所谓形式就是事物的原因，事物的本质因。莱布尼茨也讲，你要知道一个事物的本质，你就要找到它的原因。我们通常也讲，你要了解一个人，你必须看他的过去，他的过去形成了他的本质。你不要看他的一时一地，表现出来怎么怎么样，你根据他的历史就可以了解这个人，他一贯是怎样的，他是这样形成起来的。所以，原因是提供我们理解一个事物本质的一个很重要的线索。所谓科学精神，就是要寻求事物的本质，不要单纯看现象，我们要通过现象看它的本质。不要只看到它的结果，而要循着这个结果去追寻它的原因。

这个是西方科学精神一个非常重要的思路，或者说是一个主流的思路。这是跟其他的民族，比如跟中国的科学思想不太一样的。中国的科学思想主要是关注事物的结果，不太关注它的原因。涉及原因的时候呢，中国的科学就做一些仿佛能够自圆其说的，但却无法验证的设想。比如说阴阳啊，五行啊，都是一些内心体验的东西，但却不是一种客观可验证的东西。比如中医里面的经络啊，它是没有办法客观验证的，你哪里疼，他说你哪个经络出了问题，但是你在做透视、做检查、做CT的时候，找不到那根经络。但是中医不管，它有用，经络学说它有用。所以中医是考虑结果的，不管你用什么理论来解释，你只要把病治好，那就够了。所以中国人虽然有很强的科学技术的传统，但是没有科学精神的传统，最主要就在这个地方。为什么没有科学精神的传统，它不强调要“知其所以然”，它只要“知其然”就够了。不是要追溯它的因果链条，把前因后果搞得那么清清楚楚，它不需要，它的这个科学是模模糊糊的，凭灵感，凭少数那些奇才、有怪异之才或特异功能的那些人，所以我们把科学叫作“奇技淫巧”嘛。在西方人看来不是奇技淫巧，它是有规律的，它是有科学体系的，怎么能叫奇技淫巧呢。它都是有联系的，每个命题，每个原理，和另外的命题和原理，相互之间都是有联系的，可以按部就班地学习和推理。“科学”就是分科的学问嘛，每一科跟另外一科相互之间，既有区别又有联系，层次不能混淆，你不要把什么东西都混在一起，这就是西方科学精神的传统。

那么到了康德这里呢，接受了这个传统。他所谓这个感性，先验感性论里面的感性，本身就有形式和质料两方面，这就是亚里士多德传统。形式，就是感性的先天形式，质料，就是感官、知觉、印象、感觉。这两方面缺一不可。那么因果性范畴和其他的范畴也都属于形式。这些形式呢，它里面也包含一种动力因，就是形式不是空的形式，它本身是能动的形式，结果把动力因也放进来了。就是说，这些范畴，它是用来去抓取那些经验的材料的，由先验感性论已经提供出来了一大堆材料在那里，在时间空间中，然后呢，我们要认识它怎么办？我们必须要用范畴去抓取它，整理它，规范它，这才能形成规律。所以这样一种抓取、规范，就是一种能动的力，它最终来自于一种先验自我意识的统觉。上次已经提到，统觉的本源的综合统一，这是人的主体能动性，就体现在动力因里面。那么自然科学到底如何可能呢，现在问题就归结到它的主要的范畴，因果性的范畴如何可能。休谟一旦把因果性范畴的可能性摧毁了，因果性范畴作为客观规律是不可能的，只是作为主观的习惯才可能，那自然规律就不可能了。所以休谟的摧毁力就表现在这个方面。

五、康德对因果性的重建

那么第三点呢，我们看看康德对因果律的重建。休谟摧毁了因果律，那么康德呢，想要重建。这个重建不是在原来的基础上恢复，而是要把它提升到一个更加牢靠的基础之上。那么这个重建，首先要考察的就是因果律的先天根据。因果律有没有先天根据？这个先天，我曾经讲到，在康德那里的意思就包含有普遍必然性的意思。凡是先天的知识，它都有普遍必然性，你预先可以断言它，那就是说它不受后天经验的支配了。你后天发生的任何事情，都要归于它之下。所以它有一种普遍性，而且有一种必然性，必然规律，这就是先天的知识。那么因果性是不是这样一种先天知识呢？康德说，“一切发生的事情都有原因”这样一个命题，应该是一种先天命题，是个先天综合判断。它是先天的，普遍必然的，没有任何发生的事情不是有原因的，不管是过去发生的事情，现在发生的事情，还是未来将要发生的事情，肯定都是有原因的。这是任何人都会相信的，一个傻瓜都会相信。人家说明天要发生一件事情，你不用听清那是一件什么事情，你就马上可以断言，那它肯定是有原因的。当然你这样说等于没说，哪个不知道这是有原因的呢？所有的人都相信，任何事情，包括未来的事情，都是有原因的。但是为什么有原因？为什么我们可以这样先天地断言？它必须要有一个先天的根据，有一种普遍必然性。如果没有，如果找不到这种普遍必然性，那就是休谟所讲的，只是你的心理习惯而已。虽然我们以往所有的这种判断都没错，每一件事情都可以找出来原因，但是你难保明天有一件事情你就找不出原因来，或者它就没有原因。它只是概率很大很大。就像我们说太阳每天都在升起，但是明天太阳很可能不升起，很可能地球爆炸了，或者太阳爆炸了，太阳就不升起了。那么同样，一切事情都有原因，明天很可能有一件事情就没有原因。那么它的因果性的尊严何在？就成问题了。

康德认为一切发生的事情都有原因，这样一个命题，是具有先天必然性的，它是一个先天综合判断。前面已经讲到了，它既是先天的，但是它又不是一个分析判断。分析判断是得不出什么新的东西来的。但是一切发生的事情都有原因，它是可以得出新东西来的。你按照这样一条原则去研究，你会有所发现，有所创造，有所发明。它本身是一个先天综合判断，既是先天的，又是综合的。它具有先验的观念性和经验性的实在性，我在前面一次已经讲到了这一对概念。先验的观念性，就是说，它是我们主体先验固有的一套观念体系，它跟物自体没有关系，它是主观观念的。但是它的活动又建立起了经验性的实在性，就是说，它能用来把握那些经验，来建立起一些经验中的客观规律，经验中的前因后果的规律，因果律。这就体现了它的先验的观念性和经验性的实在性这两个基本原则不可分离。实在性并不是物自体的实在性，而是由主体建立起来的，在现象中、在经验中的实在性。而这个主体的用来建立这种经验性的那样一种条件，就是这些范畴，包括因果性范畴。这些范畴是先验的，但是又是观念性的。虽然是观念性的，但它不仅仅是主观的，它是不以人的意志为转移的。它在主观中，但是主观必须服从它。主观如果不服从它，就得不到任何知识。凡是一个认识的主体，想要认识，它就必须服从这一套框架。因果性就是这样一套框架。

当然这里讲的所谓的实在性或者客观性呢，在康德那里主要是指的普遍必然性。他把这个客观性的概念已经变成了这样一个概念。不是自在之物那种唯物主义的客观性，而是指的你不可违背，在任何时候，它都起作用，它都有效，不以人的意志为转移。你想要它没有是不行的，因为它就是你的结构。它并不是物自体的结构。物自体你可以说你想不要它也不行，它不以你的认识为转移，你也可以这样说。但是因果性的这个不以人的意志为转移，是因为它是主体的固有的结构，先天的结构。凡是一个认识主体，就有这样一套结构。这是因果律在这一方面它具有的先天根据，这个就是为因果律重新奠基的一个很重要的步骤。就是说首先你不要到经验里面去规定因果性的条件，你必须从经验里面分析出它的先天的因素。一切经验知识里面都有先天的因素，包括你休谟也承认，知觉印象也离不开时间空间嘛，时间空间就是先天的因素。那么你是不是还可以找一找，在经验里面还有一些先天因素。比如说一切发生的事情，你凭什么能够说它“发生了”，是“这件事情”发生，而不是前面有个现象，后面有个现象，毫不相干，一大堆知觉印象？你能够把它们组合成一个发生的事情，这样一个经验里头，就有先天的因素。这个先天的因素除了时间空间以外，还有因果范畴，也是先天的。

所以康德在这方面呢，考察了因果性的经验的运用，因果性的范畴只能够用在经验上，它不能用在先验的方面。所谓先验的方面就是说，物自体上你不能先验地断言它有一些什么因果关系。因为这个因果关系本来就是你在经验的现象范围之内，建立你的现象中的客体的一个条件。你用因果性范畴，你建立的是一个经验知识，但是呢，它有它的边界，你不能超过经验的边界，去贸然规定经验之外的什么东西，那是不可能的。所以，因果性范畴虽然是个先验的范畴，但是它不能够做先验的运用，这是康德一个很重要的原理。先验的范畴不能做先验的运用，只能做经验的运用，因为先验的范畴本来就是为运用于经验而提出来的。它先于经验，但它要考察经验知识何以可能，它是用在这方面的。你如果在先验的层面上把它单独抽出来，去给它一个对象，比如说物自体，那你就误用它了，那是不可能的。但是这里还有个问题，因果性既然是一个先验的范畴，它如何能够用在经验的对象身上呢？因为经验性的东西本身是来源于后天的。而因果范畴作为一个先验范畴，它是来源于先天的。虽然我们后天获得了经验知识，但是我们一旦获得了经验知识呢，我们就会发现，它里面有两个来源。一个来源是后天的经验性材料，另外一个来源呢，是先天的形式。没有先天的形式，你后天也形成不了经验知识。所以，后天形成的经验知识，必须要有先天的条件才得以可能。其中呢，这些条件包括时间空间，也包括范畴。范畴使得经验知识得以可能。

六、因果性的图型及作用原理

那么这就有两个来源，这两个来源是不相干的，一个是先天的，一个是后天的。康德在认识论上是有一种二元论的观点的，就是说，人的知识是由两方面凑集起来的。一个是感性的东西，一个是知性的东西。知性的特点是自发性，具有能动性；那么感性东西的特点是被动性，接受性，感受性。这两个来源是完全不同的，它们的特点也完全不同。但是如何能够把先天的东西、先验的东西运用到后天的东西之上，康德认为这个需要一个中介。两个完全不同的东西，你要把它结合起来，直接地结合很难，它们在性质上就不同嘛，不同质的东西你要把它结合进去，就需要中介了。需要一个什么中介呢？需要一个既具有先天的特点，同时又具有感性的特点的这样一个中介。这个中介能不能找到？如果找不到，那它们还是两块皮，贴不到一块来。如果能够找到，它就可以把两者调和起来了，把因果性的范畴和它的经验的运用，把后天的经验的材料，能够结合起来，能够把先验范畴运用到后天经验上。那么这个中介呢，康德认为他找到了，就是时间的图型。Schma，图型法，上次我们已经提到了它。那么，时间的图型，在因果性这样一个范畴之下呢，它表现为时间的相继性，时间一个接一个。在时间相继性这个图型上面呢，我们可以运用因果性的范畴。因为时间本身具有先天性嘛。它既是先天的，但是它又是感性的。它是先天的感性。我们在先验感性论里面讲的时间，我已经提到了，时间空间，都属于先验的感性论，它们是感性的，感性的就是通过感官所接受下来的，但是在这种接受过程中间，时间空间是一种先天的接受能力。所以它可以作为中介，它可以把先天的方面和后天的方面结合起来，通过时间的相继性我们可以把因果性范畴联结在图型之上，然后用来把握那些在时间中流逝着的经验的材料和知觉印象。知觉印象总是在时间中的。为什么不用空间来联结？空间也可以联结，但是最根本的是时间的图型。因为时间是最根本的嘛。在先验感性论里面，空间也要归结到时间上面来嘛。所以他用的是时间的图型。

那么这种时间的图型呢，就必须从因果性方面来加以理解，它不仅仅是单纯的时间的前后关系。我们说时间本身就有前后关系，时间是一维的嘛，时间不可逆转，这使我们在时间中直观地可以确定的时间的性质。但是通过先验的想象力对时间加以处理，把这种时间的不可逆转、时间的流逝规定为“相继性”，这是借助于因果性范畴来规定的。因果性范畴就有一种不可逆转的特点，就是你不可能“倒因为果”嘛，只能够是“前因后果”，顶多因果性可以同时发生。总而言之，你不能把原因放在后面。那么这种不能倒因为果呢，是以时间的相继性作为直观的表现的。就是在直观中你看到时间的相继性，然后你就可以从相继性这个上面想到不能倒因为果。原因总是在前面，结果总是在后面的。

然而，具体的因果性，一个事情是不是由这个原因导致的，或者是由另外一个原因导致的，这个我们倒是不一定能够确定。我们通过因果性知道，一切发生的事情都是有原因的，但是究竟是那些原因呢？这个通过因果性的范畴，我们并不能确定。我们很可能确定错了。我们说太阳晒热石头，当然一般来说可以说，太阳晒是原因，石头热是结果，但是我很可能弄错，很可能这一块石头就不是太阳晒热的，它是有人在底下烧火。这个具体的因果性，你没有办法预测。休谟就是抓住这一点了，就是说，你这些因果预测完全都可能出错嘛。你哪怕有因果性范畴，这个范畴也没什么用，它很可能出错，很可能不是那个原因，很可能是另外一个原因。以前讲迷信的人，听到乌鸦在叫，就说这个村子里面要死人了。或者果然死了一个人，就说是乌鸦带来的。乌鸦叫是不是死人的原因呢？显然不是的。我们受过科学训练的人都知道，那是一种迷信。但是它也是合乎前因后果的这样一个相继性呀。乌鸦叫是在前面嘛。所以因果性并不能根据哪个在前，哪个在后，就确定了因果关系，它并不能在具体的场合下确定。康德举了这么个例子：我们去看一座大楼，我们可以从左边看到右边，因为那个楼很大嘛，我们可以先从左边看到右边。但是我们也可以先从右边看到左边，这是随我们的任意。但是一旦我任意定下来的时候，这里面就有时间关系了。当我从左边看到右边的时候，我就已经退不回去了，我已经从左边看倒右边了。前面的已经发生了，后面的接下来，它是合乎时间的关系的。但是呢，你不能说，这个大楼的左边就是右边的原因，右边就是左边的结果。这个你就不能确定。但是另外一种情况，一条船顺流而下，我们先看到它是在上游，后来我们看到它是在下游，我们就说，上游的水流是船到了下游的原因，因果关系就比较明显。这就比看一个大楼的时候那种时间上的相继呢，要更加具有一种确定了的前后关系，它就可以确定为是一种因果关系。当然也不一定，这条船从上游到下游，很可能不是水流带动的，也许它是一艘气垫船，它就靠自己，它是开到下游去的，那也可能。所以，一般来说我们确定了因果关系它有普遍必然性，就是一切发生的事情都有原因，这并不能确定哪一件发生的事情是哪一个原因，这个不能确定。我们不能说，时间上的相继性，凡是相继的就是因果关系，那倒也不一定。但是，如果你想把一个事情看作是客观的，有客观因果关系的，那你就必须运用到时间的相继性以及因果性范畴，这个是毫无疑问的。

七、因果律的可靠性保证

所以因果性范畴和时间的相继性呢，是客观因果性的一个必要条件，但不是充分条件。并不是凡是合乎这个条件的那就是客观的因果关系了，不一定的。但是你要确定一个客观的因果关系，你必须用到它，这是一定的。你必须用到凡是一切发生的事情都有原因，有一种先天的因果范畴。你要认识一个客观的因果性的时候，你要就用到因果范畴。所以因果范畴是你确定客观因果性的关系的一个先天条件。康德本来就是说一切知识可能性的条件嘛，他本来就是说人的知性提出这些范畴是为自然界立法嘛。立法只是建立一个法庭，至于这个法庭上的官司怎么打，那还是另外一回事情。这个事情究竟是不是那个东西造成的，这个人是不是那个人杀的，这个我们要调查，要通过经验举证。但是一旦取了证，我们就有一个法庭可以判决，有法可依。理性的法庭也是这样，我们建立了一个理性的法庭，建立了一个范畴的法庭，为自然界立了法，它只是一个法庭而已。它并没有确定这个法庭中间的任何具体的事物，先天地就能够判定下来。它不能判定，但是它有判定的根据，它有法律依据。一个人来打官司，说那个人杀了我父亲，难道你就说他是杀了他父亲吗？这个判定不下来，你要举证呐。但是一旦举证，证据充分，那么我们就可以根据法律来判决这个罪名是不是成立。自然科学中间也是这样，自然科学那么丰富的感性经验材料，而且它还要发展，不是说发展到牛顿物理学就完结了，它以后还要发展，还有更多大量的经验事实拥入进来，需要我们把握。因为我们有一个法庭啊。你说太阳晒不是石头热的原因，而是另有原因，那我们就找找这个另有的原因嘛。你不能说，因此它就没有原因了，或者说它的原因就是可疑的了，就是不可靠的了，就只能够存疑了。那也不对。你有法可依嘛，你可以继续去追查，去判案，你提供更多的证据我们来看嘛。

所以因果律虽然不能决定每一个具体的事物的原因何在，但是它仍然是一个可靠的条件。一切经验知识之所以可能的条件。必要条件当然不是充要条件，就是说没有它你就不能够判案，你就不能够确定客观知识，当然有了它，你也不能确定具体的一个客观知识究竟是怎么样的。康德的这个范畴表并没有解决一切知识的问题，它只是解决了一切知识的可能性的问题，一切知识何以可能，它关注的是这个。你休谟就抓住一个案例，这个案例判错了，那件案例判错了，因此就要推翻整个法庭，那怎么行呢。判错了还得判嘛，永远要判下去，知识发展是无止境的。虽然是无止境的，但是它有法可依，你按照我的法律，永远可以举行公正的审判。这就是康德人为自然界立法的意义，就在这个地方。所以从具体的因果性来看呢，尽管具体因果性没有办法预测，也没有办法绝对断言，哪怕我们的科学实验获得了成果，甚至于得了诺贝尔奖，那是不是能够绝对断言了呢？也不一定。诺贝尔奖的一些成果也有被后来人推翻的，他们也可以得诺贝尔奖。尽管如此，但是因果律仍然具有先天的普遍必然性。只有它才能够使得我们的“知觉的判断”成为一种“经验的判断”。康德是区分了这两个判断的。知觉判断是主观上的，我觉得今天天气很冷，这是知觉判断。但是经验判断就是：今天天气是很冷。经验判断有客观标准。今天天气是很冷，为什么？今天温度很低嘛，客观证明了嘛。你觉得今天天气很冷，那很可能是你在打摆子、发烧，你身体不正常，或者说你刚从海南岛来，你不适应这个地方的气候，那叫知觉判断。但是经验判断是有客观标准的，当然这个客观标准也不是绝对的。尽管不是绝对的，但是它里面是有区别的。凡是发生的事情都有原因，这个是经验的判断得以可能的条件，是我们把一只船从上游流到了下游这样一个因果关系，跟我们在看一座房子的时候，从左边看到右边，或从右边看到左边这种主观的关系，区别开来的标准。否则它们是没有区别的。凡是在脑子里面流过的，在感觉里面流过的，你都说它是因果性，那不行；你因此就否定任何因果性，那也不行。因果性肯定是要在你的头脑里面先后相继地流过的，在意识流中流过的，肯定是要流过的，但是它不仅仅是流过而已。因为凡是流过的，不一定都是因果关系，它还需要有因果范畴，前因后果，要把它规定下来。你才能确定它是客观的关系。但是是不是确定了这种客观关系，就可以对一个事物绝对地判断，这条船在上游就是它在下游的原因，它在下游就是它在上游的结果呢？那倒也不一定。客观的因果关系，它永远是可以质疑的，它可以不断地质疑，不断地修正。但是这个修正它有法可依。你是按照因果律来修正的。你这个因果律跟其他的因果律，要能够构成因果链条。如果你认为的因果律，摆到更大的因果关系的链条中来考察，它就与其他的因果律发生冲突，就会把其他的因果律变成一种颠倒的东西，倒因为果的东西，那么这个因果律就肯定有问题，你要再次检查它是不是对的。

所以因果律必须是一个整体，但是这个整体的法庭就是范畴，人为自然界立法。你无论如何，每件事情都要为它找到它的原因，以及原因的原因。然后这些原因呢，相互之间，诸多的原因，都可以整合在一个统一的因果链条里面，不发生矛盾。这是我们追求的一个目的。当然有些因果律现在看起来还没有发生矛盾，但是将来可能会跟其他的东西相冲突，可能跟其他的因果律相冲突。那你就要重新检查了，究竟是我们这个因果律错了呢，还是以前的其他的因果律错了。你还要把它重新整合为一个前因后果的因果链条。这是我们人类永恒的一件事业。我们人类要永远这样不断地去整合。所以因果性的范畴呢，有它，不一定能解释具体的事物，不一定必然是真理。但是没有它，必然不是真理。没有因果性，必然不是真理。有了因果性，也未必就是真理。它是在一个不断的清理的过程中间，以它为必要条件，可能性的条件，来发展的一个自然科学研究的过程。所以因果性这样的抽象的范畴呢，还需要有后天的经验材料，对它加以补充。把这些经验材料，放到因果性必然性的法庭上面，来进行处理，来打官司，那么科学的进步就得以可能了。

八、康德因果性理论的意义

那么下面呢，我们再谈一谈康德因果性理论的意义。康德因果性理论是用来对付休谟的因果问题的。但是休谟的因果问题呢，仍然没有解决。也就是说，休谟并不因为康德的因果理论就被驳倒了。我在前面讲到，休谟的这个怀疑论是不可驳倒的，是驳不倒的，他已经走到极端了，所以康德也没有从正面去驳他。康德毋宁说是回避了问题，绕开了他。就是说，你怀疑科学知识，你怀疑自然科学、牛顿物理学的可靠性，我不怀疑。你要怀疑，你去怀疑去，我们都不怀疑。但是呢，你那个攻击自然科学知识可靠性的话呢，我们也要考虑。我们考虑的办法呢，是从我们所不怀疑的知识里面分析出它之所以可能的条件，那个条件是先天的。它可以说明我们为什么不怀疑。我们为什么不怀疑科学知识，是因为我们在建立任何知识的时候，都已经要以这样一个先天的条件为前提，而这个先天的条件是不以人的意志为转移的，它是作为任何一个认识者，不仅包括人类，而且包括一切有理性者，他要认识一个对象，他都必须有这一套法则。所以我在我的知识里面，分析出了或者发现了这一套法则，我恍然大悟，我为什么不怀疑？是因为我一开始认识的时候已经带着这一套法则。用康德的话来说就是，科学家们一手抓住经验，一手抓住法则，用我们主观的这一套法则，去拷问自然界。科学家建立他的知识，并不是完全被动的，而是有他主体的先天能动性。我是带着我的法则来拷问自然界的。我不是被动接受自然界提供给我们知识，像小学生一样，自然界好像是一个老师，耳提面命，教给你这样那样。相反，我们人类的这种科学知识中，我们人类是主体，我们把自然界叫到跟前来，对它加以拷问，在拷问的时候是按照我们出的题目，要自然界回答，逼迫自然界回答。那么我们出题目要按照什么出题目呢？按照我们自己的一套先天范畴出题目，包括按照因果性的范畴出题目。

所以康德的这一套认识论一个很重要的意义，就是说，他首次在人的认识中引入了主体的能动性。特别是我在前面讲到的，先验自我意识的统觉，它是一种本原的综合统一，是一种自发性。自主性，自发性，当然他差一步就讲到自由了。但是他把自由这个概念保留了，用在他的后面我们将来要讲到的道德学说里面。在认识领域里面，他认为人是没有自由的，虽然他有自发性，他是主动的，主动去拷问自然界，然后建立起自己的一套科学知识体系，但是呢，这还不能算自由。真正的自由是道德意义上面的、实践意义上面的自由。认识意义上面呢，没有自由。在认识的领域里面，只有自由的理念，我们下一次还要讲到的康德的辩证论，里面的二律背反就讲到，到底有没有自由。在认识论里面，我只能提出一个自由的理念，但是不能证实，要留待实践的领域里面去证实，留待道德和宗教的领域里面去证实。但是在认识论里面，这个自发性还不是自由。有些同学往往把它们混淆起来了，认为康德是强调了人在认识中的一种自由，这个在康德是不太恰当的，他从来没有把“自由”这个概念用在这里。但是呢，对主体能动性的这种强调呢，毕竟跟以往的哲学有很大的区别。马克思后来也讲到，能动的方面被唯心主义发展了。只是抽象地发展，但是毕竟是唯心主义所发展出来的。

那么体现在因果性这个概念上面呢，非常明显。我刚才讲了，因果性概念是力的概念，力和力的表现，当然是从牛顿物理学、力学的角度来谈的，但是从这个里头呢，已经隐含着人的主体的这样一种自由意志的因素在里头。人的自由，人的作用，人的这种实践能力，都可以从这个里头引申出来。当然刚才讲了，康德并没有引申出来，但是他后来的人就从这里引申出来了。比如说叔本华，他就非常强调康德因果性里面的这样一种力的思想，当然叔本华强调力的思想，他有他的考虑，他不是从牛顿物理学的角度的考虑的，他是从意志主义、是从唯意志论考虑的。我们知道，叔本华是唯意志论者，那么他的这个力呢，把它引申为，一个是力气了。力，不是那种客观规律，而是主观的力气。那么再引申为意志。海德格尔也是这样的。我们知道叔本华和海德格尔都非常重视康德的这个因果律，以及他的第三个二律背反里面讲到的自由和因果必然性之间的关系。叔本华基本上就是把它们合二为一。在他看来，因果律归结到充足理由律，又叫充分根据律，就体现出自然界里面也有自由意志。意志是万物的本体，万物的充足理由，意志是世界的本体，牛顿物理学其实也体现了自由意志。牛顿物理学讲到的惯性定理、作用力和反作用力的定理，这些力的概念，叔本华都把它理解为一种意志。当然是非人的意志，但是它是一种主动性，是一种自由的意志，是一种自由的追求。当然我们说叔本华是一种歪曲，他把物理学的这个力变成了一种主观理解的那种自由意志。但是不无道理。因为力这个概念，本来就是力气的概念，本来就是从人的力气引申出来。这个恩格斯也讲过嘛，就是说，力的概念实际上是来自人的力气。人运用自己的手，运用自己的肌肉做了功，起了作用，改变了客观世界。当然恩格斯是从实践论的立场上来讲的，就是说，物理学的那些基本概念，就是从人的实践中产生出来的，主体的实践能动性，实际上是这样产生出来的。如果没有这样一种主体的实践的能动性，我们怎么可能建立起自然科学的基本概念呢？像力的概念，能的概念，惯性的概念，惯性就是懒惰嘛，都是有主体的一种体验在里头。

所以，作为“四因”之一的目的性在亚里士多德以后呢，特别是近代以来，被人们所淡化。但是到了康德以后，人们重新把这个东西捡起来了，因果性里面隐含着目的性的一些东西，隐含着实践的因素，隐含着自由意志的因素。自由意志就是目的性嘛，是目的性行为。我坚持要达到那个目的，这就是意志行为。实践行为也是这样，实践行为就是目的行为。所以一直到马克思的实践论里面，都把这个目的性重新恢复了。你光有机械的因果性那是不行的，机械因果性，牛顿物理学固然可以解释绝大部分物理事实——现在看起来也有问题，爱因斯坦相对论出来以后很多事实解释不了——但是如果离开了目的性，离开了人的实践活动，我们哪怕对自然界的理解，都是片面的，牛顿物理学对自然界的那种机械论的理解，就是片面的。我们要把人的因素加入进来。所以，休谟的因果性问题为什么一直到今天还没有解决，还在讨论。包括归纳问题，归纳是否可以得到科学知识，在什么意义上得到科学知识，都要从这个角度去理解，要从人的这样一种实践活动，人的自由意志的创造活动和探险活动，从这个角度来理解。就是说，因果性的问题其实是力的问题，力的问题实际上是涉及人的实践的能动性的问题。归纳问题为什么不能解决？也是因为这一点。不完全归纳它总是或然性的，所以我们通常认为它不是严格意义上的知识，我们通过归纳，不能获得严格意义上的知识。但是我们又丢不开它。为什么丢不开它？因为我们的知识本身不是一个静态的、固定的框架。它是人的实践活动的一种试探。不完全归纳，之所以不完全，因为你还在试探，实践活动总是一种尝试性的活动，总是一种突破性、创造性的活动，开拓型的活动。它能不能得到你预想的结果，这是未定的。所以归纳必须要留有缺口。你要是完全归纳，那就没有意义了。我们很多逻辑学家都指出，所谓完全归纳实际上是同义反复，完全归纳实际上是演绎法的另外一种方式，实际上是演绎。演绎不过是把已经知道的东西说出来而已。但是只有不完全归纳，才具有科学意义。为什么呢？因为它是探索。波普尔所讲的猜想就可以反驳嘛，猜想与反驳才构成了知识发展的历程。

所以这个问题，康德的这个因果性的问题呢，我们也必须把它引申到这一方面才能看出来，这个因果性并不是一种外在的操作，归纳法也不是外在的操作，而是主体的一种综合的活动。主体把所有的经验材料综合起来，把它构成一个原理，归纳就是这样的。归纳出一个原理，但是这个原理并不就是绝对的，而是留有余地的，留有反驳的余地的，如果不留反驳的余地，那就没有意义了。一个科学的命题，如果是没有留下反驳的可能性，那它就不是科学的命题。这个是卡尔·波普尔讲的一个基本原理，证伪主义原理，就是具有能够证伪的可能性的命题才是科学的命题。如果一个命题根本不能够证伪，那它就不是科学的命题了。科学总是在发展的，总是留有余地的，那么这个余地就在于人的自由主体性。人的自由的主体性是客观必然性之根，我们要把这个观点颠倒过来。这当然是从康德开始就是这样认为了，康德在这方面是功不可没，他提出了客观必然性是由主体性建立起来的，是由主体能动性建立起来的。这个是他功不可没的地方。他把我们的观念都颠倒过来了。我们一讲客观必然性，就是人无可奈何地，你只能接受，但是康德认为，实际上它是你自己建立起来的。那么进一步引申就引申到人的自由意志和人的实践的能动性。人的实践的能动性是客观必然性之根。这个就到了马克思主义的实践论。

这就是康德的认识论的进一步的发展方向，或者我们说是他的出路。康德本人也没有终结真理，他是为后人的进一步发展提供了一个方向。比如说，我刚才讲到的叔本华，以及我没有讲到的费希特。费希特就把自我意识的这种能动性和自由的实践的能动性合为一体，我刚才特别提醒，就是康德那里你不要把它们合为一体，你要把它们分开，他的自由的实践的能动性是他道德领域中的一个基本原理，但是他的先验自我意识的能动性，是他的认识领域里面的一个基本原理，这两者不可混淆。你不要把自我意识的统觉，就说成是“自由”；也不要把他的自由意志，说成是自我意识。他的用词很严格的。在道德领域里面，他从来不用自我意识这个词，在他的认识领域里面，他讲到自我意识的时候，从来不用自由来说自我意识的能动性、统觉。他这个是分得很严格的。但是到了他的后继者，像费希特，就把两者合为一体了。没有什么区别嘛。人的认识也是一种实践嘛，认识活动难道不是一种实践活动吗？人的实践活动也具有认识意义嘛。人就是在实践中认识的。所以费希特就把这一点呢，结合起来，提出了一种行动哲学。费希特的哲学是一种行动哲学，这个我在后面还要讲的。总而言之，他的发展方向呢，就是提供了一个前提，使理论和实践走向了合一的新的方向。虽然康德的出发点是理论和实践严格地分开，理论是理论，实践是实践，科学是科学，道德是道德，但是从他以后呢，继承者从费希特到谢林到黑格尔到马克思，还有前面讲到的叔本华，都是走的这个方向。一直到现代哲学，海德格尔、胡塞尔，他们也是走的这个方向。所以他们都要追溯到康德。为什么康德这么伟大？后面的哲学都从他那流出来啊，而前面的哲学也都是流到他那里去的。

第五讲　康德的认识论：先验辩证论

我们今天继续讲康德的认识论，现在讲到他认识论的第三个大部分了。前面我们讲到康德认识论，一个是先验感性论，一个是先验逻辑里面的分析论。那么今天要讲先验逻辑里面的先验辩证论。前面讲到，康德先验逻辑，它包含有两大部分，一个是分析论，一个是辩证论。分析论是关于真理的逻辑，辩证论是关于幻相的逻辑。幻相，也就是假象，也就是说，先验逻辑有正反两个方面的作用，一个方面是考察我们真理性的知识是从哪里得来的，何以可能，这是正面的关于真理的一种逻辑；另一方面呢，我们如何避免犯错误，我们如何避免假象，假象是如何产生的。当然这个幻相不是一般的幻相了，一般的幻相我们的日常生活中间经常有，比如说一根筷子插在水里，我们看到它觉得它是折断的；或者是月亮在初升的时候看起来比它升到天上的时候要更大；海平面看起来好像比我站的地方更高。这些都是日常生活中的幻相。但是，在逻辑意义上面的幻相呢，它是一种先验的幻相。就是说，它是一种纯粹的，跟感性没什么关系。那么，先验逻辑里的先验辩证论，主要是讨论在先验的意义上产生的一些带有根本性的假象。这些假象呢，是我们人在思考形而上学问题的时候，总是摆脱不了的，但是呢，我们又必须要认清它，不受它的迷惑。所以必须要有一套逻辑，来对它加以分析。那么这一部分属于康德认识论的第三个主要的部分，这一个部分所回答的主要是前面讲的四大问题的第三个问题，就是以往的形而上学是何以可能的。以往的形而上学当然最后是不可能了，已经失败了，但是它当初是怎么想的，它是建立在一种什么样的可能性的前提之上的。那么幻相的逻辑呢，就是要把这个前提拆穿，证明这个前提不成立。由此，就把过去的以往的形而上学统统加以摧毁，或者是进行了彻底的批判。所以这一部分是具有否定意义的，前面两部分都具有肯定意义。一个是感性认识如何可能，一个是知性的认识如何可能，那么这一部分呢，是理性在认识上是以什么为前提，这种理性认识在什么意义上可能，在什么意义上又不可能。它是回答这个问题的。

一、理性及其理念

那么我们首先要看看理性的概念。理性这个概念在康德这里呢，有它的广义和狭义之分。一般来说，康德的认识论分三个层次，一个是感性，一个是知性，一个是理性。感性在先验感性论里面作了一种先验的探讨，知性在先验逻辑的先验分析论里面作了先验的探讨，总结出了一些范畴。那么理性呢，主要是在先验辩证论里面来加以探讨，提出了一些理念。那么理性呢，除了这种意义以外，除了跟感性、知性相对而言的这种狭义的理性以外，还有一种广义的理性，广义的理性就包括知性在内。所以，通常康德讲理性的时候呢，如果他不加区分地一般地讲理性呢，那可能就是包括知性在内。但是狭义的理性是特指的、与知性相区别的理性。所以从康德开始，西方的理性的概念划分出了四个层次。最广义的层次、最广义的理性，就是凡是人都是理性的动物，就像古代的亚里士多德所讲的，人是理性的动物。所以人的一切活动，包括思维，包括情感，包括意志，都带上了理性的色彩，都是由人是理性的动物，由他的理性的本质所带来的。所以最广义理性呢，是把人跟动物区别开来的一种能力，包括人的知情意在内，都跟动物不一样，都是带有理性色彩的，所以我们讲人是理性的动物，包括人的情感和动物的情绪已经不一样了，它不是那种本能的冲动了，人的情感是带有理性色彩的。人的意志跟动物的那种欲望本能也不一样，它也带有理性色彩。意志如果没有理性的话，它怎么能够坚持下来呢，你随便拿一个东西就把它引诱过去了。所以动物老是受人的骗，老是上当，人总是把它一下子就吸引过去了，一下子就把它引到陷阱里面去了。它没有理性嘛。这是最广义的，就是人跟动物相区别的意义上，也就是有理性的和无理性的相区别的意义上，这样一种理性是最广义的。凡是谈到人的时候呢，我们都要涉及这样意义上的一种理性，人是有理性的，动物是没有理性的。

第二个层次呢，就是理性和非理性的区别。前一个层次是理性和无理性的区别，一个人和一个精神病人，精神病人失掉了理性，我们就不能把他当一个正常人来看待了，我们之所以还尊重他，还把他当人看待，是因为他还有恢复理性的可能性。所以，精神病人犯了法，我们不能够判他的刑的，只能够把他送进医院，就是把当他作动物看了，他已经是无理性的了。那么，与非理性相对而言呢，那就是跟情感和意志相对而言理性，就是认识的理性。我们今天讲非理性主义，西方的非理性主义，意志主义，情感主义，这样一些思想，跟理性主义是对立的。在知情意里面，理性主义特别强调知这个层次，这就是第二个层次的理性，强调知识，唯智主义——就是唯理主义，这是第二个层次的，它的含义更狭窄一些。第三个层次呢，就是在知识领域里面，强调理性而排挤感性，贬低感性，这就是认识论中的理性主义，它跟经验主义是对立的。但是在更广的层次上面，理性主义跟经验主义又不是对立的，经验主义者也主张他们自己是理性主义的。像休谟这么极端的经验主义者，他也认为自己是崇尚理性的。他在什么意义上崇尚理性呢？在更广的意义上面，就是说我讲的感性经验这种东西，它还是跟情感、意志不一样的，跟动物性不一样，我不是那种动物性的无理性，我也不仅仅是情感意志上的那样一种非理性主义，我只是知识论里面的一种经验主义。经验主义承认理性，强调知识先于或者高于情感意志，但是把理性归结为一种感性认识。所以休谟的《人性论》里面一开始就讲感性认识，感性知识。当然他很重视情感，也很重视欲望，这些东西也属于感性，但是这些东西要建立在感性认识的基础之上。所以经验派的哲学家他们在广义上也承认他们是理性的信徒，培根也好，洛克也好，休谟、贝克莱也好，他们都认为自己是崇尚理性的，他们是追随启蒙思想的，反对迷信的，反对单从情感上的需要就去相信某个对象。但是在认识论里面，他们认为感性认识更重要，理性认识只不过是建立在感性认识的基础之上，脱离了感性认识，毫无意义。这是第三个层次上理性的含义。认识论上的理性派哲学家，他们所主张的这种理性，就是跟感性认识相对而言的。他们认为理性认识更可靠，感性认识得不出普遍的法则的真理。

康德基本上属于这种意义上的理性主义者。

但是在理性主义认识论的更狭窄的范围里面又有区分，这是康德的一个特殊的贡献。就是说，他在同样讲理性的理性派哲学家里面，区分出了有些人讲的只是知性，只是逻辑，而康德自己所讲的理性呢，是超越逻辑和超越于一般的知性之上的，它是涉及形而上学、涉及一般的理性知识之所以可能的条件，这就是最狭义的理性了。跟知性相对而言，同样是理性认识，但是理性认识里面有知性认识的层次，这个康德也承认，知性的层次；但是还有更高的理性的层次。但是一到了更高的理性层次，就要警惕了，它就可能出错了，就可能产生幻相了。所以他的辩证论里面呢，就是要澄清这样一个问题，如何能够正确地运用最狭义的理性。所谓最狭义的理性呢，就是理性的理念，Idee，相当于英文的idea，但是也不完全等同。理念在康德这里有一个特殊的用途，它是从柏拉图理念论来的，这个词本来也是希腊文。柏拉图的理念高高在上，在彼岸世界。理念是一些无限的概念，在现实世界中，任何具体事物都不能称之为理念，它们都是对理念的一种模仿。它们无限地趋向于理念，但是永远也达不到，这就是理念本身的原始的含义。那么理性呢，它是建构理念的，正如知性是建构范畴的。我在前面讲了知性的范畴，康德的范畴是来自于亚里士多德，他的理念则来自于柏拉图。但是康德对它们都有所改造。亚里士多德的那些范畴都是经验性的、收集来的，没有系统性，也不纯粹，也不严格，也不精密，那么康德把范畴建立为十二范畴表，井井有条，相互之间有逻辑关系，有逻辑上的层次、等级，三个一组，一共分成四大类。这是康德所做的一个很重要的工作。对于理念呢，也是这样。

康德认为，柏拉图的理念不是很精密，它很含糊，而且理念高高在上，它怎么能够起作用？这个都很难解释。到底有多少理念？在柏拉图那里，一切种类都是理念。比如说马，有马的理念，马这个种，这一类，就是一个理念。这个康德也不否认。康德讲，我们在日常生活中，要进行科学研究，我们就必须要有一套种类的概念。我们要有一些理念，比如说水，我们必须要有一个水的理念，这个水的理念是“纯水”，没有任何其他东西的成分。但是在自然界，这种纯水是不存在的。纯金在自然界也是不存在的。这个金，不管你提纯到99.9999%，不管你后面有多少9，它还不是100%。所以绝对的纯金，绝对的纯水，这些都是一些理念，它的性质，定量分析，当然是确定的。我们一旦确定以后呢，我们就可以用来把握自然界的水和金这样一些自然物质。但是它们本身是抽象的。这就是理念，这是一些经验的理念。在经验生活中间，在自然界的研究中间，我们也要用到一些理念。但是康德在先验辩证论里面讲的主要是先验的理念，就是最高的理念。马的理念，水的理念，金的理念，这些跟柏拉图并没有本质区别。柏拉图也讲，万物都有它的理念。也就是万物都有它的种类呀。但是它们都不是先验的理念。

真正的先验的理念呢，也就是形而上学的理念，康德认为只有三个，一个是灵魂，灵魂是一个理念，我们所有的心理活动，都是由我们的灵魂所造成的。但是灵魂是什么？我们把握不住，我们只能假定它，有一个灵魂，所有的心理活动，都是趋向于这个灵魂的，都是由这个灵魂所造成的。追根溯源就追到它。第二个呢是世界整体，世界整体的理念，也是追溯不到的。我们只能看到宇宙中的大千世界中的各种各样的现象，但是我们看不到宇宙整体。虽然看不到整体，我们必须设定它，所有这些东西都是属于这个世界的，都是在这个整体之内的。在整体之外，我们不可能认识它。只有在这个宇宙之内的东西，我们才有可能认识它。但是宇宙整体这个概念本身也是个先验的理念。是我们在认识任何事物的时候必须预先假定的。第三个理念就是上帝。上帝是把前两个理念综合起来，前面一个是属于心理知识的理念，也就是我们通常讲的小宇宙。人的内心是一个小宇宙嘛。后面一个属于物理知识的理念，就是大宇宙。小宇宙的理念是灵魂，大宇宙就是世界整体、宇宙整体。那么大宇宙和小宇宙的总和、那个总体，那就是上帝。上帝一方面创造世界，另一方面创造了人的灵魂。所以在这两者之上，还必须要有一个综合，那我们就设定一个上帝。你所看到的心理规律也好，物理规律也好，都是对上帝创造世界的、创造人心的那些规律的一种探讨和一种接近，但是你永远也达不到这些理念，更达不到上帝的理念。这些就是先验的理念。

康德从这样一种先验理念的设定总结出来人的这种最狭义的理性的功能。通常我们讲，理性的功能就是推理。那么知性功能一个是提出概念，一个是作出判断。我在前面讲了，先验的范畴表，提出了一系列的纯粹知性概念。前面原理论又讲到了，知性如何运用这些纯粹概念去作判断，去构成知识。这也是知性的功能。但是从逻辑上来讲，逻辑的功能有三个层次，一个是建立概念，一个是作出判断，再一个就是进行推理。概念、判断、推理，形式逻辑里面有这样的三个层次。那么理性呢，就是专门致力于第三个层次，进行推理。但是进行推理的时候呢，它也有一个毛病：任何推理都有它的前提，是假定的。我们大家都知道，任何三段论式，任何推理，它都是假定前提的推理。你把这个前提假定了，然后我们从这个前提推出它的必然的结论。如果你前提没有的话，或者你前提还在动摇，还在怀疑的话，你就没有办法推了。“一切人都是有理性的”，这已经假定了，然后从这个一切人都是有理性的，那么“苏格拉底是人”，我们推出“苏格拉底是有理性的”。但是，是不是一切人都是有理性的，这个是不需要考虑的，或者是在这个三段论里面它不考虑的。当然它本身的真实性你还要考虑，那你就必须要设立另外一个前提，把这个假定的前提推出来。所以每一个具体的三段论呢，这种推理的前提都是假定的。你可以对它的前提再加以追溯，用别的三段论推出来，但是别的那个三段论还要假定一个前提，所以推理总是遇到这样一种麻烦。在日常的科学研究中，它脱离不了它的前提的假定性。但是推理按照它的本性呢，它又必须要摆脱这种假定性。因为纯粹理性它必须要摆脱那些经验的、后天的东西，摆脱那些假定的东西，它要使一切东西都成为能够推出来的东西，这就是理性推理的本性。

所以我们在日常生活中使用理性来进行推理的时候，它总是不完整的。它的前提是假定的，它的前提不是推出来的，尽管它推理很严密，但是它的前提不是推出来的，所以我们日常运用的理性不是纯粹理性，它总是掺杂有经验的、后天的、感性的材料。我通过经验，得出了一个前提，一切人都是要死的，我们没有看到哪个人不死，那么我从一切人都是要死的这样一个经验的前提，假定了的前提，推出既然苏格拉底是人，所以苏格拉底也是要死的。这个里头有经验的成分，所以它不是纯粹理性。纯粹理性要求所有的，包括它的大前提都能够推出来。所以，纯粹理性的推理呢，就具有一种无穷追溯的性质。你要把理性贯彻到底，你要使理性中的任何感性的东西都变成为理性推理的结果，都是理性推出来的，那你就要不断地往上追溯，你把你的大前提通过另外一个三段论式推出来；你把那个三段论的大前提又通过一个三段论式推出来。这样就可以无穷地往后追溯。康德把它归结为：理性的功能就是从有条件者追溯它的条件，并且再追溯条件的条件，一直追溯到最终的无条件者。理性要做到这一点，要追溯到最终的无条件者，它才罢休。不然的话，它总是未完成的，它那个条件总是假定的。只有当它追溯到一个无条件者，它才能够顺理成章地把所有的推理都不根据假定而推出来，摆脱假定的束缚。把所有的推理都按照理性的法则推出来。但那你就必须做一个最终的假定：最终有个无条件者。但是这个无条件者是无限追溯而不得的。在经验世界中，在现实的推理活动中，你永远也追溯不到那个无条件者。不仅仅因为你的生命有限，哪怕你的生命无限，你也追溯不到。

那么理性在这个时候呢，就提出来了理念——先验的理念。我刚才讲了，理念的意思就是那些无限的概念，超越的概念。它跟有限的东西不搭界。柏拉图讲的这个理念世界，它跟经验世界、跟现实世界是两个不同的世界，它是一个彼岸的世界。凡是掺杂有经验的条件的东西，都被理念抽象掉了。正因为理性有这种无限追溯的功能，所以它又具有了一个提出理念的功能。一方面它必须进行无限的追溯，但是为了这个无限的追溯，它必须提出一个排除了一切经验的要素，排除了一切可以追溯到的要素的这样一个抽象的概念，那就是理念。所以理念的本身是一个无条件者的概念，无限的概念。无条件也是无限，再没有什么别的条件了，没有东西可以限制它了。所有其他的东西都受条件的限制，唯独无条件的条件它是不受任何东西限制的，它是无限的。那么这种理念的提出，在认识论上面呢，它有它的作用。我刚才讲了，我们在日常的科学研究中间，我们要使用到理念，比如说种和类的概念，纯水、纯金这样一些概念，水的种的概念，马的种的概念等等，种类的概念，种类划分，等级，这样一些概念，它们都是属于理念的，但是这些都是属于经验的理念。

二、先验理念的作用

那么先验的理念有什么认识论的意义呢？也有一点意义。先验的理念不是知识，因为我们追求不到它，我们不能够对它加以经验的描述，它不适合于经验的规律。但是呢，它有一种作用，就是说理性的先验的理念，它也有一种认识论上的作用。它虽然本身不是认识，但是它可以指导认识。比如说知性把握了自然规律，把握了一条规律，又把握了另外一条规律，把握了很多很多规律，但是这些规律是不是成系统的？这一点知性本身是不加考虑的。知性在这个地方把握到一条规律，在那个地方又把握到一条规律，但是这些规律与规律之间，有没有一种系统的关联，知性本身不考虑。那么理性从一个超然的立场上，它关注这样一个问题，就是说，所有这些知识是否能构成一个统一体，是否能构成一个系统。这个系统是趋向一个理念的。比如说灵魂，心理学趋向于灵魂，心理学最终就是要探讨灵魂嘛。虽然它永远也探讨不透，但是它永远也要向灵魂这样一个目标去追求心理学的知识。物理学就是要探讨宇宙整个的全体的知识，但是它永远也得不到。虽然永远也得不到，宇宙整体的知识，绝对真理的知识，就是它的目标。为了达到这个目标，它必须把自己已有的所有的知识组织起来，构成一个从低级到高级不断地接近绝对知识的这样一个系统。

所以理性对于知识来说，它有一种引导作用，有一种范导作用。我在上次已经提到这个词regulativ，我们把它翻译成“调节性的”，有的人把它翻译成“范导性的”。就是引导性的。翻成范导性的比较更好理解一些。就是把人的知识引向某个唯一的目标。牛顿坐在苹果树下，冥思苦想，掉下来一个苹果，打中了他的脑袋，他灵光一闪，他想到了苹果掉下来的伽利略的自由落体定理，跟天体运行的那种吸引和排斥的关系，是同一个定理，是同一个规律。自由落体只不过是那个万有引力的那个天体运行的规律，在地球的重力场合之下的一种具体表现，就是苹果落下来。他突然发现，其实用不着两条规律呀，一条规律就够了。这就把两条规律并为一条规律。那两条规律并没有被取消，只是成为这同一条规律的具体场合的表现。这就达到了一个统一体。牛顿的这种灵光一闪，就是理性的功劳。就是说，他的脑子里面，突然想到了，所有这些零零星星的知识，可以组织起来呀，可以组成一个统一体。这就是理性的功劳了。当然这是一个具体的例子，理性在这一步起了这样一种统一的作用，在那一步还会起更大的统一作用，在一些更小的地方可以起更小的统一作用。但是所有这些统一作用最终会指向一个唯一的宇宙整体的规律，比如说宇宙整体的基本力，万有引力也是基本力的一种啊，现代物理学认为，这个世界有四种相互作用的力，万有引力只是其中一种。那么这四种力是否能够再进一步统一起来？这是人类永远要追求的一个目标。那么这个目标在自然科学本身里面是没有表现出来的，但是我们有了理性，我们就可以超越这些知识，去把它引向一个更高的目标。所以理性所提出的理念，虽然它本身不是知识，但是它对于知识有一种引导作用，有一种范导作用，有一种规整、调节的作用，使它形成体系。牛顿物理学形成体系了，当然这个体系被爱因斯坦的相对论所超越，现在又有霍金的宇宙起源论。不管怎么样，所有这些体系，都在理性的引导之下，不断地去追求那个宇宙整体的绝对知识。虽然永远追求不到，但是它能够起作用。康德把理性这种意义上面的运用，称之为“内在的运用”。

理性的内在的运用，先验理念的内在的运用，也就是它在经验知识之内，虽然它本身在经验知识之外，但是它可以运用于经验知识之内，把所有的经验知识构成一个系统。它不超越经验知识。但是理念本身又是超验的。超验的理念有先验的意义，在运用于调节经验知识的时候，我们可以称之为先验的理念。但是理念本身具有一种超验的功能。就是说，它所提出的那些理念，是超越经验世界的，任何经验都探讨不了它。灵魂、上帝、宇宙整体，这样一些理念呢，本身是超验的，不能运用于形成经验知识。所以它也趋向于有一种超验的运用。就是说，我是不是可以撇开经验，单独对这些理念去获得某种知识呢？比如我认识到，灵魂是怎么样的，世界整体是怎么样的，上帝是怎么样的。这些都是对这些理念的超验的运用。在超验运用的时候，这些理念呢，就叫超验的理念。我在前面讲过超验这个词，transzendent，它跟先验的，跟transzendental是不一样的，transzendental是先验的。先验的还是基于经验之内，它还只能够是内在的运用，就是形成经验知识。但是超验的呢，它已经不能运用与经验之内了，你不能把灵魂当作是一个有体积的、有大小的东西。不能这样看。你必须要把它当作超验的东西，只能通过思想来规范它。当然理念被用做这样的超验运用的时候，它就产生了幻相。它的正当的运用呢，应该是内在的运用。我们可以设想认识里面如果没有了种类的概念，那么我们就无法进行。经验也需要种和类的划分，分清种类。再一个，我们设想认识领域里面如果没有先验的理念在前面引导，那我们的知识永远只能停留在经验知识的积累，而构不成科学体系。科学体系之所以成为一个大厦，一个体系，就是因为有赖于理性的理念之功。所以内在的运用是很有意义的。但是超验的运用呢，会产生出一些幻相。那么先验辩证论呢，就是要讨论这些幻相。这些先验的幻相，一个是理性心理学所探讨的灵魂实体的问题，把灵魂当作实体来看待；一个是把理性的宇宙论当作形而上学的一个话题，就是说，形而上学要探讨宇宙整体是什么样的，有限的还是无限的，等等；再一个呢，就是理性神学，就是上帝存不存在。下面我们分别来考察这几个问题。

三、对理性心理学的批判

一个是理性心理学。康德对于理性心理学的批判。理性心理学实际上是大陆理性派在心理学方面，试图通过一种心理学来探讨人的灵魂的问题。灵魂问题显然是一个形而上学的问题，灵魂无形无象，把握不到，那么你怎么能探讨灵魂呢？但是理性派自认为可以通过理性来先验地或者是超验地规定灵魂的特点，不需要任何经验，因为理性派的特点就是这样的，认为理性本身通过单纯逻辑就可以推出一些确定的知识。这些知识要比经验知识更高，因为它们是具有普遍性、具有必然性的。经验知识呢，它没有普遍性、必然性，它是后天的。所以理性派非常自信，认为他的逻辑具有这样一种功能。理性心理学，对于灵魂做出了这样一些规定，这些规定呢，是通过一种推理，一种形式逻辑的推理推出来的。但是这种推理呢，康德把它称为“谬误推理”，它是犯了逻辑错误的，犯了一种隐秘的逻辑错误。这些理性派的哲学家虽然在逻辑上是非常精通的，他们自认为逻辑是无所不能嘛，所以他们对于逻辑的研究是非常深的，凡是理性派的哲学家，都是精通逻辑学的。但是康德指出来，恰好他们在逻辑学上面产生了一种谬误推理。这种谬误推理体现为，这些人把灵魂赋予了一些先验的谓词。所谓先验的谓词就是说，这样一些谓词呢，本来是只能够运用于经验之上的。但是他们把它运用于超验的对象之上，运用于理念之上，试图获得某种超验的知识，这样就导致了一种谬误。理性心理学用这种方法提出了四个命题来规定灵魂。

第一个命题，“灵魂是实体”。他们认为，所谓实体，按照亚里士多德的实体的定义，亚里士多德在他的《形而上学》里已经提到了，就是说，实体就是那种只能够作为主词而不能够作为宾词来使用的。那么，理性派的这些哲学家呢，由这个大前提就推出来，“我”这个词就是一个主词，而不能够做宾词。一切我的知识都是我的，所以，所有的知识都是在“我”的这个主词的前提之下，才得以形成的。但是，所有由“我”所形成的知识，都不能用来描述我，否则我就只是一个经验的我，而不再是那个作为一切知识的前提的先验的我了。通过“我”的这个主体，笛卡儿不是讲“我思故我在”吗？我思，通过我这个主体，我可以思到所有一切知识，这个知识那个知识，但是这个知识那个知识都是我思出来的，它们都不能用来规定先验的我。所以“我”这个概念呢，从“我思故我在”里面呢，就已经看出来了，它是一个绝对的主词，而不能够做宾词。但它又不能够用它所认识的任何其他的东西来描述。你用任何其他的东西来形容它，都是错误的。因为我超越于其他所有的东西之上。我想到的一个东西，比如说想到一个桌子，你说我就像这个桌子，那不是的。我超越这个桌子之上。它是我所构成起来的，我所想到的，我所认识到的。但是呢，你并不能用它来描述我。那么什么东西可以描述我呢？只有那种先验的谓词，比如说“实体”。既然一切只能作主词而不能作宾词的都是实体，那么“我”就是一个主词而不是宾词，所以呢，“我”就是实体。这是理性派的一个推论。它体现为这样的三段论：

大前提：凡是只能被思考为主词的东西也只能作为主体而实存，因而也就是实体；

小前提：现在，一个能思的存在者仅仅作为本身来看，只能被思考为主词；

结论：所以，它也只作为一个主体、也就是作为实体而实存。

看起来好像顺理成章，在形式逻辑上好像是无懈可击，但是康德指出来，这个里头是谬误推理。

为什么是谬误推理？康德认为，“我”这个概念，有双重含义。一方面它作为逻辑上的主词，另一方面，它作为现实的一个主体。主词这个拉丁文的含义也是双重的，subject，它可以翻译成主词，也可以翻译成主体。中文很方便了，中文根据它在它的语境下的含义，我们可以区分开来，这个是逻辑上的主词，主词和谓词不一样。那么在另外一个场合之下呢，它是指的一个实实在在的主体。我们中文一下子就区分开来了。但是在西文里面呢，很难区分，它就是一个词。主词、主体、主观，都是这个词。主词是逻辑意义上的，主体是本体论意义上的，主观是认识论意义上的。但是它们都是用Subjekt这个词来表示。这是一个很麻烦的问题，在西方的哲学里面，因为它是一个用得很广的哲学概念了。在什么时候我们把它翻译成主体，什么时候翻译成主词，我们中国人要非常小心。有时候还是区分不开来。因为它有双重含义，甚至三重含义。认识论、逻辑学和本体论，三重含义。所以，康德认为你把“我”当作主词的时候，你就不能把它同时又当作主体。主体就是存在的东西了。主词就是逻辑上的一个前提，逻辑上的主词，并不等于存在上的主体，康德指出这一点，就是说，你犯了四名词的错误了。也就是说，本来一个三段论式只能有三个名词，这三个名词在这个三段论式里面，“我”这个词有不同的含义，或者“主词”这个词有不同的含义，一个含义是主词，另外一个含义是主体。那么你就偷换了概念，把四个名词冒充为三个名词了。你自以为只要证明了它是主词，你就证明了它是主体；而证明了主体，你就以为它是一个实体了。但实体必须是现实存在的嘛，必须在时间空间中，而不只是一个逻辑概念。这个偷换概念就是这样偷换过来的。所以第一个命题呢，康德认为就是不成立的。它是一种谬误推理。

康德对于理性心理学的批判，前面讲了第一个命题，“灵魂是实体”，他认为灵魂不可能推出来它是实体。你要能够从逻辑上推出来它是实体的话，那你就在逻辑上面出现了问题，就叫作谬误推理，犯了偷换概念的错误，在逻辑上来讲，也就是四名词的错误。表面上看起来好像是三个名词，符合一个三段论式的要求，实际上是犯了一个逻辑错误了。那么，除了这样一个命题以外，理性心理学还有其他三个命题。一个就是“灵魂是单一性的”，再一个就是“灵魂是有同一性的”，再一个是“灵魂跟身体可以发生交互关系”，与身体可以发生交互作用，身心关系，它可以具体地表现在身心关系之中，发生现实的作用。康德对它们每一个都做了分析和批判。我刚才讲了，对实体，他们是混淆了主词和主体。那么对于逻辑上的单一性，康德的评判就是说，逻辑上的单一性，不等于认识上的统一性。认识上的统一性必须要有内容。统觉，你把什么东西统到一起来，它必须要有内容。但是逻辑上的单一性是一种抽象概念上的单一性，你把主体的这种单一性，理解为单纯的，是单一性的，仅仅是一种逻辑上的意义，它并不是认识上的统一性的意思。

所以你并不能证明它是一种知识。仅仅是逻辑上的一种设定，它还不是一种很现实的知识。但是单一性和统一性在德文里面就是同一个词：Einheit，所以很容易发生混淆。

再一个呢就是所谓灵魂的同一性，他叫作号数上的同一性。号数上，就是同一号，我们通常讲“有几号人”，也就是人格同一性的问题。人格同一性的问题呢，也是一种混淆，就是我思故我在，我思的我跟我在的我，看起来好像在人格上是同一的。笛卡儿讲道，由我思就得出了我在，但是呢，这个我在的我呢，它是我思的内容。我思的我呢，它是我思的形式。一个命题，我思故我在，这个我思是形式方面的，我在呢，是内容方面的。这两方面你不能混淆。你如果真的要证明一个我在，那你就必须根据内容来确定我在。我想到了什么，我受到了什么教育，我发现了什么样的知识，这都是我思的内容。但是我思的形式呢，你并没有加以认识，并没有凭这个内容对我思的形式加以认识。这也是一种混淆。灵魂的同一性只是我思的形式上的同一性，不能推演为它是同一个认识对象。

最后的身心关系问题呢，是否能够证明灵魂就是一个起作用的，在经验中起作用的一个实体？笛卡儿是这样看的，他认为，人的灵魂，它住在大脑里面的松果腺这一部分，它通过它的很微小的抑制或者激发作用，作用于周围，然后通过松果腺的传递，然后传到全身，然后传到人的肌肉，然后呢，人就采取行动。这就是身心关系。笛卡儿对这个身心关系讲了很多。交互作用，由身体的感知，然后再通过种种途径传到松果腺里面的灵魂，被灵魂所接受。被灵魂加以处理，这就形成了知识，然后灵魂又对这个外界发生反作用，等等。反正灵魂跟身体是有一种现实的交互作用的。但是康德指出，这个里头有一个先验自我和经验自我的区分。笛卡儿的我思，本来是一个先验的自我。但是这个我思，你说它住在大脑里面某一处，那就是经验自我了。那通过心理学、生理学，通过解剖学，我们可以发现它。通过心理学我们可以研究它是如何形成的，从一个小孩子，到长大成人，他所受的教育，他的理性的发展，用发展心理学我们可以描述它。但是那是一种经验的自我。经验的自我跟认识主体的先验自我是不同的。灵魂是不能够由经验自我完全把握的。经验的自我只能够无限地趋向于那个灵魂，但是永远也把握不住它。它只是一个理念。

所有这些谬误推理呢，都是发生了一种逻辑上的混淆。都是类似于我刚才讲的四名词的这样一种错误。那么混淆的根源何在呢？康德认为，混淆的根源就在于混淆了现象和物自体。现象中表现出自我的种种特点，但是呢，我们千万不能把它就当作是我们的灵魂实体，是我们灵魂的物自体。你以为那就是一个实体了，实体是经验的东西。我们前面讲了先验的范畴是不能做先验的运用的，只能做经验的运用。你把这些范畴撇开了经验以后，它什么也不能规定。所以，讲灵魂是一个实体，这种对实体范畴的运用是不合法的。包括对单一性的范畴，对关系的范畴的运用都是不合法的。这些范畴都只能运用于经验的对象，而不能拿来运用于一个不表现在经验中的灵魂这样一个对象。所以，根本的混淆就是自在之物和现象之间的混淆。

但尽管如此，康德指出来，理性心理学的这样一些努力呢，也不是毫无成就的。虽然他们的理论是站不住脚的，偷换概念嘛；但是他们这种努力，这种自然倾向，还是有它的积极意义的。这个积极意义并不在认识领域，而在于后面要讲到的它的道德实践的领域。在道德实践的领域，这样一种努力是有效的。为什么一定要证明灵魂是实体，灵魂是同一的，灵魂是单一的，灵魂是会发生现实作用的呢？它不是出于认识上的需要，认识上你根本不需要证明这一点。我们没有灵魂的知识，我们照样可以认识心理上的各种现象。把它当作现象去研究就可以了。但是有一方面的问题没有办法解决，就是道德责任问题。你灵魂没有独立性，灵魂没有同一性，你怎么承担道德责任呢？如果你不把灵魂看作实体，你怎么承担道德罪过呢？一个人犯了法，你说那不是我，那是昨天的我，那不是今天的我，你就可以逃避道德责任了，你就可以逃避法律责任了。所以理性派的哲学家呢，无形之中不得不设立灵魂是实体，灵魂是同一的等等，这样一些命题。这些命题真正的用处，是在实践上。所以作为以往的形而上学，是失败了的，但是作为未来的形而上学，它是有启发作用的。它启示了一条通往未来形而上学、通往道德形而上学的道路。所以，尽管它的证明是错误的，我们还是要承认灵魂是实体，灵魂是单一的，灵魂是能够单独承担责任、具有同一性的，而且这些事情是你的灵魂做出来的，你不能归咎于别人。这是在另外一个领域里面它可以这样规定。但是在认识论方面，它完全是错误的。所以康德也没有完全否认理性心理学的功劳，就是说，他们为道德领域里设定一个灵魂不朽，留下了余地。这是对理性心理学的批判，大致就是这样的。

四、对理性的宇宙论的批判

那么下面我们看看对理性的宇宙论的批判。理性的宇宙论，我刚才讲了，它是从一个理念出发的，就是宇宙整体，或者世界整体。那么要考察世界整体这样一个理念，人们如何去考察呢？人们试图通过一种证明的方法，推理的方法，三段论的方法去加以考察。但是这样一个理念，它没有经验，你的考察究竟是不是对的，没法证实。你提出来有关宇宙整体的所有的命题，你都没有办法在经验中、在宇宙内部加以证实。所以呢，理性的宇宙论往往采取一种归谬法，或者叫作反证法。也就是说，我虽然不能正面地证实它，但是我可以证明它的反面不成立。我们提出一个命题，我首先证明这个命题的反面在逻辑上是不成立的。而这个反命题和正命题，又是一对矛盾命题，矛盾命题就意味着没有中间命题，排中律嘛，没有中间命题的可能，你要么承认它是这样的，你要么承认它不是这样而是那样的。我把反面的命题驳倒了，那么我正面的命题就不证自明了。这就是归谬法。归谬法不需要拿出现实的经验，不需要举证。我们今天讲医疗事故举证，由患者举证，还是由医方举证，现在我们说医方举证，医方觉得很冤枉，你要控告我，你要拿出证明来嘛。你要我拿出证明来，说我没有怎么样，那我到哪去拿证明？患方就说，所有的医疗证明都在医院，病历记录什么的都有档案，当然应该由医方拿出证明了。这个归谬法也就是这样一个意思，就是说，我拿不出证明，但是我可以证明它的反命题是错误的。那么按照逻辑，既然反命题是错误的，正命题就是对的。他们采取这种方式来证明。但这种证明往往从不同的立场来看，双方都可以成立，这就形成了二律背反。

这里也有四个证明。这四个证明呢，第一个就是认为，在时间空间上宇宙整体要么是有限的，要么是无限的。时间上有限，也就是有一个开端；时间上无限，也就是没有开端。空间上有限，就是空间上有边界；空间上无限，就是空间上没有边界。这是他提出的第一个冲突。两派，一派认为宇宙在时空中是有限的，这是理性派提出来的，时空有限，宇宙的时空是有限的，有开端，有最初的那一下，上帝第一推动。理性派比较坚持这一条。另一派经验派呢，就说你这个证明不成立。你把上帝那个第一推动在哪年哪月指给我看看，在什么地方推了一下，你指不出来。所以经验派认为宇宙是无限的。这两派争论不休，互相都证明对方是站不住脚的，而且都能够言之成理。康德把这样一种现象称为宇宙论的二律背反。Antinomie，Anti是反抗，反对；nomie是律，规律，法则。两条命题、两条按照逻辑推出来的法则相互之间冲突，这个在逻辑上是一个矛盾的现象，非解决不可，但是又无法解决。要解决你必须要有一个证实的根据，比如说经验，但是双方都拿不出经验，双方都只有通过否定对方的命题来认可自己的命题。但是，是不是否定了对方的命题就能够证明自己的命题呢？在逻辑上好像可以，但在事实上是有问题的。

比如说，在时间空间问题上，宇宙整体在时空上到底是有限还是无限，那么正题呢就是说，有限，时间上有开端，空间上有边界。但是他证明的方法呢，就是说假如这个世界没有开端，那么我今天怎么能把它称为“过去的”世界呢？我怎么把过去的世界综合为一个概念了呢？我们今天说，所有的东西都过去了，那就是让所有的东西都看作是一个整体了，那就意味着你已经把过去的所有的时间从开端一直到今天此刻，全部看作一个综合的整体了，你才能这样说。但是如果没有开端的话，你就不能这样说，你就不能说过去的东西都过去了。因为什么是过去的东西，你怎么知道？这个过去永远可以往前推嘛，这个综合就是永远完成不了的。这是理性派的一种证明。但是经验派呢，反过来加以质疑。经验派就说，假如你设定一个开端，那问题又来了，开端以前是什么呢？也就是说开端以前是一个空的时间，如果不是空的时间，那个时间就是更早的开端了。你必须在开端以前设定一个空的时间，你才能够说，这个事物，这个世界整体，从这一刻起开始有了，以前是没有的。但是一个空的时间，怎么能够产生出开端来呢？开端是产生出来的嘛，无中怎么能生有呢？你给我讲讲这个道理。从虚无的开端之前的状态，进入到实有的开端，怎么可能？空间也是这样。如果空间有一个边界，那么，这个边界是由什么给它形成的呢？如果是由一个空的空间形成它的边界，空的空间本来就是空的，怎么可能有边界呢？不可能有边界把它限定住啊。这是经验派的反驳。理性派就是说，我们之所以能够说一个宇宙整体，那肯定是已经把它综合完了，我们才能够把它作为一个整体对象来看待。但是经验派认为，问题没有完，当你把它当作一个整体看待的时候，它又有问题，就是说整体之外还有没有？如果还有的话，那它就还不是整体。如果整体之外什么也没有了，那这个整体还是形成不了。有什么东西来限制它呢？由一个空无的东西是不能够限制任何东西的。

这是这两派的争论。这两派的争论各执一端。实际上按照后来的黑格尔的分析呢，他们的问题出在“世界整体”这个概念上，世界整体这个概念是一个自相矛盾的概念，世界和整体你要把它们结合在一起是有问题的。因为所谓世界在德文里面，Welt这个词有世俗生活、日常生活这样的意思，五花八门的嘛，大千世界嘛，五彩缤纷。而整体这个概念呢，它就是一个理性的理念，抽象的“一”的概念。无限丰富的这样一个世界，你把它看作一个整体，怎么看？理性派是着眼于它的整体，着眼于世界整体的整体性，那么经验派呢，着眼于世界整体的世界性。你强调它的世界性，那它就形成不了整体，大千世界，五花八门，无限丰富，你怎么能形成整体？那么理性派强调世界整体的整体性，就是说，我已经形成了一个整体，那么我去分析它是何以可能的，那只有假定它是有限的，才能去分析。但这又不再是一个世界，不再是无限丰富的了。这是一个典型的例子。当然除了这个二律背反以外，一共他有四个二律背反。

第二个二律背反就是：世界的构成是单纯的还是复合的？是单纯的东西构成的，还是由复合的东西构成的？这个也是一个二律背反，经验派和理性派各执一端。理性派强调是单纯的，总有一个最终的东西；经验派呢，就强调，无限可分。毛泽东也强调世界是无限可分的。中国古代也强调，像墨子讲的，“一尺之棰，日取其半，万世不竭”。一根棍子，你把它每天砍一半，永远也砍不完。这是一个老问题了。莱布尼茨就认为，分到最后就是单子。这个单子不是说在广延上面你可以去日取其半，因为单子没有广延。有广延的东西你当然可以日取其半，但是最终呢，分到最后是一个没有广延的单子，精神性的单子，作为所有的广延之物的一个组成要素。理性派强调单纯，而经验派强调它永远是可以分的。

第三个呢，就是世上是有自由还是只有因果必然性。关于自由的问题。这第三个二律背反是最重要的。我们可以比较仔细地看一看。第三个二律背反，理性派强调，世界上除了有自然因果律以外，还应该有自由。经验派认为没有，所有的东西都可以还原为因果链条。那么，世界上有自由，它的理由就是说，如果没有自由的话，那你的因果链条也不成立。理性派认为，如果你不假定一个自由的话，那么因果律本身也就不能成立了。为什么？因为因果律是可以无穷追溯的。按照莱布尼茨提出的充足理由律，任何事情都有充分的理由、充分的因果链条才能够产生。我们通常讲，一个事情产生，它有很多很多理由，有无限的理由。

其中只要缺了一环，它可能就不是这样了，这个事情就可能不产生了。所以我们日常生活中经常也有这种考虑嘛，你要把各方面都要设计得周全，但是智者千虑必有一失，人不是上帝嘛，你不可能任何事情都考虑得那么过细，每一个环节你都考虑到了，你只能大致地考虑到了。但是大致考虑到了，很可能你有一个极其微小的细节没有考虑到，全盘皆输，这个事情就不存在了，就发生不了了，你的目的就达不到了。我们日常生活中都有这样的想法。莱布尼茨把它总结为一条充足理由律。就是说任何发生的事情都必须要有充分的理由，这个充分的理由不是人可以把握到的，但是上帝可以把握到，上帝创造一切嘛。所有的理由都在上帝的掌握之中，他把每个环节和细节都安排好了，这个事情才得以发生。当然上帝为什么要这样安排？是出于他的自由意志。上帝的自由意志不再受任何因果关系的影响，它本身就是一切因果链条的终极原因，完全充足的原因。如果我们设想，没有一个上帝的自由意志来安排，那么所有这些因果链条将导致一种无穷的追溯，没有一个终点；于是呢，你就永远也不能确定这个链条是否充足，它的原因是否充分，那任何事情都不能发生。如果一个事情你永远不能确定它的充分理由，那它怎么发生的，你就没有办法鉴别了。当然它已经发生了，这是个事实，所以莱布尼茨称之为“事实的真理”。但是事实的真理也要有根据呀，也要有理由啊，这个理由我们人类无法完全把握，无法单凭因果律来把握，因为因果律是无穷无尽的，人的理性却是有限的。所以因果律对于把握经验的事物，对于把握事实的真理，就无能为力了。它的应用也就可以撤销了。如果没有自由的话，那么因果律本身也就站不住脚了。你用因果律来解释好像有一种必然性，其实呢，不过是你想当然而已。你凭你现有的知识，你以为其中有因果律，但是有大量的根据你是没有掌握的，绝大部分根据你是没有掌握的，你只是掌握了其中一点点，最近的那个原因，稍微远一点的原因，你就看不到了。所以因果律如果要能够成立，必须预先假定自由。

所谓自由就是自行开始因果链条的一个起点，它没有别的原因了，它是无条件的条件。自由就是没有条件了，有条件就不叫自由了，那又是因果律了。所有的因果律追溯到最后的那个原因，那个原因呢就叫作自由因，它再没有原因了。理性派通过这种方式证明自由是不能缺少的。如果缺少了，你单纯用因果律来解释世界，是解释不完的，是不成立的。你只能违背充足理由律，用不充足的理由来解释事物，那也就违背因果律了。但是经验派坚持，虽然不成立，但是我们还在用，我们姑妄言之，姑妄信之，我们就是这样走一天算一天，摸着石头过河，我们永远也追溯不到哪一天哪一个原因就是那个自由因了。我们看不到嘛。我们不能把这个自由纳入到经验的范围之内来加以考察。而凡是因果律呢，虽然我们不能追溯到底，我们都可能把它放到经验里面来加以规范。那是确切的知识，管它成立不成立，反正我们做多少算多少。这是经验派的观点。当然对经验派的这种观点，理性派是不满足的，理性派就是要求彻底。你那种态度不彻底嘛，你半途而废，你还能自称为知识，你能抵抗休谟的那种怀疑论？你只是有一些或然性而已，你不能够自称为有必然性。这是经验派和理性派的一个很重要的争论，它可以说是四个二律背反里面最重要的。前面的都是为它做铺垫的。

第四个二律背反主要是讲世界上有没有绝对必然的原因，或者呢，所有的东西是不是都是偶然的。这跟我刚才讲得非常相像。叔本华就说，第四个二律背反其实就是第三个二律背反，没有必要再提出第四个二律背反。只有提出自由因，你才能把整个世界解释为必然的，如果没有自由因，整个世界都是偶然的，都是或然的，只有一些可能性，只有一些概率，但是没有必然性。第四个二律背反就是讲的偶然性和必然性的问题。

那么康德对这四个二律背反作了他的分析和批判。他认为，四个二律背反共同犯了一个错误，就是把现象和物自体混为一谈。前两个二律背反呢，是把现象等同于物自体，就是把宇宙整体或者世界整体当成一个实有其物的一个东西，当作一个可以在现象中加以规范，加以把握的东西，当作一种知识，所以从这个角度来说呢，他们双方都是错误的。因为你的前提，你用世界整体这个概念来做规定，来提出命题，这本身就是一个含糊的概念，你的概念不清嘛。所以，世界既不是有限的，也不是无限的，在时间上既不是有开端的，也不是没有开端的。因为时间无非是我们主体的一种接受形式，先天直观形式，你把它当作世界整体本身固有的一种属性了，不管理性派还是经验派，都把它当作世界整体本身的一种客观的性质，认为它具有时间空间的性质，你把它赋予一种客观实体的性质，那当然双方都错了。只要你抛弃这样一种概念，你把时间和空间都当作我们主体的一种先天形式，那就没有这个问题了。我们主观的这个先天形式是我们的一种接受能力，这个接受能力它永远不能完成，所以呢，它是.不定的”。它既不是有限的，也不是无限的，但是它是无定的。就是你不能够完全确定，时间到这一步，就已经确定了，这就是开端了，前面就没有了，或者到后面就结束了。不是这样的。我们的主观形式还可以起作用嘛，它不是一个自在的对象的固定属性。空间也是这样，你把它看作一个自在之物的一种存在方式，那当然你就永远确定不了这个自在之物是有限的还是无限的。但是你把它当成主体的一种形式的话，那它就没有有限和无限的问题，它是永远不定的。你可以扩张，在每一步你都可以给它设定一个限制，但是你在设定限制的同时，你都可以说，它还可以扩张，因为它是你主体的一种能力啊，主体的能力总是可以去运用的，你用这个能力发现了一个世界，但是呢世界外面还有世界。所以它是不定的。所以你讲有限和无限这两个概念，康德认为都不能用在世界整体的概念上面，你只能说世界整体在时间和空间上是无定的。既不是有限也不是无限。同样，世界也既不是单纯的也不是复合的，而只是未分完的，永远处于从复合到单纯的过程中。

那么后面两个二律背反呢，康德认为双方在某种意义上都可以是正确的，只要你区分了现象和物自体，只要你把现象和物自体区分开来，那么，自由你可以给它保留，在物自体的领域里面，所谓先验的自由，你可以给它保留一席之地，但是它不干预现实经验世界的因果关系。你不要把它混淆，你不要说某件事情发生是由于自由而发生的，可以从经验上对它来加以确定，这个你就混淆了。经验派和理性派都混淆了这样一个界限。经验派认为你一旦承认自由了，它就会打乱因果链条，就会产生奇迹，有一件事情它是不按物理学规律而发生的，不按因果律发生的，那不就是奇迹吗？那就成为迷信了。理性派也是这样考虑的，上帝创造世界不就是一个奇迹嘛，上帝的第一推动，自由意志，不就是一个奇迹嘛。理性派虽然也不承认奇迹，但是他最终承认有一个奇迹，就是上帝的第一推动。除了这个奇迹以外，其他奇迹他都不承认。但是经验派认为，这个奇迹你也没有理由去确认它。而康德认为，只要你把自由的这个规定限定在自在之物的领域，在现象背后，它本身并不介入现象的这种自然律，这种因果链条，那么呢，你就可以对它采取一种不同的眼光。这种不同的眼光最终也要追溯到实践的眼光，这个在后面还要讲到。有了这种眼光，不但上帝的自由意志，而且人的自由意志都可以得到承认。

比如说你采取一种不同的眼光，我现在要从椅子上站起来，我现在就要站起来，这个行动。你可以从因果律的方面去测量我的血压，测量我的脑电图，测量我的心脏的跳动，测量我的肌肉的紧张度等等，你可以把它作彻底的科学规范。但是我从椅子上站起来这件事情，你还可以从另外一个角度来考察，认为这是我的一个自由意志行为。这个自由意志行为不是按照物理学、生理学的规律而发生的。当然你从物理学、心理学、生理学也可以去考察它，一个医生来考察你从椅子上站起来这件事情。但是另外一个人来考察，他不从医生的角度考察，他从一个道德的角度考察，你从椅子上站起来是为了什么？为了表示抗议，这是它的原因。你从椅子上站起来要表示一种抗议，抗议不公平，不道德，那么这就是一个道德的理由。它跟你这个生理学的理由不矛盾，它们可以并行不悖。但是它们所讲的是两个完全不同领域里的事情。一个是讲的现象界的物理现象、生理现象，另外一个是讲的道德界的理由，本体的理由。同一个事情可以从两个不同的眼光、角度来对它加以解释，来说它的原因是什么什么。所以原因这个概念呢，有双重含义，一个是自然的因果律，一个是物自体，它也可以作为一种道德的原因来起作用。你可以把这样一个事件当作一个道德原因所产生的结果。你可以这样来看。所以，在这个领域里面呢，康德就为自由留下了一个地盘。

但是这个地盘这个时候还是空的，因为它还没有进入到道德领域，还没有进入到实践的领域。我单从认识的领域，从经验知识的领域来看，我发现有些事情是不能用物理学和生理学等来加以解释的。当然你可以解释，但是你解释完了以后，你发现，好像还有一些最根本的东西没有解释到，比如他为什么要站起来的理由你没有解释到，你只是描述了这个现象。它真正的理由，不是因为他的脑电图突然不正常了，心电图突然不正常了，他要站起来，不是的。真正的理由是他心目中的那种目的，那种实践的冲动，道德冲动，按照道德律对他的命令“你应该这样做”所做出来的。所以这两方面可以并行不悖。生理学的理由你可以满足科学的要求，道德律的理由你可以满足道德和法律的要求，但是它们两者不能混为一谈。这种先验自由你绝对不能当作一种知识来看待。道德的理由你怎么能用科学来认识？道德的理由你一旦纳入科学认识它就不是道德了，它就是自然界的本能或机械作用了。自然界已经把它规定好了，那它还是道德吗？所以这种自由作为一种先验的自由呢，它不是真正的知识，只是必须为它在知识的领域里面留下一个空白。在知识领域里面你不能用科学解释一切啊，科学是有限度的，它不能一切东西都加以解释，科学不能解释道德，也不能解释信仰，也不能解释审美这些东西。所以康德讲，“我要悬置知识，为信仰留下位置”。先验自由的这个理念，就是对知识的一种悬置。在这个地方，我要悬置，但是我要留出一个地盘。留下一个空位，虚位以待。等待什么呢？等待我在讲到实践理性的时候，我再把它充实起来。讲实践理性的时候，既然你在认识论里面已经留下了一个空位，那么我在实践理性里面就可以利用这个空位，来大讲我的道德自律呀，法呀，权利呀，讲我的宗教信仰啊，这些问题都有我的余地了。但是这些东西不是知识，它是一种实践的法则。这是他预先留下来的一个位置。

那么，这样一种预留的位置在康德看来，就是一种“先验的观念论”。就是说，解决二律背反的关键问题就是要把自己的眼光提升到一种先验的观念论，像自由意志这样一个先验自由的理念，它是一种先验的观念，但是它本身不具有客观实在性。你不能把它当成是一种先验的实在性，它是一种先验的观念性，它是一种主观观念。认识世界确实有这种需要，你如果没有自由设定的话，那么整个充足理由，确实缺乏一个最后的根据，因果链条就没有必然性了。有这种需要。但是这种需要呢，在认识论里面只是一种观念，你不要把它当真，它不具有经验性的实在性所必要的那些材料、那些内容。它是空的。通过这样一种方式呢，实际上你就是把它另外放到了一个地方，就是放到了物自体的这样一个领域里面，加以另行处置。这是他解决二律背反的一个办法。

所以，总而言之呢，所有的二律背反，它的根源之所以产生，都在于现象和物自体发生了混淆。发生了混淆就产生出一种幻相，二律背反也是幻相。人们以为对于世界整体都有了自己的规定，要么是有限的，要么是无限的。要么是复合的，要么是单纯的。要么是由自由产生的，里面有自由，要么没有自由，全都是因果律。要么是必然的，要么是偶然的。对世界整体的这样一些规定，都是一种幻相。幻相的根源就在于，混淆了现象和物自体。只要你把现象和物自体区分开来，你就会发现，四个二律背反只是看起来像是矛盾命题，其实不是。前两个二律背反全错，后两个二律背反在不同的意义上，都可以是对的。但是这就把人从认识领域里面引导到了实践和道德领域里面去了，转向了另外一个领域。所以从这个角度来看，世界整体这个观念，这个规定，这个理念，对于正题方面，对于理性派的方面来看，它就是太小了。就是世界整体这个概念从世界的角度来看呢，这个概念是太小了。就是说，一旦规定了，我就要超出这个概念,从先验的方面，超出世界去规定它；但又做不到，只能在经验中规定，所以凡规定了的都太小。但是对经验派的观点来看呢，这个概念又太大，就是说，你怎么能超出经验的世界之外去设定一个整体的概念？由世界整体来规定这个世界，这个概念太大了，我们规定不了。既然理性派认为用世界整体这个概念来规定世界太小了。它就要求必须要有一个大的整体的概念，所以，理性派是从大的方面来规定世界整体；而经验派则是从小的方面来规定世界整体，经验派就主张我知道一点就说一点，至于在这个边界之外还有什么东西，我没有看到我就不说。而理性派呢，要超出这个界限之外做出规定。所以他们对这个概念的运用呢实际上是过大或过小，不是过大就是过小。那么如何才能保持适中呢？就是说，你要采取先验的观念论的方式，把这些东西都纳入到一种先验的观念中来讨论，自由的概念也好，宇宙整体的概念也好，它都不是那种客观物质的概念，而只是我们主观中的一种观念。这个观念如果有它的作用的话，那它的作用不是在我们的经验世界之中，而是在物自体的领域里面，在道德实践的领域里面，可以发挥它的作用。这是康德的解决问题的办法。后面还有一个理性神学，理性神学的批判我们只能下一次再讲了。

五、对理性神学的批判

我们今天把上一次没讲完的第五讲再接着讲完。上一次还有一个对理性神学的批判没有讲，讲到了对理性心理学的批判，以及对理性的宇宙论、二律背反这方面的论述。那么，先验辩证论它还有一个很重要的部分，关于形而上学的三大部分嘛，一个是灵魂学说，一个是宇宙论，再一个呢，就是上帝的学说，关于上帝的存在的学说。那么关于上帝存在的学说在当时的形而上学里面呢，有三个不同的说法，也就是对上帝存在的三种不同的证明。这三种不同的证明呢，一个是本体论的证明，这是很有名的，从中世纪的安瑟伦最早提出来，从逻辑的角度，从上帝的概念，来推出上帝的存在。学过西方哲学史的对这个都应该知道一点。还有一个是宇宙论的证明。宇宙论的证明也是中世纪托马斯他们已经开始提出来的了，托马斯提出来的宇宙论证明从因果性，原因和结果的关系，推出整个宇宙也应该有它的一个原因，既然一切事物都有原因，那么整个宇宙全体也应该有个整体上的原因，那就应该是上帝。再一个是自然神学的证明，又叫作自然目的论的证明，或者叫作目的论的证明。目的论的证明是个最古老的证明，从古希腊开始。古希腊的亚里士多德以前，包括苏格拉底、柏拉图，就已经提出目的论的证明。就是从拟人的眼光来讲明，我们看这个世界好像是一个有目的的伟大的工匠所创造出来的，因为一切安排都是那样的合乎目的，那么样的巧妙。我们看到很多自然的事物，我们都会发现，它里面有一种目的性的关系，不可能是无意之间碰巧造成的。这个在苏格拉底他们那个时候就已经提出来了。后来的基督教呢，也充分地利用了这一点来宣传他们的神学观点。基督教的神甫在传道的时候，往往对那些小孩子或者对那些没有文化的大众，就用这种方式启发他们对上帝的信仰。就是说，你看这个世界安排得多么美好，多么合乎目的，我们需要下雨的时候天上就下了雨，我们需要出太阳的时候呢，又出了太阳。四季运转，都是为了人类而安排好了的。所以我们能够在这个世界上获得自己的生活资源，能够生活得这么好，应该感谢上帝。这是一个最古老的证明。那么这三大证明，一个是本体论证明，本体论证明是最有学理性的；一个是宇宙论证明，也是具有一种科学的外表的；还有一个就是目的论证明。这三大证明在康德这里呢，进行了逐个的批判。我们现在来看看。

康德认为，这三个证明最具有学理性的就是本体论证明，所以对本体论证明，康德着重进行了一番批判。本体论证明无非是从上帝的概念来推出他的存在，也就是说上帝是一个最完满的概念，如果谁心目中有一个神这样一个概念的话，那么这个神的概念，你要追究它的概念上的本质，或者说概念上的定义，那么这个概念只能够定义为一个最完满的存在者概念，一个无所不包的概念。那么从这个概念里面，我们就可以发现，既然他无所不包，那么他肯定也包括他的存在。上帝的概念肯定也包括他的存在在内，否则的话，他就不完满了。那就自相矛盾了。一个最完美的概念又不包含存在，那岂不是自相矛盾嘛。所以从最完美的概念里面必然会推出他包含有存在。而且不仅如此，这还仅仅是在概念里面包含存在，那么本体论证明进一步地进行推论。包含存在是不是仅仅在概念里面包含存在呢？也不是的。如果仅仅在概念里面包含存在，它还是不够完美。所以，本体论证明的意图并不是要证明上帝的概念要包含存在的概念，而是要证明上帝的概念就包含客观现实的存在。这样才能是一个最完满的概念，否则就会发生概念的自相矛盾，就说不通了。这就是历来传统的本体论证明，从中世纪的安瑟伦提出来，到后来又经过了种种加工。

比如说笛卡儿的加工。笛卡儿的加工当然是更加精致一些了，就是先证明“我思故我在”是绝对不可怀疑的，然后从我思故我在里面推出，我这个概念肯定是不完满的，我对自己进行了那么多怀疑，那肯定是不完满的；但是我又有一个最完满的上帝的概念，那是怎么得出来的呢？不完满的东西怎么会有一个最完满的概念呢？怎么可能把它包含在自身之内呢？那肯定是不可能的。所以这个最完满的上帝概念，肯定是在我自身之外，由一个最完满的存在者，把这个概念放到我这个不完满的内心里面来的。笛卡儿从这个我思故我在的立场上面，进一步地把上帝存在的本体论证明加以精致化、精密化。我怎么想到了这样一个概念呢？那肯定是有一个最完满的上帝放到我的脑子里面，因为我自己不可能产生出来，我是不完满的，不可能产生出最完满的东西。那么这样一个上帝肯定是在我自身之外存在着。这也是上帝存在的本体论证明。就是从一个上帝的概念，从我心目中一个最完满的存在者这样一个概念，推出它必定存在于我之外。实在地存在。这是传统的本体论证明。

但是，康德对此提出了一种反驳。就是说，所谓概念里面的自相矛盾，这个是站不住脚的。你说我有一个上帝的概念，这个上帝的概念是最完满的，那么如果他不存在的话，就不完满了。你可以从逻辑上这样说。但是未见得每个人都有这样一种概念。如果我取消了上帝这个最完满的概念，我说我没有这个概念，那就不存在什么矛盾了。它是可以取消的。很多原始民族就没有这么一种概念。他们的神的概念就是一个山神啊，河神，树神啊，那是不完满的，他就没有一个最完满的上帝概念嘛。这个反驳其实洛克当时就已经提出来了，反驳笛卡儿和莱布尼茨的神学。那么，康德的这个反驳呢，更加具有学理性，就在于他对这个本体论进行了更细致的分析。所谓本体论，ontologia，这个词呢，当然是17世纪郭克兰纽才提出来的，在古代没有，但是一旦提出来呢，大家都援用。本体论这个词的意思是什么呢，就是古希腊的onto，就是存在的意思。它有好几个含义。存在，有，是，在，都是用的这个onto，也就相当于英文里面的Being，德文里面的Sein。所以本体论实际上就是存在论。或者有的人翻译成“有论”，有的人翻译成“是论”。那么康德指出来，这个存在的概念有歧义。在德文里面就是Sein，Sein这个概念，它的第三人称单数ist，相当于英语里面的is。

那么康德讲，存在这个概念呢，它是有歧义的。我们通常讲上帝存在，好像这个上帝就真正存在了，好像它就包含有客观现实的存在。但是康德认为，如果你要从逻辑上面来进行推论的话，你就要严格遵守它的逻辑含义，那就是“是”，上帝“是”。你就不能理解为上帝客观存在。如果你要理解上帝具体地存在的话，那你就还要给它加上一些东西，比如说在时间和空间中。现实的存在只能在时间空间中，你要理解为客观现实的、具体的存在的话，那你就要问上帝在哪里存在？上帝在什么时候存在？你要把时间空间带进来，你才能够说上帝存在。那么这样带进来，这个命题就不是一个分析命题了，你就推不出来了。你就必须到经验里面去找，上帝存在于宇宙的某个地方，距离地球有多少万公里，多少亿公里，或者上帝存在于公元前多少年，你必须说出来。基督教有的神甫居然就算出来了，上帝存在于公元前四千六百年，创造了宇宙，创造了我们这个世界，创世纪。他们算出来创世纪是在公元前四千六百年。这是有些人做这些工作，但是实际上是毫无意义的，这个已经被哲学家们不屑于提起。所以当时哲学家们要证明上帝存在呢，他就是要回避时间和空间的问题，回避经验的、感性的问题，就是想从逻辑上面推出上帝存在。那么既然想从形式逻辑的概念分析里面推出上帝存在，那这个就有问题了。

所以康德说，“上帝存在”所讲的存在呢，并不是讲一个什么存在者，一个存在的东西，在时间空间中的存在。存在在这个地方，它并不意味着一个实在的谓词，并不是说上帝是存在的。上帝ist的意思呢，并不是说上帝是存在的，没有这个意思，而只是说“上帝是”。上帝是什么，还不知道，你话还没有说完。你想把这句话说完，那必须引入经验。上帝是什么？有多大？有多久？你就必须引入经验了。所以这个方面呢，康德认为这是一个概念上面的混淆。就是说把这个存在，把这个Ist这个词呢，从一个逻辑上的系词偷换成了一个实在的谓词，也就是把Sein偷换成了Dasein，偷换成了“存有”。本来“上帝是”，这个“是”是个系词，系什么，还没系上来。系就是联系嘛，它本来是个联系词，你说上帝是，就是说准备把它联系到一个什么东西上面的。但是那个被联系的东西还没有联系上来。因为它不存在于逻辑之中，它只存在于经验之中。上帝是什么必须要经验来加以确定，必须变成一个综合命题，才能够确定。但是从逻辑分析里面呢，它只能按照分析命题来推。所以“上帝是”这句话呢，如果你要那样理解的话，它是没有说完的。它什么也没有给你，上帝是，并没有给上帝加上任何规定。人们真正想要证明的其实是上帝存有，Dasein，但又不可能，因为没有经验。所以康德说，这样一个证明呢，完全是一种混淆。把一个逻辑上的系词，把它混同于一个实在的谓词了。他举例说，就好像一个商人，为了增加他的财富，他就在他的账本上面多加上几个零，他就以为自己很富有了。但是实际上还没有。康德说，我有一百元的概念，但是并不因为我有了一百元的概念我就真的有了一百元钱；同样，我有了一个上帝存在（是）的概念，并不意味着真的就有一个上帝在我之外，在经验中，具体地、客观地存在。当然我想到的这个一百元的概念，如果有一天我有了一百元的话，这两个概念是一样的。我头脑里的一百元，跟客观存在的一百元，在概念上当然是一模一样的。既不多一元，也不少一元。并不是说，我想到的就是九十九元，实现出来了，就是一百元。不是的。从概念上来说，都是一百元。但是就实在性来说，就是根本不同的。同样的一百元，只存在于我脑子里面，概念里面，和存在于现实的我的钱柜里面，那是两码事情，这是任何一个常人都不会混淆的。这个例子是康德的一个非常辛辣的嘲讽，也很著名的，要讲到本体论证明，马上就会有人提出康德的这个反驳。本体论证明只意味着你想到了一百元钱，但并不意味着你的钱柜里就增加了一百元钱。你在你的账本上多画了几个零，也没有用。这是一个最重要的证明，被康德推翻了。

那么第二个就是宇宙论证明。对宇宙论证明的批判。宇宙论的证明，我刚才讲了，所有的事物都有原因，而且都有充分的原因，那么整个宇宙也应该有原因。任何一个事物，如果没有原因，它就不会存在的。那么由此推论，这个原因，如果没有它的原因的原因，也是不会存在的。这么一直追溯下去呢，我们就可以说，任何一个事物，没有充分的原因是不会存在的。那么，什么叫充分的原因呢？必须是使整个宇宙得以产生的原因。那这个原因就是上帝了。使整个宇宙能产生的原因，它应该在整个宇宙之外，在我们的经验的宇宙之外，这个原因呢，由此就得到了证明。这个宇宙论证明跟本体论证明有点区别，就是它好像不是从概念出发的，它就是从任何一个事物的存在，经验的，哪怕是偶然的、感性的存在，比如说笛卡儿讲我思故我在，我在，或者是任何一个事物存在，这棵树存在，这所房子存在，那么它是怎么来的，我们就可以追溯。一直追溯到最后的原因，充足理由，那么就追溯到了上帝。所以通常把这个证明称为后天的证明。本体论证明呢，称之为先天的证明。就是从逻辑上、概念上来推。而宇宙论证明呢，好像不是从概念上、逻辑上来推，好像是从经验中来推。我要从任何一个具体存在的东西找它的原因的话，那总是可以无穷无尽地往后追溯，永远也完成不了。那么永远完成不了，这个事物就无法解释了，一个事物如果它的原因没有完成，不完备，那我怎么解释它的产生呢？所以还得往前，一直追溯到充分的原因，绝对的充分原因，那就只好追溯到上帝。这好像是一个后天的证明。

但是康德指出，这种后天的证明呢，是虚假的。我在前面讲到四个二律背反的时候，也讲到了这一点。第三个二律背反讲的自由和因果性。因果性如果没有自由，就无法解释，因为它的因果性总是不完全的，总是不完备的。按照因果律本身的法则来说呢，也是没有完成的，挂在那里。所以最后必须要引出自由。但是这个自由又不在经验界，所以在第三个二律背反里面，自由被悬置起来了。它是一个空洞的理念，我们不能够证明它，但是我们也不能够反驳它、否定它。所以我们就让它挂在那里，有一个先验自由的理念在那里，是一个空的理念。那么宇宙论证明呢，恰好是想从这个因果律和充足理由律推出上帝的实在的存在，想推出它不是空的。那么你想推出来它不是空的，那就要有个跳跃啊。你从经验世界，哪怕是整个宇宙的经验世界，你怎么就一下子跳到宇宙之外了呢？跳到物自体身上去了呢？你要实现这个跳跃，你靠经验的证明是不可能的。经验就是这么多，经验就是宇宙之内的、自然界之内的这样一些经验事物，包括你自己的存在，包括万物的存在，你永远也跳不出这个经验的宇宙、这个自然界去证明一个超验的上帝。所以，最后你还得依赖于本体论证明，而本体论证明已经被康德驳倒了。唯有本体论证明是试图从逻辑上超出经验主义，来证明一个超验的存在者——上帝。所以宇宙论的证明呢，最后还是要求助于本体论的证明，才能够真正地超出经验世界，证明一个超验的上帝。

第三个呢就是对于目的论证明的批判。目的论证明也叫作自然神学的证明，自然神学的证明，康德指出来，它是最通俗的证明，也是最古老的证明。它通过一种拟人化的类比，我们在自然界里面，发现了一些目的，发现了一些合目的性。“好雨知时节”，我需要雨的时候就下起雨来了，农田干旱，每年到这个时候，都有它一定的规律。这个规律是满足人的需要的。我们这个地球上面，当然太热的地方不合适于居住，太冷的地方也不适合于居住，但是它有温带，它恰好有适合于人居住的地方，这些东西都好像是上帝特意安排给我们的。那么由此就推出一种意匠说，也叫作上帝的设计论。就是这个世界的很多事情，甚至一切事情都是由上帝设计的。上帝是一个伟大的工匠，或者是一个伟大的数学家和物理学家，像莱布尼茨所讲的，上帝是绝对的意志，他把一切都安排得天衣无缝，所谓“前定的和谐”。莱布尼茨的前定和谐说，也是“意匠说”的一种，上帝把一切都安排得天衣无缝，都是合乎逻辑的。只不过我们人的理性有限，看不出它里面的逻辑关联，所以也就认为它是感性的，但是实际上它里面全是细密的逻辑关系，我们人不能知道，不可能知道所有这些关系。但是它的后果显现在我们的面前了，我们发现它是合目的性的，是和谐的，前定的和谐。一切都是那么样的吻合。由此证明有一个上帝的大智慧在安排一切。那么康德认为呢，这个当然也是站不住脚的，你在这个世界中看到了一些和谐的东西，但是你不能由此去推论就在彼岸世界存在一个制造这个和谐的上帝。如果你要推出个上帝，你还得求助于本体论证明。所以后面两种证明，最终都要求助于本体论证明。在学理上是这样的。它不能单凭本身就证明上帝的那种超验的存在。所以，目的论证明好像也是后天的证明，我们从上帝创造的这个世界的后果推出有一个上帝存在，但是这个后果是不是就是那个上帝造成的，这个我们不知道。你要澄清这一点，你唯一地只能凭逻辑，而逻辑是摆脱一切感性经验的。但是这样一来呢，你就要求助于本体论证明，而本体论证明已经被驳倒了。

所以从这三个方面呢，康德对于一切可能的有关上帝的证明进行了一种彻底的、系统化的驳斥。所以，后来人说，康德把所有有关上帝存在的证明都扯倒了。当然还有很多，对上帝存在的证明形形色色，但是按照一种逻辑关系，康德把它们归结为这三种，最终是这三种证明。本质上、实质上来说，就是这三种。但是，每一种他都进行了驳斥。

那么，这三种证明都被驳倒了，康德以此对理性神学进行了批判。但是他还留了一个尾巴，或者说是留有余地。也就是说，唯独对于自然神学或者目的论的证明，他手下留情，没有完全把它抛弃。就是说，自然目的论这样一种证明，它是通过一种拟人化的类比，它不是完全理性的。如果完全理性的，那就是因果律呀，那就是形式逻辑呀，那就是本体论证明和宇宙论证明，那就是理性的。但是自然目的论证明，不完全是理性的，它带有一种情感在里面，我们拟人化地把自然界这些现象都类比为有目的的。这个里头隐含着我们的一种情感，一种需要。一种什么需要呢？一种道德情感的需要，一种道德上的需要。所以，对于自然神学的这样一种最古老、最通俗的证明，最为人民大众老百姓所接受的证明，里面其实隐含着一种实践的和道德的证明。我们从实践和道德的眼光，我们就必须把整个自然界看作是有目的的。也就是说我们为什么要把自然界看作是拟人的和合目的的呢？是因为我们是有道德的人。康德揭示了这一点，就是说，你要反思啊，你为什么能够作这样一种类比？是因为你自己心中有道德，你心中有目的，你是实践的人，那么你心中有一个目的，你就把对象也看作是合目的的。而这个目的实际上在你心中，最高的目的就是道德律。所有的目的中，道德的目的是最高的。因为道德目的是为自由而自由，道德目的是理性本身的一种自律的目的。道德自律我在下面还要讲的。在所有的一切实践的目的中，道德目的是最高的。所以，自然目的论对上帝的证明，实际上暗示了我们人是有道德目的的。我们有了道德目的，我们就有了一种需要，想要把整个自然界看作是由一个上帝所创造出来的。那么从这一点呢，康德他提出了他自己的对上帝存在的证明，就是道德的证明。

当然这个对上帝的道德的证明与前面的三种证明有一个本质的不同，就是它没有把自己的证明看作是对于有关上帝的一种知识。前面三种证明都是把上帝作为一种知识，我证明了上帝的存在，那岂不是一种形而上学的知识吗？但是唯有康德自己提出来的这种道德证明，它不自认为是知识。康德认为，我从道德证明来证明一个上帝存在，并不是在认识论上面提出了一种有关上帝的知识，而是反过来证明了我们自身的一种需要。那是一种实践的证明，不是一种理论上的证明。理论和实践在康德那里是截然不同的，这个是不能混淆的。但是从自然目的论证明里面呢，我们可以暗示出有一种实践证明，所以第四种证明，道德的证明，实际上是一种实践的证明。实践的证明并没有证明有一个上帝，而只是证明了我们在道德上需要一个上帝。伏尔泰不是说过一句话吗，即使没有一个上帝，我们也得造出一个来。为什么要造一个上帝出来？因为我们人自身是有道德的。我们不造一个上帝出来，我们自身的道德就没有着落。这就是康德对于理性神学的批判，从中引出了他自己的道德哲学。所以，理性神学的批判，特别是对自然神学的最后的这个批判，我们看作是对于康德自己的道德哲学以及道德神学、道德宗教的一个过渡。

六、方法论

那么下面我们在过渡到康德的伦理学和道德哲学之前，首先来看一看，康德从纯粹理性批判向实践理性批判的过渡。这个过渡在《纯粹理性批判》的最后部分，也就是先验方法论的部分，已经在进行了。所以我们在读康德的《实践理性批判》的时候呢，我们要结合《纯粹理性批判》，特别是他最后这一部分——先验方法论来读。先验方法论就是讲述了这两个批判的关系。在《纯粹理性批判》的后面一部分，已经开始引入了《实践理性批判》的很多内容。那么所谓的先验方法论，我在前面讲了，是解答康德的第四个问题的，就是未来作为科学的形而上学何以可能。前面三个问题他都已经回答了，数学何以可能，自然科学何以可能，以往的形而上学作为一种自然倾向何以可能，那么第四个问题就是未来的科学形而上学何以可能。科学形而上学其中一个很重要的部分，就是道德形而上学。当然还有自然科学的形而上学，但道德的形而上学也属于科学的形而上学。所以他的未来的形而上学的设想呢，是两大部分，一个是自然科学的形而上学，一个是道德的形而上学。那么道德的形而上学就是他的伦理学了。从《纯粹理性批判》的方法论部分呢，可以看出这个过渡。就是说，方法论一方面是总结他的纯粹理性批判所曾经采用过的方法，就是对于独断论，要加以批判，不要贸然地单凭理性去肯定我们的认识能够怎么怎么样，我们在使用我们的认识工具之前，要对这个工具本身加以批判地考察。这就是批判哲学的意义。所谓批判哲学就是，要反对理性对自己的一种独断的自信，不加批判地就使用理性于一切方面。当时谈认识论的人，面对着感性、理性，有的抓住感性，就说感性知识、经验知识是唯一可靠的；有的抓住理性，就说理性知识是唯一可靠的。但是没有把所有这些认识的能力放到一起来加以批判的考察，来分析它何以可能。这是一个，方法上面首先要采取批判的态度。这是纯粹理性的“独断的训练”。

那么，如果有时候独断的方法、独断的态度避免不了，这时候呢，康德就提出来，要采取怀疑的态度，避免独断。在独断面前，你应该采取怀疑的态度。这是方法的第二个方面的训练，叫作纯粹理性的“争辩的训练”，要经过这个训练。对休谟的怀疑论，康德是非常欣赏的，虽然他不同意他。就是说，怀疑论，如果你是把它当作一种方法，那是很有效的。为什么很有效呢？一切独断的命题都可以怀疑。你说世界是有限的，我说是无限的；你说宇宙是必然的，我说是偶然的，等等。所有这些命题，都是独断的，也都是可怀疑的。所以我掌握了怀疑这样一种方法，我就可以对一切独断的命题提出它的反命题。提出反命题干什么呢？就是让你意识到，你的独断的方法是无效的。人家跟你同样有理由啊，你觉得自己很有理由，但是你不过是眼光狭隘而已。你如果看到别人的理由，你就不会那么自信了。所以要打破那种独断的自信，就要靠这个。一个是避免自己独断，第二个是，一旦发现面对着独断，你要采取怀疑的态度。再就是呢，通过怀疑以后，你就会发现，形而上学的很多命题，所谓的先天综合的命题，都只是一种假设而已。这种假设当然不是完全没有用处的，假设是有用处的，在理论的方面呢，它的用处也有一点。你提出一个理念，假设一个理念，它在理论上的用处顶多可以有一种范导性的作用，引导你的知识趋于完备。但它本身不构成知识。所以假设在这方面也有点用处。但是假设的更重要的方面是在它的道德方面。我在前面讲了，理性心理学的那些假设在道德方面很有用的。你说灵魂是同一的，灵魂是实体，那么我们在道德上就有了承担者了，就可以担当自己的责任了。如果没有这些假设命题，那它怎么担当责任呢？我们在道德上就垮了。谁也不担责任，做了事情会不认账。这是假设的方法。后来康德提出来三个最主要的假设，他称之为三个“悬设”。悬设跟一般的假设还不一样，就是说它一方面是假设，Postulat，这个也可以翻译成假设，但是呢，这个假设对人有一种要求，它不光是假设，而是对人有一种要求。就是上帝、灵魂这样一些假设在那里提出来以后呢，对我们的行为提出了要求。所以它是带有实践的含义的。这叫“假设的训练”。还有“证明的训练”，就是不要相信反证法、归谬法，这些证明方法在数学上是有用的，但是不能把数学的方法搬到哲学中来。哲学应该有自己的方法。

那么除了这样一些方法上的“训练”以外，康德认为从里面还可以引出纯粹理性的“法规”。纯粹理性的法规就是我们在实践上面的一些法规，那就已经不是单纯思辨理性的法规了，不是我们的认识论的法规了，而是我们实践的法规。康德认为，纯粹理性在认识论方面，它只是给予知性一种帮助，我们在认识自然界，认识各种经验的事实这个领域里面呢，我们其实只要有知性就够了，就可以获得知识了。但是如果有理性的话呢，提出理念来，我们可以使我们的知识更加完备，不断地趋于进步。所以在这个领域里面，理性起一种辅助性的作用，辅助知性来使知识达到完备，但是它本身不构成知识。理性本身不构成知识，那它在知识领域中也就没有法规，它只有一种范导性的作用。法规则必须要有一种规定性的作用，构成性的作用，但是理性没有。在知识方面，理性不具有法规，只有知性才有法规，就是范畴和原理。但是理性的法规可以体现在实践方面。在实践方面，理性可以规定我们的行为应该怎么做，它是一种应当的法规。那么这个法规呢，就是我们的实践的法规。在实践中我们可以由理性来制定法规。当然在一般的实践中，这个法规是不完备的，所以不能称之为严格意义上的法规。比如说，我们在日常的实践中，我们没有一条法规是能够贯彻到底的，都是临时应付的规则。我们经常说，没有一成不变的原则嘛，我们在实用的过程中，在日常的生活中，在技术中，在政治中，在与人相处的时候，我们没有定规。如果一个人，执着于某个定规，那就要吃亏了，就要被人算计了。所谓一个有理性头脑的人，一个聪明的人，一个明智的人，在日常生活中间，他是很灵活的。我们说到哪山唱哪山的歌，识时务者为俊杰，都要根据具体情况来制定自己的法则，来制定自己行为的规则。所以这个规则是变化的，不断变化、没有定规的。但是唯有一种纯粹实践理性的法规，是有定规的，那就是道德的法规。在任何情况之下，我们是可以做到按照道德律来办事的。这个人，当然一般的人就说他是傻子了，就认为他的头脑不够聪明了，智商不高了，但是实际上不是的，他是严格按照理性本身的法规，排除一切现实经验的需要。所以，从这方面呢，纯粹理性就向实践理性过渡了。

那么向实践理性过渡，这个过渡的中介就是自由的概念。首先就要搞清这个自由概念的另外一方面的含义。自由的概念在《纯粹理性批判》里面已经提出来了，它本来是一个先验的理念，那是从认识论的角度来看的，它是一个空的理念。先验的，我可以提出来这个理念，但是呢，我想要认识它，又认识不了，所以就让它摆在那里，让它空在那里。但是自由除了有这样一种既不能否认也不能证明的先验含义以外，它还有另外一种含义，就是实践的含义。就是我们人的理性不仅仅是用在认识方面，我们还用在实践方面。人的理性有两方面的运用，一个认识上的运用，一个实践上的运用。在实践中，我们人的一切实践行为，都是含有自由的。什么叫实践行为？就是那种包含有自由的行为。如果没有自由，这个行为就不叫实践了，那就是动物的本能，就是动物的那种冲动，它受自然条件、自然禀赋、自然本能的束缚。但是一个实践的行为，只有那种有理性者才能做出来。比如说人类，或者是如果有外星人的话，我们也可以设想，一个外星人有理性，那么他就有自由。他有自由，他就可以设定他的目的和手段。那么，这样的行为呢，才称之为实践行为。所以实践的行动跟自然过程的区别就在于它是预先设定目的的，按照这个目的把这个设定实现出来，那就是实践的行为。它按照一个目的来做，不是按照自然规律已经规定了只能这样做，而是它自己根据它自己的意志，或者是任意，或者是自由，提出一个目的，然后把它实现出来。所以那个结果是自由的结果，是他预先设定的一个表象的结果，而不是自然规律的结果。这是他对实践的一个一般的规则。

所以康德明确说，自由的概念是思辨理性和实践理性整个大厦的“拱顶石”。为什么呢？因为在《纯粹理性批判》中，自由作为一个先验的理念已经得到了承认，虽然不能认识，但至少不能否认了；而这样一种承认就为实践的自由奠定了基础。就是说，如果不是在认识上已经为自由的理念留下空白，则实践的自由也就不可能设想了，而没有实践的自由，则整个实践理性法则、包括道德法则也就无从说起了。所以我们前面讲第三个二律背反最为重要，其中的先验自由概念可以说是整个《纯粹理性批判》所批判的最高点，而它同时又是整个《实践理性批判》的起点。由这里，我们就可以进入到康德的实践理性和道德学说的探讨了。

第六讲　康德的道德学说

一、纯粹理性的事实：从道德律引出自由

我们前面讲到了康德的先验自由，在《纯粹理性批判》里面，它只是一个理念，而在《实践理性批判》里面呢，自由成为一个事实。自由成为一个事实呢，主要是由于道德律而使我们认识到的。康德说道德律是一个事实。就是说，我们当然在日常生活中间有很多事实，比如说我们在经验生活中，有感性的需要，我们满足我们的需求，我们追求我们的幸福，这都是事实，但是这些都是经验的事实。而在理性上面我们有一个事实，就是说，所有这些经验事实，我们都可以通过一个理性的法则来加以规范。比如说，通过道德律，你要追求幸福也好，你要追求自己的目的也好，当然都可以，但是你要按照道德律去追求，你要做道德

的事情。那么道德的事情就是按照道德律来做。道德律不是空洞的，不是说我躺在床上想到一个道德律，那就是个事实了。你想到你不去做，那当然还不是一个事实。但是道德律之所以是道德律，就是在于它是要做出来的，它是要实行的。那么道德律作为一个实践的法则，它是要在对象世界里面，现实地发生影响，从这个影响里面我们也可以看出来，它是一个理性的事实，它不是一个经验的事实。按照经验的事实它完全可以不发生。作为经验的事实来说，它按照经验，我们就可以根据自然规律去推测，这个人会做出什么事情来。因为他肚子饿了，或者没房子住，他就要去挣钱，就要去打工。这都是经验的事实。经验的事实是可以按照自然的规律来推断的。但是理性的事实那就很难按照自然的规律来推断了。你不能说他肚子饿了，他就一定会去偷钱，或者偷面包。这个是你是算不到的。当然也可以去推，他肚子饿极了他很可能去偷面包吃。但是不一定的，有的人就宁可饿死了，他也不去偷。他是一个道德的人。有的人就可以杀身成仁舍生取义，这个按照自然规律是推不出来的，只能按照道德律去推，才能推得出来。他做出了这个事情，这是一个事实。这是一个什么事实呢？它不是一个经验的事实，按照经验你推不出来。所以它是一个理性的事实，按照理性就可以推出来，按照纯粹理性就可以推出来，他完全是按照纯粹理性来做道德的事情。

那么这样一个理性的事实呢，说明人有自由，说明人有实际上的自由。就是说，自由虽然在理论上你不能证明，你也不能描述，你也不能获得有关自由的知识，自由是一种什么东西，自由是一种什么样的机制，怎么样发生作用的，这些你都不能探讨的。你一旦探讨，就是按照自然因果律，它就不是自由了，它就是必然了。只有当你不能探讨，不能预测的时候，那才是自由。所以，自由的理念在理论上，它是不能够探讨的，但是在实践上呢，它是一个事实。就是这个人杀身成仁舍生取义，如果没有纯粹理性的这种眼光的话，我们无论如何是理解不了的。他怎么会做出这种事情来？他不要命了？谁不爱惜自己的生命呢？那么，只有当我们超出自然规律，我们从纯粹理性的“应当”来理解他，我们才能解释他这件事情。这件事情不是他躺在床上想出来的，站着说话不腰疼；只有他做出来了，所以这才是一个事实。但是这个事实又是一个理性的事实，它说明了人有自由。这个自由也不是个经验的事实，它也是个理性的事实。所以康德说道德律是我们人具有自由的一个“认识的理由”。我们凭什么知道我们人有自由呢？就是凭道德律，就是凭事实上有些按照道德律做事的人。

当然很多人说，我们从我们的日常生活也可以看出来啊，在两种可能的选择之间我可以随便选一个，那不就是我的自由吗？但在日常生活中的自由，你总是可以追溯到后面的必然。比如说你请一个心理学家，或者请一个精神分析学家，请一个生理学家来分析来测量，我们就可以确定他在这个时候之所以选择这个东西，而没有选择那个东西，有一些什么理由，不管是意识也好，还是潜意识的也好，还是心理创伤也好，都可以分析得出来。所以，日常生活中的自由，都是不自由的。我们经常也讲，自由都是有条件的，没有绝对的自由。所有的东西，你以为是自由，其实后面都是有条件的，这个从自然科学的眼光看来没错。从自然科学的眼光看，一切自由的行为，都是有条件的，那就没有自由了。从自然科学的眼光看，就不存在自由，自由只是你的一种主观感觉，一种幻觉，任何自由都可以分析，都可以归结为机械的必然律。但是如果我们换个角度，不从认识的角度来看呢？科学不能解决一切问题，科学不能概括一切，我们换个角度，从实践本身的这样一个角度，从自由本身，它的这个作为实践之所以可能的第一个前提、不能再追溯的前提这个角度来考虑，也就是说，从纯粹实践理性的角度来加以考虑，那我们就可以发现，人是有自由的。这个自由是没有任何条件的。否则的话，我们就不会对那些罪犯判刑了。我们为什么要对一个罪犯判刑？并不是像他的辩护律师说的，他成了罪犯是有很多很多的外在原因，不应该由他自己负责。律师说得头头是道，所有在座的人都点头，这个孩子从小就失去了父母，然后在街上混大的，受到很多不良的影响，看了一些不良的书，又上网打电脑玩游戏，等等。你可以举很多的理由，说明他之所以堕落不是因为他要堕落。但是他犯了了罪呀，他杀了人啊，你能因为这一点就不判他的罪吗？还是要判他的罪。为什么？这不是从科学，也不是从社会学或者心理学的立场来解释他这些行为，而是从实践的立场：你是一个自由的人，你犯了罪要负责，是你犯的，是你在清醒的情况之下、有理性的情况之下，做的这个事情，你就要负责。

所以，换一个角度来说，人是有绝对自由的。没有任何理由可以为你开脱。你杀了人，你就要被判刑，你就要受罚。你有种种理由，那当然都可以说明一些问题，甚至博得一些人的同情，但是并不因为这种种理由你就没有自由了。很多人也是跟你一样的，从小受到各种不良的影响，为什么他就没有杀人呢？你难道一定要杀人吗？没有这个必然性的。你杀不杀人，最终还是取决于你的一念之间，取决于你的自由意志。你有自由嘛，你有自由你就可能不杀人，当然也可能杀人。你实际上已经杀了人，但是你本来是可能不杀人的。这个你没法否认呐，罪犯自己也没法否认。我当时如果不那么冲动的话，我本来是可以不杀人的。他也承认他的杀人是他的一件自由意志的行为。所以这个自由呢，要从两个角度来看。一个从科学的角度来看呢，你只能把它架空，或者你就可以说没有自由。从科学的角度、从认识的角度来看，你可以说没有自由。或者说，即算有自由，那个自由也不可认识，你把它架空了。但是从实践的角度来看，你有自由，从道德律，不论是违背道德律还是恪守道德律，就暴露出了人拥有自由意志这样一个事实。这是一个事实。

所以自由这个概念呢，它横跨两边，一方面它是作为纯粹理性批判的知识论的一个顶点，因果律，充足理由律，最后要追溯到自由嘛。这个顶点消失在不可知之中。但是它又作为实践理性批判的起点，这个起点规定了人的实践法则的一切规范。实践理性批判实际上就是由自由来规定的，它就是探讨自由本身的规律。所以康德讲，道德律是自由的“认识理由”，而自由则是道德律的“存在理由”。有了道德律，我们就可以认识到，我们人有自由。当然不是认识到自由是个什么东西，而是认识到我们人是有自由的。在实践的领域里面，在某种意义上面也可以讲认识，但是这个不是科学知识，而是一种道德知识、实践的知识。我们有自由，是通过我们有道德律而认识到的。那么一旦认识到，我们就可以知道，自由是道德律的存在理由。就是说，道德律何以存在？是因为底下有自由嘛，是因为有自由才存在嘛。这两者并不矛盾，认识理由和存在理由并不矛盾。我们从道德律认识到我们有自由，我们从自由可以解释道德律何以存在，何以可能。道德律何以可能？因为人是自由的。所以康德讲，自由概念是整个体系——包括思辨理性和实践理性——的拱心石。就像一个圆顶的建筑物，中间那块石头是最重要的。中间那块石头一抽掉，整个建筑就垮了。所以，自由这个概念一方面支撑了理论理性这个大厦，另一方面又支撑了实践理性这个大厦。两边都要靠它。

二、自由概念的划分：自由的任意和自由意志

但是，自由这个概念又分成几个层次。我们日常讲的自由呢，就是“任意”（Willkür）。任意也称为自由，为所欲为，我们通常理解自由就是为所欲为，想干什么就干什么，这就是自由了。康德呢，并没有否认。他认为自由有这方面的含义。但是动物也有任意，动物也想干什么就干什么。人的任意跟动物的任意有一点区别，就在于它是“自由的任意”。当然这似乎有点同义反复了，好像任意就是自由，人的任意又是自由的任意。但是在这里呢，康德是讲，动物的那种任意是没有自由的，它由本能所决定。而人的任意是有理性的，人是有理性的动物嘛，所以人的任意是自由的。只有通过理性，人的任意才称为自由的任意。你想干什么就干什么，但你不是动物，你不能凭冲动去干什么。所以人在“想”干什么的时候呢，他有一个想的过程，这跟动物不一样。他要设计目的和手段。你要设计目的和手段，你就要运用理性嘛。人比动物强的地方就在这里。动物不能够设计目的，也不能根据这个目的来设计手段，所以动物老是被人所捕获。人就比动物要高，为什么？就是他可以设计，他可以设计就是因为他有理性，有理性就使他获得了自由的任意。

但是这种自由的任意呢，虽然使用了理性，但是还不是真正的自由的意志。自由的任意跟自由的意志是有区别的。这两个词的概念有些中文翻译没有把它们区别开来，有些英文翻译也没有把它们区别开来。但是最近许多学者，像美国的阿里森（Alison），康德哲学的专家，就专门提出这个问题，就是英文里面没有对应的两个词来把Willkür和Wille区别

开来。没有办法，所以阿里森主张按照德文的原文照录。Wille这个词，英文里面还有will可以对应；但是Willkür这个词没有相应的英文。这两者的区别其实是很大的。自由的任意和自由的意志区别何在呢？就是说，自由的任意，虽然它使用了理性，但是它使用理性是仅仅当作工具来使用的。它是自由的，自由地设定一个目的，然后按照理性去选择、去设计与之相应的工具所在。这是自由的，也是理性的。所以人比动物高，人称为万物之灵长，就因为他有这种能耐，他比动物聪明，他能够算计。动物有时候呢也能够算计，但是人比动物更能够算计，他可以算计好几步。动物受了骗以后，下次就不上当了，那么人又可以设计更巧妙的陷阱，让它继续上当。这是人高于动物的地方。但是这样一种自由的任意呢，它对于理性的使用呢，是一次性的，或者说是片断的。它不是按照理性的法则，一贯地使用理性，而是按照经验的、感性的偶然情况去使用理性，每次都不一样。动物上了两次当，再不来了，那么我就想别的办法，原来的那个办法不灵了。所以这种理性没有自身的法则，它的法则是依照经验的法则而变化的。当然理性很灵活，它可以变。但是它这个变化是按照经验的、不可预计的一种偶然的法则来变化的。

那么自由意志呢，就是理性本身的一贯的运用，把理性的运用本身当作目的。不受感性的需要、不受经验世界的偶然的环境所支配，纯粹按照理性本身的法则，一贯地运用理性，这就成了自由意志。自由意志就是理性本身法则的一贯，而不是片断地拿来，这一次用一下，达到了目的，就放弃了，下一次又再把它用一下。那样一种用法呢，实际上，它还是受感性束缚。虽然它可以暂时摆脱某些感性的束缚，比如说饥荒的时候，没有粮食吃，那么农民是不是把种子吃掉呢？不行。种子吃掉了明年怎么办。所以他忍饥挨饿，吃野菜，熬过这一段，然后播种收获，到来年呢，他可以得到更多的粮食。这是人的能耐，他可以有意识地去克服某些感性的需要，以便达到更大的收获。但是这种理性对感性的克服只是暂时的，是片断的，最终还是为了要达到更大的收获，所以它是有条件的。这种应当，“你应当保留种子”的应当，是有条件的，就是为了来年得到更大的收获。如果没有这个条件，我说我来年不活了，我今年吃了就去跳河，就去上吊，那你也没办法，那也可以。你既然来年不想活了，或者你估计自己也活不过来年，得了癌症，那你当然可以把种子吃掉，来年你不过了嘛。所以这个应当它总是有条件的。但是，自由意志它是理性的一贯运用，这个是不考虑任何外在条件的。它唯一的条件就是它自身，所以康德称之为无条件的一种应当，一种无条件的命令。你应当干什么，这个是没有条件的。不是因为你在这个条件下就应该这样做，你在那个情况下，你就可以不做。不是的。在任何情况之下，都应当做。这样一种实践理性，就是纯粹实践理性。一般的那种任意，那种日常实践，那就是一般的实践理性。但是纯粹按照理性的法则的那种自由意志，称之为纯粹实践理性。所以自由有这样几个层次，任意，自由意志，前面还有先验自由，那个我刚才已经讲了。在实践的自由里面呢，有自由的任意和自由意志。

当然这两个概念不是对立的，自由任意里面已经包含有自由意志的种子了，但是呢，它没有把它延续下来。它把自由意志做片断的运用了，来满足自己的任意的感性目标。所以自由的任意里面已经包含有自由意志的种子。那么把它单独提出来，纯粹化，把实践理性从一般的自由的任意行为中提取出来加以纯粹化，那就成了自由意志了。

三、作为绝对命令的道德律

那么这个自由意志是什么？它就是道德律。道德律，我刚才已经讲了，它是一种无条件的命令。纯粹实践理性的法则，它不受任何外在感性条件的束缚，单凭它自身的理性的规律而设计自己的行为，设计自己的实践活动。那么，这样一种活动，它遵守的是一种无条件的命令，我们又称之为绝对命令。所以，所谓道德律呢，实际上就是绝对命令，也翻译成“定言命令”。kategorisch这个词，逻辑上叫作定言的，判断里面有假言判断和“定言判断”，或者译成“直言判断”，所以命令也有假言命令和“定言命令”，我们有时候也翻译成“绝对命令”。那么绝对命令作为实践理性的法则，就是纯粹实践理性的法规。这是一条什么法则？他是这样表述的：“你要这样来行动，使你的意志的准则你愿意它同时成为一条普遍的法则”。那么你就按照这样一种准则去做。这就是定言命令的一种表达，一个普遍的公式。准则跟法则不一样，准则是主观的，你行动要采取一条准则，这是你主观的。但是你在采取你主观的准则的时候呢，你要考虑它能够成为一条客观的、普遍的法则。法则是客观的，法则我们也可以翻译成规律。但在道德领域里面呢，我们把它翻译成法则。

也就是说，这样一条定言命令，你做一件事情呢，因为你有理性嘛，所以你做任何一件事情都有你主观的准则的。这就跟动物不一样了。动物也可能没什么准则，它是本能的冲动，人就有一种准则，就是说，我按一条准则去做事，人总是会想到这一点的。哪怕你自私自利，人为财死鸟为食亡，这也是你的准则。这个东西对我没有好处，那我就不做。这也是你的准则。自私的人有他的准则，但是他没有法则。所谓没有法则就是说，他只是拿这一条准则来自己这样做，但是他不希望别人也这样做。自私自利的人总是希望别人都大公无私，如果大家都自私自利，那他就很吃亏了，他可能干不过人家。所以他希望所有的人都大公无私，只有我一个人自私自利，那就最好了。但是这是非理性的。因为这条自私自利的准则不能成为一条普遍的法则，而理性就是要追求普遍的法则。你这个准则，哪怕是你个人的，你也要使它能够达到普遍性，就是说，别人也能够同样如此。这有一点像我们的孔子所讲的“己所不欲勿施于人”。你自己不愿意的事情，那么你要考虑到别人也会不愿意。所以你不要强加于人嘛。在某种意义上，这两者有相通之处。当然它的哲学基础是不一样的。康德是基于理性，而孔子是基于情感，仁义之心，恻隐之心，后来孟子讲的恻隐之心，是基于这样一些东西。它们的前提不一样，但是从表述上来说呢，它们有相通的地方。

那么这样一种道德律，康德作了一些论证。就是说，你的行为的准则，你愿意它成为一条普遍的法则，这样一条规律呢，就是道德的。他没有先从道德上设定一个标准，然后用来衡量每件行为，而是说，先从理性本身考虑，按照这样一种普遍一贯的法则去做，这样一种做法，才是道德和不道德的标准。如果违背了这条法则，那才是不道德的。所以他的道德是建立在理性基础上的道德，是理性主义的道德。他举的最通常的例子，就是说谎的例子。说谎当然我们大家都知道是不道德的，但是没有证明，康德对它进行了证明。为什么说谎是不道德的？因为，一个人如果说谎，他就可以想一想，我说谎呢，这也是一条准则了，有的人就是样的，我一辈子就是把说谎当作自己的准则，俗话说，“人前只说三分话，未可全抛一片心”，让人家摸不透我，我就可以得便宜啊，得到很多好处啊。到处说谎，没有一句是真话。但是如果这个人能够按照自己的理性想一想的话，那么他就会发现，这样一条说谎的准则呢，是不能够普遍化的，不能够成为普遍法则的。为什么呢？一旦它成为普遍法则，那就意味着所有的人都说谎，所有的人都把说谎当作自己的准则，行不行？康德说，那样一来，就没有人再说谎了。为什么呢？因为所有的人说谎，大家一开口就知道对方说的是谎话，那还用得着说谎吗？说谎无非是要欺骗人家嘛，所有的人都根本不相信了，你说谎不是白费了口舌吗？例如做广告，假如所有的广告都是假的，别人还会看广告吗？广告要投入很多的，一个广告几百万呐，如果他投入了广告，投资几百万，结果没有任何人相信，没有任何人上他的当，他还会费那么多钱吗？就没有人打广告了。说谎一旦成为普遍的法则——当然不会有这种情况了，总有一些傻瓜上当的，他看到广告就去买那个东西，但是这是经验的事实，你要从理性上去推的话，你就会发现，一旦所有的人都说谎，那这个说谎就自我取消了。因为没有人相信任何人了，那他还说谎干什么呢？说谎就是要人相信嘛，你要骗人也要骗得成功嘛。你所有的欺骗都失败了，那你不竹篮打水一场空了嘛，白费了心思。

所以，说谎这个准则呢，是不能成为一条普遍法则的。由此我们才断言它是不道德的。道德不是先定的，道德是推出来的。那么反过来，如果不说谎呢，作为一个准则看看。有的人就说，我这一辈子不说谎，也可以作一个准则。那么他是不是道德的呢？我们可以看出来，假如所有的人都不说谎，这样一条准则，它就可以永远立得住。大家都以诚相见嘛，大家都不说谎，于是就都不说谎了。如果大家都说谎，于是没有人说谎了。这个是从形式逻辑上可以推出来的。如果大家都不说谎，都以诚相见，这就是良性循环，那这个世界就很美好了，那当然就是一个道德的世界，所有的人都达到了很高的道德水平了。相反，大家都说谎就会导致说谎的自我取消、自相矛盾，它就不符合矛盾律，也是不可能存在的情况。

这个是他对于道德的一种论证。就是说，道德在他那里是基于理性之上的，它是要证明的，是要讲道理的。你说这个事情是道德的，你拿出证明来。不是说你首先从一个道德、从既定的、人们认可的道德原则出发，再去使用理性，凡是不符合这个道德原则的，那就是不道德的。不是的。首先我不知道哪些是道德的哪些是不道德的，你说这样做是道德的，为什么？不能由你说了算。但是我有理性，理性是一个事实。那么有了理性以后，根据理性去判定，哪个是道德的，哪个是不道德的。这是他对道德律的一种解释。当然还有其他的一些具体的表述，包括“人是目的”呀，包括“自律”呀，——就是说，这种道德的法则呢，它不是别人强加于你的，是你根据自己的理性，自己立法，定出来的，——这些都是他对道德律、绝对命令的一些另外的表述。其中，他特别强调这个道德自律，Autonomie，这是从希腊文来的，Auto就是自，nomie就是法则，我们把它翻译成自律。自己的规律，自己的法则，自己给自己立法。所谓道德，它的根据就在于，如果有一个法则完全是你自己根据你自己的理性所建立起来的，而不是根据他律所接受下来的，那就是道德的。不要单纯凭既定的、从风俗习惯和传统中所获得的那些道德命令来推出什么是道德的，什么是不道德的，而是要建立在普遍理性的基础之上。哪怕你最后所推出的道德戒律是以前都已经认可的，比如说不说谎，不骗人，不要杀人，等等，这些都是古老的一些道德戒律，你也要加以证明，你也不能盲目地把它拿来作为道德律。这是康德道德学说的一个很重要的特点。

四、为义务而义务

但由此也就导致他的道德律是纯粹实践理性的法则，也就是排除一切感性和情感的作用的法则。他认为，只有出自于纯粹道德法则的行为，即“为义务而义务”的行为，才是真正道德的行为，而掺杂有利益和情感因素在内，哪怕是含有道德的愉快因素在内的行为，都不能算真正道德的行为。那只是“合乎道德律”，而不是“出于道德律”，固然值得鼓励，但不值得敬重。这种说法的确有他的崇高性。比如一个商店老板不卖假货，如果只是为了博得个“童叟无欺”的美名，以便生意发达，那他的行为是可以赞扬的，但却不是可敬的；但如果他仅仅是为了坚持自己的道德原则，以至于哪怕商店倒闭了也不卖假货，那他就是值得敬重的了。当然，康德所要求的这种道德律完全是形式主义的，符合形式逻辑的不矛盾律和同一律，即自由意志行为的自身一贯性。他认为，你要实现你的自由意志，必须始终是自己支配自己的行为，不要到头来又后悔，发现自己受到了他律的引诱，而是按照自己为自己的立法贯彻到底，无怨无悔，这才是真正自由的，也才是真正道德的。所以他认为真正的自由人只能是为义务而义务的道德的人。偏离道德的其他一切自由任意都不是真正自由的，而最终是他律，是不自由的。但这只是一种抽掉一切人性内涵的理想，这种形式主义的道德观具有超越现实生活的空洞性，在当时就受到人们的嘲笑。例如席勒就写过一首讽刺诗，说我想做一个好人，但是又怕受到我的感情的干扰，于是只好怀着厌恶去做我应该做的事情。黑格尔也批评他，说他举的那几个例子都是有前提的，例如说人们说谎的例子就是建立在私有财产的前提上的，如果不是财产受到了损失，相信任何谎言又何妨。但尽管有这样一些毛病，康德提出道德律的形式主义原则毕竟是一个巨大的贡献，他让我们跳出了对具体的道德或不道德行为的好恶，而能够从普遍理性法则来思考这个问题，使各种不同的道德标准的沟通成为可能。

不过，康德的这种形式主义也不是完全与情感脱勾的。他认为，为义务而义务的道德行为在人那里也会有一种感性的动机，这就是敬重感。在现实的人身上，你不能要求人完全不带情感地行动，那么如果有一个人纯粹是出于对道德律的敬重感而采取行动，那他就可以说是为义务而义务了。因为敬重感和其他任何情感不同，就在于它否定任何别的情感，任何其他情感在道德律面前都不值一提，都变得渺小，唯有敬重感是一种否定一切情感的情感。所以他主张人的道德行为应当建立在敬重感的动机上，但这并不说明道德行为的基础就在于人的情感，敬重感只是感性的人做道德行为时的一个“发条”，一个具体的感性的发动机制、“动机”（Triebfeder），动机这个德文词本来就是钟表里的“发条”的意思。但道德行为的真正原因、动因并不是敬重感，而是自由意志的普遍法则。

五、纯粹实践理性的辩证论

最后呢，就是他的辩证论。实践理性里面也有辩证论。他这一套模式在哪个地方都是反复地运用的。前面两个都是分析论，也就是对自由和道德律的分析，那么下一个就是讲他的辩证论。就是他对于他的实践理性的体系，也是当作一个逻辑体系来处理的，跟他的先验逻辑一样，有分析论，也有辩证论。那么他的辩证论呢，主要是讲的道德和幸福的关系，德福之间的关系。有道德固然很好，但是呢，人们还是要追求幸福。道德是不考虑幸福的，刚才讲了，道德是撇开一切具体的感性经验的需要，只考虑按照理性应不应该去做。应该使你的行为的准则成为一条普遍的法则，使它保持一种形式逻辑上的同一律和不矛盾律。如果自相矛盾，自我取消，那就是不道德的；如果能构成一贯的、良性的运作，那么它就是道德的。这是按照纯粹理性来建立的道德的法则。但是涉及跟幸福的关系呢，问题就变得复杂了。康德并不是一个禁欲主义者，他在考虑道德律的时候，固然是撇开了一切幸福考虑，但是他并不认为幸福就是罪恶，幸福跟道德律并不是冲突的。他也认为，人生在世确实也应该去追求幸福。人也是有生命的嘛，人也是有理性的动物嘛，既然是有理性的动物，那他也就有动物性的需要。动物性的需要也给他带来一些感性的快乐。这方面的快乐也是不能够完全取消的。甚至人为了有条件按照道德律行事，也有义务满足自己的感性需要。问题就是怎么样对待两者之间的关系。

康德认为历史上有两种不同的伦理学派，一个是伊壁鸠鲁派，代表幸福主义，强调幸福。伊壁鸠鲁是古希腊晚期的哲学家，他的幸福主义伦理学或者说享乐主义的伦理学认为，凡是幸福的就是道德的，快乐的就是道德的。道德并没有另外的法则，道德法则完全是感性的，就是我获得了多少快乐。当然伊壁鸠鲁这种享乐主义跟后来很多人打着他的名义讲的纵欲主义还不一样，伊壁鸠鲁认为，纵欲并不能带来真正的快乐，纵欲肯定伤身体，肯定会缩短寿命。真正的快乐要从总的方面来看，就是你稍微节制一下，你可以得到更多的享乐。所以伊壁鸠鲁所理解的享乐主义呢，是心灵上的无纷扰，肉体上的无痛苦，这样的人长命，可以享受到更多的快乐。纵欲主义呢，一次就完事了，就了结了，就心脏病突发了，就脂肪肝什么都来了，那样的人实际上不会享乐。他讲得也很有道理，也有很多人追随。就是过这样的生活那是很愉快的了，也是很道德的。犯罪是不道德的，因为犯罪既给别人带来痛苦，也给自己带来痛苦，心灵上也很紧张嘛，你犯了罪，你杀了人，你要逃跑，你要隐藏，要躲到这里躲到那里，那是不幸福的。真正的幸福呢，应该是心灵上没有纷扰，坦然，我们没有伤害过任何一个人，对得起任何人，但是呢，我也对得起自己，肉体上也没有痛苦。这是一派，把道德归结为幸福。

另外一派就是斯多葛派，也翻译成斯多亚派。斯多亚派跟伊壁鸠鲁派是同时代的另外一个对立的学派，认为幸福是微不足道的，道德才是幸福。要做道德的人才是幸福。你按照理性，按照宇宙的逻各斯，逻各斯也就是理性了，整个宇宙都是逻各斯在那里运作，那么你的行为，按照理性的逻各斯顺从自然的规律，那就是道德的；而要把你自己的那些欲望啊，情欲啊，幻想啊，把那些东西全部抛弃。世俗中间有苦难，你要忍受，你要用一种理性的、清醒的头脑去忍受。那么，这样一种忍受，你有一种心安理得，因为我是按照逻各斯在那里行事。逻各斯代表上帝，宇宙的理性代表上帝。我是按照上帝的旨意在那里生活，所以我有一种心灵的安宁。内心的那种安宁，才是真正的快乐，才是真正的幸福。所以这一派人呢，把真正的幸福归结为道德。道德就是幸福。有道德，你已经幸福了，你还追求什么幸福啊？不要另外去追求什么幸福，道德本身就给你带来一种快乐。我们今天也有很多人追随这种观点，我只要做了一件好事，我自己心里快乐，就够了，这就是我追求的幸福。

我也不需要扬名，我做了好事也不留名，我自己感到非常心安理得，非常舒服，那就够了。斯多葛派也是这样。当然斯多葛派更加极端，就是他们主张禁欲，禁欲主义，有意地去克制自己的欲望，忍受自己的苦难，甚至于制造一些苦难让自己去忍受，自虐。比如说把手放到火上去烧，比赛看哪个忍受得最久。哪个忍受得最久，哪个就最英勇，道德上就最高尚。能够克服他的欲望嘛，能够克服他的痛苦，肉体的痛苦不在话下，在这个里面反而追求一种快乐。这是一派。

但是这两派到底哪个对呢？各派都有自己的追随者。康德认为，两派都错了，两派在理论上都是错的。为什么是错的呢？因为他们把德和福等同起来了。德和福是完全不能够等同的。如果有一种道德的幸福或者幸福的道德，那么这只能是一种综合判断，它不可能是一个分析判断。你不能从道德里面分析出幸福来，也不能从幸福里面分析出道德来。所以两者是不能混淆的，你要把道德和幸福结合起来，那肯定是要形成一个综合判断，或者是一个先天综合判断。但是这两派呢，都试图把这个先天综合判断变成一个分析判断，要么是从道德里面分析出幸福，像斯多亚派那样；要么从幸福里面分析出道德来，像伊壁鸠鲁派那样。而康德认为呢，真正的德福一致应该是一种综合的关系。而综合的关系呢，有一种综合的条件，不是随便综合的，它有一种综合的关系。就是说，你必须用道德的法则把幸福综合在一起，幸福必须被综合在道德法则之下，而不是之上。所以他在这方面比较倾向于斯多亚派，伊壁鸠鲁派他是绝对排斥的，斯多亚派他认为还有一定的道理，因为他们把道德看得最高。康德也认为，道德最高。但是如果道德没有幸福，那也不对，那不合理性。理性还是讲要善有善报恶有恶报的嘛。如果一个人做了好事，没有幸福，没有善报，那在理性看来也是不妥当的。

所以根据人的理性来分析呢，理性虽然是纯粹的，但是在纯粹理性的基础之上也要考虑感性的东西。就是说，幸福也不能够丢，但是幸福要能够有一个前提，就是你“配得幸福”。幸福有配和不配的问题。有的人很幸福，但是他是不配得幸福的。比如贪污分子，贪污分子很幸福，跑到美国去了，花天酒地，但是他不配。一个好人，他做了好事，我们也要奖励他。为什么呢？我们希望善有善报嘛，这才是公正的，这才是合理的嘛。所以，幸福必须建立在配得幸福这个前提之下。怎么才能配得幸福？就是要有道德。道德跟幸福应该按比例地分配。你有多少道德，你就分配多少幸福。你到最后做了不道德的事情，你就不配得幸福。你做一点道德的事情，你就配得一点幸福。这样一种比例呢，在人世间是得不到的。我们在人世间，幸福跟道德完全是不成比例、甚至不相干的事情。一个人做了好事，当然有的人得了奖励，但是很多人恐怕是吃亏。做好事总是吃亏。康德认为呢，在现实生活中间，要达到德福一致，是没有希望的。所以我们必须指望来世。如果来世还得不到，那就必须指望一个上帝。上帝在来世可以做出公正的审判。使得善有善报恶有恶报。所以上帝和来世在康德那里，都是纯粹实践理性的必要的假设，也就是“悬设”。理性必然要假设来世和上帝，因为理性必然要设定善有善报、恶有恶报，应当是这样，这才符合理性。所以上帝和来世是纯粹实践理性的两个必然的悬设。

这种假设在道德上是很有用的，它可以对你提出要求，给予你希望，你做道德的事情不是毫无希望的。当然我们不是指望要得到什么好报，我们去做道德的事情，完全出于自己的自律，出于自己的自由意志。但是这种人也应该有他的希望。所以基于这种希望呢，就建立起了康德的神学或者宗教。康德的宗教学说就是一种希望的宗教神学。神学里面有一种希望神学，就是把神学建立在希望的基础之上。它不是你要追求的目的，但是呢，它可以给你带来希望。你本来不是为了享福才去做道德的事情。但是做了道德的事情我可以希望自己享福，在来世得到上帝公正的审判。这个是他的宗教哲学。但是康德强调，这种宗教的哲学呢，应该建立在道德哲学之上，而不是相反。以往的宗教哲学，它是立足于信仰，然后把道德建立于宗教哲学之上。一种宗教的道德，或者一种神学的道德，康德反对这个。我们不要用宗教神学来解释道德，反过来，我们要用道德来解释宗教和神学。所以只有“道德的宗教”，而没有“宗教的道德”。所以你一旦有了道德，你就必然要推出一个神学。但是你有了神学的信仰，不见得会有道德。很多神学家、有信仰的人，不一定就能够做道德的事情。但是一个有道德的人，他就会推出一种神学上的必要性，这就是一种“理性范围内的宗教”，或者简称为“理性宗教”。这是康德的伦理学，或者他的实践哲学、道德哲学和宗教哲学的结构体系，大致是这样。

第七讲　康德的美学

从今天起，我给大家讲一讲康德的美学。因为时间安排得很紧，所以只能够在大的地方介绍一下，细的地方就不能讲了。首先我们要讲到，康德的美学是在第三批判里面展示出来的。第三批判叫作“判断力批判”。为什么叫判断力批判呢？也就是说，康德认为人类的认识能力有三个层次，一个是概念，一个是判断，一个是推理。那么，在《纯粹理性批判》里面呢，已经讲了，概念、判断对应于知性范畴以及知性原理，推理对应于理性的理念，理性的推理，由推理推出的就是最高的理念。这是这三个认识层次。但是，从另外一方面看起来呢，从超出认识论的这样一个范围，而立足于人类学这样一个范围来看，就是说从人的各种能力来看，他认为概念、判断、推理对应于人的三种能力知、情、意，知识能力、情感能力和意志能力。这个是在他的晚年，写完了《实践理性批判》以后，才发现的这样一种结构。就是说，人类学的这样一个结构，应该分三步走。不像他原来理解的就是认识能力和意志能力。意志能力就是道德的根据了。我在上一堂课里已经讲了，道德是立足于人的自由意志，自由意志的道德自律。那么在认识和意志的中间还有一个情感的能力，这个能力康德在以前是认为不属于哲学，它属于心理学的范围。但是康德到了晚年，他就发现，还不能简单地这样看，情感有属于心理学的方面的，但是他发现，有些东西恐怕还是具有某种先验的特点，跟认识能力和意志能力一样的，具有一种先验的法则。

他怎么样发现这一点的呢？因为晚年的时候，他的结构体系有一种转变。按照他原来的设想，未来的作为科学的形而上学，应该是两个部分，一个是自然的形而上学，一个是道德的形而上学。自然的形而上学解决自然科学的可能性条件问题，奠定自然科学的一些基本原则；那么道德形而上学呢，是解决我们实践活动中的一些基本原则。这两个形而上学构成他的未来的科学形而上学的体系。但是，他发现这两个体系之间，有一种不可通约性。虽然都是理性，纯粹的理论理性和纯粹的实践理性，都属于理性，但是这两个理性之间的界限太深，好像是不可逾越的鸿沟。但是人还是一个统一体，不因为你把人划分为两个方面，一个统一的人就完全分成两块了。一个人还是作为一个人在行动，在认识，在感受等等。但是如果你把他这样截然划分开来，还是无法解释一个完整的人。所以康德到了晚年就设想，找一种什么样的办法，在这两个形而上学的体系之间架起一座桥梁。这就是我们要讲到的“桥梁”，这是康德自己的用语。在两大形而上学之间，应该有一个过渡，应该有一个桥梁。没有这个桥梁的话，人就变成两块了，现象和物自体完全不相干，就无所适从了。那么，用一个桥梁把两者连接起来，你虽然在这一方，你可以想到那一方，你在那一方呢，你也可以意识到这一方。这样一个人就可以成为一个整体了。那么如何建立这个桥梁？康德所提出来的呢，就是判断力的学说，而且是反思判断力的学说。

一、反思性的判断力

什么叫反思判断力？就是在认识过程中，有一种判断力，我上次讲到，就是形成人为自然立法的一些先验的原理，这要靠判断力来完成。就是运用那些知性的范畴，对于具体的经验现状做出判断。这种判断是从上而下的，居高临下的，心中已经有了那些先验的范畴了，比如说因果性、实体性这样一些范畴了。那么，我面对一个具体的现象的时候呢，我用这些范畴，来捕捉那些现象，把它们纳入到范畴之下，以便构成一个认识的对象，一个经验对象。这样一种判断力呢，按照一些原理来操作，那么这种判断力康德称之为规定性的判断力，简称为规定的判断力。规定的判断力的特点就是居高临下，先有了概念，然后呢，用这些概念去规定那些出现在面前的感性的特殊材料。但是在这种规定的过程中间呢，因为它的概念是抽象的，材料是无限丰富的，任何一个感性对象在你面前它其实都是无限丰富的，所以在进行规定的判断的时候，必须要略去一些具体的东西。感性材料出现了，形形色色，那么你要对它进行规定，你就必须要加以抽象，就要选取一些具有代表性的例子，代表性的方面，以便纳入到我的范畴之下来。因此呢，就略去了一些偶然的东西，只纳入了一些可以代表必然性的东西。所以，自然科学总是要忽略一些东西的。任何一条自然科学的规律，或者一个自然科学的发现，你把它描述出来，你都忽略了很多很多偶然性的东西，你都是预先把这些感性材料加以抽象，以便纳入到范畴之下。但是略去的那些东西是不是就是完全没有用了呢？在以前康德认为那是完全没有用的，那只是属于心理学研究的一些对象。在一种特殊的情况之下，为什么对待同一个对象，我们人有不同的反应？那是心理学的问题，那是你主观上你的心理特殊。每个人眼睛里面看到的同一个红色也许都是不一样的，每个人对红色的反应也许都是不一样的，感觉的色彩也许都是不一样的。有的人就喜欢红色，有的人不喜欢，这些东西在进行科学抽象的时候都是不考虑的，那属于心理学研究的话题。

但是康德经过反复的思考，在他的晚年提出来，有另外一种判断力。另外一种判断力跟这种规定性的判断力采取了相反的方向，就是说，不是先有一些概念和范畴，然后用这些概念和范畴来规定那些具体的感性材料。而是相反，感性材料已经呈现在面前了，我现在还没有范畴，或者说我不用范畴，我采取直接面对感性材料本身的这样一种眼光和态度，但是试图从这些感性材料里面找到一般规律，上升到一般规律，也就是从下而上地去寻求某些规律性的东西。这就是反思的判断力，反过来思。规定性的判断力就是有了概念、范畴，然后去规定那些感性材料；反思性的判断力就是有了那些材料，但是没有概念，而我又要把握它，于是就从它直接上升到一些普遍性的东西。但是这些普遍性的东西呢，并不构成概念的对象，那些普遍性的东西也不是概念，它只是这些感性材料本身的某些普遍性的合规律性。它不是规律，它只是“合规律性”。我要找规律，但是我找不着。虽然找不着，但是我找到一些合规律性，好像是合规律。那么这种合规律性，只是我主观提出来的一种反思。就是说，我从一个感性材料的对象身上所看到的不是那个客体本身的那些属性和规定，而是看到了我自身的某种普遍需要。这就是反思了。所谓反思就是说从对象上看到我自身，就像照镜子一样，我在镜子里面看到了我自己。那么我在某些感性材料呈现在面前的时候，我从上面看到了我自身的某种需要，这就是反思性的判断力。

那么反思性的判断力它所涉及的就是人主体的某种特点。主体的什么特点呢？康德认为，这就是我们主体的诸认识能力的自由协调活动。或者简单说，就是诸认识能力的一种协调。我从对象身上所看到的，我从那些感性材料、感性现象上面所发现的，是我主体本身内在的各种认识能力借这样一个对象的形式在那里做游戏。这个活动，Spiel，也可以翻译成游戏，游戏活动。它没有什么正当的事情，不是说要认识那个东西，或者是要采取什么样的措施，改变那个东西，那都不是的，而是仅仅停留在静观。我观察这些现象，然后呢，使这些现象在我的各种认识能力的活动中，起一种协调的作用，使我的各种认识能力，想象力啊，知性啊，理性啊，能够借助于这个对象动起来。动起来是为了什么目的呢？没有什么目的，就是好玩，做游戏嘛，获得一种自由的快感，自由协调活动。自由协调活动就会带来快感了。我的认识能力，如果你限制它的活动，那搞久了就要不耐烦了。所以它总是要活动。但是呢，你老是把这个活动寄托于一个对象，一个客体，去加以认识，或者加以实践，或者加以把握，它也觉得太受束缚。这些认识能力呢，它有一种自由的冲动，就是说，我撇开所有那些目的，我自己来做一番游戏，自由自在，那我就可以寻找一个感性现象了，在上面寄托我的这种自由的需求。这就是反思判断力的一个作用。这种自由的需要在康德那里可以看作第四种自由概念，就是自由感，自由的情感，除了先验的自由、实践的自由（包括自由的任意和自由意志）之外，还有自由感。

所以这样一种作用呢，它跟人的情感是相关的。自由，它就会带来一种快感，带来一种愉快感。但是这种愉快感呢，并不像康德早年所设想的完全就是一种经验的、后天的、心理学所研究的一些现象。他发现，在这些愉快感里面，有一种愉快感具有一种先天性，具有一种先天的原则。什么先天的原则呢？就是说，我的这种愉快感，是跟我心目中那种普遍的先天需要结合在一起的。而且呢，正因为如此，我的愉快，我可以由此推断所有的他人也会同样地感到愉快，所以有一种普遍传达的客观化的要求。我的愉快我渴望把它传达给别人，使它成为一种客观的愉快，大家都感到的愉快，大家同乐。这样一种愉快，他在审美的心理活动中发现，人类的审美活动，就是这样一种活动。它跟其他的活动不一样。其他的活动的愉快不一定要传达给别人。但是审美活动，如果他不传达给别人，他就感觉到不愉快，感觉到憋气，感觉到不是淋漓尽致，不痛快。他非要传达给别人，要大家都能够振奋起来，都能够感动起来，他自己心里才觉得舒服。这样一种普遍化的情感，它好像是一种客观的东西，好像是借助对象传达给别人，好像这个对象客观上就具有那样的性质，就是美。这就是我们通常讲的，美是客观的，美是客观事物的一种性质，一种属性。很多人都持这种观点。但是康德指出来，这种观点其实是表面的，实际上它是立足于每个人主观上的一种普遍性的要求，或者客观性的要求，主观上有一种客观性的要求。想把自己个人所独特的一种快感变成一种客观的东西，人人感到的东西。那么这样一种东西呢，就是所谓的美。

所以，我们称之为美的这样一种对象，它表面上看起来是客观的，但是实际上呢，它是主观的东西。但虽然是主观的，它跟其他的主观的又不一样。其他的主观的就是主观的了，但是这种主观的呢，它要表现得好像是客观的。它非要这样，你明明知道不是，但是你还是要这样，把它设想成好像是客观的，然后呢，我们大家才能够在一起共感、共乐、共鸣，陶醉于其中。那么为什么是这样？就是因为每个人心目中都有一种需要，就是诸认识能力追求一种自由的协调。这一点是通过反思的判断力才能够运作，也才能看得出来的。如果不通过反思的判断力，如果还是仅仅局限于规定性的判断力，你就看不出这种客观的美实际上是主观的，你也看不出来这种主观的美它又有一种客观性的要求。所以反思性的判断力呢，它在对象和主体之间反复来回，但最终是立足于人的情感的这样一种自由的需求。

二、美的分析

那么下一步呢，康德就提出了他对于美的分析。美的分析是他的美学的核心的部分。我们把这个东西看作是美的，这不同于另外一些判断，例如我们把一个东西看作是红的，比如说一朵花，我们可以从两个不同的角度来看它。我们说这朵花是红的，这是一个感性认识的判断，一个事实的判断。它是不是红的，是红的还是白的，这个是可以辨别的。可以通过对象，可以通过经验的证实，来加以证明的。但是我们说这朵花是美的，这跟说这朵花是红的是完全不同的两回事。美这个东西不是这朵花本身的一种客观属性，你拿这朵花来分析一下，你用光谱仪，你用化学分析，你用什么东西你都分析不出它有“美”这样一种要素。美不是一种科学的要素，它只是我的一种感觉嘛。但是我们要说“这朵花”是美的，你不信你去看，你看它美不美。我相信每一个人看了都会觉得美。我这种信心从哪里来的呢？一种主观的美的感觉，你为什么相信每个人看了都会觉得美呢？当然也许会有个别人觉得不美，你就会说他没有品位了，这么美的东西你都觉得不美，你只会欣赏你的金钱，你只会欣赏你的利益，你连一朵花的美都看不出来，那就没品位了，那就不是人了，堕落为动物了。一般地来说，我们认为，只要这个人还是人，还有人类的情感，那么他都会对美的东西表示欣赏，而且这种欣赏是相通的，人人相通。一个人觉得很美的东西，他肯定会认为别的人也会觉得美。这就叫作鉴赏力。鉴赏就是针对美而进行判断的能力，这是每个人都必定具有的。至于美的程度怎么样，那倒是可能各人有各人的评价。但至少不会说它不美，或者说对它不屑一顾。

那么这是为什么呢？他认为这是因为，鉴赏力里头有一个结构，这个结构是按照他的范畴表来排列的。他的范畴表就是量、质、关系和模态。我们讲他的范畴表的时候前面已经讲过了，但是在美学里面呢，他把量的范畴和质的范畴颠倒了一下，是质、量、关系和模态，分成这四个层次。我们简单来看一朵花，我们说它美，这个里头很复杂，看起来好像很简单，其实很复杂的。为什么“质”要打头呢？因为审美跟认识不一样，科学认识基本上是定量化的，在康德的时代，定量化、精密化，我们今天也是这样认为，科学主义就是量化嘛，用量的比较来看待一切。质也可以还原为量，还原为一种程度，程度就是量的标高。这是科学主义的一种思维方式。但是到了审美中间，应该倒过来。审美中间主要是考虑它的质。要完备地把它的质保留下来，不要抽掉，不要抽象。量是比质更要抽象一些的，质呢，是更加具体的，更加直接呈现在你面前的。那么按照这四个范畴形成的鉴赏判断，康德把它们称之为四个契机。契机就是Moment，我们把它翻译成契机，当然你也可以把它翻译成别的，比如说要素啊，等等，都可以，但是我们把它翻译成契机呢，好像更方便一些，可以解释后面好多地方。它本来是“瞬间”的意思，就是最初决定的因素。

1. 质的契机

那么质的契机，一个美的现象它的质的方面的契机，体现为什么样的契机呢？他称之为“无利害的愉快”。首先是愉快，这个我刚才讲了，它跟人的情感是不可分的，但是这种情感跟其他的情感、愉快感又不同。这种主观的情感当然是主观的，反思判断力嘛，你要分析它，你必须要从主体方面入手来进行分析。那么这种情感首先分析它，它跟其他的情感不同在于它是无利害的，它是一种无利害的愉快。其他的愉快呢，有形形色色的各种各样的愉快，它们都是有利害的。这个利害Interesse，可以翻译成利害，利益，关切，兴趣，但在这个地方呢，它主要是指的利害。无利害，意思是说，你对这个审美对象是否真的存在不感兴趣，你只要这个审美对象呈现出来就够了。至于它是否存在，或者它是假的还是真的，或者它对我有什么好处，这些东西完全不考虑。你撇开这样一些利害的考虑，而感到一种愉快，那就是审美的快感。其他的愉快都不是的，比如说吃了一顿美餐。吃了一顿美餐那也感到愉快了，但是这个愉快呢，它必须立足于这顿美餐是实实在在地吃到肚子里了。画饼充饥，那是达不到这种愉快的，你没有吃饱嘛。这个口味也是的，吃饱肚子的愉快或者是美食享受的愉快，一般这些感性的愉快，都具有这个特点，就是它要以这个对象存在为前提，否则就是空的，你的愉快就产生不出来。你本来有个期望，可能会得到一个愉快，但是落空了，你就不会感到愉快。但是审美不一样，审美只要它呈现在面前，哪怕是虚假的，他都会感到愉快。他看到了，他激动了，那就够了。至于是不是真的，没有关系。你去看电影，没有人说，这个电影不是真的，这个没有关系嘛。有的电影还预先声明：“此片情节纯属虚构”，你还是要去看。人家给你讲了个故事，你听了就是了，你感到愉快就完了，你还要去追溯它是真的干什么呢，这个无所谓。这是一个。

再一个呢，就是道德的愉快。我们做了一件好事，也会感到愉快。这个做好事的愉快，它与对象的存在也是相关的，就是说，这件好事你做出来了。你如果做一件好事结果没做成，那你还是感觉不到愉快。你成功地完成了一件好事情，你救济了某个穷人，你解决了某个人的问题，你自己心安理得，那才是愉快。这些东西都跟对象的存在密切相关。但是审美的愉快呢，它是完全无利害的。它只求一种耳目能够得到的享受。在享受的时候根本不考虑它对谁有利，或者是可以用来干什么，达到别的目的。这个是不考虑的。所以后来西方的美学家们呢，从里面引申出了“距离说”，布洛的距离说的美学。所谓距离说的美学，就是说，审美要有距离，要有距离，你就不要考虑它的实用，你要跳出利害关系，远看它，远远地观赏它，你就会有一种愉快感。甚至于不幸的事情，如果你能跳出它来欣赏，也会感到愉快。比如说有人画了一幅在海上遇难的油画，杰里科的《美杜萨之筏》，一幅著名的油画，你如果自己身在这个划子上面，要淹死了，你是不会感到愉快的。但是如果你看一幅这样的画，它跟你的生死没有任何关系，你远距离地观察它，那么你就会产生一种美感。这画画得真美，真有气势，色彩丰富，那些人的表情各种各样，等等，你会欣赏它。所以呢，这个距离说实际上最初是从康德这里引出来的。像这个英国的美学家布洛提出的距离说，讲审美要有距离，太贴近了就不美了。我们谈朋友也是的，开始谈的时候很美，一到结婚了就不美了。就是距离太近了，距离太近就不美了。每天柴米油盐，陷在利害之中，那就不美了。这是一个很有意思的观点。这是从质的方面，从引起的审美愉快的性质上来分析的。

2. 量的契机

再一个从量的方面呢，他看出这样的契机，它是一种“无概念的普遍性”，又叫感性的普遍性。审美的普遍性是一种感性的普遍性。我们通常讲，感性怎么可能普遍呢？感性五花八门，你要欣赏一个美的对象，也是五花八门，在客观上是没有普遍性的。通过概念你想把握它，也是不可能的。有的人想通过给美下一个定义，然后用这个定义去衡量一切美，那是不可能的。所以这个审美是无概念的，它不能用概念来规定，但是它又有普遍性。什么意义上具有普遍性呢？在主观的意义上具有普遍性。所以无概念的普遍性又称之为“主观的普遍性”。就是说，我的这种情感所指向的对象尽管可能是形形色色的，但是我的这种情感具有一种人人可能产生的普遍性。但是它不是凭概念，你凭借概念说服人家，是产生不出这样的情感来的。你看了一幅美的风景，你给这个美的风景下个定义，然后你告诉人家，人家凭你这个定义就产生美感了？不可能。但是，他通过欣赏，比如说你把这幅风景画拿给人家看，我觉得美的人家也会觉得美。只要是真正美的东西，人人都会觉得美，就是这样一种普遍性。所以这种普遍性呢，是一种主观普遍性。

这就是在量的方面。所谓在量的方面，就是说它不是我一个人单独所具有的，而是普遍具有的。就像一个全称判断一样，但是其实不是全称判断。我们说“所有的花都是美的”，不能这样说的。它没有概念。花是不是美的，我们要去看。但是如果真的看到的是一朵美的花，人人都会觉得美，它就具有这样一种普遍性。这是在量的方面，我们可以对它做出这样的规定。这个跟我们日常的口味，我们刚才讲到吃一顿美餐，是大不一样的。口味也是主观的愉快。但是它没有普遍性。有的人喜欢这种味道，有的人喜欢那种味道，众口难调嘛。湖南人喜欢吃辣的，四川人喜欢麻辣，上海人喜欢甜的，一点辣的都不能有，这个是没有什么普遍性的，也不需要普遍性。你四川人不能说上海人口味不行，你很低级，那不能这样说的。中国四大名菜，粤菜、鲁菜、湘菜、川菜啊，这些都是很有名的，没有一个高下之分的。没有什么普遍性，你不能用你的口味来要求一切。所以在这方面呢，只有审美的这种快感是有普遍性的。虽然在实际上呢，同样一个美的东西，不见得人人都说美。比如说看了一场戏，有的人觉得美得不得了，有的人觉得很庸俗，看不下去，那是完全有可能的。但是这个里头就有争论。你觉得庸俗，我觉得美，那我们就可以来讨论一下，看哪个的品位更高。讨论来讨论去，总有一个品位高低的标准，这个标准是无形的了，但是它还是有一个标准，就是我们必须争论，要争个水落石出。虽然最后没有结论，但是我们热衷于去讨论，看了一场戏以后，很多人聚在一起讨论。吃了一顿辣得要命的饭以后，没有人讨论，说说这个辣究竟是好还是不好。那不说明品位的问题。但是看了一场戏以后就有品位的问题。这说明什么呢？这说明这个普遍性呢，是人人所追求的。口味的普遍性是没有人去追求的。但是审美的普遍性是大家所追求的。我们先验地设定这个美感应该是人人具有的。虽然实际上不见得人人具有，但是呢，这是一个先验的设定，应该人人具有，这样大家才能够提高品位。

所以审美这样一件事情呢，不是通过概念来进行的，也不是一种认识过程。我常讲，在中文里面，“审美”这个词给人一种印象，就是去“审查”一个东西“美不美”，看一个对象美不美。其实不是的。我们审美不是看一个对象美不美，而是希望一个对象使我们感到美，是这样一个过程。如果我们看到一个对象，它没有使我感到美，那并不是说我就认识到它不美了。相反，应该说，如果我看到一个对象并没有使我感到美，我的这个审美意向就落空了，我实际上就没有审美。比如说我看了一场电影，这个电影难看死了，庸俗得不得了。回来以后非常后悔，不该去看的。为什么不该去看的呢？我本来想去看，希望那个对象使我感到美，结果落空了，我就没有获得审美，我没有进入审美中。所以它不是一个认识问题。你要是认识的话呢，我当然可以说我已经进入到审美中了，我在看它美不美嘛。当然那就可能有两个结果，一个是觉得它很美，一个是可能觉得它不美，这两种情况就都会是在审美了，这是一种认识的态度。但是审美不是认识的态度，它是一种希望的态度，一种期待的态度。所以它不是可以通过认识，通过概念，来加以规定的。但是它也有普遍性。这是量的方面。

3. 关系的契机

关系的方面，它是一种“形式的合目的性”，或者说是主观形式的合目的性。合目的性是一种关系，就是说它合乎目的，但是呢，这种合乎目的性只是在形式上，它并没有一种实质上的目的。所以这一点呢，又被称为“无目的的合目的性”，它没有目的，只是主观形式的合目的性。在主观形式上面，这个对象的形式表现出好像趋向一个目的那样，处在一个统一之中，好像这个形式中点点都是为了某个目的而组织起来的，而形成的。我们看一幅油画时也是这样，一幅画得好的油画，它的每一笔都不是没有用的，它都是为整个作品的题材、主题而服务的。每一笔都有它的用处，少了这一笔，这个主题就要受到损失。我们看俄罗斯的名画，希施金的《森林》，街上的铺子里经常有卖的，临摹的希施金的《森林》，很多是偷工减料的。他以为偷工减料没关系，这个地方少一块石头有什么关系呢，那个地方减少一根草，减少一棵树，我懒得画了，我就把它涂掉，然后照样卖钱。但是实际上你少一块石头，它就不一样，整个画面就破坏了。他经过精心构思的一幅油画，是极其合目的性的，整个油画是合目的性的一个整体。但是合什么目的，你说不出来。它就是给你美的感觉，你整体上觉得有一种美的气象，但是你说不出什么目的，你说不出它表现什么。你说它表现一个什么题材，你如果能够说出来，那你就是外行了。

我们通常说一个作品，以为我可以用一个概念来概括它，可以说它表现什么题材，这个是表现阶级斗争的题材，那个是反映贫下中农的生活，反映被剥削阶级的反抗，这一篇呢，是为咱老百姓说话的，那在艺术上就是外行了。即算它是表现这个的，但是作为一个艺术作品来说，也不能这样评价。它的评价只能够是一种无目的的合目的性，它只看形式，只看这个艺术形式。我们通常讲艺术品有形式的标准和内容的标准。在康德看来，你说的那种所谓内容标准是概念，那个不能纳入到艺术的标准里来。艺术的真正标准是形式，所以后来的人也把他称为形式主义者。形式主义美学很多都是从他那里找自己的理论根据，就是由于它是形式的合目的性，或者说无目的的合目的性。当然康德这个无目的的合目的性，你要说它完全没有目的呢，也不能这样说。康德也不完全是形式主义者，他也有内容方面的考虑，下面讲第四个契机就是讲情感的内容。我们有时候也说，康德的无目的的合目的性其实还是有目的的，它的目的就是人本身。它就是为了体现人本身，反思的判断力嘛，就是反思到人的主体嘛。它不是以一个外部的对象为目的，不是用一个概念去规定那个对象，而是回到了人本身，人是目的。至少它可以暗示出这一点。所以这个审美呢，具有一种过渡，从这个认识向道德过渡，道德就是强调人是目的，人的自由是目的。我刚才讲了，它不是为了什么目的，就是为了好玩，好玩是什么？好玩就是自由嘛，就是自由的游戏嘛。它以这个游戏本身为目的。那么从认识的眼光看呢，它就是无目的，是无目的的合目的性。但从道德的眼光呢，它使人意识到自己的自由，这还是有完善人性的意义的，不单纯是形式主义。

4. 模态的契机

最后一个契机呢，就是模态。模态是讲必然性的，当然也讲可能性、现实性。所以必然性范畴属于模态范畴，在这里就体现为共通感的必然性。就是说，审美有它的必然性，这个必然性是什么必然性呢？不是概念的必然性，而是人人都有一种共通感。共通感这个词在当时很流行的。我们有时候也把它翻译成“常识”，或者是“健全理智”“健全知性”，有很多译法。从拉丁文来说，sensus communis，都是这个词，共同的感觉，大家都认可的一种共识。那么在康德这里呢，特别强调它的感觉、感性，审美的这种共识是一种感性的共识。也就是说，根据前面讲的，它是一种无利害的愉快，它是一种无概念的普遍性，它是一种无目的的形式合目的性，等等，我们都可以看出，它有一种共同性，没有个人的利害和目的挡在中间使它分裂开来，但是它又还是感性的。那么康德提出来，人类、每个人先天地有一种共同的情感，而这种共同的情感迫切地需要通过一种方式传达给别人。这就是审美的起源。审美的起源，并不是在经验中、在心理学中偶然的一种起源，而是在人的先天能力中，有它必然的起源。所以这种共通感有一种先天的必然性。只要是个人，他就有情感。只要有情感，他就有共通感，就有一种想要把自己的情感传达给别人、要引起共鸣的需要。这是必然的，我们逃不了的。哪怕把你关在监狱里，你这种东西还是泯灭不了，要跟人交往，要传达自己的情感，等等。这就导致了对于审美的一种先天原则的发现。这是康德晚年的一个新的发现。

5. 纯粹美及其反思结构

刚才讲到审美的四个契机。审美的这四个契机在康德那里是作为一种“纯粹美”来加以规定的，在纯粹的情况之下的规定。当然，通常的审美不是这种纯粹的情况，纯粹的情况是很少的，我们欣赏一个美的对象，纯粹地去欣赏美的对象是很少的。我们总是多多少少带有概念啊，利害啊，道德的考虑啊，认识的考虑啊，等等，一些不纯粹的考虑。所以康德认为，在美里面可以分成两种，一种是纯粹美，纯粹美又称之为自由美，完全以自由的游戏作为它的目的，或者是根本就没有目的。这叫作纯粹美。另外一种叫作附庸美，或者译作依存美。纯粹美是自由的美。自由美和依存美是相对立的。那么，把纯粹美界定了以后呢，我们当然可以以这个为标准，或者以这个为基地，去解释其他的那些形形色色的不纯粹的美，附庸美。比如说，它有道德的象征，我们经常采取的那种态度不是纯审美的态度，我们看一个对象的时候呢，往往采取了道德的象征的态度。比如说我们欣赏一棵松树，我们马上想到这棵松树多么高大挺拔，象征着人的一种道德品质。“大雪压青松，青松挺且直”。这个是象征人的一种品格。当我们这样说的时候，我们也在审美，但是我们参与了一些道德的考虑。参与道德的考虑并不是坏事，它可以促进我们对于审美的感受。但是它毕竟不是纯粹的。严格意义上的纯粹的美，那是很少的。比如说，某些贝壳，某些花，某些鸟的羽毛，或者某些自由流畅的线条，阿拉伯式的花纹，没有任何道德的、认识的或者其他的考虑。那种情况很少。一般的情况都是采取一种混杂的形式，采取一种跟道德啊，概念啊，这些东西交织在一起的形式。那么康德给它们一个这样的界定，叫作附庸美。那么纯粹美或者自由美，那是他真正要考虑的。康德的思维方式一个很重要的特点就是先把纯粹的东西搞清楚，然后在这个基础上，再把其他的那些东西附加上去，我们就可以解释现实生活中发生的种种现象了。现实生活中发生的现象很少是纯粹的形式，但是你还是要把这些纯粹的形式单独挑出来加以考察，弄清楚。这是他的一个惯用的做法。

那么这样的纯粹形式，它里面表现出一种什么样的反思性的结构呢？我刚才讲了，反思判断力就是要从对象上面反思到自身的结构。那么我们在欣赏一个美的对象的时候，以一种纯粹审美的态度，表现出我们的主体中的一种反思性的结构，那就是想象力和知性能力相互之间的一种自由协调活动，我们的诸认识能力的自由协调活动。诸认识能力里面包括很多，想象力也属于其中，没有想象力我们也不能认识。再就是知性、理性，这些都是属于认识能力的。那么，自由美的欣赏呢，它主要是想象力和知性之间的协调活动。我们在欣赏美的时候，纯粹的欣赏，那就是这两种能力在那里游戏。我们的想象力天马行空，无拘无束，但它又和知性能力相互之间起一种协调作用。就是说，这种天马行空不是一种迷狂，也不是一种失控、失态，而是一种非常理性、非常宁静的，在知性的协同作用之下，去把握一个审美对象。知性的作用就在于把一个对象作为一个对象把握住，想象力呢，就要突破这个对象的边界，到处去乱窜。那么知性呢，就把想象力凝聚在一个对象身上。就是说，你的这个想象力呢，是集中于这个对象，要有一个对象的形式，形成完整的形式。这就是知性的作用。但是它不是认识这个对象，它只是把想象力所形成的那些形式使它成形。如果没有知性，想象力就是到处乱窜了，它就不成形了。所以知性不是说它阻碍了想象力，而是帮助想象力进行活动。那么想象力呢，也扩充了知性。知性太死板，在这样一种形式中，要由想象力自由自在地在那里活动。所以相互之间相得益彰、相辅相成，这就是一种自由协调活动。

三、崇高的分析

但是，除了这样一种自由协调活动以外，还有另外一种自由协调活动，那就是想象力不是和知性相互协调，而是跟理性相互协调。那么现在就进入到了他的第二个分析，就是崇高的分析。什么是崇高？根据刚才讲的反思判断力的结构呢，崇高就是这样一种活动，就是说人的想象力跟知性的协调活动无法达成，想象力不断地扩充，突破边界，知性不断地想要使这个想象力的这样一种活动成形，但是成不了形。为什么成不了形呢？因为它涉及的那个对象是一种无限的对象，比如说大海，宇宙，星空，高耸的悬崖，人极目张望的时候看不到顶，它伸向无限。凡是遇到这种情况，伸向无限的时候，那么知性就无能为力了。知性就是要形成一个对象的嘛，知性将想象力凝聚在一个对象上，但是做不成了。想象力呢，不断地突破知性的这种限制，知性无法把握它。于是人的认识能力的这种无能就引起人的一种痛苦感，痛苦感就是因为这种协调不能达成嘛。这种自由协调不能达成就引起人的痛苦，如果达成了就会引起美的快感了，但不能达成就引起一种痛苦。这个时候，人们面对一个无限的对象的时候呢，就调动起他自身内部另外一种更高的能力，那就是理性。前面我们在《纯粹理性批判》里面讲到，理性能力是一种把握无限的能力，它可以提出理念，理念就是一种无限的概念。范畴是有限的，它是集中于一个对象，它是用来形成一个对象的，那就是范畴。但是理念呢，它不能构成一个对象，它把所有的对象都引向一个无限。这种能力在康德看来，严格说起来是属于道德的。只有道德才能够超越有限的感性世界之上，着眼于那种无限的道德律。道德律本身是无限的，这是理性的功能。所以当人们的想象力跟知性不能达成协调的时候呢，那么它就有一个飞跃。通过一种痛苦的激发，激发它向更高层次去求援，去上升到理性。调动人的理性能力，去跟这种感性的直观相协调。想象力是一种直观能力嘛。跟这种直观的想象力相协调。这个时候产生出来一种想象力跟理性的协调，于是就产生出了更高层次上的一种快感，那就是崇高。

所以崇高是一个很复杂的现象。我们不要以为很简单，崇高里面包括有痛苦，它也是审美，而且也是纯粹美，不是附庸美。但是这个审美里头含有一种痛苦，含有一种无限。从有限向无限的超越，奋力超越，你要调动你的内心的精神能力才能够欣赏得到。一般缺乏这种能力人的是欣赏不到的。崇高的东西很多人不欣赏，不能欣赏崇高的人，是缺乏一种精神能力的人，缺乏一种更高的提升的能力。你如果整天就陷在通俗文化里面，陷在一些网络电视、小打小闹的这样一些肥皂剧里面，那提升不到那个层次。你把你的那种体会崇高的能力窒息了。那么人必须要有这样一种感受崇高的能力才能够使自己的理性得到更高的发扬。当然它也不是概念，它还是一种感性的想象力。当我们面对一种极不合目的的、一种没有形式的、一种无限的对象的时候，我们就需要调动自己的理性能力，来对自己欣赏的品位做一个提升。康德讲，有些原始人，或者没有受过社会教养的人，他们一般不会欣赏悲剧，也不会欣赏大自然的荒漠啊，汹涌的大海啊，高耸的悬崖啊，这些东西要有很高的文化素养才能够欣赏，否则只会感到恐惧。虽然如此呢，它也不是后天的，它还是先天固有的一种能力，只不过人们还没有来得及把它发挥出来而已。

那么这种崇高呢，它就引导人与道德有一种沟通。虽然它本身不是道德的。但是，当人们经过一种痛苦，然后在理性那里得到一种释放的时候，他对于大自然的现象呢，会感到一种敬重，会有一种敬重感。这也是一种快感，一种包含有痛苦的快感，它跟道德上的敬重感有类似之处。所以崇高具有一种过渡的性质，就是从认识向道德过渡。它虽然不是道德，但是它象征着道德。所以康德在这里讲，美是道德的象征，美是德行的象征。崇高理念的那种敬重感象征着我们对道德的一种敬重感。当然它还不是道德，它是一种单纯的审美活动，但是它已经有一种暗示，就是说暗示我们人身上有一种道德的属性，就是理性。这个理性还是一种反思的判断力，它没有去规定道德，没有规定道德实践行为，但是它使人意识到，我有一种超越一切感性之上、由自己来规定自己行为的这种能力。所以从这里就可以向道德过渡。这个鸿沟，道德和认识之间的鸿沟，就被填平了。当然在自由美那里，在前面讲的美的分析里面，也已经有这个过渡，比如说自由，诸认识能力的、但是又是自由的协调活动，其中自由就是属于道德的，审美中的自由当然还不是道德的，严格意义上的道德是自由意志。但是审美中的自由呢，已经是一种自由感。康德对自由的界定，严格意义上的自由，他认为就是自由意志，它是道德的基础。自由意志的自律，就是道德律。但是在感性世界中呢，我们人作为一个感性的存在者呢，他也有一种自由感。这从一种不太严格的意义上面来说呢，也是一种自由。所以在审美中，在美的分析里面，已经开始向道德的基础过渡了。从自由感，我们体会到我们有一种自由意志。这种自由意志当然就不是自由自在了，不是游戏了，而是一个很严肃的事情了。但是我们在游戏中，我们可以培养起我们自己的自由意志，培养起我们对自由意志的意识。

通过审美我们意识到自己是自由的，通过崇高我们更加意识到自己是道德的。所以这里有一个渐进的阶梯。从对美的欣赏到对崇高的欣赏有个阶梯。在崇高的欣赏里面，也有个阶梯，他把它分成两个层次，一个层次是数学的崇高，一个层次是力学的崇高。所谓数学的崇高就是倾向于一种量的无限，我们看到大面积的、巨大的体积的这样的对象，我们把握不了它。沙漠，我们把握不了它。大海，哪怕是平静的大海，天空，夜晚的星空，我们觉得它崇高，那都是由于它的量的方面的大，使我们觉得很崇高。另外一种是力学的崇高，力量，大海当它遇到狂风暴雨的时候，那种力量，海啸的时候，那种力量，摧毁一切，人的任何极大的努力在它面前都是渺小得不值一提。人的力量不能相比，太小了。所以力学的崇高更加需要人们调动起自己内心的最内在的理性的力量去超越它。这种力量是一种道德的力量。道德的力量超越自然界的任何巨大的威力。山崩地裂，我可以面不改色，因为我心中有理性，也就是说心中有道德，可以不在话下。大自然是盲目的嘛，它没有理性嘛，所以我在精神上要超越于它，要高于它，这就是崇高。

四、传情说和艺术论

所以，从美的分析和崇高的分析，这两个阶段的分析，康德得出了一个定义。什么叫作鉴赏？包括对美的鉴赏，对崇高的鉴赏，都是Geschmack。这个词在德文里面我们把它翻译成鉴赏，但它有很多含义，包括品味，口味，味道，再就是审美鉴赏。所以康德用这个词的时候呢，往往在这里多半是用在审美的鉴赏上面，但是有时候偶尔他也用在口味上面。这个东西的味道，这个东西的Geschmack好不好。但是他讲这个审美的时候呢，主要是在这个意义上讲鉴赏，是指一种感受。所以鉴赏必须是感性的，情感性的。但它又必须是具有普遍性的，也就是能够普遍传达、引起共通感的。所以他为这种鉴赏下了个定义，什么叫鉴赏呢？鉴赏是一种能力，他说，“鉴赏能力就是对一个表象的情感没有概念的媒介而能够普遍传达的一种评判的能力”。对一个表象，我们有一种感情，这种感情不通过概念，而能够普遍传达。这种能力，就是鉴赏能力。我把这种观点称为“传情说”。美学里面有“移情说”，我把自己的情感移到对象身上去，在康德这里呢，也有移情说的这个影子，这个因素，但它主要是传情，传给别人。它是一种社会性的情感。我把自己在一个表象上所感到的情感不通过概念而能够传达给别人，能够普遍传达，有一种主观普遍性，这种能力就叫作鉴赏力。

但是这种鉴赏力只是在先天的方面的一种个人主观的内心结构，每个人都有这种鉴赏力，能够传情。但是这种鉴赏力作为一种先天的能力，它如何能够在后天实现出来，就是现实地把自己的情感传达给别人？作为一种先天能力，在现实中是如何实现它的传达功能的呢？那么就要涉及他的艺术观了。康德的艺术观，就是说，艺术的作用就在于这一点，就是把我们在鉴赏中普遍传达自己情感的这种能力，通过一种现实的、社会化的方式，把它实现出来。唯有通过这种方式才能实现出来。没有艺术，你怎么能够把它实现出来？你想把自己的情感传达给别人，你通过什么方式，你通过概念的方式？通过概念的方式无法传达你的情感，就算你告诉人家了，人家知道你有这种情感，但是体会不到。站着说话不腰疼。你说我的腰疼，人家体会不到。你怎么能把自己的这种情感传达给别人呢？你去游黄山，游张家界、九寨沟，回来很多感受，你回来对你的朋友说太美啦，美得不得了。怎么美？你把它画出来呀。你画出来人家就知道了。或者你是作曲的，你作一首曲子呀，叫作《张家界》，给你听一听，你可能体会到了，你下次到张家界的时候，心里面有这个曲子，你就会到处印证，哦，这就是张家界。或者你写一篇散文，一篇游记，一首诗，用优美的语言把你的感受表达出来。所以真正地要把你的情感传达给别人，只能通过艺术。我们在日常的生活中间谈话，或者是讲演，我们虽然不是在作艺术的朗诵，但是我们也可以在某种程度上，也可以传达情感。那么人家就说，你的这个讲话很有诗意，很有艺术性。因为你传达了情感，那就很有艺术性。所以康德的这个定义是非常好的，就是说，鉴赏就是对一个表象的情感不通过概念而传达，不通过概念的媒介，而能够普遍传达。那么艺术呢就是从这个鉴赏的定义里面推出来的。如何传达？怎么才能传达？就是要通过艺术。

但是艺术这个词呢，也有它的歧义，Kunst这个词在德文里面呢，有艺术的含义，也有技术、技艺这样一些含义。所以日常的这个技术，我们讲科学技术是生产力嘛，那么技术也包括在这个含义里面。就是说，一般的技巧，也可以说是Kunst。所以康德在这个里头呢区分出来了，有各种不同的艺术，一种就是我们日常的，比如说我们做鞋，制作钟表，很有技术，很有Kunst。这个是一般的。还有的人善于制作工艺品，工艺品当然已经是艺术了，我们今天讲实用艺术、装饰艺术，这些都是工艺品。但是还不是纯粹艺术。纯粹的艺术是什么艺术呢？是“美的艺术”。如果一个艺术没有别的目的，比如说装饰，装饰是有别的目的的，钟表匠或者鞋匠或者裁缝，当然更具有目的，他要赚钱，他要谋生，具有别的目的。但是如果有一门艺术，它没有别的目的，它就是为了美，美的艺术，那就是最纯粹的。只有以美作为它的目的的艺术，才是最纯粹的艺术。而美是无目的的合目的性。以无目的的合目的性作为它的目的，那就是纯粹艺术，就是我们今天讲的艺术，纯艺术。

五、艺术与鉴赏的关系

康德主要是讨论这样一个意义上的艺术。但是一般来说，艺术都要有目的，它跟鉴赏不同，鉴赏是完全没有目的的。我欣赏张家界也好，黄山也好，我花那么多钱，结果是白花了，我什么都没有得到，没有补偿。那么我为什么要花那么多钱呢？我没有目的，我并不带一笔生意去做，我就是好玩嘛，就是要走一走，看一看，这是完全没有目的的。但是艺术呢，都是有目的的。他要把它画出来，画出来就是一个作品，这个作品我拿给别人看，引起别人的共鸣。康德认为它在社交场合还有作用，比如挂在客厅里面，人家进来觉得这个家里很有品位。我们在一起谈论一些高雅的话题，我们谈论梵高，谈论毕加索，那我们的话题就很高雅了，我们都是上流人士了，不像一般那些老百姓谈的话，什么超女呀，快男呀，和那些东西比起来，高雅得多。艺术起这样一种作用，就是说，提高人的品位，社交场合中间，有这样一种交流的作用。艺术品是有目的的，艺术品不像单独的鉴赏，它包含有技巧，所以不管多纯粹的艺术，它都包含有技巧在里头。你随便一个人，你有很高的欣赏品位，你不见得能够画得出来，你不见得能够作曲，这个都要通过长期的训练，训练就必须要有强烈的目的性。我将来要当画家，我将来要当音乐家，那么我现在练习，从最枯燥的练习起，从最简单的开始练习。所以它有一种技巧性在里面。欣赏呢，当然也要有教养，但是它不需要长期地有意识地去练习。每个人都有欣赏的能力，欣赏能力也许有高有下，但是他这个能力不需要去刻意训练，只是一种兴趣。所以艺术是有目的性的，它不是无目的的合目的性，它是有目的的。但是如果它把无目的的合目的性当作它的目的，那么这种艺术就是最纯粹的了。最纯粹的艺术就是说，它虽然有目的，但是呢，好像是没有目的的。这就是艺术的特点。艺术都是有目的的，它是由艺术家造成的嘛，通过长期训练造成的艺术作品。但是呢，它又好像是无目的的。“台上一分钟，台下十年功”。台上那一分钟好像很轻松，好像无目的，但是你是通过长期目的性的训练才达到那种境界的。

所以艺术跟鉴赏相比呢，一个是艺术美，艺术造就了艺术美。鉴赏呢，是欣赏的自然的美。当然他也可以欣赏艺术品，但是他是把艺术品当作自然美来欣赏。比如说一个人的肖像，或者一幅风景画，他是当作自然美来欣赏的，和他在看这个人或者看这个自然景色的时候，他的那种心情是一样的。当然还带上一种艺术的专业的眼光。比如说这个人的画，这个人的技巧很高明，那是另外一回事。但是一般的人呢，都没有那种眼光。所以，鉴赏主要是一种自然美的欣赏，但是艺术家呢，他体现的是艺术美。那么鉴赏和艺术相互之间的关系呢，就是自然美和艺术美的关系。康德对这两者也做了一个很好的规定。就是说，鉴赏所欣赏的那种自然美，什么样的才是最高的自然美呢？自然美要它像艺术一样才是最高的美。我们去欣赏九寨沟，这个时候呢，我们说这个九寨沟像画里面的一样，它就像是一幅艺术品一样，这个时候，这个风景就是最高的美。我们说它巧夺天工嘛，鬼斧神工。我们说九寨沟、张家界那些风景都是鬼斧神工，好像有一个造物主刻意地把它雕凿成那样的，我们说这个地方"风景如画"，这是对这个风景最高的赞扬。所以自然美必须像艺术品那样，才是最高的。但是艺术美要怎样才是最高的？要像是自然的。我们说看一幅艺术品的时候呢，我们说好像是自然天成的，没有雕琢的痕迹，看不出是人画出来的，好像它就是自然长出来的。这个雕塑放在那里，好像它就是自己长在那里的。这幅画呢，也没有任何雕琢，非常自然。这本小说的语言，非常自然，没有书面语言，没有雕琢的语言，好像就是我们日常的大白话，那是最高级的境界了。艺术美要像是自然的，才是最美的。艺术美和自然美相互之间有一种互相交融的关系。这是他对艺术的看法。

六、天才与艺术分类

那么他对艺术也做了一个分析。按照他的观点呢，艺术里面有两个因素嘛，一个因素就是鉴赏力，鉴赏力是先天的。另外一个因素是天才，艺术品都要有天才，这个是不假。鉴赏不一定要天才，只要是人都能够鉴赏，但是要当一个艺术家，必须要有天才。天才无非就是各种能力的一种独特的配置，独特的比例。比如说你的想象力，你的知性的能力，你的理性的能力，你的直观的能力，感性的各种能力，你的视力，你的听力，等等，这些方面，各种因素恰当地配置在一起，造成一个天才。这个是天生的，这个是大自然偶然提供出来的。鉴赏力呢是先天的，每个人都具有。但是天才不是每个人都具有的，是大自然偶然产生出来的，或者是几百年才产生一个，那种最高的天才，几百年才产生一个。这两者结合起来，有的人有鉴赏力，但是缺乏天才，而有的人有天才，但是鉴赏力方面呢又比较弱，或者是未得到挖掘。康德认为这两方面要比较协调才好。天才是感性的方面，后天的东西嘛，经验的东西。那么鉴赏力是先天的东西。一个人可以没有天才，他还可以成为一个正常人，还是一个完整的人。但是天才如果没有鉴赏力，那么他就会陷入一种艺术疯子，艺术狂热的状态，他也造就不出作品来。一个人如果缺乏鉴赏力，虽然有天才，他也搞不成作品。我们在历史上也看到，有些人非常有天才，他偶尔搞出一个作品来就流芳百世，但是他很早就死了。天妒英才嘛，天才太过分了，他是活不长的。因为没有鉴赏力跟他协调起来，他不正常。或者说他的天才把他的鉴赏力的平衡打破了，所以他达不到一种协调。

所以在这两方面中，康德站在理性主义的立场上，他认为鉴赏力比天才更重要。天才无非是创造出一些高级的艺术作品，供人们在客厅里面作为谈资，那个没什么作用。鉴赏力呢，涉及人的道德品质，它是道德的象征嘛，所以他是比较推崇鉴赏力而贬抑天才的。虽然从道德的角度贬抑天才，但是他毕竟提出了天才的这样一个概念。就是说艺术如果没有天才是不行的，凡艺术都要有天才，只是天才的大小不同而已。有的人是小天才，有的人是大天才。但是只要是艺术，就应该有天才。如果没有天才，这个艺术就不能叫艺术。一个作品里面如果没有他自己独创的东西，那能叫什么艺术品呢？那不叫艺术品。所以，天才就是大自然造成的一种“典范式的独创性”。大自然通过天才为艺术立法，这个法就是人们创作艺术品的典范。这个典范为艺术立法，就是说，典范的艺术品，我们到卢浮宫去参观，可以看到很多。很多人到那里面去临摹，去临摹那些文艺复兴时期的巨匠的那些画，那就是典范了。你要当艺术家，你首先要把那些典范的作品都要看过，甚至要临摹。临摹一遍去体会。但是临摹的作品肯定不是艺术品了，因为它没有独创性嘛。所以你要真正创造艺术品，你还必须自己独创。临摹完了以后，你心有所得，有体会，那么你自己创作一幅东西，里面有独创性，虽然独创性也许不如那些大家那样强，但是它也可以称之为一幅艺术品。因为有你的东西。真正的大家，巨匠，那就是有很多很多东西，很多新的东西，开辟一个时代的那些艺术大师，那就有很多东西了。

那么根据这样一种标准呢，康德对艺术各门类作了一种划分，最高的是语言艺术，首先是讲演术，其次是诗艺。当然我们今天看起来很可笑，讲演术算什么高级的艺术啊，但是他认为讲演术作为语言艺术，它撇开了感性的东西，它光凭观念，光凭一种鉴赏力来体现美。但讲演术里面感性和理性并不协调，只有诗艺才能使两方面自由地协调。所以他认为诗艺是一切艺术中最高的艺术。再其次呢就是美术，也就是造型艺术，绘画啊，雕刻啊，建筑啊。这些都比诗艺要更多感性的东西。最低级的呢就是音乐。为什么是音乐呢？音乐最受感性的东西所束缚。懂音乐的人，或者有音乐天赋的人，那都是感性冲动的人，我们看朗朗弹钢琴的时候那种发疯的模样，我们就觉得这个人是一个感性的人。但是恰好在康德看来，这种人是很低层次的。音乐反而被他看作是最低层次的，这跟我们今天的观点完全不同了。叔本华和尼采都把音乐看成是最高的艺术。诗倒是一直有人把它看成是最高的，语言艺术，像黑格尔就把语言艺术看作是比绘画和音乐都要高的艺术。这一点上有一点继承康德的观点。各门类的艺术他作了这样一个划分，表明他的基本艺术观是理性主义的。

七、艺术标准的二律背反

最后呢，讲到艺术的二律背反。艺术中间也有二律背反，这个二律背反是属于艺术标准上的二律背反。就是说，讲了这么半天，你对审美或者是艺术到底有没有标准？这在当时也是争论得很厉害的一个问题。当时有英国经验派和大陆理性派两派对艺术争论不休。经验派的美学就认为，艺术的标准完全是经验的，没有什么先天的标准，不能用概念去规定一个艺术品的高下。我们要评价一个艺术品没有别的办法，只有找那些最有欣赏经验的人、行家，他看过很多很多，你没有看过的他都看过，那么他们当然就最有经验，他们的意见是最值得重视的。然后把这些人召集在一起，大家评一评，大家都认为这个东西好，那就是好了，或者权威人士认为好，就是好了。没有什么客观标准，完全是一种后天的、经验的标准。这是经验派美学所持的观点。那么理性派美学认为，如果那样，还有什么美不美呢？如果让大家投票来决定，那就等于说没有标准了，只有多数人的好恶了，或者是多数人跟着权威的主观好恶人云亦云了。但是美不美还是有它的客观标准的，要有专业人士从理性的角度来建立一些普遍原则。于是他们提出了一些标准，比如说完善、和谐、比例、平衡、三角形的稳定性，或者黄金分割率0.618，一幅画的构图也好，人物形象的比例也好，各部分要符合黄金率，那才是美的。哪一点偏离了，那就不美了。所以理性派比较强调概念和法则，用概念法则来规定美的高下。虽然规定不了，但是他们认为总是能规定好的。我们现在还没有做到，所以我们还必须加以更精密的规定，把所有例外的情况都考虑到。这两派争论不休。

那么康德认为这两派其实都有它的道理，但都有它的片面性。康德是持一种调和的立场。他认为，经验派的那种观点当然没错，我们在现实的审美活动中，我们不可能从经验中找到一种普遍的标准来衡量一个作品的好坏。但是理性派的标准如果我们把它作另外一种理解，就是说，它不是用现实的有限的概念来做标准，而是用一个无限的概念、理念——审美理念来做标准，那么也是可以成立的。也就是在现实审美中，虽然我们找不到这个标准，但是我们总要去找。我们把一个绝对美的标准作为一个理念，不断地向它去靠近。什么东西最美？它是有标准的，不是大家通过投票。通过投票那当然超女是最美的了，但是专业人士都不认可，那是低层次的。不能通过投票，还是必须要追求高层次的东西。这就是纯艺术标准，纯粹艺术，高雅艺术的标准。所以康德认为我们要相信有一个审美理念在那里向我们召唤。当然那个理念是无限的，没有任何人可以达到，但是它总有个标准，不是没有标准，它在召唤我们，所以我们说审美活动中有一个标准。否则的话我们的文学评论就不用写了，我们的文学史也不用写了，艺术品的高低我们是没有标准的，那就不要评论了。之所以还要评论，还要争论，就是因为它毕竟有一个无限的、遥远的目标在召唤着我们，使我们向它去努力。一个艺术家也是，总对自己的作品不满意，觉得还是没有达到心目中的标准，再去做，也许到死他都留下遗憾。但并不说明他那个标准就不对的，他是应该有一个标准。这个就是康德对这个二律背反的解决方式。这个解决方式也很有意思的，有兴趣的同学可以慢慢琢磨这个问题。

第八讲　康德的目的论

今天我给大家讲讲康德的目的论。康德的目的论在很多有关康德的教科书里面呢，都不太重视，甚至于有的根本不讲。但是，近些年来，康德的目的论思想越来越得到人们的看重，因为它跟道德、政治、历史这些问题都有非常密切的关系。那么康德的目的论思想呢，他是在第三批判里面讲的。第三批判我们上一次课已经讲到了他的美学观，包括他的审美鉴赏以及艺术。那么从这个审美鉴赏，康德找出了它的一条最基本的原理，就是说，它是人的诸认识能力的自由协调活动，由于这种自由协调活动，引起了一种情感的愉快，而这种愉快又是带有普遍性的。所以他的美学观基本上是立足于人的情感能力的一条先天的原则，就是人具有一种共通的情感。这样一条先天原则呢，它体现在审美鉴赏中，同时呢，也体现在艺术作品里面。那么，康德的目的论呢，就是从艺术作品这个概念引出来的。我们先看看他的艺术作品怎么样引出他的目的论。

一、从艺术品引出目的论原理

艺术作品是向目的论的一个过渡。为什么它可以成为向目的论的过渡呢？因为艺术作品跟审美鉴赏有一点区别，虽然都是在美学里面讲的，但是艺术作品已经不是纯粹的自由美了。纯粹自由美完全是无目的的合目的性，人的诸认识能力在那里自由地游戏，好玩。但是艺术作品就不能光是好玩了。我们知道，凡是艺术家在创作一个作品的时候，他是有目的的，他不是无目的的合目的性。至少他要以这个艺术品的完成作为他的目的，为了这个目的，他必须要经过预先的长期的训练，要获得完成他的目的的手段，比如说技巧，并且还要选择恰当的材料，来表达他所要表达的这样一个美的理念。所以艺术品跟一般的审美鉴赏呢已经不一样了，它不是无目的的合目的性，它着眼于它的目的。一个艺术家，他创作的时候，他不仅仅在做游戏，不仅仅说他游戏了一番就满足了。他要把他的作品做出来，他要完成一个作品，这是他最终的目的。所以在艺术品里面呢，已经显示出了一种不仅仅是主观形式的合目的性，而且有一种客观质料的合目的性。也就是在客观上面我要把它作为一个物质产品产生出来，有这么一个目的。那么，尽管艺术品有这样一个目的，但是呢，我在前面已经讲了，艺术品有一个很重要的特点，就是说它作为一种美的艺术，它跟一般的技巧、跟一般的工艺、跟一般的实用的艺术很不一样，就是说，它是以这种无目的的合目的性形式作为它的一个目的。他最终要做出这个艺术品来，是要表现那种美，表现那种无目的合目的性形式。所以它有两个层面，从一个层面来说呢，它是一种客观质料的合目的性，但是从它所表达的那个意图来说，它又是无目的的合目的性。也就是说他的艺术作品要显得好像是毫无目的的，自然天成。我们前面讲的自然美和艺术美，它们的相通之处就在这里。艺术品必须要像是自然的，像是不是人为有意造成的，那才是美的。艺术品有这么一条法则。

当然这条法则跟实际情况不太吻合，因为实际上它是有目的的，它是经过雕琢的，它不是非人为的。你非人为地随随便便搞一个艺术品，那是不成功的。你要高度集中注意力，全身心地投入，经过精雕细琢，但是你不要露出雕琢的痕迹，你要显得好像是未经雕琢的。那么在这一点上呢，它一方面跟审美鉴赏搭上了钩，它是美的艺术，他的目的不是说要造一件东西来自己用，他的目的就是造一件东西纯粹是为了审美，好像自然美一样。造出一个艺术品好像是自然美一样，纯粹是审美的，不考虑功利。但是另一方面呢，它事实上又是具有一个目的的这样一种活动。因此它就成为一个过渡的桥梁。就是说，一方面呢，它是有目的的，但是另一方面它又像是没有目的的。这样呢，就提供了一条原则，就是艺术品的原则。有的人就说，艺术品就是有意识的自欺，明明是有目的，但是要把它当作是好像没有目的，这是现代的美学家们给艺术下的定义。康德在这里当然没有这样说，但是也有这样的意思在里头。就是说，我把艺术品的这样一条原则抽出来，它本来是一条主观的原则，我把它扩展到自然界身上去，就是用艺术的眼光去看待大自然的造物。我们经过艺术训练的人，都有一种艺术的眼光，这种艺术眼光就是我刚才讲的，看似无目的的合目的性，实际上呢，又是有目的的。那么，这样一种眼光，我把它用来看待大自然，我就可以把它设想为大自然本身的原则。也就是说，大自然本身在我们看起来是无目的的，但是实际上我们又可以把它设想成一个有目的的产物。大自然是无目的的，这个我们受过自然科学训练的人都知道，大自然有什么目的呢，自从牛顿物理学以后，目的论就被赶出了自然科学，赶出了自然界。大自然在我们眼睛里头本来是无目的的。但是一个抱有艺术眼光的人，在看待大自然的时候呢，他会这样想，大自然看起来好像是无目的的，但是也许是某个造物主在冥冥之中有意识地造成的。

所以，整个大自然在这种眼光之下就变成了一个伟大的艺术品。一个造物主所造就出来的艺术品，一个超人类的艺术品。这样，我们用来评价一件艺术作品的眼光就可以被我们推广到用来评价整个大自然。比如造物主的观点，意匠说的观点，神学的观点，像莱布尼茨讲的上帝创造一个最完美的世界，上帝所创造的世界是一个最完美的世界。当然这是一个假定，就是我们假定有一个理智，在高高在上地把这个大自然创造出来，按照美的原则创造出来。

但是这样一种艺术品的原则呢，有个缺点，有个毛病，就是说，你设想一个在自然之外的造物主，当然这是跟艺术品差不多的了，艺术家在创造一个艺术作品的时候，他也是在艺术作品之外。艺术作品是由物质材料所构成的，但是这些材料不会自动地构成。它必须要由一个艺术家在作品之外把它的各个部分加以安排，加以合理的组织，发挥他的天才的创造性。所以艺术家是身处于艺术作品之外。那么你用这样一种眼光去看待大自然造物主的话呢，那就是一个外在于造物的上帝。而这样一个观点在康德对于上帝存在的证明的批判里面呢，已经被批判过了。我们没有办法证明有一个上帝的存在，设定一个上帝存在这种想法是不合逻辑的，是没有根据的。

但是自然界在我们看起来又确实好像是一个合目的的，并且是有目的的存在。自然界中有很多事情好像是有目的的，比如说有机体，有机体就好像是有目的的，虽然我们找不出一个上帝来为有机体的这样一种合目的性、这样一种自身目的性来做根据，来做解释，但是我们在考察有机体的时候，我们还不得不把它看作是有目的的，就是以它的生存、它的生命维持和繁衍为目的。不过这样一种自然界的本身的合目的性呢，是一种内在的合目的性，它跟艺术品的那种外在的合目的性又不太一样。有机体不是一架机器，一个人工产品或作品，也不是由外面的一个理智所操纵的玩偶，而是有自己内在的目的。所以这个艺术品的原则呢，只是起了一个过渡作用，就是从审美的领域呢，我们可以过渡到自然目的论的领域。但它还不完全是自然目的论。自然目的论的概念必须是自然自身内在地形成了一种目的，不是一种外在于自然的一个理智把目的加于自然界之上，那就不叫自然目的了，那就是神学目的了。真正的自然目的论是自然自身好像表现出一种目的，一种自然本身的客观目的，那么这种目的称之为内在目的。以有机体为标准，我们可以提供一种内在目的论。内在目的论同外在目的论有什么区别呢？外在目的论是立足于这个对象之外，设想一个有理智的造物者，比如说艺术家，人，或者上帝，使得自然物带上一种外在的目的。但是这个目的并不是自然界自身的，是外在的理智强加于它的，这就是外在目的论。艺术目的论属于这个层次。但艺术目的论也要求作品“好像”是无人为目的的，而是由自然本身长出来的，所以它启示了一种内在的目的论。内在目的论就是没有什么东西外在于、强加于它，而是自然界本身有一种目的。有机体你不一定要设想什么东西造成了它，你也可以设想有机体它自身就有一种目的，好像有一个目的，然后根据这个目的，它利用一切外部提供出来的偶然的条件来实现它。当然有机体是不是有目的，我们没有办法深入到有机体内部，但是我们看出来，它的生长，它的发育，它的一切活动好像都是为着同一个目的，就是维持自己的生存，一代一代地维持自己的生存和繁衍。这就是自然界本身的一种内在的目的。

所以康德把这样一种内在目的分析出来，他有一个最根本的原则，就是说，自然物的各个部分，应该是互相产生的。为了同一个目的，就是为了这个有机体本身，而互相产生，互相修补，互相提供养料。这个跟艺术品就不一样了，艺术品尽管看起来好像是自然生成的，但如果它被损坏了一点的话，它不能自行修复，我们必须人工地去修补。这就暴露出它还是人工制品，艺术品自己不会去修补自己。但是一个有机体你损坏了它的一部分，它自己会长好。就是说，有机体作为一种自然目的呢，它有它的特殊的这样一个原则：各个部分互相产生，各个部分与整体相互之间是一种有机的关系，或者说是一种“自组织”的关系，自行组织起来。有机的，organisch，这个词我们翻译过来，其实就是组织的意思。组织起来，就成为有机的，有机化学啊，有机分子啊，有机物啊，都是因为它们有一种自行组织起来的能力，我们才叫它有机的。

二、有机体原则和机械论原则

所以它的这种能力呢，是一种自行组织的这样一种原则。但是这种原则跟我们通常的对自然界的那种科学知识相互之间并不完全一致。我们知道，自从牛顿物理学以来，我们在科学界占统治地位的就是机械论，就是说万物都是由一种机械的关系凑合在一起的，没有什么有机不有机，没有什么目的。我们已经把目的论赶出了自然界，所以，哪怕是有机体，我们也把它看作是一种机械凑合的一个整体。比如说，机械论把动物看作是机器，甚至于有人说人也是机器。这就是用当时的自然科学机械论来看待人。拉·美特利说过，人是机器。一切都用机械关系来解释，这个当然是符合牛顿物理学的，但是在康德看来呢，并不能够完全解释万事万物，它不能解释有机体。你用这种机械论的观点你是建立不起生物学、医学、生理学的，这些东西都没有办法用机械论来解释的。当然，医学、生物学、生理学在康德看来还不是严格意义上的科学，严格意义上的科学他认为还是那种精密化了的机械论。但是他认为这不够。我们在解释万物的时候，除了这种机械论的原则以外，我们还要补充某种有机体的原则。

但是他认为这种有机体的原则呢，并不是自然界本身的一种“构成性的”原则，而只是我们在研究自然界的时候一种辅助性的或者“调节性的”原则，是我们为了把握那种有机体，那种有机体就其结构的本身来说也许是机械的，但是它的那种机械关系太复杂了，我们的理性有限，人的理性有限，所以把握不了。那怎么办呢？我们又不能不把握，所以我们就发明了一种有机体的观点，来弥补我们认识上的不足，弥补我们理性的有限性。康德的自然科学观点很特殊，就是说，他基本上是机械论的，但是他看到了机械论的弱点和毛病，所以他想出一个办法来补充机械论的不足。补充不足呢，当然他还是认为如果人具有一种无限的理性，比如人有上帝那样的理性，那么他就可以把万物看成机械的。但是人没有。没有又要去把握它，那么，人的理性就发明出了这种目的论的理念，来帮助我们的机械论，对于某些有机自然物来加以全面的把握。所以在对有机体进行把握的时候呢，我们是采取一种目的论的原则，但是机械论也没有被抛弃。目的论的原则也有它的局限性，它只是一个主观的原则，或者说它只是一条反思判断力的原则。这点它跟艺术的原则一样，它是从艺术原则引申过来的嘛，它也是反思判断力，而不是规定性的判断力，不是规定这个对象就真的有个目的。动物我们还可以勉强说它是有目的的，它们要去寻食，它们要去交配，你说它是本能，它好像也有目的性。但是比如说植物，你就很难这样说。我们只能设想它假定有一个目的，这个植物生长是按照这个目的来完善自己，来成长，来传宗接代的。这只是我们的假定，这不是对象本身的一种结构。所以它还是属于一种反思判断力。好像对象有个目的，我在前面讲到，所谓反思判断力呢，就是说，把合目的性看作好像的是属于对象的，但其实是我们自身的一种需要。目的论判断也是，它虽然是着眼于自然界的一个客观的对象，着眼于这个客观对象的一个目的，但是呢，实际上还是反思判断力，并不是一种严格意义上的科学知识。

但是这样一个反思判断力跟严格意义上的科学知识并不冲突，因为它并没有否定机械论，它是把机械论当作一个无限复杂的结构，然后我们人只能用目的论来把握它。而且，当我们人用目的论把握它了以后，我们还不能满足于目的论的把握，还必须为这种目的论找到尽可能多的机械论的那些支持，那些细节。我们今天已经深入到非常细的地方，比如说基因，基因我们已经破译了，它的那些分子结构，它的那些螺旋，怎么构成的，缺少哪一个环节，人就会得什么病。我们已经慢慢在搞清了。但是在康德看来，这个过程是无限的。你可以不断继续搞清，但是你永远也达不到真正的完全的把握。真正完全的把握还要求助于目的论。我们今天基因学说发展到这一步，很多人就以为目的论就不需要了，我们就可以完全用机械论来解释，人怎么样遗传的，怎么样得病，怎么样健康，怎么样衰老，都可以解释了。在康德看来，这是不可能的，如果康德活在今天，他还会说，这些仍然只是某一方面，人的理性不可以像上帝一样的无所不知。

所以在康德看来，目的论和机械论的关系呢，是这样的一种关系，就是目的论是我们人的一种反思判断力的理念，它是一个目的，我们要证明它，要正视它，同时要用它来引导我们对机械论的研究。而机械论呢，成为目的论的一种手段。你要解释一个动物的生存，你不仅仅是说它有这个生存的目的，你还要解释它这个生存目的中，有那些手段来实现这些目的。比如说我们的解剖学，它就解释这一部分它的机制起了什么什么作用，它这个化学物质跟其他的一些化学物质相互之间起一种什么样的作用，然后呢，对外界的营养吸收，等等，这些东西又起一种什么物理和化学作用。但是我们所有这些解释呢，都是为了解释它的目的。我们的眼泪为什么要流出来，这个你可以由物理学上面分析，但是分析完以后你最后还要说，它是为了保护眼球。不然的话，你就把人拆解了。你不说它为了什么，每一部分的功能是为了什么，如果你没有这样一个维度，那人就成了机器了，动物就成了机器了。所以康德两方面他都要，都不能丢，但是它们处于不同的层次，因此呢，它们并不自相矛盾。相反，它们是互相依赖的。

所以，目的论和机械论的这样一种相互依赖呢，它也是一种诸认识能力的协调活动。在这一方面，在目的论方面呢，它是属于这样一种协调活动，就是人的知性和人的理性自由协调活动。我们对牛顿物理学的机械论的那种理解，是立足于知性的。但是理性可以超越我们有限的知性而把握到无限的东西，那就是目的，内在目的。我们把内在目的当作是对一个对象的无限多的关系的一种总体的把握。那种总体的把握我们用机械论达不到，但是我们可以用理性达到。用理性可以超前地、超越地去达到它，并且用这样一种理性来指导我们机械论的科学研究。比如说西医，西医也不是完全机械的，我们说西医好像是机械论的，其实也不是的。在近代有很长一段时期它是机械论的，在以前有一段时期，特别是像拉·美特利的那个时代，人得了病，就用机械论的原因解释，因为他的热度太高，所以就给他放血。放一点血，他的体温就降下来了，就不发烧了，这个人就好了。这太简单化了。但是后来发现不行，后来发现还是要引进目的论，才能够指导我们的机械论的研究。放血当然也有它的道理，也不是说完全没有道理，它确实还有过效果。但是这个道理不能用机械论来解释，还是要用目的论来解释。

三、自然目的论体系

那么，这样一种有机体的原则，一旦在自然界确立，它就有一种扩展开的趋势。自然目的论以有机体为它的起点，扩展到了整个自然界。这个扩展是怎么扩展的呢？就是说，有机体它要有一个自身的目的，它不仅仅是自己的各个部分都围绕着同一个目的而组织起来，还有一个表现，就是它的组织起来是要通过吸收外界的阳光啊，水分啊，营养啊等等，吸收整个自然界给它提供的外部条件、环境，这样才能够组织起来。你把一个有机体放到一个真空里面，它就没法活了，至少它就没法成长了。它要成长，你必须把一个种子丢到适宜的一块土壤里面，它就有相应的湿度、温度、阳光、水分、土壤这些条件，它才能生长啊。所以，一旦我们获得了一个有机体，我们推测它之所以生长起来的原因，那么首先当然是有机体内部各个部分相互的作用，各部分的自主作用，这是内因。但是另外一方面呢，我们还可以看出它还有组织整个环境来为它自己服务的这样一种能力。它自动地组织它的周围环境，吸收各种营养，水分、光照，来为它自己的那个目的服务。那么这个环境呢，它们的联系会扩大到整个宇宙。只要有一个有机体，我们就可以用整个宇宙的条件来对它的目的加以解释。也就是说，整个宇宙如果不是提供了这样一个环境的话，那么这个有机体是生长不起来的。这是有机体生长的外因。那么反过来，既然这个有机体已经生长起来了，我们就可以把整个宇宙看作是为了这个有机体而提供了这样一个条件，也就是说，我们地球这样一个条件。如果地球离太阳再稍微近一点，或者稍微再远一点，就不行，地球上所有的生物都不可能存在。那么现在地球上的生物已经存在了，我们倒过来看，或者是用反思的眼光来看，我们就可以看出来这样一种关系，就是说，好像整个宇宙就是为了地球上的生物的存在而设计的。宇宙特定的这样一个环境，安排好了每一个细节，任何一个细节都少不了。地球离太阳稍微远一点，稍微近一点，都不行。太阳系稍微早一点产生或者晚一点产生都不行。太阳系刚好在这个时候产生了，产生到、发展到刚好这个时候，我们说太阳系还处于一个新生的阶段，临近它的鼎盛期了，但是还没有到衰落期，正在这个时候，产生了地球这么一个星球，那么在这个星球上面呢，产生出了水啊，阳光啊，空气啊，等等，于是就产生了有机体。

当然你从机械论的眼光看，可以说这些都是偶然的，但是一旦有机体的目的性被得到确定，那么我们就可以立足于这样一种目的性的观点来看这个问题。所以这样一来，我们就可以从有机体进入到整个自然中来，从有机体的原则我们推出整个自然的目的论。整个自然的环境都可以看作是为了这个有机体的目的而设置的。那么这些设置本身当然都是机械的，地球的远一点啊，近一点啊，地球上的温度啊，地球上的阳光啊，水啊，这些东西都可以归结为机械论。但是这些机械的手段呢，都可以当作是达到这样一个目的的手段而从属于内在目的性之下。有机体所体现出的内在目的论可以看作自然界的一个最高的原则，那么整个宇宙的那些机械的环境都可以看作是一种手段，从属于目的论之下。

但是这里就有一个问题了，凡是有一个有机体，我们就可以把这个宇宙看作是为它服务的，但是我们的常识认为不可能。因为一个有机体毕竟是非常微不足道的，还有那么多有机体，凭一个有机体怎么就能把整个宇宙看作是为它服务的呢？所以康德在这里对有机体本身也进行了一番推导，就是说，有机体不仅仅是一个有机体，有机体还有传宗接代，还有繁殖多个、无数个有机体， 那么有机体的种族，我们可以把每个有机体看作是为了这个种族，把种族、把“类”当作它的最终的目的。有机体为了自身的生存，但是每个有机体都是要死亡的啊，它死亡了以后，它的目的不是就失效了吗？但是有机体有一个办法，就是把它的生存延续下去，使整个种族成为每个有机体个体的最终目的。但是有人又会说，在你这个种族以外，那还有别的种族，怎么解释？所以康德又进行继续的推论，就是说，其他的种族当然也是以自身为目的，但是客观来说呢，它是为了更高的目的。整个自然界的生物链有一个从低级到高级的链条，每个种族就它自身来说，它以自身为目的，但是就客观上来说，它还会以别的种族为目的，比如说植物就以动物为目的。食草动物就利用植物嘛。那么更强悍的动物就以食草动物为手段嘛。那么最强悍的动物是什么呢？就是人。人是万物之灵长，他可以战胜所有的动物，所以人是最高级的动物。人是最高级的动物呢，他就把所有的动物作为一个生物链，统摄在他之下。当然我们今天说要敬畏自然，我们不要破坏大自然的平衡，等等。但是这都是我们人想出来的，这是我们人的慈悲为怀，还是要让其他的物种也要尽量地生存下去，不要破坏它们。但是当我们人这样做的时候呢，我们毕竟把自己看作是万物之灵长。只有人才能够这样设想，才能这样安排。所以从这个角度来看呢，自然目的就构成了一个以人为顶点的等级系统。

那么在这个等级系统里面，在这样一个自然的等级链条里面呢，它有一个内在的矛盾，就叫作机械论和目的论的二律背反。在这个领域里面，康德也提出一个二律背反，就是说，那我们究竟是用机械论还是用目的论来看待整个自然界呢？如果我们用机械论来看待这个自然界，那自然界无所谓等级。你说对自然界有什么等级，你说低级动物就比高级动物要低级，谁来划的？还不是人划的。人为了自身，把所有的动物都看作是自己的手段，那其他的生物也可以把人看作是自己的手段呐。比如说蚊子，蚊子就可以把人看作是它的生存手段。你凭什么说你就要消灭蚊子？蚊子就不能生存？所以，从机械论的角度来看呢，万物都是平等的，都是一样的，没什么高级和低级。但是从目的论的角度来看呢，万物是有等级的。目的嘛，如果你否定了这个目的概念，那么万物确实都是平等的。但是如果你设立了目的这个概念的话，你就会把一个东西看作是另外一个东西的目的。当然你说蚊子有目的，当然也可以这样说，但是康德将会要证明，人的目的远远要高于蚊子。

那么这个二律背反究竟怎么解决，如果不解决这个问题的话，那么我们对整个自然界的目的论，也没有办法理解。康德的解决办法就是说，机械关系当然是一种现实的关系，哪怕在目的论，它也是一个现实的关系。比如说，在生物链条中，它所实行的原则，客观上来说呢，就是弱肉强食。我们人也是这样的。弱肉强食是什么原则？弱肉强食就是一条机械论原则。谁的力量大，谁就能战胜。哪个动物的力气大，哪个动物的爪牙厉害，它就可以制服另外一个动物。这还是机械论的原则。但是终归有一个最高的原则，它把整个自然界的机械作用，全部统摄在它之下。所以康德解决这个二律背反是这样解决的，就是说机械论是一条知性的原则，它当然在自然界里无处不在。它具有自然界中的经验的普遍性。这一点是毫无疑问的。但是目的论是一个理性的法则，它是以理性的理念作为它的法则的。当然我们说它是一种反思判断力的原则，但是这种反思的判断力呢，它是把知性和理性协调起来的。知性的这些范畴、这些概念，它所形成的自然科学的机械论的知识没错。但是它需要更高层次的理念来引导它，以便更完整地把握它。我们前面也讲到，理念的作用是引导我们的自然科学知识趋向于统一，趋向于最高的完备，它是起这样一种作用的，这叫作理念的一种内在的运用。那么体现在目的论上，它就是这样一种内在的运用。所以这两个观点呢，各自都能成立，互不矛盾，而且互相需要、互补。一个是具体的自然科学的观点，另外一个是自然科学的一种理想的观点。但这种理想的观点我们达不到，于是我们想出一个理念来，这就是合目的性。一旦有了合目的性，那就有了最终的合目的性。因为目的本身是一个链条，目的又是为了什么目的？它必须有一个最终的目的来作为它的根基。如果没有最终的目的，那么虽然每一个具体的生物都是有目的的，但总体上来看呢，还是机械论的，还是弱肉强食的。就是生物跟生物之间而言，无非就是一种机械的搏斗，速度和力量的搏斗。所以这两者的二律背反呢，在把理性和知性的概念严格区分开来的前提之下呢，就可以解决了。它们属于两种不同的判断力，一个是机械论，属于规定性的判断力，一个是目的论，属于反思性的判断力。

四、最终目的之追寻

刚才讲了，目的论必须要有最终的目的。我们通常也讲，人的生活当然是有目的的，我们每一件事情做出来都是有目的的。但是一个人的生活没有最终的目的，那么我们说他的一生是没有目的的。我们通常都是这样讲。也就是说，所谓最终目的，使得他的一生成为有目的的。一个有目的的人，他就应该有一个一生的终极目的。我们经常说，一个青年，你这一辈子有没有目的呀？你的目的是什么呀？你到底要什么呀？要追问这个东西。我们明明看到他每天生活都有他的目的，比如肚子饿了，要找点吃的，等等。这都是有目的的，他有理性嘛。但是我们说他的生活没有目的，意思就是说他没有最终目的。自然界也是这样。每一个自然生物，看起来好像都是有目的的，但是如果你不赋予它一个最终的目的，那么它这个目的呢，就会沉沦于弱肉强食的机械关系之中。当然我们今天看起来这个食物链条是很和谐的，大自然的和谐，不要破坏它，那只是从我们人的眼光来判定。用康德的话来说呢，就是在我们人的一种反思判断力看来好像是和谐的。如果那些动物，那些生物自己也有眼光的话，它也许会认为这个链条、这个自然界很不和谐，本来就不应该这样。狮子老虎就会认为，所有的东西，包括人，都应该成为它的食物，那才是和谐的。但是康德认为呢，它们不能成为终极目的。真正能够成为终极目的的还是人。

为什么？那么，康德就提出了一种道德目的论。所谓道德目的论就是把目的论再提高一个层次，否则的话，自然目的论仍然成不了目的论体系。自然目的仅仅从一种外部的互相利用和弱肉强食的这样一种关系来考察的话，那么物种与物种之间是没有终极目的的。你可以说人是万物之灵长，但是人作为万物的灵长，其实也很不利的，大自然并没有对人特别恩惠，人间也有很多灾难。人在这个地球上经常有一种被毁灭的危机，而且按照天文学家的观点，很可能你不知道什么时候一个小行星撞击地球，整个地球就毁灭了。这个我们谁也料不到。就是说大自然并没有对人特别恩惠。当然，几万年、几十万年以来，我们人类通过自己的努力，成为万物之灵长，但是这个不一定就能够使人成为终极目的。人凭借自己的这样一种强力，能够控制万物，并不足以使人成为最终目的。而且即算这样来看，人凭借强力成为主宰，那么这样对自然界的眼光呢，仍然是一种机械论的观点。人是一部机器，只不过这一部机器比其他的机器更精密，动力更强，更善于利用环境中的、自然界的各种能量，无非如此。所以康德对这样一种自然目的，进行了一种进一步的推论。推到了一种道德目的论。也就是说，道德目的论是从自然目的论里面推导出来的，并不是康德想出一个道德目的论，然后强加于自然之上。不是这样的。他就是从自然目的论里面推导出来的。

首先他进入到“人”这样一个存在，他们的存在方式。我们前面讲了，人是万物的灵长。从自然链条上面，我们当然可以推到这一步。人成为万物中最成功的一种生物。但是凭这一点，凭人的成功，还不能证明他就是最终的目的。那么我们就必须要进到人自身的本质里面去，去寻求他如何能够成为最终目的，寻求一种根据。那么在这样一个寻求根据的过程中，康德对人类社会进行了一场分析。就是说，人跟其他动物不同的地方，他之所以战胜其他的动物，之所以成为万物之灵长，并不是靠他的机械的强力。当然机械的强力也有，比如说人更聪明，他可以借助于其他的力量，借力打力，把其他的力量当作手段，这是他的一部分。但是人还有一种更强的特点，就是他具有理性。这个理性使他的行为成为一种自觉的合目的性的行为。比如说，人的生产劳动，就是一种合目的性的行为。这样一种行为，它的目的，对人来说就是为了获得人的幸福。人是自觉地去追求自己的幸福的，动物是通过本能。我们不能够清楚地知道动物究竟是有没有什么目的，当然也许它有，但是我们只能猜测。但是人确实是有，每个人都知道，我的行为是有目的的，我的日常行为都是有目的的，就是追求幸福。为了追求人的幸福，所以我们人才运用自己的理性，设立自己的手段和目的的关系，这样来追求到我们的幸福。所以，跟动物相比，人是最能够追求自己的幸福的。当然动物也有“幸福”，我们也有很羡慕它们的时候，但是那不是它追求来的，是大自然给它安排好了的，所以严格说来并不是幸福。

五、社会历史目的论

康德在谈到对自然目的论的追溯的时候呢，现在已经到了一个关键点上，就是说，原来都是对自然界的目的进行一种追溯，追溯它的目的后面的目的，追溯它的最后终极的目的，一直追到人。那么追到了人，人这样一个自然存在物跟自然物已经很不一样了。自然的存在物都可以用自然规律来加以解释，或者说自然目的论也还只是在对自然规律的解释方面，对机械论发挥一点补充的作用。但是对于人来说呢，这个事情就开始颠倒过来了。人当然也是自然物，但是人这样一个自然物，他的所有的自然的功能，都不是为了自然本身，而是为别的东西服务的。在自然物那里，包括在有机体那里，目的论这样一个观点只是为机械论作一种引导作用，作一种范导作用。那么最终呢，还是要用机械论来尽可能更加精密地解释对象，使它成为科学。在医学里面，我们用目的论，作为一种辅助，使得医学越来越精密，这是西医的一个路数，西医走的路子就是这样的，用目的论来解释、来引导我们机械论的研究。那么进到人的领域里面呢，我们就进入到人类社会的领域，我刚才讲了劳动，这个康德也看到了，后来马克思讲到的这个劳动。劳动是什么呢？劳动是一个目的活动，劳动就是我们的目的观念在劳动产品产生之前已经先有了，然后我们按照这个观念，才产生出我们的产品。这个观念是一个目的观念。我为什么有这个观念，我先设定一个目的，这个目的当然首先是要满足我的需要。所以，劳动是为了追求幸福，在劳动这里呢，建立起了我们人类从自然物向一种更高的精神的存在物转折的一个转折点。后来马克思讲的《经济学哲学手稿》就是把经济学的问题、劳动的问题当作哲学的问题来考虑。因为在这个转折点上确实它具有有双重性，一方面呢，他把人还是看作是有动物性需要的存在者，但是另一方面呢，还具有哲学意义。这反映出人的本质是要超越我的本能的生物需要而朝更高的目的迈进，要追求自由的生活。所以劳动和在劳动中的熟练技巧使得人高出于动物。人对于动物的支配不仅仅是凭强力，而且是凭理性，凭理性所带来的熟练技巧。

那么这种熟练技巧使人具有了高出万物之上的一种素质，这种素质的目的，是不是又仅仅是为了维持人的生存呢？康德认为还不够。如果人追求幸福仅仅是追求比动物活得更好，更舒适，那这个目的还没有把人从动物里面提升出来，它还不是最终目的，还是会堕落到机械论里面去。你无非就是比动物更狡猾一些嘛。你善于借用自然界的力，来作为你自己的力量，来征服其他的动物，征服整个自然，这个还没有把人提高起来。所以康德认为呢，这样一种熟练技巧表现出人类的一种文化、文明。文化和文明跟简单的“人为财死鸟为食亡”是完全不一样的，就更高一个层次了。文化和文明表现为科学和艺术。我们追求科学，追求科学是不是就是为了追求人的肉体生存呢？当然也有这方面，科学技术当然可以提高人的生存质量、生活质量。但是科技本身它有它更高的目的，比如说认识自然，把握整个宇宙，追求真理，这是一种文化的目标。科学之所以产生出来，并不仅仅是为了人的需要被逼出来的，而是有一大批人从事于无功利的科学研究，他们衣食无忧，只凭借兴趣去研究。艺术更加是如此。艺术，当然也包括工艺，熟练技巧在某种意义上也属于艺术，但是康德讲的艺术呢，是美的艺术。美的艺术是超功利的，它可以促进人们的社交，虽然这个社交的目标也未见得很高级，比如说炫耀啊，虚荣啊，在客厅里面营造一种气氛啊，在沙龙里面大家能够谈一些高雅的事情啊。所以科学和艺术呢，尽管它们的目的也不见得是很高，一个是追求知识，一个是追求一种美的享受，但是毕竟比动物要高。到了科学和艺术，人就比动物要高了。

当然科学和艺术也不是很高，这个在卢梭那里已经提出了批评，就是《科学和艺术是否有助于敦风化俗》，卢梭的成名作就是这篇文章，获了奖，有很大的影响。科学和艺术，包括技术在内，实际上是败坏人类的，使人类贪婪，贪心不足，享受了还要享受，乃至于导致肥胖病，导致各种文明病。再就是呢，满足人的虚荣、虚伪，所以在道德上面呢，使人类堕落到比那些野蛮人还不如。卢梭对科学艺术、对整个西方文明进行了严厉的批判，所以很多人讲卢梭是主张社会倒退的，从道德的角度看，要回到原始时代去。当然这是一种误解了。卢梭其实也不是那个意思，他只是提出了他的批评，就是说，科学艺术并没有使我们的道德更高尚。那么这一点对康德也有影响。康德承认，科学艺术对人来说呢，是起了一种促进他的恶劣的情欲的负面作用。比如说，贪婪，贪欲，拥有欲，权力欲，虚荣心，这些东西都是科学艺术所带来的一些负面的效应。但是康德又不完全同意卢梭的这样一种分析，这个里头就有一种非常深的东西了。就是说，科学艺术虽然造成了人类的恶劣的情欲，但是呢，这个恶劣的情欲对人类向更高的层次发展，是有好处的，是有作用的。它导致了人类的堕落，但是，正是这样的堕落，使得人类向更高层次的道德迈进。也就是说，人的恶，这个是消除不了的，康德认为这是人性的根本的恶。人性的根本的恶植根于人的理性之中。人是理性的动物，人就可以算计，可以作假，人在自然界靠作假凌驾于万物之上。人很聪明嘛，人虽然没有狮子老虎那么强大，没有那样的利爪，那种利牙，他也没有大象那样庞大的体积，那样的力量，但是人很聪明，他可以设陷阱，因为人有理性呐。人有理性使人成为万物之灵长，但同时这样一种手段是很不地道的。你是靠欺骗，你有本事跟狮子老虎赤手空拳打一架？但是人不那样做，面对面的时候人就逃走了。但是他可以想一些阴谋诡计来陷害对方。

那么用这样一种理性，把它用到人与人之间，用到社会关系之中，就造成了恶了。所有我们社会中的恶，除了弱肉强食以外，最大的恶就在于人的理性可以做假，可以欺骗，可以伪装。所以，这个恶是人性中的根本恶。那是摆脱不了的，你想要摆脱它，你就要放弃你的理性，你就要压抑你的理性能力。比如说原始人，原始人正是因为他的理性能力不强，所以他还只能够把这种理性能力用来驾驭其他的动物，而没有想把它用来驾驭其他的人，所以他显出有道德。但是这个恶的根子已经埋下了，人是摆脱不了的。你要摆脱人的这种根本恶，要么你就要摧毁人的理性。有些社会中就是靠摧毁人的理性来维持一种社会上的表面和谐。不准你说话，不准你思考，你没有理性了，那你就很好统治了，人与人相互之间的人际关系就很淳朴了。但是那是违背历史的方向的。康德认为，人有理性，固然使人类社会导致一种弱肉强食、你死我活、勾心斗角、物欲横流，但是呢，在这个里头会产生出一种历史的方向，从恶里面会锻造一种善出来。我们承认人性总是恶的，那么在这个承认的基础之上，我们慢慢慢慢地会发展出一种善来。这种善呢，是更高层次的，是建立在理性基础之上的。

那么这样一个过程，在康德看来实际上还是一个合目的性的过程。就是说，渺小的目的虽然微不足道，罪恶的目的虽然造成了人间的不公，但是这些目的积少成多，集合在一起，在历史中呢，会表现出对人的一种教化，一种提升，一种教养，或者说虚伪。你不要以为虚伪根本就不行了，虚伪也是一种教化，一个完全没有虚伪的人，那就是野蛮人。布什总统最近会见英国女王，大家很为他担心，布什这么个牛仔，怎么能够适应英国王室的礼节？做了很多准备工作，最后呢，差一点丢丑。就是说，一种虚伪的礼节，还是一种文明的标志。因为它规范了人与人之间的一种分寸，人际间的一种界限。所以，所谓“群己权界”，人己之间的这种权利界限，是要靠这一套东西来慢慢地形成的，这是一种训练。彬彬有礼，我们都要守住自己的界限。台湾就不行，台湾最近又打架了，一到议会就吵吵闹闹，就打起来。这就是没有教养，没有一种虚伪的教养。那些人都自认为他是非常朴实的，两句话不对我就动拳头，这都是缺乏教养的，缺乏那种虚伪。民主就需要这种虚伪，就是大家彬彬有礼，虽然我对你恨之入骨，但是我在电视辩论的时候呢，还要对你客客气气的，这才不失风度。康德那个时候呢，当然没有现代民主这样一些东西，但是他已经看出来，就是说，虚伪、虚荣这些东西是必要的。人类社会发展到高级，必须通过这样一些训练。虽然它本身是恶劣的，但是恶劣的东西可以推动历史的发展。后来的黑格尔和马克思，他们非常看重这一点，就是人类的恶劣的情欲是社会历史发展的杠杆。这个东西你压抑它，你不准它发展，不准它生存，那社会历史没办法，你老是回到赤子之心，回到原始时代，回到没有任何个人的东西，敞开自己的心扉，向全世界敞开你自己，那么这个社会是不可能发展的。人必须要有个体，要有封闭的内心，甚至于要有点自私，当然以不损害别人为界限。那么长期这样形成起来呢，人类社会才会走上发展的道路。这是康德已经提供了这样一个方向，这就是历史主义的方向。

这个方向在卢梭那里已经有了，就是“异化”，人的本质异化了。人生来是自由的，但无往而不在枷锁之中。这个枷锁哪来的？这个枷锁就是人的自由所造成的。人生来自由，人的自由就要剥夺别人的自由，那么这个群己权界必须要设定，大家才能够有自由。而一旦设定，它又是一个枷锁。这就是异化，自由本身会走向异化。但是异化呢，它是必然的方向，你不可能取消。历史会在这个异化的过程中不断地克服异化，导致人类自己的文明的水平一步一步地更加提高，一步一步地进步。当然“进步”也是当时的流行的一个关键词，社会进步是流行的思潮，后来的达尔文进化论把这一点更加确定下来了。适者生存，物竞天择，这样一些观念，在康德那个时候，已经有这样一些想法。就是说整个社会呢，肯定是比以前要好，你不能像卢梭那样，说要倒退到过去，那是没有出路的，肯定只能够一步一步地好。但是这样一个进步呢，在人类社会中呢，它体现为一种自然的倾向性，康德把它称为大自然的“天意”，Vorsehung，字面上就是预见、预设的意思。就是大自然好像冥冥之中预先有那么一种意图，要引导我们这个社会中的人，通过每个人追求自己自私的目的，而成全一个更高的目的。这种天意思想，里面已经有黑格尔的“理性的狡计”的思想萌芽了，黑格尔后来就把它发展为理性的狡计，就是说，历史理性在背后支持着这个历史发展，我们在历史中的人并不知道。我们只知道追求自己的利益，追求自己的野心，追求自己的贪欲，但是我们无形中成全了整个历史的发展。

而恶劣的情欲成为世界历史发展的动力，这最早是康德提出来的。康德提出来这个非常有价值。他举例说，一个树林子里面，许多的树苗挤在一起，拼命地往上生长，去争取阳光，互相竞争。于是呢，整体上看起来就长成了一片秀丽的树林，成材了。但是如果在一片空旷的原野上面，只有一棵树，旁边没有竞争的，那它就长得歪歪扭扭了，那就不成材了。所以只有竞争，才能够使人类走上它自己的健康发展的道路。这里头已经有非常辩证的眼光了。那么这种辩证的眼光，在康德这里，他还没有像黑格尔那样发展成为一种“历史理性”，好像有一种历史“规律”。历史理性和后来马克思讲的历史规律，都是把历史看作是一种客观规律，超越于每个人的个人意识之上，并且利用每一个人的那种积极性，利用每一个人的个人目的，而成全一个总的目的。这是一种客观的规律。但是在康德看来，这不是客观规律，它是一种主观的规律。因为整个目的论都是人的反思判断力嘛。都是人为了把握对象而想出来的好像有那么个目的。所以这个天意呢，也仅仅是好像有天意，不是真正有天意。康德反对说这个天意真的是上帝在那里支配，他认为这是我们人的一种反思性的判断力，是我们人把它看作是具有天意的。为什么我们人这样看呢？是因为我们人是有道德的，我们才把整个社会历史看作是进步的，看作是不断发展的。尽管每个人都是自私的，都是机械的，都是按照机械的弱肉强食的原则在那里生活。但是，作为一个道德的人，我们不能不把整个历史看作是有目的的、进步的。

当然，事实上历史是否进步，康德说这个哪个也不能断言，我们人类完全可以一夜之间退回到野蛮时代，我们好不容易进化到了今天，很可能毁于一旦，这个地方没有什么规律性。康德认为历史发展本身没有什么规律。所以他把人类历史和自然界看作是一回事情，本身只服从机械规律，凡是讲“历史”，都是属于反思的判断力。我们今天认为，人类历史好像有它的自身的规律，好像跟自然界不太一样，自然界好像没有一个目的，是机械的，人类历史呢，有进步。但是在康德哪个时代，他认为这没有什么区别，要谈自然规律，都是机械的，而要讲历史，都是自然史，都是自然的天意。但是这种天意是我们想出来的，我们之所以想出来，是因为我们是道德的人。所以自然目的论，实际上是引导我们想到我们自身的道德。我们用道德的眼光来看人类历史，我们就可以发现，人类历史好像是在走向进步。而且，我们可以从这种进步里面，预测它的未来可能会越来越进步，走向人类大同。但是那只是因为我们人本身是有道德素质的。我们反思的时候，我们反思对象，反思自然界，反思人类社会的时候，我们就反思到我们自己的道德素质了。因此，所谓自然界的历史发展或者进步这些观点，都是对我们自己的道德素质的一种提醒，或者说一种启示，一种启发。所以康德讲，整个历史实际上是道德史，也就是说，是我们的道德意识的觉醒的历史。当然你说自然界是不是有道德意识，当然不是，所以康德认为自然界的历史并不是自然界本身的规律，而是我们对自然界的一种眼光。因此自然史也好，社会史也好，归根到底都是道德史，都是我们的道德眼光看出来的。所以自然目的论最终来说，只是暗示了道德目的，整个社会的道德目的，由于有道德目的，所以自然目的论就成立了。如果没有道德目的，自然目的论最后也要坍塌，也要被还原为机械论。它可以一步步退回去，一步步还原回去，到了最后还是机械论。但是有了道德目的，自然界就不可能还原了，它就有了坚实的整个目的论基础。

六、道德目的论作为神学的入门

那么这种道德目的论呢，在自然目的上面表现出来，当然它只是一种暗示。它并不是说客观上这个自然界就发展出了人的道德这种规律。康德认为这个不是自然的规律。它只是一种暗示，暗示我们人有道德素质。所以这样一种观点呢，它并没有证明真的有一种天意。但是，尽管它没有证明一种天意，或者是一种上帝的存在，但是，它对于神学可以提供一种“入门”。这个就是西方宗教现实发生的情况。就是说，神甫们在传教的时候，可以把自然目的论作为一种入门，对小孩子受洗以后，包括对那些没有文化的老百姓在传教的时候，那些牧师呢，都要提醒他们注意自然界的目的，注意自然界的对人类的恩惠、恩宠。你们今天的面包从哪里来的，你们地里长出庄稼来，你们今天能够和睦相处，你们能够结成一个团体，这都是上帝的恩宠，都是有目的的。如果没有这种目的，这些都不可能有。神甫们经常是用这种方式来向那些大众传道，传道的目的并不一定要让大家相信真有那么回事，而是一种启发。通过这种方式启发人们意识到自己的道德素质，然后从这个道德素质基础上面呢，再进一步地思考，就建立起一种神学，这种神学称之为“伦理学神学”。

以往的基督教在康德看来是一种“神学的伦理学”，但是康德认为我们应该建立的是一种“伦理的神学”。这个说法呢有点不一样，意思就一变。就是康德认为神学应该建立在伦理学之上，只有伦理的神学才是真正的神学。那么在以往的基督教呢，认为道德应该建立在神学之上，所以，以往的道德是一种神学道德，是通过基督教而建立起来的道德。那么康德是反过来的，这个领域里面他也可以说有一场哥白尼式的革命。就是说，不是把道德建立在宗教基础上，应该反过来，宗教要建立在道德的基础之上，宗教是以道德为前提的。那么从这个自然目的论上面我们可以看出来，自然目的论并不是证明有个上帝存在，而是首先启发了人的道德素质，启发了人的道德素质以后，人们才能够在自己的道德素质的基础之上呢，建立起一门伦理学的神学。这个神学就不是凭空的强加于人的神学了，而是由人的伦理学的素质得到论证的这样一种神学。所以自然目的论，以及它的道德目的论，都是伦理学神学的一种入门。伦理学神学的根据并不是认识，也不是幸福，而是人的善良意志。善良意志是人的道德的根，善良意志是整个自然界包括人类社会的终极目的。我们说人的幸福，可以说是自然界的“最后目的”，人作为自然物，他就是追求幸福；但是人的道德，是整个自然界的“终极目的”。终极目的比最后的目的更高。最后的目的是就事论事的，整个自然界就是这些，包括人在内，那么他的最后目的呢，是放在人身上，人是万物之灵长。而人呢，又是追求他的幸福的，人有生物的本能嘛，有各种需要嘛，追求他的幸福。但是终极的目的呢，就是它的善良意志，就是他的道德素质。这样一来呢，康德的自然目的论就完善了。

那么这两者，一个是自然目的论，一个的道德目的论，自然目的论里面推出了道德目的论，或者说我们可以把道德目的论看作是自然目的论的最后阶段，最高阶段。但是这个最高阶段呢，反过来我们可以看到，它又成为自然目的论的前提。反思判断力嘛，康德的这个思维方法经常是这样的，反思性的，把后面的东西看作是前面的东西的前提。道德目的论是自然目的论的前提，虽然它是由自然目的论推出来的，但是一旦推出来以后，我们回过头去看，我们发现，我们之所以有自然目的论的观点，是因为我们有道德目的论。道德目的论是自然目的论之所以可能的条件。在我们开始推的时候还没有想到，因为这个条件还没有推出来，我们没有想到道德目的论，我们只想到有机体，想到整个自然的环境等等。但是推到最后呢，我们发现，我们之所以这样想，是因为我们有道德。同时，也是审美判断的前提，也是审美鉴赏的前提。这样我们再回过去，我们的自然目的论是从审美判断力中间，从艺术里面过渡引申出来的。那么我们现在到了道德这个立足点上，在最高的立足点上，回过头去看，它也是一切审美鉴赏之所以可能的前提。他认为我们人之所以对自然美有一种注意，归根到底是因为我们有一种道德的兴趣。我们人是道德的，所以我们对于美有一种欣赏。前面已经讲了，一个欣赏自然美的人，肯定是一个好人，肯定是一个道德的人。为什么？现在答案出来了。因为他之所以欣赏这个自然美，就是因为他有一种道德素质，使得他要把自然界看作是合目的性的，看作哪怕是无目的的，但是它是合目的性的。所以，美和善在这方面呢，就统一起来了，道德兴趣激起了我们对自然美的兴趣、对自然美的注意。所以整个判断力批判，在道德目的最后这一点上呢，凝聚为一个统一的体系，最后都归结为人的自由和道德方面的价值。当然它不直接等于道德，审美也好，目的论也好，都不直接等于道德。包括人的社会关系，包括人们在社会生活中的各种规范，群己权界的规定，权利、法权的规定，社会体制、制度的规定，这些东西都不等于道德。但是它们都是通向人的道德的，都是因为人有道德，所以才做出这样一些规定的。那么有了道德以后呢，由此也可以通往宗教。宗教也是由于有道德，所以才建立起来的。这个就是康德的整个道德目的论。

七、关于“历史理性批判”

最后我们看康德的历史目的论。历史目的论刚才我们其实已经讲了。这个问题呢，近年来也有讨论，像何兆武先生主张康德还有一个第四批判，“历史理性批判”。就是说，康德有一本历史哲学论文集，何兆武先生把它翻译了，把它取个名字叫作《历史理性批判文集》。我曾经有一篇文章说这个题目起得不太恰当，因为康德并没有“历史理性”这样一个概念，历史理性的概念的黑格尔的概念。康德只有“天意”的概念。何兆武先生是老前辈了，现在八十多岁了，他跟我通过信。他认为康德在这里提出的这种历史发展的规律，未经证明，所以康德在晚年写了一系列的文章就是要为他的这样一个历史规律提出证明，对他的历史发展的知识，要提出证明，也叫作历史理性批判。其实我认为这个不是历史知识，我刚才讲了，康德并不认为历史发展是一种知识，也不认为它可以成为一种知识，因为它是一种反思判断力。它好像是一种知识，历史好像有一种规律，但在康德这样一个抽象道德的基本立场上看呢，他认为这种“好像”只是我们的一种反思而已。把这个所谓历史理性批判叫作“第四批判”。这个是卡西尔的提法，卡西尔是西方的一个康德专家，康德全集的主编。他提出康德的第四批判，跟三大批判相并列的，其实是没有根据的。我认为康德的历史目的论呢，实际上是从他的第三批判里面扩展出来的，或者引申出来的，它基本上就是第三批判，就是他的自然目的论，然后扩展到历史。历史目的论康德本人还是把它解释为自然目的论。在康德那里，自然和历史根本没有什么区别。历史不过是人称之为历史的，但是实际上在自然的天意看来呢，都是属于自然界。所以康德认为，从我们人的道德的眼光来看，历史是有方向，有规律的。它的规律，它的方向，就是人的自由，就是要走向人的自由王国，要走向最高的道德境界。但是这样一种规律呢，并不是自然界本身的规律，是我们在人的社会中，我们应该有这种眼光，对自然界应该有这种眼光，自然界不应该一夜之间退回到野蛮时代去，应该不断地前进。这本身是一种道德上的应该，对于历史的一种要求。这个观点在现代西方非常有市场，就是说你要把历史说成是有一种铁的规律的，像马克思说的那样，很多人不赞成，历史有什么铁的规律？你说历史应该有规律，这个很多人会接受，这是我们人的一种愿望啊。而且正因为人有这种愿望，所以历史才呈现出好像有是有一种规律。如果人没有一种道德的愿望，一种追求上进的愿望，那么我们这个历史说不定早就灭亡了，人类社会说不定早就灭亡了。正因为人类有一种道德的眼光，来看待一切人与人应该是怎么样的，于是这个应该就变成了现实。但是这个现实是人创造出来的，并不是自然界规定就是这样的。整个人类社会是人的产物，是人的自由的产物，并不是自然已经规定了这样的，就永远是这样的。所以这个观点还是非常有它的魅力的，而且你仔细想一想，也不无道理。

所以康德认为，对于人类社会历史来说呢，我们应该承认，文明比野蛮好，应该有一种历史发展的观点。现在这被称为“单线进化论”，实际上在康德看来，之所以单线进化，就是因为人有道德。所以他用道德的眼光来衡量历史上的哪个社会是处在低层次，哪个社会是处在高层次，这就有了单线进化。你如果是多线的话，那就有很多标准了，有的用道德来衡量，有的用经济利益来衡量，或者有的用别的东西来衡量。那整个社会就没有进化了，野蛮和文明就没有区别了。现在有一种文化相对主义的流行观念，就是说，文化没有什么高低之分，都是好的，我们现在跟古代也没有什么高低之分，说不定古代还好些，我就愿意活在古代。很多人这样说。但是真的要他活在古代，恐怕他也不愿意了，但是他至少可以这样说。按照康德这种观点，也就是从启蒙运动以来的一种公认的观点，就是认为文明总要比野蛮好。但是文明并不是说在任何方面都比野蛮好，文明在道德方面确实是一种堕落。这个是恩格斯也承认的。我们人类进入文明社会，我们可以跟野蛮人相比，在道德上是一种堕落。但是这个堕落是必然的。为什么是必然的？你要使人类向更高的道德提升，你就必须要经历它的堕落。《圣经》里面就讲嘛，亚当夏娃犯了罪以后，然后才能够走上人的真正的发展道路，不然的话，他们在伊甸园里面始终是动物。虽然他很善，但是是动物。他不是人的善，那个善还是上帝的善，还没有变成人的善。所有只有他堕落了以后，他才能建立起人的善，才能跟上帝接近，最后达到合一。所以康德的这种自然的狡计呢，就是说明这个问题。就是说，大自然好像有一种狡黠，有一种诡计，在哄骗、在引诱生性懒惰的人类。人生性是很懒的，有限的，但是最终呢，他趋向于法制，趋向于人的自由，趋向于最后达到国与国之间的永久和平。这是康德的“永久和平论”，在现代西方社会很有影响，国内也在讨论他的永久和平的观点究竟是个什么样的观点。他认为人类可以把永久和平当作一个理念去不断地追求，当然永远追求不到，但是它是一个追求的目标。

这个是一个非常重要的观点。包括文化多元论者，他们都也还承认，最后要各种文化，各种不同的民族，各种不同的信仰，都能达到一种和平相处。怎么达到，那当然是一个具体的问题。但是是不是要有这样一个理念，是不是一定就要一方灭掉另一方？宗教极端分子就是认为唯有自己是有资格存在的，对方是不应该存在的，应该是要消灭掉的。那么康德的永久和平论呢，在现代的国际关系中呢，也有它的基础。当然这个永久和平论并不说人就完全变好了。他认为，人类再怎么进步，人性本恶这一点是没法改的。因为人有理性，就有恶。而且呢，会有战争。国与国之间有战争。这个战争不完全是坏事，战争可以使一个社会的机体保持它的健康，后来黑格尔大大发展了这一点，鼓吹战争，国与国之间，民族与民族之间，就是要有战争，可以动员起全社会的生命力，能够提高到一个更高的阶段。至于战争的胜负，那不是由国家来决定，那是由历史来决定，由历史来选择。那么康德在这里呢，也有这样一个观点。但是康德最后还是希望，通过战争准备了达到永久和平的条件，这是他最终的理想。

第九讲　费希特和谢林的哲学

我们今天开始讲第九讲，我们在这一讲里面呢，准备把费希特、谢林的哲学大致给大家介绍一下。当然费希特和谢林在德国古典哲学里面呢，也应该算是大家了，我们一提到德国古典哲学，除了康德、黑格尔，这两个大头以外，再就是费希特和谢林。然后还有青年黑格尔派、费尔巴哈，这些都是应该讲的，也都是少不了的。而且这两个人对于后来，特别是现代西方哲学的影响在有些方面，可能并不亚于像康德和黑格尔这样的大师。在某些哲学家那里，他们把费希特、谢林这样的哲学家捧得更高一些，这个人不一样了。总的来说，当然还是康德、黑格尔的影响更大更广。但是在某些哲学家、个别哲学家那里，费希特的影响，比如说现象学派的有一些人，对费希特的评价就非常高，像普列斯纳。胡塞尔对费希特的评价也相当高。当然对康德的评价更加是奠基式的了。而谢林则是现代非理性主义的鼻祖，现代非理性主义哲学家往往要追溯到谢林的哲学，特别是谢林后期的哲学，更带有他个人特色那种独创性的哲学，这个影响是很大的。只是从总体上来说呢，我们说费希特、谢林他们的重要性还是比不上康德、黑格尔，但是也还是必须要讲，因为它们是构成一个环节的哲学，我们讲德国古典哲学思想的逻辑进程，逻辑进程中间缺了一个环节它就过不来。费希特，到谢林，就是后来的哲学从康德出发走出来的一个必由之路。当然也有些人有不同的看法，就是说，除了费希特到谢林到黑格尔这条路以外，从康德出发呢，还有另外一条非理性的路，就是像叔本华、尼采这样一些人。而且近年来，人们对叔本华、尼采这一条路越来越重视，甚至于像杨祖陶先生呢，把它看作是从康德出发的另外一条并行之路。一条是从费希特，谢林，经过辩证法、辩证逻辑所发展出来的，从黑格尔到马克思这一条思路；那么另外一条呢，就是非理性主义的思路，也是从康德出来的。我们讲德国哲学之所以在世界上能够占据头块牌，一方面是由于德国人的理性思维非常严密，非常细致，非常严格，非常丰富；但另一方面，德国人的非理性、神秘主义这一方面也不可忽视。我们不要看到德国人就是理性的民族，不错，但是这个理性的背后有一种非理性的东西，所以能够从康德发展出两条不同的思路。在康德那里呢，非理性主义的东西已经蕴涵在里面了。比如说康德的物自体的思想，物自体的思想在费希特到黑格尔这条路上呢，已经被抛弃了，但是呢被另外一方面捡起来了，就是叔本华、尼采。所以德国人是一个很怪的民族，一方面在理性方面他会发展到一个极为壮观的高峰，另一方面在非理性的方面，他也是一个深不可测的源泉。所以我们说，德国人的民族精神呢，这两方面是不可分割的，实际上是哪怕在理性主义的这一条思路上面，底下潜藏的也是非理性的暗流。这个在我后来讲黑格尔时候要特别强调这一点。

一、费希特：行动的哲学

那么今天我们要讲的呢，就是从康德出来，首先讲费希特的哲学。费希特的哲学我们通常称之为主观唯心主义，又称之为行动的哲学。费希特的是主观唯心主义，他从自我出发来建立起他的哲学体系。但是这个自我呢，已经不再像康德那样，就仅仅是一个认识的主体，而是一个行动的主体。所以费希特的哲学叫作行动哲学。马克思后来对这一方面有一个评价，在《费尔巴哈论纲》里面，马克思讲道：能动的方面被唯心主义所发展，但却只是抽象地发展了，是从抽象的自我意识概念出发，来发挥它的行动的方面、能动的方面。费希特自己有一句话，叫作："行动，行动，这就是我们的生存目的。"我们的生存目的就在于行动。这是他的口号。为什么叫它行动哲学呢，它就是强调这个的。这个后来发展到马克思，就成了实践哲学了。实践哲学也是一种能动的哲学。但是呢，比起费希特的那种行动来说呢，要更加具体，在马克思那里是一种感性活动，而在费希特这里呢，是自我意识的一种精神的概念的活动。这个是要区分开来的。

费希特比康德呢，要晚一辈了，他出生于1762年，1814年去世，52岁死于传染病，死得还是比较早的。康德活了80岁，他才活了50多岁。他出身于一个很贫困的手工业者的家庭，他家里是很穷的。他靠自己的自学努力，考上大学，然后在大学里面获得博士学位，又在好几所大学任教，跑到这里，跑到那里任教，在一个地方待不住了，又到另外一个地方。为什么待不住呢？因为他思想太激进了。特别是针对宗教，他有一种反宗教的倾向。所以很多人就去打小报告，去告他的状。但是最后他被承认了，在柏林大学，普鲁士国王腓特烈二世创立柏林大学的时候，腓特烈二世是标榜开明的，我们可以说这是一个开明君主，非常崇尚启蒙思想，所以他把费希特弄到柏林大学去，让他担任柏林大学第一任校长，同时又是教授，有很多的追随者。但他早年是很潦倒的。他当年跑到康德那里去的时候，一方面向康德求教，拿来一篇论文，一方面呢，想向康德借钱。康德没有钱借给他，康德说，我不能借钱给你，但是我可以给你介绍一个工作。介绍到某某大学去当教授。这个当然很好了。有了工作还怕没钱。所以康德应该说是他的恩师。但是费希特呢，他自认为他是康德的忠实的追随者，谁都不理解康德，就是他理解。他写了很多文章，有的文章跟康德的观点一模一样。有一篇文章，《一切天启的批判》，他没有署名，人家都以为是康德写的。后来康德就向学术界介绍，这不是我写的，这是后起之秀费希特写的，所以费希特就名声大噪了。但是后来呢，费希特发表的文章，跟康德就有偏离了。他自己认为他在解释康德。但是康德自己站出来说，你那个解释不对，你那个解释完全是站不住脚的，你那是一堆废纸。所以两个人就划清界限了。划清界限以后，费希特的哲学就诞生了，真正诞生就在他划清界限以后，他有了自己的观点，坚持自己的立场，然后就发展出费希特的哲学。

所以，哲学史上的发展，为什么叫逻辑发展呢，杨祖陶先生讲，在德国古典哲学的逻辑进程这个里头有一种逻辑在里头，它不是人有意为之的。如果费希特一开始就想到我要跟康德不同，那说不定就发展不出他自己的哲学了。恰好是因为他原原本本、老老实实地从康德哲学那里吸收东西，然后这样一种思想自身发展的逻辑进程迫使他奠定了自己的哲学。这就叫逻辑发展。开始没有意识到嘛，他认为自己是真正的康德主义者，我才是真正的康德主义者，康德不是，康德他自己没有把他自己的观点贯彻到底，我把握到了他的精神实质，那么我把它贯彻到底，我才是真正的批判哲学，康德只是四分之三的批判哲学，他不彻底。这是费希特的自我评价。但是后来人都把它看作是另外一种哲学，这就是显现出思想本身的逻辑，这一点我们要高度注意。我们经常有些人在读其他哲学家的书的时候，往往有一种自负，就是说，他那一套东西不行，我提出一套东西比他更行。但是你是不是理解了他那一套东西，这很难说。如果你是真正理解了他那一套东西，并且看出了他那一套东西的内在发展的一种必然方向，然后你把这个方向确立起来，形成自己的哲学，那么我觉得这个哲学是应该站得住的。因为你是站在巨人的肩膀之上，你不是从天上掉下来一个思想，你特别聪明，你发明一套体系，然后盖过所有的人，哪有那么便宜的事情。两千年以来，人类历史上聪明人多得很，绝大多数人都没有发明出自己的体系。能够在哲学史上站得住脚的，只是不知道多少个思考哲学的那些哲学家、那些聪明人中间的极少的一部分。所以，大家从这里面可以考虑，将来我如果要考虑哲学问题，甚至于要提出我自己的观点，那就得老老实实把前人的东西搞清楚，把哲学史弄通，掌握哲学史里面的那个内在规律性，它将要发展到哪一步。当然现在的人不太讲这个了，特别是西方后现代，每个人都有一套东西，然后这里搞一点，那里搞一点，就组合一个新的体系。因为现在全球化嘛，新鲜东西多得很。从中国搞一点，从非洲民族那里搞一点，又从西方的古典里面搞一点，然后把它结合起来。这当然是一条捷径，但是不是能够站得住脚，这个都很难说。所以哲学思想自身有它的有机的联系，我们把它看作人类哲学思想的发展，它本身是有机的，不是拼凑起来的。

1. 对康德哲学的批判

所以第一点呢，我们要看看他对于康德哲学的批判。费希特是在吃透了康德哲学的前提之下，来对康德哲学进行批判的。如果他没有吃透康德哲学，站在外面来批判康德，那是很表面的。当时批判康德的人多得很，有的说他是贝克莱主义者，有的人说他自相矛盾，有的人说他这句话跟那句话说不通，对不上号。你站在外面，你都可以说。但是费希特的批判呢，他是站在里面，他自认为是一个真正的康德主义者，然后对康德加以修正。那么他的批判呢，有两个很重要的要素，一个是抛弃了康德的自在之物，自在之物在康德那里还具有唯物主义的痕迹，或者说唯物主义的残余，康德本人是唯心主义，但是他也包含有唯物主义的某些因素。在费希特这里呢，把它抛弃了。他认为，康德之所以不彻底，就在于还留有一个自在之物的尾巴。自在之物你既然不可认识，你为什么知道它存在？你这个没有道理。不可认识的东西，你就应该像休谟那样，老老实实地说，我不知道它究竟存在还是不存在，你从哪里知道它是存在的呢？费希特首先否定了这一点，没有什么自在之物。一切都是由主体建立起来的，包括自在之物，包括我们的感觉、经验。我们的感觉，在康德看来，是由自在之物刺激我们的感官而建立起来的。但是在费希特看来，也是由我们的主体建立起来的，也是由我们的主体自己刺激自己而生成的。这是很重要的一点。

另外一点呢，就是把康德的自我意识和自由两大原则合而为一。先验自我意识的统觉，这是康德认识论的最高原理，一切综合的最高原理就是自我意识的统觉的本源的综合统一，这个是康德在认识论里面引进了主体能动性的一大标志。认识是我的自我意识建立起来的，主动地运用十二范畴，去加工那些获得的经验表象，那些知觉、感觉，这样就建立起了我们的认识的对象，建立起了整个自然科学的体系，当然它有能动性。但是这个能动性在康德那里从来都没有把它看作是人的“自由”。要注意这一点。很多研究康德的初学者，往往犯这个错误。就是说，既然它的认识是能动的，那么这个能动性那就是自由啊，那就应该是自由意志啊。但是康德从来不说他的自我意识是自由意志，也不说他的自由意志是自我意识。他这个界限分得很清楚。所以我经常收到一些文章，包括博士论文里面讲到的，就是把这两者混为一谈。就是说，在康德那里，在认识论里面已经有自由的作用了，比如先验自我意识。我通常给他们的评语就是他们把康德“费希特化”了，你把康德费希特化了。你用费希特的眼光来理解康德，那就不是康德了。自由意志在康德那里属于道德领域，它不属于认识领域。在认识领域里面，他什么也没说，他只有一个自由的先验理念，这个先验自由的理念有什么认识作用，他什么也没有说，仅仅是一个空位。只有到了道德领域里面，这个自由意志被理解成实践的自由，才有它自身的领域。这涉及现象和自在之物这个界限，是不可混淆的。

那么费希特既然把自在之物抛弃了，所以，他的自我意识就是自由意志。当然表现可以不同，但是实质是一个，合而为一。那么理论理性和实践理性的绝对对立，在这里也被取消了。在康德那里，理论理性是讲自然科学的，讲科学知识何以可能；实践理性呢，是讲道德的，讲道德何以可能。这两个领域是严格区分的。由于区分得太绝对了，所以康德后期才提出来第三批判，试图做一点沟通。但仍然是分裂的。沟通仅仅是架一个桥，但是两岸仍然是分裂的。那么在费希特这里呢，既然他把自在之物取消了以后，那么就用不着什么桥梁了。他就是一个原则，他把这个原则叫作“全部知识学的基础”。就是说，自然科学知识当然是知识，但是道德也是知识。在康德那里，有时也把道德称为道德知识，也称为德行的知识，也这样说。但是严格说起来，他并不认为这是一种认识论意义上的知识，它只是我们知道应该怎么做而已。那么，费希特就把这一点弄假成真了，就是说，道德也是一种知识。反过来说，知识也是一种实践活动，认识活动也是一种实践活动。认识既然不是静观的，而是能动的，那它为什么就不能是一种实践呢？当然是一种实践，是一种行动。认识一开始就是一种行动。先验自我意识，它的那种综合、统觉的能力，就是一种行动嘛。所以立足于认识论的基础之上呢，费希特把所有的科学知识、道德实践、法律实践、社会历史活动、宗教信仰，全都称之为“知识”。从这一点上看，我们还可以看出来，费希特的立场基本上还是大陆理性派的立场，大陆的理性主义的知识论立场。他从康德出来，是走的理性主义这一条路，而不是走的非理性主义的一条路。像叔本华，他的立足点就转到了意志这个基础上来，那就是非理性的东西。但是费希特呢，虽然认为意志和知识是同一的，但是他的立场还是知识。所以他的主要的著作叫作《全部知识学的基础》。所谓“全部”的意思就是说，不但包括自然科学知识，而且包括人类社会、人性、道德、伦理、宗教、社会历史，全部包含在内，讨论它们的基础何在。

在批判康德哲学的基础上，他提出了他的哲学，就是他的主观唯心主义哲学。那么在这一点上呢，费希特认为，康德的二元论说明了一个问题，就是说在世界上，其实只有两种哲学。康德不是有唯物主义的因素，也有唯心主义的因素吗？他基本上是唯心主义的，但是也有唯物主义的因素在里头，康德想把两者调和起来。那么费希特认为，这个调和是不可能的。他说，世界上只有两种哲学，一种唯物主义哲学，一种是唯心主义哲学，这两者没有可调和的余地。一个人相信唯物主义，还是相信唯心主义，取决于不同的人，而不同的人取决于他们的不同的兴趣。兴趣，也就是Interesse，也可以翻译成利害、利益。这个已经很有一点马克思主义的味道了。你的利害，你的利益，你的经济地位等等，决定了你相信什么样的哲学。当然费希特还不是那个意思。他说取决于人的“兴趣”，什么兴趣呢？就是说，有一些人教养不够，教养不够的人，他就有依赖性，所以他相信唯物主义。教养不够的人，他的精神生活很贫乏，他不能够依赖自己的精神生活过日子，所以他只有依赖于外界的物质条件。他的生活是被动的，比动物强不了多少。这种人你要他相信唯心主义，那是不可能的，因为他没有“心”嘛。他的精神生活非常的薄弱，根本撑不起他来。这是一种人。另外一种人呢，是有精神生活的人，有良好的教养、并且提升到精神生活的层次上的人，这种人呢，倾向于唯心主义。这种人可以在自身的精神、自身的思维中找到自己生存的根据。比如说笛卡儿的“我思故我在”。能够说出我思故我在的人，这种人的教养是非常高的。他把自己的一生，全部生活都寄托在我的思想这个基础之上。从这个基础之上建立的哲学呢，就是唯心主义。但是这个“我思”，在费希特看来呢，它实际上已经是一种行动了。我的思维活动，它已经是一种行动。那么，既然由我思导出我的行动，我本身就是一种行动，那么从这个行动呢，它就会产生一系列的结果。也就是说，由我的行动里面，从它自身，就可以推衍出比如说范畴。

康德的十二范畴是固定的一个框架，一个构架，但是在费希特看来呢，所有这些范畴都是由自我意识推衍出来的。所以后来黑格尔称赞费希特，说费希特首次对范畴进行了推演。在康德那里不是推演，他是从形式逻辑的十二个判断分类表搬过来的，原封不动地把那个架构从形式逻辑搬到先验逻辑里面，就成了一个范畴表。范畴与范畴之间当然也有关系，但是不是一种推演关系，不是从一个唯一的原则推演出来的。只有一种推演的痕迹，一种暗示，但是还没有真正推演。真正推演范畴的就是费希特，从自我意识概念作为一种行动的概念，推演出各种范畴。比如说因果范畴，因果范畴当然就是一种行动了，力和力的表现，就是因果范畴。实体范畴也是，实体就是坚持嘛，一直坚持不变，也是一种行动。那么从这种行动呢，又推演出直观，从范畴这种行动中，又推演出直观，直观就是康德所讲的时间空间。但是这个时候呢，时间空间它不像康德所讲的那样，仅仅是一种感性接受能力，而已经是一种“知性的直观”。自我意识就是知性，知性本身可以推演成一种直观。这个是康德极力反对的。在康德哲学里面，知性直观是人所不具备的，人所具有的只能是感性直观。所以他处处把知性直观排除在人的认识之外。但是费希特恰好认为，知性直观就是由自我意识推演出来的，由自我意识的客观化、对象化推演出来的。那么由知性直观呢，再推出它跟自我意识本身的主体有一种作用，一种交互作用，一种反作用。自我意识自身推演出知性直观，但是自身又在知性直观上面碰到障碍。我们下面要讲，自我意识设立一个非我当作自己的障碍来作用于它自己，这个时候呢，就产生出了经验的材料。比如说感觉、知觉、印象这些东西，都是自我意识自己设定了一个非我、设定了一个对象以后，在这个对象上碰到了，我们认为是对象刺激了我，才产生了感觉。但实际上对象本身就是我建立的，所以实际上是我自己造成的。那么这种交互作用就既造成了知性直观的时间空间，又造成了在时间空间中的感觉、知觉、印象，那么我们就进入到了现实的自然界和现实的社会生活中，从中进一步地发展出科学、科学知识，以及道德、伦理、法律和世界历史。

这是从对康德哲学批判里面费希特所引出的一个方向。这个方向使得康德的理论理性和实践理性达到了真正的统一。这两种理性在康德那里实际上是没有统一起来的，因为它中间隔着一个自在之物不可知嘛，你怎么能够统一起来呢？但是在费希特这里呢，一切不可知的界限都被拆除了，可以跨越。现象界为什么就不能跨越到本体界？现象本身就是本体的表现嘛。本体就是体现在世界历史中的自我意识和自由意志。自然和自由也被统一起来了。自然和自由的统一在康德那里是一辈子都在追求，但最终也没有把它们协调起来的。那么在费希特这里呢，这两者也统一为一个过程。在《判断力批判》里面康德的规定性判断力和反思性的判断力，在费希特这里呢，也统一起来了。所有这些矛盾对立面，在费希特这里，都得到了统一。为什么他认为他比康德更彻底呢？就是因为这些原因，就是因为他抛弃了自在之物这个累赘，然后呢，把康德的那些最明显的、最根本性的那些矛盾打通，所以他认为我才是康德思想的真正的继承者。这就是他对康德的批判。

2. 全部知识学的基本原理

那么我们先来看一看他的体系。他的体系我们首先看看他的《一切知识学的基本原理》或者《全部知识学的基本原理》。我刚才讲了，全部知识学就是包括科学知识和实践知识，伦理、道德、社会、历史、宗教，都包括在内。那么它的基本原理首先要搞清楚。在这个基本原理上，费希特对康德的这些原则呢，进行了一些修正，一些带根本性的改动。这些基本原理有三条，正题、反题和合题。正、反、合这样一种表达方式是受康德的启发而来的，康德的范畴表里面每一类范畴的三个都有正反合的关系。那么费希特正是模仿康德的这种方式，对他的《一切知识学的基本原理》进行了这样一种排列，正题、反题和合题。另外，康德的这个范畴表呢，它是从形式逻辑的判断分类表里面引出来的，我在前面讲了，形式逻辑有各种判断，那么相应的就有先验逻辑的各种范畴。而费希特呢，也是从形式逻辑的三大规律引出他的知识学的原理，在这一点上呢，跟康德有类似之处。形式逻辑的三大规律，也就是同一律、不矛盾律和充足理由律。这三大规律主要是形式上的，但是呢，费希特也把它作了内容上的理解，这就引出了他的知识学原理。正题相当于同一律，反题相当于不矛盾律，合题相当于充足理由律。在这一点上，他跟康德的思路有一定的相近性。当然反过来，虽然是从形式逻辑的规律里面引出他的知识学原理，但是形式逻辑那些原理最终要由知识学的基本原理来解释。知识学的原理是最根本的，最根本的并不是形式逻辑，形式逻辑是从这里头派生出来的。这一点跟康德有一些区别。康德还是有点认为形式逻辑是更加根本的，先验逻辑只是逻辑中的一个类型。当然康德在这方面有点模糊，究竟是形式逻辑更根本，还是先验逻辑更根本，暗中他认为他的先验逻辑是更本源的，但是在表述上面呢，形式逻辑是放在前面的，是引出先验逻辑的“线索”。

首先我们看一看费希特的正题。正题很简单，就是“自我设定自我”，或者自我设定自身。“设定”这个概念在这里已经体现出能动性。“自我”当然是一个概念，但是这个概念不是静止不变的，它是能动的，这个是从康德来的，康德自我意识的先验的统一，自我意识统觉的本源的综合统一，这个已经表明了自我意识先天地具有一种本源的能动性。那么这种能动性，在费希特这里呢，被理解为设定，一种活动，一种设定的活动。它将自我设定为自身，也就是A=A。A=A就是同一律了。但是，这个A=A呢，我们不要把它简单地理解为同一律。一个东西就等于这个东西，这个“等于”不是随便好“等”的。你一个东西要能够等于自己，那你是要花力气的。你要不花力气，你自己就不会等于你自己了，你就会是过眼云烟了。你要使自己存在就是存在，像巴门尼德所讲的，存在就是存在，非存在即不存在。存在要存在下来，你得花力气，你得设定。你如果没有设定，没有反思，你说我就在这里了，你能拿我怎么样？人家也不会拿你怎么样，但是你如果不设定自己，你自己就不会存在。一个人要能够存在得花多少力气啊！由此我们也可以体会到，万物要能够存在，能够自己等于自己，也是要花力气的，万物都是能动的。所以，这个正题就是他的出发点。我们说费希特是主观唯心主义，为什么叫主观唯心主义？他就是从自我出发的，自我等于自我，自我由于自我的设定，而等于自我，而成为自我。这个在康德那里也是这样说的：我的一切知识都是我的知识，这个“是”，不能理解为一种静止的等待，而要理解为一种综合——我的一切知识都是由我自己综合起来的，所以我们才能说，我就是我，我的知识就是我的知识。看起来好像是同义反复，符合形式逻辑的同一律，但是实际上呢，它有内容。它的内容不仅仅是同义反复，而是一个原则的自我坚持到底。

费希特认为，这样一条原理是一条绝对无条件的原理，它是无条件的，它是第一原理。主观唯心主义从自我出发，有的人说他是唯我论，所有东西都归结为我等于我，我就是我，那不就是唯我论嘛。要从这里出发，所以它是绝对无条件的原理，它就等于是自由，也等于是“自因”，斯宾诺莎讲的自因，自己是自己的原因。那么，也等于是行动者和创造者。甚至于不是行动者和创造者，而是行动和创造本身。没有一个“者”，没有一个先有的东西，然后它能够创造，不是的。就是这个创造的行动本身，就是这个“我”。所以它本身就是“设定”。“我”，其实就是设定。我设定我，其实就是一个设定活动在先，或者说，它就是一个决心，就是主体的一种决心。还没有行动的时候它已经要去行动了，并且这个决心已经在起作用了。这是他的正题。正题是最重要的了，当然是他一切哲学的一个基本点。

那么再看反题。反题是符合不矛盾律的，不矛盾律有的地方也称之为矛盾律，简称为矛盾律。不矛盾律，-A≠A。为什么不等于A？用他的话来说呢，就是自我设定非我，来与自身相对立。自我要行动，任何一个行动，要能表现出来，必须设定一个非我，设定一个行动的对象。就像康德曾经讲过的，一只鸽子在天上飞，它遇到空气的阻力，它也许就会想，如果没有空气的话，不是就没有阻力了吗？我是不是就能够飞得更快一些？但是实际上没有空气它就会掉下来。所以，任何行动，它必须要有行动的对象，否则的话就没有行动。但是自我它既然是一个行动，已经是一个设定的行动，那么，其中应有之义呢，就是设定了行动的对象——非我。自我本身，作为一种行动，已经把非我设定在自身之内，并且作为自己的对象。所以是自我设定非我，与它自身相对立。当然这个非我是由自我设定的，它还是在自我里面，但是它又被设定为在自我之外。如果它仅仅在自我里面，不在自我之外，那它就不是行动的对象了，它已经不能成为行动的对象了。之所以成为行动的对象，就是因为它不是自我，它在自我之外。非我要是等于自我，那就矛盾了。要不矛盾，非我必须不等于自我。所以它是不矛盾律。但是，不矛盾律所表达的恰好是一个矛盾。什么矛盾呢？就是非我是由自我所设定的，但是非我又不是自我，不能够等于自我。非我既是在自我之内，同时又是在自我之外。这个是一个矛盾。但费希特不像康德那样，康德是害怕矛盾的，一到了有矛盾，康德就认为说不通了。但是费希特是行动哲学，矛盾可以在行动中得到解决。凡是遇到矛盾的地方，形式逻辑解决不了的地方，那么辩证逻辑所强调的就是在运动中可以解决矛盾。而且运动就是由矛盾所构成的，由于有矛盾，所以才会有运动。由于有运动，所以矛盾才得到了解决。这是费希特的思路，跟康德已经大不一样了。所以这个非我呢，从质料上来说，它是有条件的，它是要以自我为条件。但是这个公式在形式上来说，它是无条件的。反题的公式，自我设定非我与自身对立，这个公式在形式上是无条件的，它并不以正题为条件。但在质料上，非我就是要以自我为条件嘛，它是被设定的，质料上是有条件的。非我作为一个被设定的对象，在质料上它是以自我作为条件的。而在形式上呢，仍然是无条件的，形式上它仍然是第一原则，反题形式上跟正题没有根本区别，自我设定自我，跟自我设定它自己的对象非我，在形式上没有什么区别，因为它们都是从自我出发进行设定的，而自我是无条件的。但是在被设定的东西上面，在质料上面，已经有条件了，就是这个被设定的非我已经是以自我为条件的了。正题当然是绝对无条件的，刚才讲了，形式和内容都没有条件。反题是形式上无条件，质料上有条件。

那么看合题。合题就是自我在自身中设定了非我和自我的对立。反题就是非我和自我的对立了，但是合题呢，又回到了自我，就是说，这个对立本身，还是由自我在自身中所设定的，所以还是自我设定自我。反题的对立，不矛盾律所体现的这个矛盾，仍然是在自我中设定的。自我在自身中设定了自我与非我的对立，那么看起来好像回到了第一个命题，就是自我等于自我，仍然设定的是自我，但是它已经把第二个命题包含在自身里面了，就是说，这个自我和非我的对立，也包含在自我之中。当然原来就有这个意思，但是在合题中，把这一点明确地说出来了。反题中已经有这个意思，自我设定了非我嘛。但是自我非我又对立呀，那么合题就来一句：这种对立，还是被设定在自我中。所以这是一种形式上有条件的命题，合题在形式上是有条件的，就是以正题和反题为条件，但是在质料上呢，成了无条件的。也就是说，这个最终的自我，作为合题的自我，它本身是无条件的，它是绝对自我。合题的自我是绝对自我。正题的自我还没有意识到自己的绝对性，当然它是绝对的，但是它没有意识到自己的绝对性。所以它陷入到了和非我的对立。那么在和非我的对立中回到自我，就成为绝对的自我。这个绝对自我呢，是原始的，是自我意识所发现的，自我意识在它的反思中发现，原来自我是更加原始的，是绝对的、无条件的。合题在质料上是绝对无条件的，在形式上有条件，必须经过正题和反题才能发现。自我的绝对性，只有通过正题和反题，才能发现，才能从里面综合出来。所以到了合题呢，它就达到了绝对自我，是正题和反题两者绝对的统一。

刚才讲到合题，实际上费希特的体系就是从合题中引出来的。前面是为了达到这个合题而作的铺垫。自我设定自我，然后自我设定非我，最后达到绝对自我。由绝对自我，就形成了费希特的整个哲学体系。也就是说，绝对自我是最后的充足理由，它体现的逻辑规律就是充足理由律。所有的自我也好，非我也好，都要追溯到它，它是自我和非我的统一嘛，都要追溯到这个充足理由才得以可能，它是无条件的理由。那么，这个绝对的充足理由，通过对自身的限制而发展出了它的各个不同的阶段。充足理由的绝对自我呢，是无所不包的。它已经不是费希特那个小我了。很多人将费希特的主观唯心主义看作好像就是费希特的唯我论，惟费希特自己为唯一的存在。这也不完全公平。就是说，费希特一开始当然是承认自我，每一个自我都可以设定自我，但最后他达到绝对自我的时候呢，有一种客观唯心主义的倾向。绝对自我就相当于上帝了，上帝的自我，所有人的自我都要归到他那里，所有人的自我都以他为充足理由。

那么这样一个绝对自我呢，通过限制自身而变化出大千世界、万事万物。“限制”这个概念在他那里非常重要。世界万物都是由限制而来的，所谓限制就是先有个总体在那里，但是这个总体还是抽象的，通过总体把自身限制为它的各个阶段或者部分，才显现出具体的万事万物。这是限制的意思，理性派一般都是采取这种思路，先给一个总体，像康德也是这样的，时间空间，给一个整体，然后具体的时间空间呢，都是由于对这个整体进行限制而获得的。那么这种限制总而言之有两种方式，就是在绝对自我里面，或者由这个自我来设定非我。自我通过设定非我，使自身得到了限制。自我建立一个非我的对象，那么自我就要受到它的限制啊，它一方面有能动性，但是这个能动性如果没有限制的话，它就无从展示。能动性总要克服阻力嘛，所以它要设定一个非我来限制它自己，以便表达他自己。这是第一个阶段。自我设定一个非我，使自己受到限制，这就是理论理性的阶段，就是康德所讲的知识论的阶段。认识总是对对象的认识嘛，但是这个对象是由自我建立起来的，这个康德已经讲了，而一旦建立，它对自我就有限制，你就不能乱来，你就要认识那个对象，受到它的限制。这就是理论理性的态度。我们说理论理性一般要强调客观地原原本本地考察对象。这是第一个阶段。

第二个阶段，或者是自我把自己设定为限制非我，或者说自我把自己设定为对非我的一种克服，这就是实践的态度了。自我设定非我来限制自己，这是理论的态度；自我把自己设定为限制对象、克服对象的，克服非我的，那就是实践的态度。这两个方向是相反的，但是它们的阶段不同，它们都是趋向于最后达到绝对自我，回复到一个绝对自我，回复到一个客观的自我。通过认识非我，并且克服了非我以后，或者说，通过认识世界，并且克服了世界以后，我们就达到了一个绝对自我，那就是上帝，那就是上帝的自我意识。这是他从合题里面引申出来的这两个部分。那么由这两个部分就建立起来了，一个是理论知识的基础，一个是实践知识的基础。

3. 理论知识的基础

我们先来看看理论知识的基础。理论知识的基础，自我用非我来限制自己，它设定了自我的被动性。自我虽然是主动的，但是他必须设定自己又是被动的，既是主动的又是被动的。如果没有被动性，他的主动性也成立不了，发挥不了作用。所以他把自己设定为被动的，但是这种设定本身又是主动设定的，又是具有能动性的。像康德讲的，自我的本源的综合统一建立起了一个客观对象。所以从这个本源综合统一，主动去设定一个对象，去建立一个对象，这是主动设定了自己的被动性。如何建立对象呢？在形式上来说，就是要推衍出诸范畴，从自我意识中推衍出诸范畴。从质料上来说呢，就是要借助于想象力，从中推出时间空间，乃至于经验对象。想象力在费希特这里的作用大大提升了。在康德那里也有作用，但是康德的作用主要是作为一个中介，作为一种判断的原理，作为一种图型。想象力把时间加以规定，就形成了图型。我在前面讲了康德的图型法，就是由想象力造成的。它只起一个中介作用。但是在费希特这里呢，想象力的作用造成了经验的对象。想象力也还是从自我的这种能动的实践活动里面来的，它是一种能动活动嘛，然后想象力建立起了时间空间，也就是把自我意识对象化，在时间和空间上面，来表现自我意识。那么由这个时间空间对自我意识又有反作用，于是呢，就产生出了经验，在时间空间上面产生出感觉，由此形成了经验的对象。理论知识的基础是这样来的。实际上他对康德的认识论呢，做了一点改造，基本的原理是从康德来的，就是依靠先验自我意识的最高综合原理，运用诸范畴建立一个对象，但是呢，去掉了康德的自在之物，包括感觉、知觉、印象，这些东西都不是自在之物刺激我的感官产生的，而是自我意识本身建立起的非我反作用于自我而产生的，或者说非我反过来刺激我的自我而产生的。所以他有一个很重要的改进。这是理论知识的基础。

4. 实践知识的基础

那么实践知识的基础，就是倒过来了。在理论理性中，既然体现出了自我的这样一种能动作用，那么，到了实践哲学里面呢，这种能动作用就要克服非我对它的限制。你老是被动地去接受非我的刺激，虽然是你主动建立起来的，但是这种主动性还没有突现出来。我还是在科学知识中采取一种被动的态度、客观的态度。它的主动性如何能显出来呢？要显出来，就要克服非我对自己的限制，改造非我，改造世界，使有限的自我打破限制成为无限。这样一种主体能动性，在自我里面本来就已经蕴涵着。比如说欲望、冲动、决心、自由意志，这些东西都是自我本身的特点。但是在理论的态度之下，在自然科学的态度之下，它被压抑了。我们做科学研究，你总不能为所欲为嘛，你总要受到客观限制嘛。但是这种压抑到一定时候呢，它会爆发出来，它变成一种实践的自我，它就是想要为所欲为，他暂时把它压下来，就是为了将来一旦掌握了知识，他就能够为所欲为，就能够改造世界。那么在改造世界中，他有欲望，有冲动，有决心，但是这种欲望、冲动和决心呢，还是会遇到客观世界强烈的抵抗，遇到非我的强烈的抵抗。特别是在人际关系之中，你有欲望和冲动，别人也有欲望和冲动，在人际关系中遇到其他的自我的强烈的抵抗，于是就构成了道德、义务的这样一些关系，包括人与人之间的道德和义务这样一些关系，以及个人道德上的自律的关系。道德上的自律的关系主要是面对另一个自我的时候所建立起来的一种内在关系。面对自然界，只要你掌握了自然界的规律，那自然界对你没有什么抵抗，你之所以在自然界上遇到抵抗，是因为你没有掌握它的规律。如果你认识了自然界，你就可以改造自然界，这个没有问题。但是，如果你面对的是社会，是他人，问题就复杂了。你就必须要有道德上的自律，要使你的个人的准则，成为一条普遍的法则。像康德所讲的，康德的道德原则就是，要使你行为的准则成为一条普遍法则。这个是不容易的。要成为普遍的法则，一方面呢，你要有道德和义务的这种主观的自觉，但是另一方面呢，你要有法制。你光是在主观上有道德义务自觉还不够，你还要有法制，它体现为世界历史。人类如果建立了法制以后呢，人类就可以支配世界历史。世界历史在没有法制之前，对人来说，它完全是非我的，它是非人的，充满着血泪，充满着灾难，充满着人自己所造成的不和谐。那么建立了法制社会以后呢，世界历史就从中显示出了绝对自我的影象，显示出绝对自我的理想。当然法制也是不健全的，也有待于不断地完善。但是毕竟在法制上面，体现出绝对自我它的形象，它作为一个理想，你可以去追求。所以在世界历史的发展中，人逐渐成为世界历史的创造者。人们在世界历史中，在社会生活中，争取法律的完善，争取自己自由的权利。但是呢，最终的完善，是追求不到的。民主、法制。也只是不坏的制度嘛，但是它不是最好的制度，它总是有问题。所以，真正的绝对的自我呢，最终只能通过信仰。费希特的晚年，最后归结到信仰。还是需要一个信仰，虽然我从自我出发，我建立社会，建立法制，但最后那个理想呢，是必须要有的，这个理想不能证明，它只能通过信仰来设立。所以，费希特在社会生活中间，他是非常积极的，强调人类要建立法制，要追求自己的人权、自由的权利，要反抗外来侵略，要唤起民众。他有很多讲演，对德意志民族的讲演，学者的使命，人的使命，都是围绕这个问题的。就是人们要追求自己的自由权利，来建立法制，要振兴德意志民族。使我们进入到世界历史进程，去追求一个绝对自我的理想。那个理想当然是上帝了，要追求一个上帝。这个是费希特的哲学，大体上就是这样。

二、谢林：同一哲学

我们下面再看看谢林的哲学。谢林早年追随费希特，也是对费希特的思想有一个熟悉和消化的过程。他的年龄比费希特小一点，1775年—1854年，那么他早年跟黑格尔、荷尔德林在柏林大学学习的时候，他们三个是同班同学，好朋友，三个人的思想和观点基本上接近，他们都是费希特的追随者，而且崇尚法国大革命。当时法国革命爆发的时候，他们非常高兴，终于可以借助一种外来的力量把德意志民族的那种惰性加以清除。这个在我们看起来有点卖国主义的味道，有点崇洋媚外了。但是他们当时就是那样的。德国确实是太落后了，靠自己的力量呢，很难立起来。他们甚至认为拿破仑凭借他的军事武力，把一套先进的体制强行加在德意志民族身上，这倒不失为一件好事。这正是他们的爱国主义，不是想变成法国人，而是希望德国好。所以他们在法国大革命的时候，三个人跑到公园里去种了一棵树，叫自由树。他们是非常亲密的朋友，但是后来当然是分道扬镳了。

1. 对费希特的批判

那么，谢林这个人呢，是比较少年得志，据说他是23岁就当了耶拿大学的教授。他15岁上大学，少年大学生，毕业以后，他的聪明得到了歌德的赏识，由歌德的推荐，在耶拿大学当了教授。所以他是非常骄傲，自视很高的。黑格尔比他大多了，原来当过朋友，后来又在他面前当小学生，很多东西都去请教他，请教这个少年大学生。那么谢林的思想呢，首先也是从对费希特的批判开始的。对费希特的批判，主要是要克服唯我论。就是说，费希特虽然后来走向了客观唯心主义，但是他的出发点仍然是主观唯心主义的唯我论。这个当时激起了一片的反对。当然年轻人很高兴，年轻人觉得他发怪论呢，大家都觉得很酷，所以追随者很多。但是反过来一想呢，还是觉得不太妥当。你就从你那个自我出发，你那个自我又不是我的自我，肯定不是的，你就那么主观吗？你强调你的自我，不是就把我的自我取消了吗？所以总觉得还是有没有讲清楚的地方。所以谢林引进了斯宾诺莎的哲学。斯宾诺莎的哲学，我们学过哲学史，斯宾诺莎是泛神论者，他的泛神论体现在他认为自然界，包括人类社会，人的思维，所有这些东西都可以统称为神。自然界也是神，也是上帝。实际上这样的上帝已经不能够是传统意义上的上帝了。那么在这个上帝之下呢，自然界有两大属性，一个是广延，一个是思维。思维如果说是主体的话，广延就是客体。主体和客体在自然界那里是未分化的。你还不能说它们是同一的，因为同一肯定是两个东西的同一，但是在自然界那里呢，它不是同一的，它是未分化的。它只有一个东西，但具有两个属性，它会表现为两个方面，一个是人的思维，另外一个是物质世界——广延。这是斯宾诺莎的哲学。

那么谢林借鉴斯宾诺莎的哲学，他认为，费希特所讲的自我，他的出发点，仅仅指他个人的自我，所以是相对的；他所讲的非我，也是由他的自我生出来的，所以也是相对的；即算他后来的这个绝对自我，也是大千世界中形形色色表现出来的自我非我，都是相对的。那么，从这种相对的东西怎么能够建立起一种绝对的哲学呢？那是不可能的。哲学要真正能够建立在绝对之上，就必须从主客观的绝对同一出发，从主客观还没有分化之前的那种绝对同一出发，不能从已经分化出来的主观或者客观出发，那就已经不行了。所以谢林强调他的同一哲学，就是说，哲学应该从绝对同一，也就是主客观的绝对同一，还没有分化，这样一种状态出发，应该从主观唯心主义的这个立场上面转移到客观唯心主义的立场上来。费希特当然也有客观唯心主义，但是呢，他是从主观唯心主义发展出来的。这个不行。应该把屁股完全坐到客观唯心主义的这个位置上来，把基础移到这上面来，这才能够解释得通。所以谢林呢，一方面他反对唯物主义的自在之物，这一点跟费希特是一致的。康德讲的那个自在之物，那肯定已经把现象和自在之物划分开来了，把主观和客观二分了，那个是不对的。自在之物肯定是要取消的。但是，是不是取消自在之物就剩下费希特的自我了呢？那也不对。你这个自我还是有限的。所以，主体和客体各自都不能作为一个出发点，但是又不能把双方隔离开来，因此呢，必须要建立在更高的原则之上，那就是主客体的绝对同一。而这个绝对同一呢，是绝对无差别的，是无差别的同一。连区别都没有，主体就是客体，客体就是主体，你甚至于不能够说主体和客体，它们是没有什么差别的，没有差别你就不能说了。你说客体的时候你肯定说的是跟主体有差别的，你说主体的时候肯定是跟客体有差别的，而绝对无差别，你就不能说主体和客体，它只能说是绝对。但是这个绝对呢，它又有一种内在的冲动，从里面能够发展出自然界和人的精神。并且呢，从人的精神里面，发展到世界精神，最后在世界精神上面回到对他自身的自我意识。所以从他最后结果来看，这个绝对，是一种精神。因为他到了绝对精神、世界精神之后呢，他回到了自身的自我意识，他才意识到，原来我就是精神。但是在开始的时候，你不能说他是精神，开始的时候，你除了从最后的眼光来看，你才能说他是精神，但他自己是不知道的。你要说他是精神，他只是一种无意识的精神，一种无意识的意识，一种下意识的东西。

2. 同一哲学

所以，世上万物，在谢林看来，都是由唯一的绝对分化而产生出来的。但是产生出来以后呢，它就有了主客观的差别了。它本身是无差别的同一，但是一旦分化出来以后，就有了主观和客观的区别，这个区别呢，在它的每一个阶段里面都存在。主客观的区别一旦产生以后，就不能够抹杀了，不能取消了。但在绝对发展的不同的阶段，它的主客观双方的比例是不一样的。最开始的时候呢，是主观的方面占弱势，客观方面占优势。最开始是自然界，是客观方面占优势，基本上是客观的，主观只是有很微弱的一些影子，还没有成型。那么到了人类社会，最后到了最高的绝对精神的时候呢，那当然是主观的方面占绝对优势了。

所以，它的比例是不一样的。它的趋向是以客观为主逐渐进到以主观为主。这就发展出谢林的自然哲学和先验哲学两个阶段。整个宇宙，他把它归结为这两个阶段，一个是自然哲学，一个是先验哲学。

a.自然哲学　我们先来看自然哲学。自然哲学是一种下意识的精神，用谢林的话来说，它是一种“冥顽化的理智”。自然哲学已经是理智，虽然我们说自然界没有理智，但是谢林认为，它潜在有一种理智，它是一种冥顽化的理智，也就是说，它的理智还没有苏醒，还在沉睡，但是你不能说它没有，它已经包含在里面了。自然界里面是有规律的，这种规律就体现出某种理智。其中最重要的有这样一种规律，就是两极性。就是自然界万事万物，你说它是完全没有理智的嘛，它好像很有规律，很有逻辑，它体现出两极，万事都有它的对极。阴和阳，磁铁有阴极就有阳极。酸和碱，生和死，我们讲辩证法的时候，就常常举这样一些例子，最开始呢，就是谢林在自然界里面发现的，这是一个很伟大的发现。就是发现自然界里面有辩证法，有对立统一。没有对立就没有统一，你没有阴极就没有阳极嘛，肯定是这样的，有这一方就有那一方。所以，这种两极性呢，它表现为一种螺旋式上升的过程，从同一里面发展出差别。同一本身是没有差别的，但是它可以发展出差别，分化出差别。差别是泛泛而谈的，所有东西都有差别，万物都有差别。然后从差别里面形成了对立。对立也是一种差别。但是它把差别集中化。对立，正反，阴阳，形成了这样的差别。这种差别可以说是本质差别。一般的万物都有差别，那还涉及不到本质，只有对立这种差别才显示出本质。那么从对立呢，再发展出矛盾，矛盾也是一种对立，也是一种差别。但是矛盾就更加本质了，它是一种极端的对立。矛盾就是一个东西的自身跟自身的对立。最后从矛盾又回到统一。这就是谢林所描述的这样一个自然的过程，正反合通过三段式的进展，螺旋式的上升，发展成了整个自然界的系统。整个自然界你要把它看成一个体系，一个大系统，不要看成是零零散散的，这里一点那里一点的东西。这里头已经有黑格尔后来讲的辩证法规律的影子了。但是谢林认为在自然哲学里面，体现出的这样一些两极性啊，或者是正反合啊，这样一些关系，都只是一种量上面的差别，而没有质的差别。不光自然界，包括后面要讲的先验哲学里面，其实在谢林看来，这些差别归根结底都是量的差别，他称之为“因次”的差别。所谓因次，Potenz我们把它翻译成因次，它本来是幂次的意思，数学里面有这个词。同时它有一个潜能的意思。他用这个词呢，主要是模仿斯宾诺莎。斯宾诺莎是几何学的方式嘛。几何学的方式，点、线、面、体，这些东西之间的关系都是因次的关系，都是幂的关系。点的移动成为线，线的移动成为为面，面的移动成为体，构成了万物。这些关系都是幂的关系，都是Potenz的关系。那么，斯宾诺莎接受了这样一种观点，就是用这种观点来看待大千世界，那么一切都变成一种量的关系了。这个是黑格尔很不满意的。黑格尔因此说，谢林的这种观点等于是黑夜观牛，一切皆黑。就是你用同一个量的标准来衡量一切事物，那一切事物都没有本质的区别了，都只是一种因次上面的区别。当然，严格说起来呢，谢林也不完全是这样，虽然有这样一种表述的方法，但是实际上还是有一些内容方面的考虑，比如说性质方面的考虑，特别是在他的先验哲学里面。

b.先验哲学　我们看看他的先验哲学。谢林的先验哲学主要展示在他的一本著作《先验唯心论体系》中，这个我们有中译本，梁志学先生翻译的。《先验唯心论体系》里面所谈的主要有三个问题，第一个是认识问题，第二个是实践问题，第三个是艺术的问题。也是正反合，认识、实践和艺术。艺术是合题。

那么认识方面呢，我们不用谈了，他的创建很少，他基本上是沿袭了康德和费希特的观点，由主体去建立起客体，然后在客体上面呢，来进行一种认识，一种静观，一种被动里面有主动的这样的认识活动。他的创建主要在实践活动方面。实践活动方面体现为他的历史哲学和法哲学。谢林认为，所谓历史就是自由意识的发展，这其实在费希特那里已经包含着了，但是谢林是更加强调这一点，而且更加把它具体化了。所谓世界历史就是自由意志的发展，自由意志发展到哪个阶段，社会历史就发展到哪个阶段。比如说古希腊，古希腊对自由意识的理解就是任意性，任意被当成自由。那是一个英雄时代。我们知道，古希腊的英雄时代是任意性，为所欲为想干什么就干什么，然后成就一些伟大的英雄。那么到了中世纪呢，是一种受到了强制的自由。中世纪也有自由，比如信仰，信上帝，在人类世俗生活中间，也有像君王他们所理解的自由。都是一种强制性的，也就是说，受到压制的这样一种自由。受到一种外来的压制。什么外来的压制呢？受制于自然规律，比如说血缘、地域、环境、种族，还有个人的气质等等，这些东西都对自由有一种影响，而且是一种限制。所以我们可以说它是一种必然的自由，这个自由是被决定的。你身为帝王的血统，那么你就是自由的；你身为奴隶，那你就是不自由的。当然奴隶也有他的自由，但是那是被决定的。这是必然的自由阶段。那么，从中世纪出来，经过近代到谢林的时代，他认为呢，是自由本身的必然时代。自由的必然。中世纪是必然的自由，而近代呢，是自由的必然。所谓自由的必然，就是法制时代。法制是自由建立起来的，但是，它是必然的，它不是为所欲为，也不是受外在的什么地域啊、环境啊、血缘啊这些东西所决定的。它是由个人的人权、由法权、由权利所决定的。所以这就是一个法制社会。谢林认为，法制社会比道德要更高，法哲学比道德哲学更高。法哲学是现实世界的自律，道德哲学是个人的自律。这个康德已经说了，所谓道德就是意志自律嘛。但是它是个人主观的。而在客观现实中，在社会生活中，要达到自律，那就必须要有法。所以它是一种客观的自律。但是客观现实的自律永远不能完成。永远不能完成怎么办呢？按照费希特的说法呢，就是要设定一个上帝作为理想。但是谢林认为还不是那样。他认为，我们凭哲学家的理智直观，我们就可以设定这个理想。哲学家的理智直观，也就是知性直观了，这个在康德那里是否认的，人不可能有知性直观，不可能有理智直观，只能有感性直观。费希特和谢林都认为人有理智直观。哲学家的理智直观可以从现实生活中直观到他的理想，而且可以按照这个理想来改造现实社会。所以，整个社会的理想是由哲学家的理智直观来设定的。但是即算设定，它还是直观的，还是哲学家停留在他的哲学思想、哲学思辨之中。他给改造世界提供了一个理想，但他本身并没有现实地去做。

真正现实地去做的，是艺术哲学。所以，艺术哲学所提供的一种艺术直观，比理智直观更高。理智直观在主观中设想了主客观统一，而艺术直观呢，是在客观中实现了主客观统一。艺术家把那个作品创造出来了，使主观和客观在作品中达到了一种统一。我们在欣赏艺术品的时候，我们有这种感觉，主客观达到了统一。主客交融，物我两忘，哪是主观哪是客观我们已经分不清楚了，我们陶醉于其中了。这是艺术哲学所能够导致的一种境界。它使理智直观所提供的那个理想能够在我们的现实生活中被我们直接地体验到。那个理想当然就是他最后那个绝对的统一。绝对统一主客不分的状态，只有在艺术作品里面，我们才能够直接体会到。所以，有意识和无意识，在艺术作品里面达到统一，这就叫作美。所谓美就是有意识和无意识的同一。但是人的艺术毕竟还是人类有限存在者所创造出来的。人的艺术实际上是对更高的一种艺术的模仿，比如说上帝的艺术。人的艺术是对上帝的艺术的一种模仿。所以，在艺术哲学之后，我们还有必要设定一种神话学，设定一种宗教，设定一种启示哲学。谢林到了晚期，走向了启示哲学，走向了宗教哲学、神话哲学。就是说，我们从人的艺术里面，感悟到上帝的艺术。神话本来就是人的艺术，人造出来的。人凭借神话造出了多少艺术，绘画、雕塑、戏剧、悲剧、诗、史诗，都是人类艺术品。但是呢，实际上我们从里面感悟到了上帝的艺术。所以最后呢，是通往启示哲学，通往一种神秘主义的哲学。所以后来的人，把这个现代神秘主义呢，追溯到谢林。当然谢林，因为他活得很长，黑格尔死了以后，他还活了很长时间，所以很多人甚至于把谢林的哲学放在黑格尔哲学后面。就是说，谢林一生活了那么长，而且不断地有哲学的新见提出来，那么这个新见到后来走向非理性主义。所以有人认为，谢林不能够纳入到古典哲学的逻辑进程里面，他到晚年已经偏离这个逻辑进程了，他跟叔本华、尼采那些人应归为一路，已经走向神秘主义了。但是从他的神秘主义里面，我们还是可以看出来，他这个神秘主义跟叔本华、尼采还不太一样。叔本华、尼采的非理性主要是强调个人的自由意志，而谢林呢，主要强调一种宗教色彩，是一种宗教神秘主义。尼采是反宗教的，包括叔本华在内，都可以这样看，他们是反宗教的，他们强调个人的自由意志，强调自由是世界的本体，这个不需要有什么宗教，在尼采那里宗教是一种奴隶道德，要批判的。所以谢林这里呢，还是有不太一样的地方。但是作为一个非理性主义，他晚年的非理性色彩以及神秘主义色彩这些方面，可以对他有不同的评价，有的人也在作不同的评价，这个是可以讨论的。但是作为他的出发点来说呢，他还是在这个逻辑链条上面构成了一环。哲学史中有必然性也有偶然性，如果他像黑格尔那样早就死了的话，恐怕后来就没有这些东西了。但是一个人如果活得够长的话，他可能会从以往的哲学思想里面生出一些新的东西来。这方面呢，这样来说也是可以的。

第十讲　黑格尔哲学的理论来源和基本特征

今天我们开始进入到黑格尔的哲学。德国古典哲学除了康德哲学以外，另外一个重点就是黑格尔哲学。大家都知道，黑格尔哲学是一个客观唯心主义的体系。但同时呢，它又是辩证法。黑格尔是近代辩证法的创始人。所以他的辩证唯心主义这样一个哲学体系，在近代的德国古典哲学里面呢，起了一个非常重要的作用。他把德国古典唯心主义的这样一条思路发展到了最高点。所以我们把黑格尔的哲学看成是德国古典哲学的高峰。康德当然很重要，他是德国古典哲学的创始人、奠基者。那么，开创了德国古典哲学以后，经过费希特和谢林，一直发展到黑格尔这里呢，发展到了顶峰。而且后来经过费尔巴哈到马克思，创立了马克思的历史唯物主义、实践唯物主义。所以在这方面呢，它的意义是非常重大的。当然不仅仅它是马克思主义的来源，而且它对现代西方哲学、当代西方哲学的影响，都是非常广泛和深刻的。

黑格尔生于1770年，1831年因为患上了霍乱病而去世。他出生于一个官僚家庭，跟其他的那些哲学家们有一点不同。早年的时候他显不出什么很突出的才华，特别是他的中学时代，是一个循规蹈矩的好学生，但是没有发现他有什么特殊的地方。老师对他的评语就是他很听话，中规中矩，从来不做那些调皮捣蛋的事情。那么在大学里面，他跟谢林和荷尔德林结成密友，思想非常激进。那个时候，德国也正处于一个转型期，各种各样的启蒙思想从外面进入到德国。德国当时比较落后，但是英国、法国那时候比较先进。所以他们大量吸收了外来的一些自由、平等、博爱的价值观。法国大革命的时候，他们三个人一起到公园里去种了一棵自由树，以示庆贺。而且黑格尔一直到晚年仍然保持着对法国大革命的一种崇敬。当然法国大革命所造成的后果，血淋淋的，惨不忍睹，这个是几乎所有的人都否定的，法国大革命的结果是不妙的。但是法国革命的原则应该是肯定的，就是怎么做法，在这上面产生了一些误区。那么毕业以后，黑格尔获得了博士学位，但是找不到工作，于是呢，就去当家庭教师。相当于我们现在要支边，他到处去当家庭教师，到那些贫困落后的地方。当然也不是贫困落后，是那些大地主家里，乡间，贵族、领主，到他们家里面去，端人家饭碗，帮人家教孩子。他当过八年的家庭教师。这个是非常难熬的。后来又通过别人介绍，在耶拿大学当编外讲师。编外讲师就是没有工资的，你讲课有人来听，就有点钱，没有人听就没有钱。一个人都没有的话，那这个课就取消了，你就下岗。他当了六年的编外讲师，这个也是很难熬的。后来又当报纸编辑，托熟人在《班堡日报》当个编辑。后来又当纽伦堡中学的校长，当了两年。所以他是一直挣扎了十几年，他在编外讲师的时候也没有赚到钱，因为他的口才不好，讲课的时候都是照着稿子念，学生都不爱听。当然他后来给中学生开哲学课时候，锻炼了他讲课的才能，稍微有点改进，不再是照着稿子念了。但是呢，仍然不像谢林那样才华横溢。所以跟他同班的少年大学生谢林出来二十三岁都当教授了，他是非常嫉妒的，但是又不好说，又是好朋友。所以他一个人挣扎了十几年，后来好不容易出了名。怎么出名的呢？就是他出了两本书。一本是《精神现象学》，一本是《逻辑学》上下卷。这两本书使他名声大振。所以，海德堡大学后来就聘他当教授。在海德堡大学当了两年教授，1818年，柏林大学又聘他当教授。柏林大学当时是普鲁士国王创建的，等于是官方的重点大学。相当于我们的北大、清华了。由普鲁士国王亲自聘请、下聘书，请黑格尔当柏林大学教授，因为他名气太大了，而且普鲁士的腓特烈·威廉三世还是比较开明的，对外来的启蒙思想他不拒斥，而且他标榜开明，标榜他的思想改革开放。所以他把黑格尔这样一个充满着自由思想的哲学家聘来当教授。当然，之所以聘他，还因为黑格尔的思想里面除了有自由思想以外，还有他所需要的东西。比如说国家哲学。还有他看出来黑格尔这个人虽然是启蒙思想的鼓吹者，但是他是有分寸的，他不像那些自由化分子，他还是国家主义的。所以，把他聘到柏林大学，甚至于还当过柏林大学的校长。在柏林大学期间呢，他的哲学被抬到了成为普鲁士官方哲学的地位。就是说，他代表普鲁士官方的这样一种思想，当然也没有正式地把他的书印成统编教材，但是呢，人们都称之为普鲁士官方的哲学。在成为普鲁士官方哲学以后呢，黑格尔仍然还是我行我素，他还是支持学生。学生闹事被官方追捕，他还给予掩护。所以当时的大学教授跟我们的概念有些不太一样，有一点像我们三四十年代那些教授，非常独立的，独立思想家。但是黑格尔去世以后呢，他的思想迅速衰落。这跟普鲁士官方也有关系。普鲁士官方后来感觉到黑格尔哲学并没有带来好处，后来腓特烈四世就把谢林请来当柏林大学的教授，占据黑格尔的那个教授的位置。因为就是想用谢林的后期思想来清除黑格尔的影响。黑格尔的思想里虽然有普鲁士官方所需要的东西，但是仍然有自由化的成分，反宗教的成分。而谢林的后期思想是鼓吹宗教哲学，鼓吹神秘主义，更加符合当时的官方需要。所以，后来黑格尔哲学就不吃香了。

虽然不吃香了，但是还是有影响。它的衰落跟它的体系本身有关系，因为他是提出了一个绝对真理的体系。如果你们以后想搞哲学的话，要千万谨慎，千万不要说自己的观点是绝对真理。当你说你是绝对真理的时候，也就意味着你的哲学很快就要被人抛弃了。所以要在这方面守住一个线。黑格尔就是没有守住这个底线，就好像上帝的真理都在他的口袋里。这个人家就不能容忍了。一旦他去世以后，所有的人都来攻击他。但是后来又经过一些兴衰，比如说20世纪40年代、50年代，黑格尔哲学又兴盛起来了，新黑格尔主义。然后新黑格尔主义又衰落了，被实证主义取代，像罗素，罗素早年也是跟从黑格尔、新黑格尔主义，但是马上就反叛了，走向逻辑实证主义。那么上世纪50年代以后呢，很长时间没人再提它，虽然学校里面在教，黑格尔是绕不过去的，你要批判他，你也得学。但是到了70年代以后，特别是80年代以后，西方人又开始对黑格尔哲学感兴趣了，主要是对他的法哲学和历史哲学感兴趣。所以在最近一二十年呢，黑格尔又成为一个热点，他的哲学呢，不断地要么衰亡，要么又兴盛起来了。但是持续有他的影响，这个毫无疑问。现代、当代哲学很多人都是从黑格尔那里出发的。现在是法国哲学比较时兴了，法国萨特啊，利科啊，后现代的德里达啊，这些人比较时兴了，这些人都受过黑格尔的影响，早年都是黑格尔主义者。从黑格尔走到马克思，很多人都是共产党员，都是马克思主义者，像萨特这些人，虽然他们对马克思主义有所批判，但是他们认为他们的基本立场是从黑格尔-马克思这条线走过来的，包括去年去世的德里达。德里达也曾经是共产党员，这个是很有意思的。这就说明，黑格尔的影响是不可忽视的。虽然你可以不同意他，你也可以批判他，他当然有很多可以批判的地方，但是如果你不经过他，你的思想是提不高的，你是没有资格批判他的。很多人批判黑格尔就是道听途说，人家都在批，那我一谈到黑格尔，我就采取一种不屑一顾的口气。这个是太轻浮了。你要对他表示不屑，你还得把他那一套东西搞清楚，至少他的基本东西你要掌握一些。

一、理论来源

首先我们看看他的理论来源。黑格尔哲学的理论来源是很复杂的，因为它是德国古典哲学的高峰，德国古典唯心主义的集大成者。所以他对德国古典哲学从康德到费希特到谢林，都有所批判也都有所吸收。

1. 对康德的批判

首先看他对康德的批判。当然对康德的批判里面就包含有对他的吸收了。对康德的批判可以归结为如下三点。

第一点，他彻底地抛弃了康德的物自体。这个在费希特和谢林那里，都没有完全做到，虽然他们都攻击康德的物自体是一个累赘，是一个多余的东西，但是他们自己都没有完全抛弃康德的物自体，像费希特的非我，非我从外部作用于自我，那么这个非我究竟是如何作用于自我，这个自我是不知道的。虽然是它是由自我所设定的，但是设定以后它如何作用，这个东西还是保留了物自体的成分。谢林就更不用说，谢林的绝对同一是很神秘的，它是在我们的认识之前已经摆在那里。无差异的绝对同一，怎么能够从里面发展有差异的大千世界出来，这个是很神秘的。所以这个无差异的同一也可以说是一种物自体。但是黑格尔把它彻底地消解掉了。他怎么消解掉的呢？他就是把康德的自我意识这样一种主体能动性贯彻到底。我在前面讲了，费希特已经把它贯彻了，但是还没有到底，费希特是把实践的自由意志，把实践理性和自我意识的作用合而为一嘛。但是黑格尔正是把自由意志的能动性完全解放出来，去掉物自体，一切都是由自我意识创造出来的。完全解放出了它的能动性，超越它的界限。物自体在康德那里意味着一个界限，自我意识的本源的综合可以形成知识，但是这个知识的界限就是物自体。我在前面讲到，物自体的一个含义，就是认识的界限。但是黑格尔指出，当自我意识意识到界限的时候，它就已经超出界限了。这又是一个非常辩证的思想。当你没有意识到界限的时候，那个界限就限制住你，但是一当你意识到界限的时候，就已经超越出界限了。你的思想已经越过界限，朝另外一个领域在那里探求。我们在日常生活中间，也都有这种体会，当你意识到受某种限制的时候，你的思想实际上已经超出这个限制了。因为你知道可以不受它的限制。当你意识到它是限制的时候，你就意识到了你可以不受限制。所以康德要在认识之前，先来考察一下认识的工具，考察他的认识所能够作用的范围，这些东西在黑格尔看来是很荒谬的东西。他说这就像一个人教别人游泳，说你在学会游泳之前，千万不要下水。但是实际上游泳只能在下水的时候才学得会，你在岸上怎么能够学会游泳呢？站在岸上是学不会的，你必须下水。所以，认识的工具究竟如何，它的效力究竟如何，你必须把它使用起来，在认识之中才能够得到检验，你不要在认识之前，先摆在那里，先别动，然后我们把认识考察一番。黑格尔讲，当你在对认识工具考察的时候，你已经在认识了嘛。你说你没有下水，你一考察你就已经下水了。批判哲学，所谓的在认识之前先进行一番批判，这个批判难道就不是认识吗？批判就是认识嘛。所以康德划定一个界限呢，这个是站不住脚的。这是第一点。

第二点，我在前面讲了，康德的这个思想里面已经有辩证法的因素，比如说二律背反、理性。理性高于知性的地方，在康德看来，就在于它能够追求无限的东西，知性都是追求有限的东西，理性可以追求无限的东西。但是一旦追求无限的东西，它就会遇到一些困难。其中典型的就是二律背反的困难。因为理性超越了经验的范围，去探求无限的东西，那么它的探求的结果就得不到经验的检验。它超出了经验嘛。得不到检验那就莫衷一是，从逻辑上来说，正面也有理，反面也有理，于是就形成了二律背反。所以康德的这个理性有一种辩证性。在辩证论里面，二律背反体现出典型的辩证性。但是，他的这个辩证性是消极的，康德认为，一旦出现了辩证性，就说明它错了，说明它有问题。所以康德的思想基本上是知性的思想，理性是被怀疑的。理性其实已经证明了凡是当你提升到无限的层次，它就会出现矛盾。但是康德把这种矛盾视为不正常的现象，把它看成一种消极的含义。那么，黑格尔对此加以批判的吸收，他认为，理性的这种消极的含义里面，恰好包含着有积极的含义。就是说，矛盾，在知性看来是消极的，但是你换一个立场，站在理性的立场上看，你会发现，它是积极的。在什么意义上是积极的呢？因为矛盾是万物能动之源，万物的运动之源，你如果站在能动性和万物运动的立场上来看，你会发现，它是用来解释一切运动的唯一途径。一切运动都是由矛盾引起的，运动的真正根源，就在于事物内部的矛盾性。所以这个矛盾你还不能把它贸然否定掉，你还得揭露它，你还得承认它，同时，在事物的运动中，把这个矛盾加以调和，加以解决。在运动中就可以对矛盾加以解决。如果你采取一种静止的观点，那这个矛盾是不能容忍的，那就是形式逻辑的矛盾，那是解决不了的。两个完全相反的命题，怎么能够同时并存呢？但是在运动中，它们就能够调解。因为它们促使了事物的变化，它们是动力源。这个对于黑格尔的影响非常大，黑格尔自己也承认，二律背反思想是一个非常好的思想，使他意识到了理性的本性。理性的本性就是要深入到事物的矛盾，然后通过这种矛盾来解决运用的问题，来解释运动。这个就把理性的作用范围大大地扩展了。这是第二个方面。

第三点，就是关于康德的实践理性、自由意志，这个对黑格尔的影响也很大，包括他的道德和宗教学说。黑格尔早年接受康德的宗教学说，理性宗教，那是非常虔诚的。他的早期著作里面也反映出来。但是后来他就发现这里头有问题了。康德的实践理性的自由意志，仅仅停留在一种空洞的应当，他应当怎么做，他不去考虑它的现实的效果，所以它是一种理想的东西，一种纯粹理性。我们应当作道德的事情，我们应当相信一个上帝，我们应当相信来世，相信世界上会实现至善。今生实现不了，来世会实现。这个是非常空洞的一种理想。而在黑格尔看来呢，这种空洞的应当必须落到实处。实践理性不仅仅是一种具有行动的法则的意义而不具有认识的意义的应当，它本身应该在现实生活中得到验证，比如说在社会和历史中应该得到验证。这种应当正是在历史的目的论中，在历史的从低级到高级的有目的的发展过程中变为了现实。这个当然康德已经有一点苗头了，我在前面已经讲到康德的目的论思想，在历史的过程中，我们可以设想上帝的目的，人的道德最终是所有的社会生活、人类历史都趋向的一个目标。但是康德那个目标仍然是高高在上不可实现的。我们的生活趋向于那个目标，这只是我们作为有道德的人所想象出来的，所设想出来的，并不是真的。所以康德并不承认历史有什么客观规律。他认为，历史当然我们是看成有进步的，从低级到高级，不断进步的过程、发展的过程。那只是因为我们有一种反思判断力的眼光。我们之所以有这个眼光，是因为我们人是有道德的，有道德理想的，我们才把历史这样来看，历史本身并没有什么必然性。但黑格尔把这一点作了一番彻底的改造。历史就是有规律性的，历史的规律性就是从自然界的规律性里面发展出来的。它是一种高层次的规律性。它的层次之高，就体现在它的基点建立在人的自由意志的基础之上。自然界万事万物都没有这个基础。那么人类历史、人类社会则有人的自由意志这样一个基础。所以在历史目的论中，现实性和合理性是同一的。

黑格尔不是有句名言嘛，凡是合理的，都是现实的；凡是现实的，都是合理的。我们通常把黑格尔的这句话取了后面的半截，凡是现实的，都是合理的，以为这就等于说，凡是存在的东西都是合理的，说这是黑格尔的观点。其实这个说法是不对头的，我们大家注意。很多读书已经读到了博士阶段的人，都还是这样随随便便地说：黑格尔说凡是存在的都是合理的。不是这个意思啊。他讲的是，凡是现实的都是合理的。什么是现实的？现实的不是现成的，现实在黑格尔看来是一个发展的过程，凡是在发展过程中的都是合理的，都有它的规律，都是合乎理性的，也可以说是合乎理想的，按照康德的说法，就是实践理性的理想。那么，凡是合理的呢，都是现实的，都会实现出来，康德也讲过，纯粹理性本身就具有实践能力，不需要任何感性经验的前提。黑格尔的说法是，凡是合乎人类理性的东西，都会在历史发展过程中实现出来。

他是这个意思。并不是说，凡是现成的东西都是合理的。后来恩格斯专门写过德国古典哲学的终结嘛，《费尔巴哈和德国古典哲学的终结》，里面就专门讲了这个问题。恩格斯把这个命题作了一种引申，凡是现实的都是合理的意味着凡是现存的都是应该灭亡的。随着理性的规律的运行，随着历史发展的规律展开，凡是现存的东西都要改变，从以前合理的变成现在不合理的。你要是存在那里不动的话，就会被消灭。这是一个极其大胆的观点，一个革命的观点。把理想在现实中实现出来，法国革命就是这样的，毁灭了一切。当然它的效果不好，但是这个原则有它的合理性。法国革命出于一个理想来改造这个社会，改造这个世界，当然它最后没有实现出来，但是后人接受了教训，这个理想不是那么容易实现出来的，有它的历史过程，不能够一夜之间就把它付诸现实，通过暴力的手段，那是不行的。但是这个原则，为什么黑格尔到晚年仍然坚持这个原则？就是一种革命的思想。所谓革命的思想，在我们今天看起来，我们今天是告别革命了，好像是很可怕的，实际上整个历史在我们看来，如果没有革命的这种思想，如果没有革命的行动，历史就是停止的，就不会发展。其实革命思想还是有作用的，当然我们不要把它极端化，不要搞暴力主义，黑格尔的意思也不是暴力主义，他对法国革命也进行了批判，说法国革命是一种恐怖，是一种理性的恐怖，他也进行了批判。但是，我们经过了法国革命以后，人类的思想就变得老练一些了。凡是现实的，都是合理的；凡是合理的，都会实现出来。这是他的历史观的一个原则。这个原则是通过批判康德的实践理性的抽象性而建立起来的。它跟康德相比呢，更注重实在，有点像亚里士多德跟柏拉图相比，柏拉图是高高在上的理念世界，那么亚里士多德呢，把它落实到现实生活中来。黑格尔也有这个特点，黑格尔是非常现实的，他这个人也是很现实的，没有什么好高骛远的东西。所以他早年显得很平庸了。到了晚年，他仍然很平庸。他其实每天记收支账，非常详细。你想这么大一个哲学家，每天在本子上面，今天花了几分钱，买了一把小菜，他也要记上，这个不是浪费时间嘛。但是他就是这么个人，从他本人来说是个庸人，但是他的思想确是很了不起，超越了他本人的性格，他本人的个性。当然究竟怎么形成的，我们还可以研究，总而言之，按中国人的思想方式来说呢，一个庸人是不可能有伟大思想的，一个伟大的思想家也不可能是庸人。为学和为人应该是一致的。但是西方有很多这样的例子。提出了伟大的思想，但是作为人来看呢，是一个很不怎么样的人，甚至于是一个很卑劣的人，很坏的人。像叔本华这个人，人家都批判他自私自利。尼采呢，是一个疯子。塞涅卡呢，是一个佞臣，他要别人节制，自己获得的财富比皇帝还多，骄奢淫逸，但他的思想不错。这个很奇怪。这是对康德的批判和继承。

2. 对费希特的批判

对费希特他有他的评价。一方面他对费希特是非常推崇的，因为他和谢林当年就是追随费希特，后来谢林有了自己的哲学，但他自己还不知道，黑格尔写了一篇文章，《论谢林和费希特哲学的差异》。谢林读了以后突然发现，真的，我已经有我自己的哲学了，我已经不是费希特的哲学了。所以黑格尔对费希特的评价是很高的。首先他认为费希特最大的功劳就是第一个推衍了范畴。在康德那里，范畴是一个范畴表，以表格的形式表达出来的。当然也是一个体系，但是可以把它列成一个表。这个在辩证法看来是非常笨拙的一种方式。辩证的发展怎么能列成一个表呢？列成一个表就固定了，就是一个建筑物放在那里，但是范畴实际上是一个生命体。所以，费希特第一个把范畴做了一种推衍，所有的范畴从表上面把它拆下来，考察它们相互之间的一种推衍的关系。从一个推出另外一个，再推出另外一个，一直推下来，把所有的范畴都可以推出来。包括时间空间，包括经验，五官感觉，这些东西都变成了范畴，都被纳入到了范畴体系里面。全部知识学的基础都在这样一个发展过程中展示出来。这是费希特的功劳。所以他是解释了概念本身的能动性和规律性。但是呢，我刚才讲了，黑格尔对他的批判呢，就是说，他的这个自我设定非我，这个非我，有物自体的残余，而这个自我呢，有经验的残余。费希特的这个自我，当然在费希特自己看起来，它是很抽象的，人人都有个自我。所以呢，我要建立个体系呢，我就从我的这个自我开始建立起来，我相信别人也会同意，因为别人也有个自我嘛。但是，从外人的眼光看起来，费希特的这个自我呢，是经验的，就是费希特本人。所以引起别人那么大的反感，就是费希特这个人否认一切，他把我们都否认掉了，我们都成了他的环节，他是一个基点。所以他这个自我是个经验的东西，就是费希特其人。在这个上面建立起来的一个自我，所设定的一个自我，其实是一种主观唯心主义，甚至于是唯我论。唯我论没有人能够同意。你要同意唯我论的话，你就自相矛盾了。你想唯我，人家也想唯我啊，到底唯哪个我呢？所以唯我论是站不住脚的，没有人可以同意的。所以这个自我要设定一个非我，自我本身是经验的，非我呢，又是一个物自体式的东西，所以在自我和非我两者的关系上面呢，在黑格尔看来，费希特未能够讲圆，这个道理没能够自圆其说，没能够达到通融。这是对费希特的评价，就是说他的这个自我太狭隘了，是主观的自我，必须建立客观的自我，必须建立一个客观的出发点。

3. 对谢林的批判

那么这个客观的出发点就是谢林的出发点了。所以早年黑格尔跟谢林呢，是站在同一个出发点上的。但是他对谢林也有批判，对谢林有一种超越。当然这个超越是站在黑格尔立场上来看的，有的人可能认为他并没有超越谢林，恐怕还从谢林倒退了。但是最早他的起点是跟谢林站在同一个基点上的，就是主客观的绝对同一。我们的出发点既不能是独断设定的客观，也不能像费希特那样的从他自己的自我出发的一种主观，那应该是什么呢？哲学的出发点应该是主客观的绝对同一，或者主客观还没有分化之前的那种同一性，那种同一状态。他认为这个是谢林的一个很大的贡献，克服了费希特的那种主观唯心主义，把立足点转移到了客观唯心主义的基础上来。但是有一点他是不满意的，就是谢林的这个主客观的绝对同一呢，里面不包含任何差别，这种绝对的无差别，差别是在后来出现的，那么这种绝对的同一，宇宙精神的本体之中，是没有差别的。既没有主观，也没有客观，客观、主观都在里面沉默着。但是黑格尔认为，如果绝对同一真的是绝对无差别的同一，那么，它怎么可能自然而然地发展出万物、有差别之物？万物都是有差别的，主观和客观肯定是有差别的，如果最早的那个同一性里面没有任何差别，它怎么能够发展出后来这些大千世界、万事万物呢？唯一的办法就是采取一种神秘主义的思路，就是谢林所采取的思路，就是采取神秘的直观，非理性的直观，那就把理性撇到一边去了。黑格尔对谢林不满的地方，归根结底就是不满意他的非理性。他主张一切都应该是由理性建立起来的。德国古典哲学推崇的就是理性嘛，从康德开始，沿袭大陆理性派的这样一个传统，就是要把所有的东西都建立在理性的法庭之上，这也是启蒙运动的一个原则。但是谢林已经从启蒙运动这个原则里面偏离开来了，走向了一种浪漫主义。当然，它的根基还是启蒙运动，但是它已经开始从启蒙运动反叛，开始倾向一种神秘主义，开始否定理性普遍的有效性。这个是黑格尔十分不满意的。黑格尔还是坚持理性，特别是坚持逻辑。就是说你要建立一个体系，你必须要从逻辑的角度，把这个体系推出来。但是这个逻辑已经不仅仅是形式逻辑了，也不是像谢林曾经使用过的数学的逻辑。我上次讲到，谢林模仿斯宾诺莎，用数学的方式来建立他的体系，所以提出了所谓因次、幂的概念，这个概念是谢林用来建立他的体系的一个关键词。那么这个关键词仅仅是从量的方面来考察这个世界。黑格尔认为这个是不够的，仅仅从量的方面来考察是不够的。应该深入到质，深入到事物的运动发展，能动性和历史。这个不能用量来把握，不能用形式逻辑来把握，必须用辩证逻辑来加以把握。

所以通过对谢林思想的改造，他提出了新型的逻辑，就是辩证逻辑。辩证逻辑当然也包含有非理性的因素，谢林的那些非理性的东西，黑格尔并没有完全否认，理性的直观。或者非理性的直观，黑格尔并没有完全否认，但是他认为这些非理性的东西实际上都可以用一种新型的逻辑来加以解释。应该把非理性的东西纳入到理性之中。如果只是非理性的东西，那我们就不消说的了，如果都是非理性的东西，一贯妙悟，诉之于一种不可言说的东西，那你就在那里打坐就是了，你不要来谈什么形而上学。你既然要谈形而上学，既然要建立一个体系，那就要诉之于可说的东西。要从可说的东西里面切中那种不可说的东西，切中那种意在言外的东西。否则的话，如果一切都是意在言外，没有言辞可以表达，那我们就不消谈得了，一味妙悟就是了。所以他的辩证逻辑跟形式逻辑的很大不同，就在于这一点，就是他把那些通常认为是非理性的东西，纳入到逻辑里面来了。比如说自由意志，自由意志不可言说，历史的发展和运动，这个不可言说。历史发展就是自由意志造成的嘛，它是人类社会的一种变化，一种现象。人类社会这种现象归结到每个人的自由意志，每个人的自由意志又不可言说。你说他为什么是这样的，没有道理可讲，我喜欢。这个本来是没有道理的。但是在历史中体现出来，他为什么喜欢，从长远来看，是可以看出来的。某一个时代的人，很多人都喜欢这样，而不喜欢那样，这里头有规律。有自由意志行动的规律，有生命的规律。这个规律不是形式逻辑的规律，但是它有。所以他从辩证逻辑的基础上建立起来一种历史的本体论，这个是跟形式逻辑完全不一样的。通过对谢林的超越呢，黑格尔更加倾向于历史性。谢林已经有历史性了，我在前面讲到，古希腊人怎么样，中世纪的人怎么样，现代人怎么样，谢林也有一点点这种历史感，但是黑格尔把它全面铺开了。所有的东西都是历史的，都在运动中，都在发展中，所有的东西都在逻辑关系中有一个从低级到高级的进步。包括逻辑本身。我在下面要讲到，逻辑本身也有这样一个进步。这是对谢林的超越。他这个超越不是凭空的，在他前面，有费希特的推衍范畴，也有谢林的这种历史感的萌芽。在黑格尔这里已经把它们都展开了。

4. 对古代思想的吸收

最后我们看看他的古代思想渊源。黑格尔有一个很重要的特点，我刚才讲了，他把一切都看成历史的，所以他对于哲学史是非常重视的。这个是超出他的前人的。德国古典哲学里面，康德对哲学史肯定也很熟悉，但是康德对哲学史讨论很少。只有在《纯粹理性批判》的方法论部分稍微谈到了一点，几句话。谢林呢，讲到了历史，但是没有讲哲学史，没有考察哲学史。而黑格尔对哲学史进行了系统的考察。他的《哲学史讲演录》四大卷，进行了详细的考察。他的思想里面很多都是通过哲学史的这些考察吸收过来的，这是他的一大优势。他的思想有巨大的历史感，他的每一个思想几乎都可以在历史上找到对应人物，当然比他们都高，他站在一个新的立场上，超越了所有历史上的那些观点，但是呢，他从他们那里吸收了他们的力量，吸收了他们的营养。

那么在哲学史上，对这样一些思想资料，黑格尔进行了哪些系统的考察，从里面吸取了哪些成分呢？我们可以就黑格尔的辩证法来理解，主要从这个角度来理解，它有这样一些成分。一个是赫拉克利特的命题，古希腊赫拉克利特，他提出的最重要的概念，一个是逻各斯的概念，一个是火的概念。逻各斯的概念和火的概念，对于黑格尔的影响是非常大的。黑格尔的逻辑就是逻各斯。他多次提到这里头的逻各斯。那么逻各斯到后来就发展成逻辑这个概念了，逻辑这个词本来就是从逻各斯这个概念发展出来的。所以他对赫拉克利特的逻各斯的概念非常地推崇。赫拉克利特的火的概念呢，他也非常推崇，他经常地运用这样一个比喻，火当然是一个比喻了，我们要说它是哲学，直接地这样说还很难说，但是用火作为万物的始基，来比喻他的这个理念，比喻黑格尔的这个绝对理念、概念，万物的本体，这就是哲学隐喻了。概念绝对不是一个僵死的东西，而是像火一样的在燃烧的东西，是一个有生命的东西，是一个不安息的东西，老是不安，你想要把它固定在一个地方，没门儿，它总是要变成别的。所以他经常采用赫拉克利特的火的比喻，来说明他的哲学。而且往往在这个时候是他哲学最深层次的一些原理。这是一个。

其次呢，就是巴门尼德的辩证法，巴门尼德、芝诺，爱利亚派，他们的这种论辩的方法，辨析的方法，特别是芝诺，巴门尼德还没有展开，他的弟子芝诺在对运动的反驳，对存在、对非存在的论证里面，到处都采用了辩证法这种技巧，这些技巧对黑格尔来说呢，也是印象深刻的。甚至可以说芝诺是辩证法的创始人。当然除了芝诺以外还有智者派，智者派里面也有很多辩证法的思想，虽然他们主要是纠缠于语言和语法，导致一种诡辩，但是从里头还是有一些有价值的东西、有价值的思想可以吸收。

然后就是阿那克萨戈拉的“努斯”精神。努斯是一种能动性的思想，这一点在后来苏格拉底和柏拉图那里都吸收了，就是说，努斯的定义，柏拉图把它定义为“那自动的东西”，所谓努斯就是自动的东西。什么东西是自动的东西？物质世界是不能够自动的，万物不能够自动，必须要有精神才能够自动。所以，阿那克萨戈拉提出这个努斯呢，是在万物、物质世界之外，在宇宙之外，推动整个宇宙运转的一种精神的力量。这对黑格尔影响很大，他也有很多地方多次提到阿那克萨戈拉的努斯，一种能动性的思想，一种自己运动的思想。

再就是苏格拉底和柏拉图的理念世界，理念和概念。当然在黑格尔的逻辑学里面通篇都是概念，逻辑学就是一个概念的世界，理念的世界，最后达到一种绝对理念。这个是他从柏拉图那里吸收过来的。包括理念世界的那种辩证法，像柏拉图的《巴门尼德篇》和《智者篇》，特别是《巴门尼德篇》，里面讲的那种概念和概念之间的辩证关系，自我否定的关系，一个概念当你对它进行分析的时候，它就走向反面。你不分析它，它就放在那里，它就是僵死的。一旦你去分析它的内容，就发现它恰恰相反，就活起来反咬你一口。这种方法对黑格尔印象很深。我在下面讲到他的逻辑学体系，处处会碰到这样一种方法。

还有一个就是亚里士多德的神学目的论。目的论思想，最后通往神，通往上帝。一切都是有目的的，所以一切都有低级和高级之分，有进步和发展。当然亚里士多德那里还没有进步和发展，他只有低级和高级。但是，只要稍微一转，就可以把它变成一种历史目的论。历史的发展、历史的进步，把它变成这样的目的论。

最后是基督教的创世、堕落和得救这样一套观念。上帝凭借他的自由意志创造世界，然后道成肉身，化身为基督来拯救世人，最后让所有的人得救。这种神学辩证法的思路对他的思想影响也很深，他的哲学可以看作就是一种理性神学。

所以我们可以说，黑格尔的思想是古代辩证思维的一个集大成。古代辩证思维，不管是内容还是形式方面，在他这里呢，都集大成，成为一个哲学体系。这是古代思想的方面。

二、黑格尔哲学基本特征

下面我们再来看黑格尔哲学的基本特征。它的基本特征，我们可以归结为如下这几点。

第一点，用他自己的话来说呢，就是一切问题的关键在于，我们要把事物不仅是理解为实体，而且要理解为主体。也就是实体就是主体。反过来说，主体本身也就是实体。这个观点，在他的哲学体系里面，我们要牢牢地把握，这是打破我们传统观念的一个突破口。我们传统观念都认为，主体代表能动性，但它后面总要有个基础，就是说，一个能动性的东西，它的这种能力，必须要有个基础，比如人要有肉体，才能够思维，人的思维是寄托于他的身体之上的，人的精神要寄托于大脑嘛。任何东西要表现出一种能力，它都必须要有实体在后面作为它的基础。这是我们日常的观点。包括唯物主义观点，以及以往的唯心主义观点，有很多都是这样。但是黑格尔认为，问题的关键就在于，你要把实体同时理解为主体。你不要把主体只看作是实体的一种属性，这种属性可以起作用，也可以不起作用。我们说一个实体，它有能动性，另外一个实体没有能动性，那么这两个实体就不一样了。但是，按照黑格尔的看法，这样的实体不是真正的实体。真正的实体是什么呢？真正的实体就是能动性，就是主体，就是一种力量。这种力量不是以别的什么东西为基础的，它本身就是基础。反过来说，一切所谓的基础、所谓的实体，都是由这种力量构成起来的。这个在康德的自我意识本源的统觉那里，已经有所暗示。自我意识的统觉，你说先验的自我意识，它是一种能动性，那么，它的基础何在呢？它本身不是基础，它本身没有基础。它就是一种能动性。但是康德还是留了一个尾巴，就是说，它有基础，那就是物自体，自我意识背后的那个我是物自体，只不过我们不能认识。但是这个自我意识是由它产生出来的一种能动作用。而黑格尔把物自体砍掉了，那么剩下的这个自我意识呢，它就是实体，它没有什么基础了，它本身是其他一切的基础。所以把一种能动的活动作为基础，可不可能？这是要我们改换思维、改换头脑的一个关键的思路。我们如果把握不到这一点呢，我们就理解不了黑格尔。通常认为，先有实体，然后这个实体才表现为它的主体性，这个时候我们才能把这个实体称为主体。它有能动性嘛。但是，按照黑格尔的说法，是颠倒过来的。所谓实体，是由这个主体建立起来的。这在康德那里已经有了，客观世界是由主体建立起来的，本来没有。本来如果有的话，也是物自体，我们认识不了。凡是我们认识的对象，都是由我们能动的主体力量所建立起来的。那么这就是一种能动的辩证法思想。万物都是运动的，运动是万物之本，运动就是万物的存在。所以他的辩证法，他的辩证逻辑呢，不再是局限于形式逻辑的那种概念、判断、推理，那种外在的形式推论，而是万物的自己的运动。万物都是实体，为什么呢？并不是它有一个存在者在那里，有一个东西在那里。并不是的。而是因为万物自己运动，有一种能动性在那里。是自我否定的，有一种否定性在那里。最开始是一种自我否定性。存在就是一种自我否定的活动。我在下面还要讲到，黑格尔的存在就可以理解为一种决心。不是一个存在的东西。存在是一种活动，是一种在起来、存在起来的活动。以这个为前提，才能理解其他的一切。所以他在这个里头已经包含一种生命哲学和存在主义的因素了。现代的哲学家用存在主义解读黑格尔，发现里面很多东西都是相通的，最主要就是在于这一点，就是把实体从根本上理解为主体。主体才是真正的实体，除了主体以外，没有实体。这是第一个特点。

第二点，黑格尔的逻辑学，我刚才讲了，它里面包含有非理性主义的因素。它的逻辑当然也是逻辑，是逻辑就可以理解，就可以推论，就有规律可循。黑格尔的逻辑学是有规律可循的。你只要掌握了他的那一套规律，你可以从前一个范畴推出后面一个范畴，哪怕你不看他的书，你闭上书，你也可以推出来。只要你掌握了他的规律。但是这一套规律不是形式逻辑的规律，而是一种非理性的东西的规律。它的骨子里头，它的背后最深层次的东西，是一种非理性的东西。就是我刚才讲的努斯精神，那种自动性的东西。自动性的东西，自发的东西，本来是不可理解的，努斯的那种冲动，那种能动性，是不可理解的。你如果一旦理解了，它就不是的了。自由的东西，你一旦能够解释它是因为什么什么，那它就不是自由了。它因为什么什么，那就是被决定的了。真正自由的东西是非理性的东西。但是黑格尔尽量地把它们变成在逻辑中的一个环节。当然你是自由的东西，从根本上来说是自由的东西，但是并非完全不能把握的东西。如果一讲到非理性，我们就说，那你就不要说了，这是学不到的了，你只需体会到，你就要凭感悟了，你要凭感悟，你就要有慧根了。感悟不是人人都能感悟得到的，要有天才啊，你没有慧根，你想破脑子也想不出来，这个就没有办法教了。黑格尔在课堂上讲课，底下这么多人，哪个有慧根，你把别的人都赶出去，把有慧根的留下来。黑格尔不这样做，他是向一切人类在那里讲他的道理，通过逻辑来讲这些道理。就是说，慧根也好，感悟也好，在以前的非理性主义、神秘主义那里，都是不可教的，但是在黑格尔这里，都变成可教的了。只要你有逻辑，只要你有理性思维能力，甚至于只要你有形式逻辑的推理能力，只要你有计算的能力，1+1=2，你不是一个白痴，哪怕你的思想很平庸，你没什么天才，没有天分，也没有慧根，缺乏感悟能力，但是只要你能够把握最平常的东西，你就能够进入到他的逻辑学体系中去。所以，他的逻辑学，有的人认为不足为奇，像罗素就讲，黑格尔的逻辑学其实很简单，就是那么个三段式嘛，正反合嘛。当然很简单。他给你一个简单的线索进入到他的体系，但是每一步你都要体会的。所以说起来很简单，过去很简单，但是你要出得来，是不容易的。你出得来，你确实还要有一点慧根或者是感悟能力。真正要体会到他，要有感悟能力。但是黑格尔的贡献就在于，他把那种不可进入的东西变成了一种可以进入的东西，他有一个线索引导你去感悟，启发你去感悟。应该说每个人潜在地都有感悟，都是有慧根的，佛家讲人人都可以成佛嘛，顿悟成佛。现实中当然是有慧根的人才成了佛，但是原则上是人人都可以成佛。但是如何成佛，佛家只能依靠慧根。慧能禅师，什么知识都没有，但是他有慧根，他就可以成佛，成为禅宗的大师。但是黑格尔给人一个线索，不是那么玄而又玄神秘莫测的，你跟着我走，我告诉你怎么去体悟。这是一个很重要的线索，就是说他的逻辑有它的规律，正反合，三段式，圆圈式的发展，从低级到高级，这是一个感悟的线索。我们读黑格尔的书的时候呢，很多人问我有什么诀窍啊，我读这个地方读不懂了，有什么诀窍。我当然说没什么诀窍，你读不懂，去读就是了。但是有一点小窍门，什么小窍门呢，它是三段式嘛，你这个地方读不懂的时候，你可以参考下一个三段式相同位置的那个概念。或者你翻到前面，参考一下相同位置上，前一个三段式中那个相同位置上的概念。你把所有的三段式的同一个位置上的概念参照着来看，恐怕就更容易理解了，更容易看懂了。通过这种参照，当然你知道，前一个三段式和后一个三段式在层次上是不同的，那么你一方面既读懂了这个地方，你也就把它们的层次关系搞清楚了。这个是很方便的。我们读黑格尔的书的时候呢，不妨采取这样一种方式。所以罗素讲他的方法很简单，也有一定的道理。看起来很庞大，什么都包括了，天上、地下、人类、社会，历史、精神，但是呢，无非就是三段式、正反合、圆圈式的进展。每一个三段式，亏他想得出来，他都可以把它归结到某一个环节上面来。正题，或者是反题，或者是合题，都可以归结到这上面来。这是第二个特点。

第三点，就是他的三统一。所谓三统一就是逻辑、认识论和本体论的统一。逻辑、认识论和本体论自从古代亚里士多德以来，就是哲学所讨论的主要的内容，形而上学所讨论的主要的内容，就是一个逻辑，一个是认识论，一个是本体论。当然最主要的，古希腊主要是本体论，近代主要是认识论，那么现代呢，开始探讨语言，纯粹逻辑。这应该是形而上学本身的三个主要的问题。从亚里士多德那里就有，但是亚里士多德还没有把它严格区分开来，在亚里士多德那里是混着的，混在一起的。他谈逻辑的时候就是谈认识论，谈认识论的时候就是在谈本体论。它们没有被严格区分开来。亚里士多德以后呢，人们开始把它们区分开来了。但是又分得太机械了，分成了几个领域，互不相干。到黑格尔这里呢，又把它们重新统一起来。但这个统一起来，不再是亚里士多德的那种混沌一体，而是有非常明确的分工，分工而又合作。首先是逻辑，但是这个逻辑本身就是本体论，它就具有本体论的意义。虽然具有本体论的意义，但是它还没有展开为整个宇宙的本体。它也有认识论的意义，但是还没有展开为人的认识。或者它只是上帝的认识。所以他的三统一呢，是在他的整个体系里面逐步展开而形成的统一。用这种方式，他解决了思维和存在的关系问题。按照恩格斯的说法，有两个含义，一个是思维和存在何者是第一性的问题。另外一个是思维能否正确认识存在的问题。这两个问题在黑格尔那里都通过三统一的方式解决了。在他那里，思维和存在是一个东西，存在本身就是客观思维，所以思维是第一性的，存在呢，不过是一种思维而已。那么思维既然就是存在，它当然可以认识存在，认识论和本体论同一。由这种方式，黑格尔提出了一个很重要的命题，就是逻辑的东西和历史的东西是一致的。我在逻辑中，在思维中——以往的逻辑都是在思维中，思维的规律嘛——所发现的东西其实就是外部世界的历史的规律，而外部世界的历史的规律，几千年以来人类历史发展的理念，体现出了一种逻辑，体现出了一种规律性。这是黑格尔的一大发现。在人类的历史发展中，发现了有一种逻辑规律，这是他的一大发现。以往人们认为历史的东西没有什么规律，历史是偶然的嘛，历史都是人们任意造成的，那能有什么规律呢？你能够算命，他的自由意志在这一瞬间会做出什么事情来吗？特别是那些英雄，那些皇帝，那些国王，他们一举一动，都会改变历史。那么你能算定他将会采取什么样的措施吗？这个没办法算的。但是，按照黑格尔的观点呢，其实他们并不是那么自由。那些历史上的英雄人物，他们要服从一种历史中的理性。他不服从历史中的理性可以，但是历史会惩罚他。他只有服从了历史理性，他才会成功。这种历史理性的思想，是黑格尔第一个提出来的。在以前，康德也有历史的合目的性的发展这样一种思想，但是康德认为这个不是理性，这个是一种反思的判断力。当然它也借助于理性，但是它本身是一种反思的判断力。只是一种设想，只是一种猜测，只是一种象征。历史本身没有什么规律，只是好像有一种目的。只有到黑格尔，才提出了历史本身有它的规律，那就是历史理性。这就产生了黑格尔的整个客观唯心主义体系。思想是客观的，理性是客观的，在历史中真正起作用的是历史中的那些思想，那些逻辑。这是他的客观唯心主义。

最后，由这样一种客观唯心主义，黑格尔形成了他无所不包的《百科全书》。他的主要代表作称为《哲学百科全书》，也叫作《哲学全书》。就是说，天上、地下、历史、过去、现实、人类、社会、精神，各种各样的，万事万物，无所不包，全部在他的《哲学百科全书》里面包含着。我们今天的所谓百科全书也就是这样，凡是人类的知识，在百科全书上面都有记载。黑格尔自诩为《百科全书》，那么就是说他的这个《百科全书》里面，什么东西都可以找到它的根据。当然它不是以词条展现出来的，而是以原理的方式。当然一个人不可能有那样大能量能够把一部百科全书包下来，百科全书都是多少人合作的成果嘛。但是这些原理，万事万物的原理，都在他的《百科全书》之中。所以在某种意义上，它也是百科全书。这个是当时公认的，马克思恩格斯都把他称为“百科全书式的学者”，只有古代的亚里士多德能够跟他相比，所以他们曾经把亚里士多德称为“古代世界的黑格尔”，那么黑格尔就是当代的亚里士多德了。亚里士多德据说写了400多本书，加上他指导他学生写的，一共有一千多种。在当时的知识面上，什么东西都在他那里尽收眼底，都在他的书里面表现出来，这个是只有古代的亚里士多德做到了这一点。那么在近代呢，只有黑格尔。黑格尔以后再没有了。黑格尔以后，人类知识大爆炸，没有任何一个人能够把所有的知识都纳入到自己的体系里面，尽收眼底。黑格尔有这个特点，他对当时那种尖端科学，包括数学领域里面，他都有很深的造诣。我们看《逻辑学》第一卷存在论谈量的范畴的时候，大量的数学方面的知识，那不是一般人能够理解的。后来马克思读黑格尔的《逻辑学》的时候，读了很多数学的书。要对黑格尔的数学思想进行评价，唯有马克思可以做到。其他人都做不到。因为凡是搞人文科学的，不是搞数学专业的，哪有那么高的数学修养，没有，不可能有。数学家呢，又没有人文修养，哲学修养。那么，黑格尔、马克思以后的今天，更加没有了。今天的知识，不是任何一个人能够凭自己单个人的头脑尽收眼底的。而黑格尔当时就有这个能耐。数学、物理学、化学、电学、磁学、热学，包括生物学，当时的最高发展水平，他全知道。当然有些观点是错误的，他还跟牛顿他们那些人争论光学理论，太阳光究竟有七色还是怎么样，他认为不是七色，太阳光是单纯的，是白的。当然他是错的。但是他毕竟在那个时候能跟那些顶尖级的人物进行讨论，这是很了不起的事情。他的知识水平在当时达到了顶尖的层次。

那么他这个《百科全书》呢，首先是逻辑学，概括一切。逻辑学可以说是他的方法论，涵盖一切。那么其他的自然哲学和精神哲学呢，被称为应用逻辑学。当然他这个体系呢，有它固有的矛盾，就是后来马克思、恩格斯指出来的，就是体系和方法的矛盾。他的方法是辩证的，革命的辩证法，批判的辩证法。但是它的体系最后失去了批判性。也就是说他的体系封闭起来了，他的体系最后达到了封闭，那就达到了一种保守了。就是说再不能容许辩证法进一步地发展了，给后来的辩证思想的发展设立了一个界限。所以后来的人要发展，就纷纷冲破他的体系，包括青年黑格尔派，费尔巴哈、马克思这些人，都是冲破了黑格尔的系统，才能把他的辩证法进一步继续发展起来。所以黑格尔体系中有体系和方法的这样一种根本的矛盾。因为他把他的体系看作是上帝、绝对精神、绝对真理本身的发展，上帝的自我意识在黑格尔的头脑里面达到了。那你岂不是把自己当作上帝了？你的思想就是上帝的思想，上帝在你这里达到了自我意识，那别人都不要活了，后来人都不要思想了，就看你的书就够了。凤凰卫视说，我们所有的人都读李敖，李敖读书读得最多，我们就不需要读书了，我们就读李敖就够了。在当时就是黑格尔读得最多，我们都不要读书，我们就读黑格尔就可以了。那哲学思想就停止了，所以他必然会被人们所超越，这个是他的命运。这是他的基本特征。

第十一讲　黑格尔的逻辑学（存在论和本质论）

下面讲黑格尔的逻辑学。刚才我讲了黑格尔的《哲学百科全书》，第一部分就是逻辑学。为什么要把逻辑学放在第一部分呢？当然这是他的方法论。首先，把它当作方法论。这个方法论不像我们以往的方法论，就是先给你介绍一套方法，然后呢，你再把这一套方法用在各种各样的对象身上。我在前面讲了，他的方法论作为逻辑，它是认识论和本体论的统一。他这个方法本身就是世界的结构，这个世界的结构是上帝在创造世界之前的一幅蓝图。上帝就是按照我这个逻辑学来创造世界的，你想想这个逻辑学有多伟大，在每一个事物里面都有逻辑学的成分，作为它的本体，都有逻辑上的一个范畴，作为每一件事物背后的本体。因为这些事物就是上帝按照范畴所创造出来的。所以他对他的逻辑学定位是这样的，为什么放在第一位来讲，其他的都是应用逻辑学，唯有这个逻辑学是本体。是本体当然就是方法，方法是从本体中来的，方法不是外加的，不是外来的加到事物身上的，而是事物本身的规律，事物本身的规律就体现为方法，体现为逻辑。

黑格尔逻辑学有大小两部逻辑学。第一部是1812年到1816年陆续出版的《逻辑学》，我们通常称之为大逻辑，因为它的篇幅比较大，它有上下两卷，三大部分，存在论、本质论和概念论，这个篇幅比较大。小逻辑就是他的《哲学百科全书》，在1817年出版的《哲学百科全书》的第一卷第一部分。小逻辑的篇幅比大逻辑要小，我们通常称之为小逻辑。但是它的名称还是《哲学百科全书》第一部分“逻辑学”。它的篇幅比较小，但内容与大逻辑一致，而且更加精炼，它是用来上课的。大逻辑不是用来上课的，大逻辑是他的专著。大逻辑给他带来很大名声，我刚才讲了，他因为这个名声被海德堡大学聘为哲学正教授。一个是大逻辑，一个是《精神现象学》。《精神现象学》我在后面再讲。通常我们在图书馆里面查黑格尔的《逻辑学》的时候，我们按照图书馆的编号，我们往往把它编到形式逻辑的那一部分，形式逻辑，数理逻辑，编到那一部分，其实放错地方了。不能放到那个书架上去，黑格尔的《逻辑学》不能放到逻辑学的这个书架上去，而应该放到形而上学的栏目里。因为，作为逻辑学来说，它首先是本体论。首先是黑格尔的本体论。所谓本体论就是存在论了。本体论Ontologie，这个词本来的意思就是存在论。它是探讨作为存在的存在的这样一个体系。形式逻辑是不探讨存在的，哪个形式逻辑来探讨作为存在的存在呢？那不是笑话吗？但是，黑格尔的逻辑学就是探讨作为存在的存在，就是亚里士多德的形而上学里面所探讨的核心问题。亚里士多德在形而上学里面不是讲吗，有一门科学，专门研究作为有的有。必须有这样一门科学。很多其他科学，物理学啊，动物学、植物学，这些学科都是研究存在的东西。动物、植物、矿物，这些东西都是存在的东西。但是现在还没有一门科学专门研究作为有的有，作为存在的存在。所以亚里士多德的形而上学呢，就是专门来研究作为存在的存在，就是说，所有这些东西都存在，但是存在本身是什么，什么是存在，什么是有，要有一门专门的科学研究这个问题。这个就不是一般的什么动物学、植物学、矿物学所研究的，物理学所研究的，而应该是形而上学研究的。“物理学之后”，形而上学就是物理学之后嘛，在物理学之后我们要提高一个层次，来研究物理学中的这些存在何以存在，它们的存在是什么意思，那么黑格尔这个《哲学全书》的第一部就是研究这个问题。我刚才讲，它是展示上帝在创世之前的一个规划，一个蓝图，也是黑格尔全部哲学体系的总纲。黑格尔自认为代表了上帝的自我意识嘛。当然这个逻辑学整个是一个范畴体系，从这一方面来说，它有点类似于康德的那个范畴表以及对这个范畴表的解释，包括由这些范畴所延伸出来各种原理，相当于康德的范畴以及知性的分析论。但是呢，根本上已经跟它不一样了。它已经展示为整个世界本身的一套规律。不是我们人的一套主观的先天结构，而是客观世界本身的发展的规律。上帝在创造世界的时候就是按照这样一种规律把世界创造出来的。那么我们也要从这个世界里面看出这样一套规律来。这就是逻辑学。

那么整个逻辑学的体系呢，属于黑格尔哲学百科全书的第一部分。那么第二部分呢，就是自然哲学，梁志学先生他们早已翻译出来了。第三部分呢，是精神哲学。精神哲学去年由杨祖陶先生把它翻译出来了，所以这个《哲学全书》的体系呢，中译本已经全了。那么这个体系是一个大圆圈，比如说从逻辑学到自然哲学到精神哲学，精神哲学最后回到了上帝。就相当于基督教里面的创世、堕落和拯救。逻辑学是创世，上帝创造世界的蓝图，自然哲学是上帝的堕落，上帝化身为自然界，上帝创造自然界，上帝本来可以不创造自然界，自然界的层次多低呀，上帝那么高的层次，他为什么要创造自然界出来，还要创造出人的肉体，那肯定是一种堕落。但是，这个堕落最后要在精神哲学里面得到拯救。上帝化身为人，化身为基督，这本来是堕落了，上帝的堕落，但是基督化身为人，在人世上来是要拯救人类。是要把人类的灵魂拯救到天国。怎么样拯救？就是要通过精神哲学。精神哲学最后在哲学中使人类的灵魂得到了拯救。这个是黑格尔的一个总体设计。

一、存在论

我们今天进入到黑格尔哲学的开端，就是他的逻辑学里面的存在论。逻辑学的存在论，这是首先要了解的一个范畴。我在前面讲到，黑格尔的逻辑学跟以往的形式逻辑不一样，它不是单纯的形式工具，而是讲的世界的本体，同时也是讲的我们认识的起点。我们认识的起点是从存在开始的。另外呢，他的逻辑学体系是一整套的范畴体系，范畴与范畴之间有一种逻辑关系。但是这种逻辑关系不是形式逻辑的关系，而是事物的逻辑以及认识的逻辑。我们的认识从哪里开始？首先我们要从存在开始。

1. 存在

那么我们首先看看存在。他的逻辑学的第一个概念就是存在的概念，Sein，英语里面翻译成be。它实际上是从古希腊的on这个词发展而来的，也就是我们通常讲的“是”。我们通常作为一个系词，作为一个判断中用的联系词，就是用的这个词。这个词可以翻译为是，也是可以翻译为有，还可以翻译为存在、本体。这是从古希腊以来西方哲学的一个传统，两千年以来的传统。这个传统在中国人这里是没有的。我们以前中国人的这个“是”，虽然有时候也做过系词，但是它有别的含义，它从来没有固定地做过一个系词。我们一般中国人说话，古文里面可以不用系词，在绝大多数的情况下都不用这个“是”，而是靠一种语序的先后，或者其他的方式来表达这个“是”的含义。但是西方的语言，作为一种拼音文字，它这个“是”是不可少的，即算它不用，但是西方人的理解里面还是把它考虑进去了。也就是它可以作为一切其他的语句、语法形式的一个归结点，你不用它，你仍然可以把其他的表达方式还原为一种“S是P”的这样一种判断形式。S是主词，P是谓词，中间用一个“是”来加以连接，这个我前面在讲康德的哲学先验逻辑的时候已经提到这一点了。康德就是从这里出发的，“S是P”，那么我们就构成了一个判断。当然这不是康德提出来的，而是传统的理解。康德已经把它往前推了一步，就是说这个“是”，不仅仅是起一个机械地把主词谓词连接起来的纽带的作用，而是具有一种能动的作用，我们前面讲康德哲学的时候已经讲了这一点。是，它具有一种能动的作用，有一种综合作用，连接不是一种外在的连接，而是一种主体性把两方面统摄起来、综合起来的这样一种作用。当然这个词还有别的含义，存在是它的一个含义，存在本身又有两个含义，一个是做名词用，一个是做动词用。做名词用，后来海德格尔把它改写成Seiende，就是存在者，他认为存在和存在者是不可混淆的。动词和名词是不能混淆的，最根本的从它的来源来说，应该把它理解为动词。当然海德格尔是后来的分析。其实在康德这里已经把它理解为动词了，那么到黑格尔这里呢，把它的动词含义进一步发挥出来了。就是说，存在，存在者，“是”或者“有”，虽然都是同一个词，但是它最根本的意义呢，就是“纯存在”，而纯粹的存在，应该是它的动词的含义。所以它就是“存在起来”这样一个动作。存在其实就是存在起来这个动作。这在费希特那里已经把它理解为一种行动，存在就是一种行动。当然费希特那个行动，最初是自我的一个行动，行动哲学，它立足于自我，而没有立足于“是”。在黑格尔这里呢，把自我也放进去了。最一开始，连自我都没有，最开始就是一个“是”，就是一个存在起来、“是”起来。你应该把它作为一个动词来加以理解。

那么，这样理解的Sein在黑格尔那里呢，他说它是一个“决心”。决心干什么？决心肯定是一个行动的前提了，决心要去做什么，但是还没有做。虽然没有做，但是已经有一种做的意向。所以真正你要建立一个逻辑学的体系，你必须不以任何既定的东西为前提，而是让逻辑学本身的前提自然而地呈现出来、生发出来。那么，唯一可能的就是这个决心。它没有任何前提，决心这个东西不一定要有前提的。当然我们在日常生活中间，我们决心要做一件事情是经过考量的，各方面条件具备了，那么我们就决心做了。但是最根本的决心，它是没有前提的。就我们人来说，你要活下去，你得有决心，你决心活下去，你决心存在下去，你决心存在起来。最根本的存在就是决心。所以它是一个没有前提的最抽象的概念。它什么都没有，什么前提，什么条件都没有，我都不加考虑，这个时候，处在一片白茫茫的大地上面的时候，唯一的就是一个决心在那里起作用。为什么要活着？最开始根本不考虑这个问题，这个问题是后来才考虑的，最开始只有一种要活的决心。所以逻辑学的开端应该以这样一个决心为开端，不能以任何别的东西作为开端。黑格尔在这里提到了，比如说有的人可能认为，逻辑学既然要以一个东西为开端，那是不是就以“开端”这个概念作为开端呢？那岂不是更好吗？以开端为开端，逻辑学不就开端了吗？但是黑格尔说不行。开端这个概念你要仔细分析起来，它很复杂的。开端就是有一个开始，然后呢，有一个结束。开端一旦开端，它就不再是开端了，它的开端就结束了。所以它里面其实已经包含有变易。变易在黑格尔那里已经是第三个范畴了。它已经是以存在和非存在、有和无作为前提的。所以你不能用开端作为开端。开端作为一个过程，一个活动，它已经包含有两个范畴在里头，存在和非存在、无，太复杂了。开端必须是最单纯的。那么，是不是能够像费希特那样以“我”为开端呢？笛卡儿的我思故我在，笛卡儿通过怀疑所有的东西，最后剩下一个不能怀疑的东西就是我。那么费希特也是从这个开端入手的，把自我设定为开端。但是黑格尔说也不行。因为一旦以这个我开端，人家就会问，什么是我，或者我是什么。如果你还没有搞清什么是我，你贸然以我开端，那是独断的，强加于人的。而且“我”这个概念里面已经包含有什么“是”我，已经包含有“是”了。你要搞清什么“是”我，你就必须以“是”为前提，以Sein为前提。所以，还得用Sein作为开端，只能用Sein本身作为开端。任何其他的东西都面临一个“什么是这个”的问题，唯有“是”本身，它不再有“什么是”的问题。什么是“是”？当你问什么是“是”的时候，你已经把这个“是”放在里面了，你的问话已经展示了“是”之所“是”。它既是系词，又是谓词。你在系词里面已经设定了这个“是”，你还问什么是“是”，你自己在用它。如果你还没有搞清楚什么是“是”，你连用都不能用，问都不能问。当你问什么是“是”时你已经用了这个“是”，你又来问这个“是”。你能够问这个“是”，说明你已经了解了这个

“是”。所以“是”是唯一可能的开端。

2. 非存在或无

但是这样一来，“是”本身就是什么都不是了。你把“是”作为开端，现在什么还没有，它是没有前提的，你不能用任何东西来描述它，那这个“是”是什么呢？这个“是”就是没有任何进一步规定的东西。你要问它本身，只能说它就是“是起来”的这个活动，这个过程，或者说，这个决心。“是起来”的决心。你要“是”什么，你要“是”任何东西，你都必须决心去“是起来”。如果你没有这个决心，你就“是”不起来。你想成为任何一个东西，或者任何一个人，你都必须要有决心，否则你就什么也不是。所以，作为决心的这个“是”，是他的第一个范畴，这是毫无疑问的。逻辑学必须以Sein作为开端。很多人以为黑格尔把Sein作为开端，那么其他的都是加在这个开端之上的。其实不是的。很多人解释逻辑学就是这样解释的，第一个概念是存在，Sein，然后呢又加上一个“无”，加上一个Nichtsein，一个非存在，加上一个Nichtsein，然后再加上一个Werden，加上一个“变”。有加无再加变，这种理解都是外在的理解，没有把握黑格尔本人思想的精义。什么是黑格尔本人思想的精义？什么是逻辑学的精义？就是在这个“是”的理解里面，它不是一个静止不变的孤立的范畴，而是一种决心。而这个决心是后来一切范畴的根源。那些范畴不是从外面加上的，是由它自己变出来的，是由它自己决心产生出来的。所以整个逻辑学你看它那么多范畴，一串一串范畴，里面都有一个Sein，都包含有决心在里头。每一个范畴由于这种决心，所以才一个附着于另一个，一个生成另外一个，生长出另外一个，以至于最后生长出整个逻辑学体系。这样来理解黑格尔的逻辑学，我们才能够把它看作一个系统，它里面贯穿着的就是这种Sein的精神。存在论或者说本体论Ontologie，这个概念就是他的逻辑学的概念。而这个on或者Sein，他的理解跟以往的理解呢，已经很不相同了。Ontologie以往总是认为呢，就是讲一个存在者的世界，关于存在者、关于存在的东西，存在就是存在者，这个海德格尔已经指出来了，叫作“存在遗忘”，用存在者冒充存在。那是一个静止的体系，一个宇宙观。但是在黑格尔这里呢，他把这个Sein变成一种能动性的东西，所以它就不是一个静止不变的宇宙观，宇宙在那里，然后我去观察它，不是的。它是宇宙本身生长发育起来的原则。宇宙本身，存在本身，生长发育起来的一整套原则，就体现在逻辑学里。

逻辑学以Sein作为开端，这个Sein本身呢，又什么都不是。于是从这里头呢，我们就可以自然而然地引出第二个范畴，就是无。再强调一下，它不是添加上去的，而是引出来的。这是一个三段式了，存在、无和变。也就是说，存在是一个决心，那么既然有一个决心，它就不满足于这个决心，它要看这个决心能够成就什么。也就是“是”已经在了，那么“是”就要自问，我要“是什么”。什么是“是”，这个不用问，但是是什么，还是要问。你“是起来”的那个东西是什么东西呢？你将要“是”成的那个东西，你将要存在起来的那个东西，是个什么东西呢？人们发现，一旦他要“是”什么，他决心去做，做什么呢？他就发现自己什么都不是。纯粹的存在没有任何进一步的规定，那么它岂不就是无吗？这样一种单纯的决心，仅仅停留一种决心，那他什么还不是。正是因为他什么都还不是，所以才决心去是。所以它里面呢，就显出了第二个范畴，就是“无”。这个无不是从外面加给这个有、加给这个存在的，而就是存在作为一个开端，作为一个纯存在，它的意思就是无。

存在的意思，作为存在的存在，还什么都不是的时候，它的意思就是无。我们要注意黑格尔的范畴进展都是这样的。一个概念出现了，那么你就分析这个概念意味着什么，当你一旦分析这个概念意味着什么的时候，你就会发现，它里面的意味恰好是它的反面。正如柏拉图《巴门尼德篇》里面讲到“一”这个概念，当你要了解“一”这个概念、“一”是什么的时候，“一”是“一”，这个命题你进一步加以仔细的考察，发现它的意思就是说“一”是“多”。因为“一”如果仅仅是“一”的话，它就不用再加上“是”。你说“一是”，就已经意味着“一”肯定就是“多”了。你多了一个概念嘛。如果真正是“一”，那它连“是”也不能加。你就不能说，你一旦说，它就走向了反面，“一”就变成了“多”。黑格尔多次讲到，他从柏拉图《巴门尼德篇》那里受到很多启发，他的存在的概念就是这样的。纯存在，当你去考察它的内容的时候，它到底意味着什么的时候，你就会发现，它就意味着什么也没有，它至少是暂时还什么都没有。就这个概念本身看这个概念的时候，你就会发现，它里面是什么也没有的。所以它的意思呢，其实就是无，其实就是非存在。

但是，反过来看，尽管是非存在，但是非存在这个无，它是存在起来的，它是“是”出来的。虽然它是否，它是无，它是非存在，但是这个“无”是“是”出来的，是由“是”本身引出来的。它以“是”为前提，它以决心为前提。所以把这个“无”跟它的前提“有”联系起来看，那么你就会讲，有一个无，或者存在着一个非存在。你要把这两个概念联系起来去理解的话，你就会得出这样一个命题，“存在着一个非存在”。这个非存在就是这个存在本身，并且是由这个存在“在起来”的。于是你就可以说，有一个无。但是还没有任何更进一步的有。所以这个无是以有为前提的，这也可以说是西方哲学的一个传统。从古代巴门尼德开始，有就是有，无就是无，非存在就是不存在，那么从古希腊开始，一直是把这个存在作为第一范畴。你可以说存在不存在，像赫拉克利特，存在的东西，既存在又不存在，你可以这样说，但是你的理解的前提还是存在。所以亚里士多德要建立一个存在论，关于存在的存在，作为有的有，要专门探讨这个问题。这是西方哲学的一个传统。西方哲学没有一个完全从无出发的传统，没有另一个亚里士多德来说，首先要专门探讨的是“作为无的无”。只有中国哲学才这样做，中国哲学，像老子讲的“天下万物生于有，有生于无”，有是以无为前提的。这个是中西哲学的一个很大的区别。我在这里当然不能够详细地介绍了，大家了解一下就够了。就是西方基本上是一种有的哲学，存在的哲学，或者说“是”的哲学。这是他们的一个特点。

3. 变易

现在我们就有两个概念，一个有，一个无，而且有一个无。那么这两个概念呢，我们对它加以反思，我们发现，它们是互相包含的。有里面包含无，反过来无又包含有，是有一个无。并不是像庄子讲的，无亦无，无有一无有，连无也没有，连无有也是无有的。但是在西方人眼睛里面呢，当你说“有一个无”的时候，你已经承认了有，你已经把有作为前提了。所以有和无是互相包含的。当你说无的时候，你在说有；当你说有的时候，你在说无。既然如此，这两个概念我们综合起来看，它就是“变”。变这个概念其实不太好翻译，德文里面Werden这个词本来的意思就是形成、生成、成为、变成。我们把它翻译成变，也译作“变易”。当然有变的意思在里头，但是它跟中国人讲的这个变，还是不太一样。比如中国人《易经》里面讲变易，我们把它翻译成变易也可以，但是它跟《易经》里面讲的这个“易”，还不太一样。《易经》里面讲的这个易是没有方向的。氤氲化生，生生不息，生生灭灭，生了又灭，灭了又生，这个大化流行是循环的，它没有固定的方向，它不是一种进化论。但是在黑格尔的Werden这个词里面呢，它有进化的意思，它有方向的意思。生成、成为，成为什么。当然生成了以后呢，它也会灭亡，这毫无疑问。但是灭亡也意味着生成，而且生成的层次更高。这是我们下面马上要看到的。所以你翻译成变易，当然可以，但是你要跟中国《易经》、易学里面讲的那种易要作一点区分。所以变这个概念包含两个概念，一个是有，一个是无。从有到无，从无到有。从有到无，可以说是消灭；从无到有，可以说是产生。变无非就是消灭和产生嘛。你要说形成，凡是形成的东西都会消灭。那么变这样一个概念，开始有了两个概念包含在它里面，必须要通过这两个概念，你才能理解变这个概念，那么变这个概念就具有了内容，第一次具有了内容。其他的前面那两个概念呢，还没有内容，还是空的。有是空的，没有任何更进一步的前提，无，既然是无，它当然也是空的。但是变的概念，已经有了产生和消灭，有了有和无这两个概念在里面。所以呢，已经在某种意义上呢，具有了具体性，或者说，成为第一个“具体概念”。

具体概念是黑格尔的一个很重要的术语，我在后面还要专门来谈。我们讲感性是具体的，但是在黑格尔看来，感性不是具体的，而是抽象的。概念则有抽象概念，也有具体概念。所谓具体概念呢，就是里面包含有别的东西，包含其他的概念。如果你不考虑这个概念里面包含的其他的概念，单纯把这个概念抽出来，从它的关系中抽出来，那就是抽象概念。如果你把这个概念里面所包含的那些丰富的其他的概念都考虑在内，那这个概念就具体了。首先，变是第一个具体概念，它包含有和无，存在和非存在，产生和消灭。这些概念都包含在内，所以它是具体的。这是有、无、变这个三段式。这个三段式可以说贯穿着黑格尔整个逻辑学。但是要这样来理解，要把它理解为一个生成的过程，自行生长的过程。不要理解为有一个概念，然后再加上一个概念，有一个概念，然后再为它想出一个概念。像罗素所嘲笑的那样，我有一个外甥，然后呢，外甥有一个舅舅，舅舅又有他的父母，等等，像这种关系，可以拉拉扯扯，可以扯到无限，这就完全是对它的一种歪曲。黑格尔不是这样的，你先想到一个概念，然后联想到另外一个概念加进去，这个不是黑格尔的方法。

4. 质、量和度

下面一个就是，从变这个概念里面，我们还可以继续加以分析，从中就可以产生出第二个层次：质、量和度。这是他的存在论里面的三个大的环节，从质到量到度。有、无、变都属于质，都是一种性质，产生和消灭嘛。产生和消灭都还没有涉及定量化分析，都还是定性分析：有没有，有；那么，这个有是处于一种什么样的过程之中呢？是处于产生过程之中，还是处于消灭过程之中呢？是处于从无到有的过程之中，还是处于从有渐渐趋向于无的过程之中呢？这个就要定性了。这就是质。在变的这样一个阶段上，你对它加以确定，它变到哪一个阶段了，哪一个层次了，那就是它具有一种什么样的性质。我们说新生事物跟衰亡的事物有不同的性质。在产生和消灭过程中，我们回到存在这个概念来看，那么，这样一种存在，在产生和消灭中的这种存在，就是所谓的“定在”（Dasein）。这个词在黑格尔这里，我们把它翻成定在，一般的也把它翻成定在，但是它的含义有很多不同的译法，有的翻译成有限存在，限有，在海德格尔那里，翻译成此在。就是具体的、此时此刻的一个存在。在产生和消灭的过程中，你定在哪个阶段上面的这样一个具体的存在。存在都是具体的，在产生和消灭的过程中间，它总是处于一个位置，那么这样一个定下来的这个位置呢，就是定在了，就是某一个定在，一个具体的此在。那么它的特点呢，就是说，它跟其他的定在不同，既然是产生和消灭的过程，变易的过程，那么在这个过程里面，你取的点在哪个点上，跟取在另外一个点上，它所看到的定在是完全不同的。

所以，定在它本身就包含着与其他定在的一种不同，一种差异，一种关系。而且，这个定在之所以能够定在这个地方，恰好是因为其他的定在把别的位置都占了。所以，一个定在的性质，你要给它定性，是由其他的定在来给它定性的。它处于一个什么样的阶段上呢，你就要看它前面有什么什么，后面有什么什么，然后它处于其间，这才能给它定性哪。所以一个定在是受其他的定在所限制和规定的，它的质是由其他的定在所定下来的。一个事物的定在，一个事物的质，你说这个事物的定在是个什么样的定在呢？它就要由它前前后后的定在来给它加以规定，这样它的质就可以规定了。我们说给一个事物定性，定量我们先不管，我们要给一个事物定性，你就必须比较啊，你就必须拿它与最近的定在相比较。亚里士多德不是讲，要给一个事物下定义，就是“种加最近的属差”。种是大范围的，最近的属差，它跟你同一个种，但是呢，跟你又不一样。同一个范畴里面，它跟你不一样。那么，你如果把这样一个东西用来规定这个定在，那这个定在就可以定下来了，就定得很准了。所以这就是质。质，使得这个定在成为一个“某物”，而这个某物跟他物就有区别了。尽管具有区别，它又是由他物来规定的。正因为有这个区别，所以能够用他物来规定。如果没有区别，那他物怎么能来规定它呢？他物跟它有点不同，有相同的方面，但是又有不同，所以，他物可以规定某物。但是这个他物也是一个某物啊，你要用他物来规定某物，你首先要对他物要有所了解。你要对这个某物的质加以规定，你必须首先对他物的质加以规定。那么他物的质又是由另外一个他物所规定的。这样一来呢，我们对于一个事物的质的规定呢，就将陷入一个无穷追溯，陷入无限，老是定不下来。一个事物，你要准确地定性，老是定不下来，因为它涉及得太多，一串一串的，一个推一个，一个推一个，最后陷入到了一种"坏的无限性"，或者有的人翻译成"恶的无限性"，糟糕的无限性。无穷的追溯总是定不下来嘛，这个事物到底是一个什么性质，你必须把别的性质搞清了才能知道它，但是别的性质又需要别的性质。这是一种坏的无限性。黑格尔对坏的无限性是批判的，认为这是一种知性的思维方式。我们按照辩证思维方式呢，应该从这种坏的无限性里面呢，回到一种真的无限性。

什么是真的无限性呢？真的无限性跟有限是统一的，它是有限的无限，它不是说不断地去追溯，没有目标的、盲目地、跟着这个无限的链条拼命地跑，跑死了你也到不了头。真的无限性就是说，你不用跟人家去跑，你回到自身，回到某物自身，就这个某物自身加以规定，这个规定层次更高了。也就是把某物的规定，把它定为"自为的一"。所谓自为的一，自己为自己，自己成为一个一。什么叫自为的一呢？就是说，我不再去追溯了，不再去追别的某物了，我自己就是一个一，以我为中心，我把自己规定为一个无限的可被规定者。我虽然不是无限，但我是无限可被规定者。所有的规定，都要落实到我身上来。我是个一。他物，他物的他物，不管你有多少他物，你的规定最后都用来规定我嘛。所以我由此就获得了一个规定，就是无限的可被规定，无限的可被规定者。无限的可被规定，反过来也可以说，无限的可规定，我也可以无限地规定别的。所有的别的都可以规定我，我也可以用来规定所有的别的某物。那么，我就成了一个自为的一，自己为自己，我成了个"一"。而所有的他物呢，都被我规定为"多"。一和多的关系在这里就出现了。无非是一和多的关系，你要对性质方面的关系加以定性的话，最后呢，你会恍然大悟。就是实际上呢，是一个量的关系，是一和多的量的关系。我是一，我是单位，以我来衡量所有的一切。虽然就是一个一和多的关系，那么由此就过渡到量的范畴，质的范畴就过渡到量的范畴。质的范畴，如果你陷入坏的无限性，那当然是不会得出什么来了。但是你如果回到真的无限性，那量就是质的真理，量就是质的归宿。你那个质追溯来追溯去，最后归结到量。我们在道尔顿的原子论里面可以看出来，所有的质，其实都是原子量的不同的一种反映。你最后要归结到原子本身的量上面，然后你才能解释它所表现出来的各种各样的质。当然黑格尔在这里没有讲到原子论了，他是讲哲学。

那么量的范畴，在最开始的时候，量对于质是漠不关心的。既然是量的范畴，一个加一个，再加一个，都无所谓，都是一种数量关系，与质互相不干扰。1+1=2，一个苹果加一个苹果还是苹果，不会变成西瓜。它对于质是没有关系的。量的增加也好，减少也好，都不影响每个单位的性质。你把一个1加进任何一个数字里面去，它还是1，它的性质没有改变，那个数字的性质也不会改变。所以量对质首先表现出一种漠不关心的态度。量的增加，我们通常说只不过是量的上面加一点，多一点少一点，无关大局，性质上还是一样的。通常我们会这样说。这个是说得通的。量对质在一定的范围之内呢，它是漠不关心的。由此就导致了很多人把量作为唯一的事物关系来看待。比如说定量化的自然科学，包括我刚才讲的原子论。一切都归结为量，那质就没有关系了，我就可以忽视它。把一切都定量化，就可以用来解释质了。质不过是一种表面现象。而且呢，量的增加，并不改变什么质。所以有的人认为，量就是唯一的关系。量的关系是一种渐进的关系。1+1-2，2+1=3，是一个不断地，一个单位一个单位地加上去，这个中间进展的线索呢，是平缓的，是平滑的，没有任何起伏，直线上升，或者斜线上升。你画一条线，就可以把它的量的位置标出来。

但是黑格尔说，经常会发生这种情况，就是渐进过程的中断。这种平滑的直线上升，到了某种临界点，就会发生一个飞跃，渐进过程就中断了，发生了一种质的飞跃。所谓质的飞跃，就是说，性质完全变了，在新的基础上，在新的质的基础上，继续进行另外一种量的积累。量的积累到一定的程度，到一定临界点上，就发生质的飞跃。然后呢，就在一个完全不同的平台上面再重新进行量的积累。我们最经常举的例子就是，水烧开到100度，突然就沸腾变成了汽，变成了气体当然也有它的积累，但是那跟水的温度的量的积累完全是两码事，具有性质上的不同，具有本质上的不同。所以，黑格尔把这样一种飞跃称为一种“理性的狡计”，就是说看起来无所谓了，一粒谷子上面加上一粒谷子，再加上一粒谷子，不断地加上去，最后突然你发现成了一个谷堆。一个人的头发，你拔掉一根，没事儿，又拔掉一根，没事儿，最后你再拔掉一根，你发现成了一个秃头。这个就是理性的狡计，开始不引人注目，让你觉察不到，但是，它的结果到最后，你稍微一疏忽，就使你大吃一惊。为什么会疏忽？就是因为你一味依赖于量，依赖于一种知性的思维方式。

而忽视了它里面可能隐藏着一种辩证的关系。这是层次上的一种提高。所以到了临界点上，量和质的关系就成了一种交互的关系，不仅仅是量在那里增加，而且呢，质可以改变这个量的增加的规模，反过来改变这个量的规模。

那么在这个临界点上呢，我们就把它称为“度”。这就是质、量、度，第三个环节是度。度也是一种质，也是一种量。度就是作为质的量。从质的眼光来看的那个量，那就是度。所以度是质和量的统一。度是质和量的统一，是一种什么样的统一呢？是质量互变的统一。量变到一定的度，就达到了质变。质变一旦产生，就在更高的层次上生发出一种量变，在新的性质的平台上面，来进行量变。所以它是质量互变的一种规律。度就成为一种“规律”了。量的增加还不是规律，它是很偶然的，但是量在一定的度上面必然会发生质的飞跃，这就是一种规律了。但是这种度呢，它也有不同的层次，不同的度有不同的层次，不同的规律有不同的层次。水在100度烧开了，这是一个层次。水在更高的温度，几千度的情况之下，那又是另外一个层次。水蒸气在几千度的高温之下，又是另外一个层次，氢和氧都分解了。氢和氧分解以后如果再增加温度的话呢，那么原子可能都被压碎了，原子都要解体。这是有不同的度，不同的尺。在不同的尺度上面呢，一个尺度对另外一个尺度来说呢，就成了无尺度。打破它原来的尺度，就变成了无尺度。那么通过尺度和无尺度这样一种关系，我们就进入到了事物的本质，进入到了事物的规律性。我们就可以把握事物的本质。这就进入到了本质论了。

二、本质论

刚才我讲了本质论，从存在进入到本质。存在是属于知性的一种思维方式。所谓知性的思维方式就是停留在表面的，停留在一种抽象概念。在抽象概念的层次上面，我们往往采取知性的思维方式。所以，就会有理性的狡计。所谓理性的狡计就是说，当你用知性的思维方式思考问题的时候，理性就会在背后捣鬼，在背后玩弄一种阴谋，颠覆你的知性的这种通常的思维。知性的思维是有限的嘛，它不能够把握无限，也不能把握本质。那么，进入到本质论以后呢，理性就把自己的狡计坦白出来了，直接摆出来了。在知性的层次上面呢，理性还没有被人们所悟到，所以人们一看到理性露头，往往就感到大吃一惊。但是进入到本质论里面呢，就会把它的这个狡计的内在的机制探索清楚。所以，本质论已经进入到理性的层次。那么理性的层次，它跟知性不同的地方就在于它不再是直接性，而入到了间接性。前面存在论里面讲的那些范畴都是直接性的范畴，存在的范畴是直接性的范畴，本质论里面的范畴都是间接性的范畴。所谓间接性的范畴，就是说，你不能直接对这个概念加以理解。本质论里面的范畴都是一对一对的，存在论里面的范畴都是一个一个的。当然最后也是一对一对的，但是呢，这是在背后，在表面上还是一个一个的。所以呢，有理性的狡计，你意识不到。当你意识到的时候，你会大吃一惊。而本质论呢，它本来就是一对一对的范畴，每一个范畴要从另外一个范畴来加以理解，就像照镜子一样，互相反映。

那么为什么会是这样？因为本质论的范畴是从存在论的范畴加以追溯、加以深入而获得的。所以存在和本质是相关的，存在必有它的本质。那么，本质是什么呢？本质是“过去了的存在”。按照黑格尔的说法，本质是过去了的存在。什么叫过去了的存在呢？它是存在的根据，或者用亚里士多德的说法，就是存在的“原因”。所谓“原因”，当然这里不是讲的原因范畴，而是指的存在的底下的那个根据，它是“原先”就在那里的“因”。存在范畴只不过是显现出来，让我们直接看到的。从直接看到的存在范畴里面，我们要追溯它之所以存在的根源和根据，那就是过去了的存在。所谓原因嘛，就是原来的那个因。我们要了解一个人，我们必须要了解他的过去，我们要了解一个人的本质，我们就要看他的成长历史。我们要了解存在的本质，我们也要看它的过去，它原来是怎么样的，它是怎么样存在起来的。所以本质论实际上是对存在论的一种深入，一种深化，它不是从外面加到存在这个概念上面的，而是存在概念本身的自我深化，自我追溯，追溯它之所以存在的根据。所以本质这个词Wesen，它是从Sein的过去时里面变来的。Sein，存在的意思，它的过去时是gewesen。从gewesen里面呢，产生出了Wesen，就是本质。本质是存在的过去时，所以，从德语的语气上面，黑格尔讲得很坦然：本质是过去了的存在。我们中国人一看呢，就看不明白了，为什么是过去的存在？它其实就是存在的过去时嘛，就是说，存在过去那个形态导致了它现在的这样一种存在，那么我们要了解现在的这种存在，我们就要追溯它的过去，那就是它的本质。存在是何以存在的，是什么东西使得存在在起来的，这就是本质。所以本质是存在的一种追溯，一种深入，而且它就是存在的真理。

作为“存在的真理”，我们一般不太了解它的意思。本质是存在的真理，实际上就是说，本质才是“真正的存在”。本质是真的存在，存在不是真的存在，你直接看到的这个存在还不是真正的存在，它只是存在表现出来的“现象”。你要追溯真正的存在，就要追溯本质。正如亚里士多德讲，要追溯作为存在的存在是什么呢？最后就追溯到了实体，作为存在的存在是实体。实体才是作为存在的存在的原因。那么实体又是何以得以存在的呢？追溯到实体里面的质料和形式，最终追溯到了形式。形式就是存在这个实体的原因，形式因。黑格尔这里呢，也有类似的这样一种追溯方式。不光是黑格尔，也不光是亚里士多德，这种追溯方式可以说是西方哲学的一个通常的常规，一种传统。就是从一个东西要追溯它之所以成为这样东西的原因，知其然，还要知其所以然。不断地去探讨，去追溯。所以，本质才是真正的存在，但是这个真正的存在不能够直接地把握，而必须“反映”。reflection这个词，在拉丁语里面本来就是一个照镜子的术语，光学的术语，就是一个光线在镜子里面反射回来，所以也翻译成反射。我们在黑格尔这里通常译成“反思”，因为他讲的是思维嘛。思维就像光线一样，要从对象上面反过来，才能够看得清楚，才能够看出它的本质。所有本质范畴都是纯反思范畴，都是通过反思而表现出来的，所以它们都是一对一对的，而且每一对范畴所反映出来的都是一种互相颠倒的形象。反思所获得的都是颠倒的形象。为什么是颠倒的形象呢？你在镜子里面看到的都是颠倒的形象，你的左边就是镜子里的右边，你的右边就是镜子里的左边。你的前面就是镜子里的后面，你的后面就是镜子里的前面。这就是一种颠倒的形象。但是，通过这种颠倒的形象，你反过来想，它才能反映事物的真相。你如果没有镜子，你就自己看自己，你看不见自己，你看到的都是一些零零碎碎的，都是表面的东西。你要看到自己，你必须要照镜子，但照镜子的时候，你心里要存这样一个概念，就是说，镜子里的形象是一个颠倒的形象。你要对着镜子梳头，你就必须要知道，镜子里面的左耳朵就是你的右耳朵，你不要搞反了。所以最开始你不习惯的时候，是笨手笨脚的，你往往把镜子里的右边当成你的右边了，那你就搞不成了。所以，镜子里面的图像都是颠倒的，但是呢，双方又是不可分的。这个镜子不是说有一个实体，然后照镜子，而是说两个范畴互为镜子，你照鉴我，我照鉴你。只有通过否定自身，我才能够看到对方，只有通过颠倒自身，我才能够看到对方。所以，本质性的范畴呢，都是这样互相否定的一些范畴，一对一对的范畴，互相在对方那里看到自己。而对方恰好是自己的否定。在自己的否定中才能够看到自己。这就是本质。所以，本质这样一种理性的思维方式，黑格尔又把它称为否定的理性，或者说是消极的理性。它是一种消极的理性，它总是以否定的方式呈现出来的。

1. 本质自身

我们来看一下本质本身。本质自身，它有这样几个环节：同一、差异、对立和矛盾，由此达到根据。本质自身当然是同一的，同一性是本质自身的一个起码的基础，就是自然界的规律。我们探讨事物的本质，那么当然就要探讨同一性问题。现象可以是千变万化的，但是本质是不变的规律。所以它首先是同一性。但是这个同一性不像谢林所讲的，是一种无差异的同一，无差别的同一，而是所有的差别都是同一个东西本身的差别。就是说，这种同一性呢，体现在所有的东西都是同一的内在差别，这种差别是同一个东西的内在发生的。万物都有差别，正因为如此，所以万物都是同一的。中国古代有惠施的一个命题，叫作“万物毕同毕异”。万物完全相同，万物又完全不同。这是名家惠施提出的一个命题，可以用在这里。就是说，一切东西之所以是同一的，是因为他们都是有差别的，它们同样都有差别，在相互有差别这点上是同一的。这就是莱布尼茨提出的差异律。莱布尼茨的一个著名的故事，就是说，在宫廷里面，他跟王后说，万物都是不同的，不信你到花园里面去找，谁能找出两片完全一模一样的树叶来。王后不信，就发动所有的宫女去摘树叶，摘来一看，确实，找不出任何两片树叶完全是一模一样的。按照莱布尼茨的说法，如果两片树叶完全一样，那就只能是一个东西，那就不可能是两个东西。这就是他的差异律。万物都不同。

但是黑格尔说，差异律才是真正的同一律。形式逻辑讲同一律，同一律和差异律好像是完全不同的，但是黑格尔把这两者完全等同起来。就是说，所谓差异律是怎么来的呢？是同一个东西自我否定，自我分化，自我综合。没有任何外来的东西，是同一个东西来的，它背后都是同一个东西，表现出千千万万的不同的东西。但是差异律本身是同一律这一点，直接从差异律上面还看不出来，我们讲万物莫不相异，但是这些相异的东西本身还是一种杂多，看不出有什么同一性。一种杂多的东西，没有显现出同一性。表面上它们是跟同一完全对立的。但是黑格尔讲，这两个极端，其实都是真实的，而且是不可分的。比如说，我们作任何判断，都必须是差异中的同一，同一中的差异。我们在差异中讲同一，在同一中要我们要讲差异。这样才能形成一种正确判断。比如说，如果没有差异，我们就作不成任何判断。我们讲太阳是太阳，星球是星球，树叶是树叶，绿的是绿的，这不叫判断，这没有意义。我们必须要引进差异，我们才能形成一个判断。太阳是红的，“红的”肯定不是“太阳”，所以这句话是有意义的。星球是有体积的，或者是有引力的，等等。有差异才能形成判断。差异也不能漫无边际，差异中应该有同一，这个判断才有意义。通常讲，骆驼不是钢笔，这当然有差异了。但是你一下看不出它有同一性，所以这样的判断呢，它的意义很少，它所包含的信息很少。如果完全没有联系的话，那么它就不能够成为判断了。骆驼和钢笔还可以有点点联系，它们都是物体，它有一点点意思，但是呢，它的意思就很单薄了。你真正要形成一个有意思的判断，那就必须是，比如说“橡树不是槐树”，都是树，这就有同一性，但是又不完全等同。所以它就是一个有意义的判断。所以，在作任何判断的时候，同一和差异是不可分的。

但是，差异毕竟还是一种杂多，它还很难体现出它的本质性，真正能体现出本质性的差异呢，就是对立。对立已经开始体现出本质了。对立，就是开始意识到了它的同一性的一种差异。一种对立的东西，它肯定是在一种同样的前提之下才能够讲对立。光明和黑暗，正和负，生和死，这是对立的范畴，这就不是一般的差异了。一般的差异，骆驼和钢笔，那当然是不同的，但是他们不形成对立呀。万物都是不同的，但是它不能形成对立。要形成对立必须意识到它的同一性。光明和黑暗，它们都是建立在光线这个前提之下的。生和死，是建立在生命这个前提之下的。死无非是生命的缺乏，黑暗是光明的缺乏。所以它们已经意识到了它们互相的关联，意识到了它们的统一，是这样一种差异。它们当然也是差异，对立也是差异，但却是已经开始意识到了同一性的一种差异。所以它表现出相互关联，相互渗透，相互转化。生和死，正和负，光明和黑暗，它们都有一种相互转化，表现出对立统一的规律。它们只有一对，是一对一的，生只能和死相对，正只能和负相对。这就不是差异律，也不是同一律了，它是对立的统一，在对立中有统一。但是对立呢，还没有真正地达到“同一”，它达到的是“统一”。你可以把两个概念联系起来，把它们统一起来，但是，还没有真正地完成同一的东西，达到它们的同一性。统一性和同一性，我们通常把它们混用，其实还有层次上的不同。统一性当然已经表现出一种同一性了，但是还不是真正的同一性。同一性就是同一个东西，它自己内部发生的事情才有同一性。对立的统一则只是两个对立面外部冲突的事情，当然在这个统一体中它们还是内部的，但这两个东西毕竟不是一个东西。那么，要达到真正的同一性，必须是什么一种对立呢？必须是同一个东西自己跟自己对立。

这样的对立，就达到了一种同一性，同一个东西自己和自己对立，这就成了所谓的矛盾。什么叫矛盾？矛盾就是一个东西的自相矛盾，自己和自己相冲突，它的对立不是一种外在的对立，不是说光明和黑暗，共产党和国民党，一种外在的东西，它是同一个东西自己和自己相对立，自己和自己不对路了，要反对自己了，自我否定了，这就是矛盾。而矛盾呢，正由于是自己跟自己的关系，恰好就具有同一性，具有“矛盾的同一性”。我们的用词呢，往往教科书上面不是很严格的，矛盾你就不能只说统一性了，它是同一性，对立呢，你就不能说对立的同一性，只能说对立的统一性。这其实是很严格的。对立和矛盾是完全不同的，对立允许有中间物，如光明和黑暗中间有昏暗，共产党和国民党中间有民主党派，黑和白之间有红黄蓝绿；矛盾则不允许有中间物，要符合排中律，如事物不是“黑”的就是“非黑”的，没有中间状态。我们经常把对立和矛盾搞混了，认为差不多，就是一回事。其实只有矛盾的同一性才是自己和自己对立，这才是真正回复到同一性。自相矛盾才能成为万物运动的根据。我们通常说，对立统一是万物运动的根据，其实呢，还没有说到位。对立统一，当然你要追溯的话，追溯到矛盾，矛盾也是一种对立统一，是对立统一的一种极端形式。这样当然可以说对立统一是万物运动的根据。但是真正的万物运动的根据呢，就是矛盾。矛盾的同一性，才是万物运动的根据。这是对形式逻辑的“不矛盾律”的深化。形式逻辑不允许有矛盾，但正因为如此它也就不能解释运动，只能规定静止的东西，只能看到表面现象，不能深入到本质。深入到本质就会发现，万物都有矛盾。

那么这样的根据，万物运动的根据，是矛盾，那么，矛盾的根据何在呢？为什么要有矛盾？一个东西为什么自己要跟自己过不去？没有根据。矛盾再没有根据了，矛盾就是一切其他事物的根据，而它本身是“无根据”，Abgrund，又翻译成“无底深渊”。矛盾就是没有底的。矛盾的内在发生是万物必然如此。一个东西要否定自身，是万物必然如此。你说它为什么要否定自身，是不是有神经病了？不是的，万物都是这样。只有否定自身它才能存在，万物都是运动的，都是发展的，如果它不运动，不发展，它就消灭了。凡是没有消灭的，就是万物。凡是没有消灭的，都是在运动中，在发展中。那么它的运动和发展的根据就是它自己跟自己过不去，就是自我否定，就是自相矛盾。自相矛盾才是自己运动的根源，它不是外来的推动。当然有外来的推动，但是外来的推动也应该建立在自我运动的基础之上。动力源就在一个事物的内部。那么这样一种自己运动，表现出来的各种各样的现象呢，就是各种对立范畴互相转化，各种相反的范畴互相转化。一个范畴转化到它的对立面去，那它岂不是自相矛盾了吗？它本来跟它对立面是对立的，完全是相反的，但它自己转化为它的相反的范畴，那就是自我否定了，那就是自己运动了。那么，这样一种对立范畴的互相转化，就体现为现象。

2. 现象

现象就是有根据、有本质的东西。我们讲现象和本质好像是对立的，但是，我们之所以讲现象，就是因为现象低下是有本质的，我们才说它是一个现象。当我们说到现象的时候，我们肯定要说，那它的本质是什么呢？它是什么样的本质所表现出来的现象呢？所以现象本身隐含着它是有根据的，有本质的。而本质呢，也就包含着它是表现出来的。我们说这个事物是本质，那么我们马上就说，那它表现出来是什么呢？所以本质肯定要表现出来，这不是康德所说的物自体，它肯定要表现为现象。现象和本质是辩证的，是统一的。所以一切都是现象，万物一切我们可以说都是现象，本质其实也是现象。我们说这个事物的本质是另外一个事物，那另外一个事物呢，其实也是现象。它的本质又是什么，我们可以再加以推导，我们可以一直推下去，对于本质的追寻，什么是本质的本质，可以一直推下去。我们说这个桌子是现象，构成它的本质是木材，它是一种什么木做的，那么这种木材的本质又是什么，它的本质是分子构成的，它的不可入性只是一种现象，其实是分子的一种排斥力。那么，我们分析分子的层次，我们又可以分析到，其实分子也是现象，它的本质是原子。原子也是现象，它的本质是基本粒子。我们可以一直去追寻，追寻到最后，没有最后，所有的本质一旦你追寻到，它都是现象，它又有一套本质。所以我们对本质的追寻是“从现象到现象”的追寻。除非你像康德一样，设定一个物自体，那就不再是现象了。凡是非物自体，凡是你能够追溯到的本质，都是现象，它都能显现出来。我看不见，我可以用显微镜，我可以用电子显微镜，就可以看见。如果我们根本不可能看见，那我们可以说它是无，我们就可以否定它了，它就不存在了。凡是存在的东西，都可以用种种方式看到它，把它呈现出来。所以在从现象到现象的这种追寻过程中，一切范畴都是相对的。在现象的这个领域里面呢，黑格尔提出来一系列的范畴，像物和属性，物和属性是相对的。一个物，你说它是那个属性的一个实体，但是那个物本身也是属性，那个物本身也是别的东西的属性。从别的东西要追溯下去的话，那个东西也是另外一个更深层次东西的属性。物和属性是相对的。物总是用属性的方式表现出来的。不管你追到那一层，它都是属性。所以到最后我们就发现，好像都是属性，那个物到哪里去了呢？没有了。现代物理学特别在这方面感觉到很困惑，就是说，物啊，实体啊，这些概念好像都没有什么用处了，我们只要规定它的属性就够了。

内容和形式也是这样，或者质料和形式，都是相对的。质料和形式的相对性亚里士多德早就指出来了，形式对于更高级的形式来说，它又是质料；质料对更低级的质料来说，它又是形式。它们都是些相对的概念。全体和部分更加是如此。全体和部分是相对的，力和力的表现也是相对的，内和外也是相对的。没有任何绝对的内，绝对的外。所以这些范畴都是些互相反映的范畴。当你把一个当成本质，那么它就已经成了现象，它就必须到另外一个东西里面去寻求它的更深入的本质。所以真正的本质并不是在于某个范畴，就可以确定它的本质，而是在于一种关系，在于本质和现象的关系。现象和现象的关系，体现出本质和现象的关系。本质和现象的关系是相对的，一切都可以看作是现象，但是反过来说呢，一切又可以看作是本质。互相反映，现象在本质中反映，本质也在现象中反映出自身。那么现象和本质的关系，作为一种统一关系，那就是现实。

3. 现实

现在我们进入到现实的关系。本质论的主导的、主要的三个环节，一个是本质自身，一个是现象，一个是现实。现实是本质自身和现象的对立统一。现实的环节，也有三个小环节。一个是可能性，一个是偶然性，一个是必然性。这三个环节构成了现实的环节。那么首先看可能性。黑格尔认为，这种可能性是一种现实的可能性，在现实的环境之下的第一个环节就是可能性。它跟那种形式逻辑的抽象的可能性是不一样的。他首先把现实的可能性跟抽象的可能性区别开来。什么叫现实的可能性？现实的可能性必须与偶然性相关。它不是一种形式逻辑上的可能性，形式逻辑上的可能性就是，凡是概念上不自相矛盾的都是可能的，这是形式逻辑的一种可能性。但是现实的可能性跟偶然性相关，它跟偶然的经验的事实相关，在现实中，跟偶然的事物、偶然的条件相联系。如果没有这些条件，它就不可能，必须要有一定的现实条件它才可能，而这些现实条件当然是偶然的了，是经验的了。所以偶然性是第二个环节。但是偶然性这种可能性是不是就没有什么规律了呢？不是的。他认为，可能性在大量的偶然性中为必然性开辟道路，为第三个环节必然性开辟道路。可能性和偶然性结合在一起，统一为必然性。就是在偶然性里面是有可能性的，这种可能性通过大量的偶然性为自己开辟道路，就实现为必须性。当然，可能性有很多，比如说一种偶然的现实，它可能包含种种可能性，但是呢，它究竟包含一种什么样的可能性，那还要看必然性。有一种必然性在里头，通过偶然性把这种可能性实现出来了，把某一种可能性实现出来了，那么其他的可能性就被排除了。因此，偶然里面有必然，大量的偶然性里面有必然。我们通常说，这个东西是偶然的，但也是必然的。这个人犯罪是偶然的，但是呢，也有他的必然性。我们通常都这样讲。所以偶然里面有必然。但是，如果你追溯到一种绝对必然，那它又成了偶然。比如说，你一个环节一个环节把所有的、整个宇宙的各种偶然性都把它归结为必然性，它们都是必然的，因为这个，所以那个。你把这些链条接起来，如果我们设想有一天你能够把整个宇宙都设定为一种绝对必然性，一种宿命论的必然性，只能如此，像莱布尼茨所讲的，最好的世界就是这样的，这是上帝已经决定了的。那么这样一种必然性呢，本身又是一种绝对的偶然性。绝对的必然性就是绝对的偶然性，就是最高的偶然性，它就是一个唯一的偶然性。为什么就是这个东西是绝对必然的，而其他的东西都被排除了呢？那不是绝对偶然的吗？如果你要追求一种绝对的必然性的话，你就会发现，它就是绝对的偶然性。这也是本质论里面的一种辩证法。那么这种绝对的偶然性呢，那就是自由了，那就是上帝的自由选择。所以，有了上帝的自由选择，整个世界都成了必然的了，连一根头发都不是随便从头上掉下来的，都是最初就被决定了的。所以，绝对的必然性就是绝对的偶然性，那就是自由。这种自由跟一般的偶然性不太一样，层次更高。绝对的偶然性就是一种更高层次的偶然性，就是自由，自由选择，自由意志。

那么在必然性里面呢，黑格尔也讲了三个环节。我们讲必然性通常都是讲，它们的关系是必然的，一个东西跟另外一个东西的关系是必然的。所以必然性的三个环节都是关系范畴。那么这种关系呢，分为三个关系。一种是实体关系，也就是实体跟偶性的关系；一种是因果关系，原因和结果的关系；一种是交互关系，这个是从康德来的。康德的关系范畴，我在前面讲到了，就是这三个范畴。实体和偶性，原因和结果，以及交互关系。那么黑格尔在这里呢，也加以探讨，把它放在必然性这个概念之下来加以讨论。必然性就是一种必然的关系，里面包含实体关系、因果关系和交互关系。所谓实体关系，实际上是另外一种因果关系，就是自因。斯宾诺莎讲自因，自己是自己的原因，那就是实体。

实体和偶性的关系，实际上是一种自因的关系。偶性也是实体里面的，是实体表现出来的。那么，它不是表现在外的，而是实体的自身关系。自己是自己的原因。而自因关系一旦表现在外呢，那它就是因果关系了。自因关系如果表现在外，表现在另一个实体身上，这个实体影响了另外一个实体，那么它就是一种因果关系，它就表现出实体的这种自因的有效性，它在别的事物身上有效。所有这些有效性，我们如果把它们都看作是一个更高层次上面的实体、“绝对实体”的内部有效性、内部关系，那么我们就上升到一个唯一的、独立的、更高层次上的实体，绝对的实体。所谓绝对实体就是通过交互关系所理解的实体。比如说，整个宇宙、整个世界万物之间的实体关系和因果关系，在那里来来往往，在那里互相纠缠，交互作用，然后呢，我们把它们看作是同一个实体，那就是世界，或者是宇宙整体。而作为一个绝对实体，这样的一个绝对实体呢，我们就把它看作是一个绝对的主体。绝对的实体实际上就是绝对的主体。我刚才已经讲了，绝对必然的东西，实际上就是绝对偶然的东西，也就是自由。绝对偶然的东西就是自由。至于一般的偶然的东西都不是绝对的偶然，偶然里面有必然。但绝对的偶然就是自由。那么绝对的实体，也就是自由，也就是自由意志。整个宇宙的绝对实体，当然我们对整个宇宙，我们达到交互关系的时候呢，我们就已经把它看作是绝对的实体了。比如说唯物主义者就是这样看的。唯物主义者认为，万物交互作用、互相联系的观点是最高的观点。恩格斯在《自然辩证法》里面讲到，交互作用，这是最高的观点，因为在这后面，再也没有别的原因需要寻找了，再不需要找别的东西。如果你能理解到万物的交互作用，这就达到了自然界的最高观点，就是把整个自然界看作是一个实体。斯宾诺莎就是把自然界称为实体嘛。整个自然界就是一个绝对的实体。那么这个绝对的实体，在黑格尔看来就是绝对主体。因为在黑格尔那里，实体就是主体。

那么这就从必然上升到了自由，从必然这个观点通过交互性上升到了自由。上升到自由是什么呢？那就是概念，就上升到了概念。当然这个过渡是很神秘的，整个逻辑学里面最难读的就是这样一个过程，怎么样从必然上升到自由，这是最晦涩的地方。绝对的实体为什么就是绝对的自由。我们要考虑到黑格尔这样一个神学背景，在西方人，在基督教看来，这个是不难理解的。绝对的实体，绝对的必然性，也就是整个世界、整个宇宙的必然性，整个宇宙作为一个自然界的实体，那么，如果你把它当主体来看，那就是上帝。整个宇宙就是上帝，在斯宾诺莎那里就是这样的。斯宾诺莎的这个自然就是上帝，而在黑格尔的理解里面，上帝就是自由，他创造了这个世界，他本身也就是这个世界，也可以说上帝创造了他自身，所有这些必然性都是他造出来的。这样就过渡到概念论。

第十二讲　黑格尔的逻辑学（概念论）及自然哲学

三、概念论

概念论是自由的王国，到了概念论就进入到自由的王国了。概念论是真正的本体论，或者说概念是真正的存在。以往的存在论和本质论都是为了从里面推出概念论的，也就是要推出真正的存在，或者说真正的本质。万物的本质、存在的本质是什么？就是概念。从他的本质论的最后一个环节，绝对的主体，绝对的自由，我们就进入到了真正的本体，就是概念。概念是存在和本质的统一，是存在的真正的本质，是自由的原则。他从概念这个词的词根来说明这一点:begreifen是概念的动词词根，Begriff是概念。begreifen的意思是抓取，把什么东西抓到一起来。也就是康德所讲的，本源的统觉的综合统一的意思。把它们统起来，把它们抓起来，你要形成一个概念，你要费力气的，你不是说躺在那里不动，这个概念就会掉到你的脑筋里面来。不是的，你必须自己去抓、去捞。所以概念论已经上升到了积极的理性，具有建设性的理性，不再是知性，像存在论，也不再是消极的理性，像本质论，它是积极的理性。在它之前，本质论、存在论可以说都是为了引导出概念论，所以它们都只是概念论的“形成史”。本质论和存在论都可以看作是概念的形成史，甚至于可以看作是对于以往形而上学的一种“批判”。存在论对以往的，包括亚里士多德的形而上学，本质论，包括对柏拉图的理念，包括对那些范畴，都是通过一种概念的方式呢，进行了批判，所以才组成了黑格尔的本质论和存在论。都是概念的形成史。那么概念一旦形成，体现出它的特点，就是三个一组的范畴。我们讲，存在论的范畴是一个一个的，本质论的范畴是一对一对的，那么概念论的范畴是三个一组三个一组的，三三制。那么三个一组，当然在存在论里面也是三个一组，但是呢，那三个一组呢，是互相遮蔽的。当你取这一个范畴的时候，你没有想到另一个范畴。所以，另外一个范畴跟这一个范畴，以及跟第三个范畴之间的关系呢，是出乎你意料之外的，是范畴本身的一种理性的狡计隐藏在背后，无形中导致的。在字面上看不出来，字面上它是一个一个的。我考虑量的范畴的时候，我可以不用考虑质，就可以理解什么是量。量我还不知道，量还不简单。本质论的范畴呢，通常是一对一对的，两个一组，第三个往往不是一个范畴，而只是两个范畴的一种关系，使两者同归于尽。但是概念论呢，它是所有这些三个范畴在每一个里面都看出了其他的两个。所有它这些范畴互相是透明的。三个一组的范畴，每一个跟其他两个相互之间的关系是透明的。从一个可以看出其他的两个。这是概念论的范畴的一个很重要的特点。

首先我们看它们的关系。概念论有主观概念、客观概念和理念，理念就是主客观统一了。它标为主观性、客观性和理念三个环节。那么概念的主观性还是表面的，它是探讨形式逻辑的那样一些概念规律。但是黑格尔探讨形式逻辑呢，跟一般人探讨形式逻辑很不一样，他用辩证逻辑来理解它，来解释它，他用辩证法来解释形式逻辑。所以他在这个主观性里面呢，你可以看到形式逻辑的所有那些划分，那些术语，概念啊，判断啊，推理啊，这种判断啊，那种判断啊，这种推理啊，那种推理啊，在他那里都有，但是他的解释跟一般形式逻辑的解释大不一样，他是用辩证法来解释形式逻辑的，或者说对形式逻辑的那样一套规则他贯注了辩证法的精神内涵。也可以说他改造了形式逻辑，他改变了人们对形式逻辑的理解，这个是他的一个很重要的功劳。很多人说，黑格尔是反形式逻辑的，辩证逻辑是反形式逻辑的，这都是不了解的缘故。黑格尔哪里是反形式逻辑，他对形式逻辑那些东西都有他自己的解释。他认为形式逻辑那些东西，按照抽象形式并没有真正的理解，只有按照他的这种辩证法，才能够真正地理解透。所以他把形式逻辑纳入到他的辩证逻辑里面，作为其中的一个环节，主观性，这就是他的概念论的第一个环节。他是纳入进来了，没有反形式逻辑，他深化了形式逻辑。

1. 主观性

我们继续讲黑格尔逻辑学的概念论。概念论的第一个环节是主观性，我在上次已经讲到，它是属于形式逻辑的一种阐释，黑格尔对形式逻辑作了一种辩证的阐释。这跟我们通常理解的形式逻辑，尽管在它的一些概念和范畴上面是一样的，但是有层次上的不同，我们不能够单纯凭过去对形式逻辑的理解来解读黑格尔。所以黑格尔的主观性这一部分，虽然讲的是形式逻辑，但是阐明的是形式逻辑底下所包含的那种辩证含义。那既然这样，形式逻辑就不再单纯是形式的了，而是包含有内容。我们说，黑格尔的辩证逻辑应该是内容逻辑。它跟形式逻辑的区别就在于它不仅仅是形式的，而且它着眼于内容，或者说它用内容来解释它的形式。当然它也有形式，但是它是建立在内容的理解之上来解释它的形式的。所以我上次讲到，这一部分黑格尔对传统的形式逻辑进行了一番辩证的改造。或者说，黑格尔的辩证逻辑是形式逻辑的一种自我意识。形式逻辑达到它的自我意识，那就是辩证逻辑。历来对形式逻辑和辩证逻辑的关系争论不休，通常认为它们是对立的，或者顶多是相容的。但是按照黑格尔的理解呢，它们其实就是一个东西。形式逻辑和辩证逻辑其实就是一个东西，但是它理解的层次是不一样的。形式逻辑仅就形式来理解这些逻辑程序，但是辩证逻辑呢，是就它的内容来理解这样一些形式。所以它们本质上是一个东西。但是形式逻辑没有意识到自身，而辩证逻辑呢，是意识到自身了。那么它的第一个环节就是概念。我们讲形式逻辑是三个环节，是概念、判断和推理，当然还有逻辑公理，像同一律呀，不矛盾律呀，排中律呀，这样一些逻辑公理。但它的主体部分就是三个层次。

a．概念　我们首先来看看概念。形式逻辑的概念我们大家都知道，叫作抽象概念。凡是谈到概念，你从逻辑意义上谈到概念，我们通常讲都是抽象概念。什么叫抽象概念呢？就是说，一个概念可以囊括很多具体的内容，但这个概念凌驾于所有具体的内容之上，变成了我们称之为共相的东西，共相其实就是普遍的东西了，但它只意味着共同点。这样一些普遍的东西，我们把它们单独加以考察——就像康德的概念也是这样的，范畴，我们单独对它加以考察的时候，它是怎么样的含义——这个我们当然可以做出一些规定。这样一种概念是抽象概念，它是抽掉了所有具体的内容，或者说从所有的具体内容里面只提取出那些共同的东西。有的人称之为共同点。概念是怎么形成的？概念就是从很多很多的经验对象、感性对象里面呢，抽出那些共同之点。这些共同之点就形成了概念。这个概念在很多对象里面都有，这个里头也有，那个里头也有。比如说张三是人，李四也是人，很多很多人，那么我们把它的具体的东西抽掉，留下了“人”这个概念，是所有的张三李四都具备的。这就形成了概念。形式逻辑对概念的一般的理解就是这样的。

但是黑格尔的概念，我在前面讲了，它跟形式逻辑的概念有一个根本性的区别，就是它实际上表现了一种自由的本质。这个逻辑学里面的概念论，逻辑学到了概念论，按照黑格尔的说法，我们进入到了自由的王国。概念是一个自由的王国，那么传统形式逻辑对概念的理解呢，不是自由的，而是僵死的，僵硬的。所有的东西的共同点把它说出来，就放在那里了，它就是一个筐，凡是属于人的，我们都可以把它放到人这个概念的筐子里面去，把它筐起来，它跟哪些筐又不一样，虽然它们都是哺乳动物，属于哺乳动物这个大筐。但是呢，这个小筐是不一样的。大筐里面套小筐，小筐里面又有小筐，这样就构成了概念的层次等级、种类。这是传统的理解。这样一套僵死的框架呢，那是没有自由的，没有能动性的，它体现不出能动性。但是黑格尔的概念呢，我在前面讲到，它是一种能动的抓取，它是一种活动。概念应该是一种活动。那么这个活动它具有它的内容。如果你把这个形式同内容割裂开来，单独加以考察，那它岂不是本身也成了一个个别的东西，一个特殊的东西。它跟其他的那些特殊的内容，就看不出有层次上的区别了。你把它单独加以考察，别的东西也可以单独加以考察。所以公孙龙子讲，白马非马。

白马和马本来是两个不同层次上面的概念，但是如果你单独地、孤立地看每一个概念，那它跟另外一个概念就是一种外在的关系。白马那就不是马，这是两个概念嘛。马是一个概念，白马也是一个概念，它们怎么可能等同呢？所以白马当然不是马了。白马的概念不是马的概念。所以，这样一种僵死的概念呢，黑格尔要把它打破。就是说，你如何理解概念，要从它的内容上来理解它，那么，一旦从内容上来理解，就会把它看作一种普遍和特殊的统一体。概念既然是普遍的，它就应该包含特殊在内，就不能排除特殊在外。通常理解概念就是把特殊的东西抽掉了，剩下的就是概念，就是普遍性。但是黑格尔认为，这样一种普遍性实际上是特殊性。它跟特殊相外在，那它本身也就成了特殊。它的普遍性表现在什么地方呢？普遍性应该表现在它本身就包容了特殊性，涵盖了特殊性。所以它应该是普遍和特殊的一种统一。而这种统一呢，就统一于个别。

普遍、特殊、个别这三个环节应该是概念里面所包含的具体的内容。这样一种统一理解的概念，就叫作具体概念。具体概念我以前已经提到过，具体概念就是从普遍到特殊到个别的这样一个具有丰富内容的概念。这个丰富内容呢，它包含普遍性的环节，当然形式逻辑的普遍性的理解也在里头，但是不够。黑格尔并没有否认抽象概念，抽象概念也有，但是在具体概念里面，抽象概念是属于最低层次的，它只是提了一个目标，或者提供了一个台阶，我们在这个层次上谈问题。但是要谈什么，还没有说出来。所以必须要把特殊囊括进来。你要实现普遍，你必须要以特殊作为手段。如果说普遍是你要达到的目的，概念当然要达到普遍性，但是这个普遍性不能够由它自身单独就达到，而必须通过特殊。你要从特殊里面去看出普遍，所以特殊对于普遍来说呢，可以说是一种手段。黑格尔把目的和手段的关系引进来了。概念是一个自由的王国，体现在什么地方呢？每一个概念，里面都有一种目的和手段的关系。当然这个在柏拉图那里有它的根源。柏拉图就是把理念当成是目的，万物的目的。每一个事物都以它的理念作为它的目的。那么黑格尔把这一点加以发挥，这个目的就是以特殊作为手段的。那么目的和手段的统一，就体现出个别。我们要注意个别这个概念。在黑格尔的概念论里面，我们特别要注意个别这个概念。为什么要注意个别这个概念呢？个别这个概念体现出能动性。个别，我们可以理解为个性、性格，它能够作用于更高层次的概念，它能够提升概念，当然它本身还在一个概念里面，但是它是向更高的概念飞跃的一个契机。达到个别，就把特殊和普遍凝聚起来了。什么是个别？个别是最丰富的，比起特殊和普遍来说，个别是最丰富的一个环节，它把前两个环节都包容在自身，于是，从前两个环节里面获得了它自身的力量。个别是一种力量的概念，是一种力的概念，它能够发挥它的能动作用。概念的能动作用就体现在个别上面。就是，你单纯是一般的共相，这个是没有能动作用的，它是僵死的。单纯的特殊呢，是一盘散沙，它也凝聚不起来。你按照普遍的共相，把特殊的一盘散沙凝聚起来，那就成了个别，它就成了有目的，同时又有手段的这样一个具体概念。所以，具体概念最集中地体现在个别的概念身上。

这个概念跟抽象概念大不一样。黑格尔有一句名言嘛，同一句格言在年轻人口里说出来，远不如饱经风霜的老人说出来有那么丰富的含义。同一句格言，我们年轻人也能说，从书上看的，从老师教的，我们从小学就要求写作文要多用成语。我可以用很多成语，但是大人看起来，觉得有的用得就很可笑。因为他根本就没有体会。你也不能说他用错了，但是他没有体会。但是同一句话从老人嘴里说出来，那就不一样了。虽然还是同一句话，但是它包含有他一生的丰富的经历。而且，他能够用这样一句话在现实生活中起作用，已经把它凝聚为具体概念了。这就是具体概念和抽象概念的区别。具体概念能够在具体的现实生活中发挥它的作用，体现出人的个性，体现出人的自由。而普遍的、抽象的概念呢，作为一种共相呢，它只是一个僵死的框架。当然也是需要的，如果你连抽象概念都没有，具体概念也谈不上了。所以，抽象的概念我们也必须要学一点，否则的话，我们说那小学就不用教成语了，基本的知识我们也不要学了，我们都到生活里面去学呀。那是不行的，那就叫缺乏教育了。所以要有教育，但是也要有生活。你教育是为了生活嘛，为生活做准备的嘛。所以，具体概念这个提法呢，是黑格尔独特的提法。什么叫具体概念？我在前面谈到过，就是一个概念里面包含有丰富的内容，包含有不同层次的其他的概念，这样一个概念叫具体概念。这个丰富的内容当然按照黑格尔的理解呢，它并不见得就是那些感性的内容，而是从感性里面提升出来的，也还是理性，也还是概念。但是，具体概念里面包含有很多不同的层次的概念。比如说一个老人，他的社会经验，当然他有很多感觉，他有很多感受。当他把这些感受都提炼出来，成了一个概念系统的时候，那么他这个概念就具有了丰富的内容。所以，具体概念的这个具体呢，不同于我们通常讲的感性的具体，感性的具体在黑格尔那里认为不是真正的具体，感性的感觉很丰富，但说不出来，能说出来的很少，在黑格尔看来，其实是抽象的。这个我在下面还要谈到，讲他的《精神现象学》的时候我们要谈到这一点。所以，感性的具体和概念的具体是不同的。黑格尔谈的是概念的具体，感性的具体他是瞧不上的，他认为感性的具体其实对于概念来说是抽象的。

感性是抽象的，只有概念才能达到具体。这个跟我们通常的理解是颠倒的，我们认为感性当然是具体的，而概念多多少少有一种抽象。这是黑格尔的具体概念，它包含三个环节，而且通过这种三段论式的不断提升不断上升，到最后那个概念是最具体的，就是它包含有无数的丰富的概念在自身之内。你从一个概念里面，可以看到它里面所包含的其他的概念，那么这个概念就具体了，就是丰富的。如果你从这个概念里面看到里面是空洞的，那这个概念是抽象概念，那仅仅是共相。这是他的一个区分。

b. 判断 那么下一个我们看看他的判断。概念理解是很重要的，这一步跨不过去的话，下面就不好谈了。什么叫判断？形式逻辑的判断很简单，就是把两个概念连接起来，用一个系词“是”把它们连接起来，一个主词，一个谓词，一个系词“是”，构成一个判断。这是形式的理解，或者说是一种外在的理解。那么这种理解在康德那里已经开始冲击它了。康德认为这个“是”，这个联系词不仅仅是一个单纯的纽带，而是应该一种活动。连接本身是一种活动，是能动的，是主体的一种作用，它取决于知性的这种统觉，知性具有一种把双方统一起来，把概念、范畴和感性的表象统摄起来的能力。那么黑格尔更进一步。黑格尔认为，就连这种连接也不够深入，这还是把两个东西看作是现成的，然后用一种主体的能动性，把双方挂在一起，把双方拉到一起，他举个例子，就像把一块木头绑在腿上一样，是这样一种连接。这种连接还不是判断的本性。那么判断的本性是什么呢？黑格尔认为，判断的本性是从概念来的，它是概念的一种自我判分，是概念自己把自己划分开来。不是说现成的有两个东西，然后我用一个东西把它们连接起来。不是的。两个概念不是现成地摆在那里，而是由一个概念自己把自己分出来的。

最开始没有两个概念，就是一个概念。然后这个概念自我划分，自我划分就形成了一个判断。自我否定自身，自我不是我，而是别的东西，是与自己相对的东西。一个概念把自己分成两个概念。真正的自我不是自我，而是对象。真正的存在不是存在，而是本质。我在前面讲了，存在和本质的关系就是这样的，存在就是本质，“本质是存在的真理”，或者说本质是真正的存在。这句话的意思是什么呢？这是一个判断啊。但黑格尔说不是一个判断，不是通常理解的判断。你要把“本质是存在的真理”按通常理解为主词和谓词的关系，就搞错了。它是同一个主词，自己把自己分成两个部分。哪两个部分？存在的本质当然也是存在了，在“存在论”里面一开始就讲存在就是存在。巴门尼德也讲，存在就是存在，非存在就是不存在。这个当然也没错。但是真正的存在不是存在，而是本质。那本质是什么呢？本质是过去了的存在。本质还是存在，但是过去了的。所以它其实是一个概念，本质和存在就是一个概念。但是，它是同一个概念把自己一分为二，把自己自我判分。德文里面判断就是urteilen，作为动词的意思就是“原始的判分”。Ur就是原始的，teilen就是划分的意思。原始的划分就是判断的本义。黑格尔从德文的词源里面把这个意思引申出来了：它是同一个概念的自我分化。那么这种自我分化也有不同的层次，这就形成了判断的各种类型。

康德不是提出来一个判断分类表吗？四大类判断的分类，量、质、关系和模态。那是一种静态的分类，静止的，一个框架，就是这么四个层次，四个类别。但是黑格尔认为，不能这样来分，应该从概念的自我判分的发展过程来划分。判断的划分，它表现出同一个概念在自我划分的历程中所展示出来的不同发展阶段。这个发展有四个阶段，一个是质的阶段、质的判断，一个是反思的判断，一个是必然的判断，一个是概念的判断。当然这里头，我们可以隐隐约约看出来，他也吸收了康德的一些说法，比如必然，必然属于模态了，质的判断，质和量，这些都是康德的用语。他把它归结为这样四个层次。但这四个层次都表明了判断本身的发展阶段、发展的进程。那么这个发展的进程呢，有一个目的，它朝哪里发展？判断朝哪里发展？判断本来就是概念的自我判断，那么它所发展的目标，也就是回到概念，它进展的目标就是要回到概念。所以最后一个阶段是概念的判断，它就是要在判断的自我划分的过程中，把概念的统一性恢复起来。当然是在更高层次上的恢复。概念的自我判断、自我划分，自我分化，已经分化了。分化了怎么办呢？它的目的就是重新同一，重新找到判断本身所具有的那种概念的统一，回到概念的统一。

c．推理　但是，在判断的过程中间呢，要回到概念的统一是很难的，虽然有概念的判断，概念的判断呢，是要建立起、要重建概念的统一性。但是呢，只有在推理中这种统一性，这种统一性才能真正地达到。概念的判断已经有推理的因素了，已经在向推理过渡了，但是呢，推理是三段式。判断不是三段式的，判断顶多是两段式的，比如说假言判断：如果怎么样，那就怎么样。或者是直观的公理：我思故我在。这样一些判断呢，都是两段的，它最后诉之于一种直观，来恢复概念的统一。但是还是恢复不了，所以还必须要插入第三个环节，这就构成推理。推理呢，是有了三个环节。判断基本上是两个环节，但是推理呢，有了三个环节，三段论就是推理。三段论推理有四个格，有二十四个式，那么在黑格尔这里呢，他把它们归结为一些这样的过程的层次。推理也有不同的层次，就像判断有不同的层次，推理也是发展的，这个发展的目标也是最后要形成具体概念。我刚才讲了，概念要从抽象到具体，那么怎么样到具体？最后要通过推理来真正地达到具体。推理他把它划分为质的推理，量的推理，反思的推理，必然的推理，最后呢，是概念的推理。那么这也是一个过程，质、量、反思、必然，这跟康德的判断表以及范畴表都有一种内在的、隐隐约约的联系，我们要比较的话，我们就可以看出来。但是它是有方向的，它最后是要上升到概念的同一性的恢复，就是要恢复概念同一性。概念、判断和推理，最后回到概念。但是回到了概念，它的层次就大不一样了。你经过概念、判断和推理的这样一个过程，恢复到概念，这个概念虽然也是自由的，但是呢，它已经具有了必然性。在必然的判断和必然的推理里面，使这个概念的同一性成为必然的了，就显露出某种客观性。康德不是讲，所谓客观性就是普遍必然性，普遍必然性就是客观性。那么在这里，黑格尔也有这个意思。当你的推理构成一种必然性，不能不遵守的，推理是不能不遵守的。判断嘛，你还可以随意，你可以下这个判断，这个判断也许是错的，你不能确定。一个判断是对还是错，你必须通过推理才能确定。通过推理来确定一个判断是对的、是必然的，那么这个概念呢，就具有了客观性、就具有了不可动摇性。所以黑格尔讲，客观的东西任何事物都是一个推论。世界上那么多事物，都是一个推论，他的意思是什么呢？世界上的事物都是客观的，为什么是客观的？因为它是有理由的，它是通过推理必然推出来的，每一个事物都有它存在的必然性。当然也有偶然性，在判断里面我们是抓住了偶然性的，你给我一个东西，我就对它进行判断，你没有给我，我就无从判断了。所以这是偶然性。但是经过推理以后，这种关系，主词和谓词，这种关系就有必然性，你必然是这样。苏格拉底是要死的，我们通常这样讲，是偶然的。小孩子听到，某某人是要死的，这是个偶然的判断。但是，大人会对他印证，一切人都是要死的。苏格拉底是人，所以苏格拉底是要死的。这个时候他就想到了，苏格拉底要死的，是必然的，是逃不掉的。这是一个客观事实。那么，从这里呢，就进入到了客观性。

2. 客观性

客观性就是讲的客观世界的那种客观必然性，普遍必然的一个客观世界。那么客观性的三个环节是机械性、化学性和目的性。客观世界就是这三个层次，所有的宇宙间，天上、地下万物，无非是机械性、化学性和目的性。机械性当然是最低层次了，化学性比较高一点，但是还是属于自然界的无机物。到了有机物目的性，那当然就更高了，到生物界了。这三个环节，相当于主观性里面的普遍、特殊和个别。机械性相当于普遍，抽象的普遍，那么化学性呢就相当于特殊，而目的性呢，相当于个别。我在前面也讲了目的，普遍、特殊和个别，这三者之间有一种目的性的关系。但这种目的性的关系呢，只有在个别上面才能体现出来。在客观上，只有在目的性上面才能体现出来，在生命现象上面，才能体现出这种目的性。在无机物里面呢，只能体现为手段，当然也有目的，但是这个目的是潜在的，还没有实现出来。所以在这种客观性里面呢，黑格尔主要是想要从客观世界里面揭示出其中所包含的主观的因素。客观性，它是由主观性来的，主观性客观化，在推理的阶段，它成为客观的了。但是反过来，这种客观的里面呢，包含有主观的东西。那么，主观的东西在里面，还是起一种内在的作用。所以黑格尔在客观性的里面，目的就是要把这种潜在包含的主观的因素一步一步地把它揭示出来。所以，虽然他谈客观性，但是他谈的是理性狡计。客观性里面包含有理性，包含有主体的能动作用，包含有内在的自由。看起来没有自由，特别是机械性，机械性哪有什么自由呢？牛顿力学，力学就是一种机械关系，它是反自由的。但是就在这个里头，它将来会一步一步地通过化学性，通过目的性，发展出自由来。这个就是理性的狡计。它让你看起来好像是机械的，表面上好像是不自由的，好像是僵死的，但是就在这些僵死的东西里面，它会慢慢地显示出它的自由的本质。当然在客观性里面，它没有显示出来。如何才能显示出来呢？必须要到下面一个层次，就是理念。到理念就是回到主观，客观性是从主观性来的，主观性通过客观性再回到主观性，就是理念。所以理念呢，是主观和客观的统一。但是它本身呢，是概念，它是概念论的最后环节。概念论就是这三个环节嘛。主观性、客观性和理念。理念呢，就是真正的具体概念。

3. 理念

那么，什么是理念？理念就是主观性和客观性的统一，那么这种统一呢，就可以称之为真理。自从亚里士多德以来，西方人认为，所谓的真理，就是主观性和客观性的一种统一。唯物主义认为是主观对客观的符合，唯心主义认为是客观对主观的符合，不管怎么样，它是主客观相互间的一致。理念是前两个环节的统一，所以它可以称之为真理。那么什么是真理呢？真理有三个特点，一个特点是全体，真理是全体，真理是整体。这是黑格尔的一个很重要的观点。黑格尔总是从全体的角度，从整体的角度来看待真理。你如果不从全体的角度，那就是盲人摸象。你摸出那一部分，你认为那是真理，他摸出另外一部分，认为另外一部分是真理，那真理就没有统一性了。没有统一性就不是真理了。唯有能够达到一，才能够是真理。这个从古代柏拉图、亚里士多德，他们都是这样看的。要从整体上来看真理，才是真理。但是相反呢，经验派反对这个，经验派认为，我抓到一点就是一点，至于整体，我抓不到。所以你想从整体来把握真理，那是做不到的。理性派呢，就是尽量地还是想要从整体上来把握。当然理性派到后来也有不同，像现代的阿多诺，阿多诺从黑格尔出发，反对黑格尔的整体观，阿多诺提出一个完全相反的命题，片面的才是真理，整体的是虚假的。我们通常也讲片面的真理，阿多诺把它极端化，唯有片面的才是真理。哪有整体？没有什么整体。一切都是片面的，不是这个片面，就是那个片面。所以阿多诺的“否定的辩证法”是跟黑格尔对着干的。当然他还是从黑格尔来的，这一点不能否认。

所以，黑格尔讲的真理呢，首先一个特点就是全体。你必须从全体看。从这个意义上讲，当黑格尔的逻辑学没有达到全体的时候，他讲的都不是真正的真理，它只是真理的碎片，它只是为了将来能够从全体上来看待真理而提供的一些准备。你要从全体上看，你首先要把个别的、片面的、不同层次上、不同发展阶段上的真理展示出来呀。哪怕是零零星星的真理，你也要先把它展示出来，然后我才能够从整体上把所有这些东西统一为一呀。所以，真理最后来说，归根结底是全体。这是第一个特点。第二个特点，真理是具体的，就是我刚才讲的具体概念。它跟全体这个设想是相通的。就是说，如何才能达到全体，不是说，你一眼就看见了那个全体，那是看不见的。你必须从个别的、片断的、一个阶段一个阶段的这些真理出发，通过一种概念的进展，从抽象达到具体。具体概念不是说一开始就钻出来的，具体概念是形成起来的，是产生出来的。所以真理是具体的，里面蕴涵着真理的第三个特点，就是真理是一个过程。真理是一个过程，它不是一下子就摆在那里，也不是哪个当下就可以告诉你的，它是在它的历史进展中经过长期的积累，就像一个老人一样，到了他的晚年，饱经风霜，有了丰富的社会经验以后，他才能说出一个真理。他说出来的，跟你们一般理解的就不一样了。这是真理的三个特点。

真理在理念的具体环节中表现出来，表现为这样三个环节。第一个环节是生命，第二个环节是认识，第三个环节是绝对理念。我们先来看看生命。

a. 生命　生命的环节是从客观性环节到理念的一个过渡。前面客观性的环节最后到了目的性嘛，目的性我刚才讲了，那就是生命了。只有生命才有目的性，才有内在的目的，这个康德已经讲过了。所以，目的性里头呢，包含着一个生命的概念，而生命的概念呢，已经是理念了，生命本身已经是一个理念了，已经包含有主客观的统一了，所以生命已经是真理的第一个环节。我们通常讲，真理是有生命的，理论是灰色的，生命之树常青。生命是真理的一个基点。一切真理里面都有生命在里头，都有生命力在里面起作用。所以生命是肉体产生的，是从客观性的目的性环节里面产生的，也就是从肉体中产生的，肉体生命。但是，生命作为理念，它要从肉体中超越肉体。如何超越？凭空是不能超越的，肉体里面要超越肉体呢，必须要达到类。类就是种类。一个生命，它要超越它的个体，靠它自己是不行的，它必须要通过繁殖，传宗接代。对于人类来说呢，就是要形成历史和社会，这就是类。在历史和社会中，他的生命是可以永恒的，他可以保持作为生命的生命。生命跟死亡是对立的，但是生命又摆脱不了死亡。如何能摆脱死亡呢？就要通过类。通过类可以摆脱死亡。我个人的生命消失了，但是人类永存。所以类是作为生命的生命，是把死亡克服了以后的生命。类可以克服死亡，所以它回到生命，那就是类。

那么到达了类，就有了一种可能，就是超越具体的客观性，而达到一种普遍的理念，那就是认识。一切认识，都是跟类有关的。我们讲所有的认识都是一种社会性认识，这个在人身上表现最明显了。人身上的认识一旦成为认识，一旦成为真理，就不是他个人的了，它就是永恒的了。当然它也许将来会被修正，甚至于会被抛弃。但是呢，作为人类认识历史过程中间的一个不可缺少的环节，它是永恒的。牛顿物理学是永恒的，虽然爱因斯坦后来推翻了他的很多东西，但是它仍然是永恒的。我们今天要学爱因斯坦，还得从牛顿开始。所以，作为生命的生命，这样一种类的理念呢，为认识的理念提供了一个平台。我们所有的认识都是在类的这样一个平台上面来运作的，我们所有的认识都是人类的精神财富。而认识呢，它已经完全摆脱了肉体。类还可以说它受制于肉体，它是肉体和普遍精神的一种统一。当然动物的类还没有精神，还是潜在的，但是人的类，人类，这样的概念里面就包含有精神的含义在里头。类的概念对于人来说是肉体和精神的统一。那么认识呢，就已经把肉体的东西撇开，不予考虑了，它是一种精神上面的收获。

b．认识　认识分为三个环节，一个是认识，一个是实践，一个是善。从认识到实践到善，这个在康德那里其实已经是这样的了，从纯粹理性批判到实践理性批判，最后达到至善，达到认识和实践的统一。当然黑格尔的理解当然要比康德大大推进了。就是说，认识首先就要追求真理，它是一种主观性，它已经把肉体呀这些东西都扬弃了，都撇开了，超升了，超越于肉体。每个人在进行认识活动的时候，他是超越于个体的存在的，超越于个体的肉体的，它是着眼于类。我在为人类的知识大厦添砖加瓦，增加人类精神的财富。那么，这样来把握真理，就是认识。我把自己的个体的、受限制于我们肉体状况的所有的考虑都撇开，完全客观地去看待我们的对象，通常我们把这称为真理。真理就是你的主体要跟对象客体相符合。但是，再进一步的观点就是实践的观点。这个时候倒过来了，对象应该跟我的主体活动相符合。我要改造对象，改造对象用什么？用自由意志，通过自由意志来改造对象。那么这样改造的对象呢，我仍然可以用一个认识的眼光看它，那我就可以把这个对象，经过我的实践改造过的对象看作是善，或者看作是至善。它既符合我的认识，也符合于我的需要，这当然是一个很好的世界了。是一个好的世界，是一个善的世界。所以它的目标最终是要求得到善。这可以说已经达到了概念论的最后的、最高的目标。达到了善的目标，就是达到了最高的目标。这个在柏拉图的理念论那里就是这样的。善的理念是最高的目标。在理念世界里面，我们达到了善的理念，那就是最高的了。这里头很显然有柏拉图的色彩。当然如何达到善的理念，这个黑格尔有他自己的说法，跟柏拉图不一样。但他还是从低级的东西一步步上升、发展，最后达到善的理念。但是善的理念呢，黑格尔还有一个反思。达到了善的理念，在柏拉图那里，就可以不管了，善的理念就是神了，就是上帝了。但是黑格尔呢，还有一个阶段，就是绝对理念。整个逻辑学的最后的环节是绝对理念。为什么不在善的理念上面停下来，而要在绝对理念上面继续地发展？绝对理念呢，实际上表明，黑格尔的逻辑学体系，是一个能动的体系。因为绝对理念不是别的，是一种方法，最后达到绝对理念，它是一种方法，上帝创造世界，最后获得了一种方法，他如何创造世界，整个逻辑学就是他的方法。所以在方法上面是对整个逻辑学的回顾，是一种反思。这和康德的三大批判每个最后都落实到一种方法论，有一脉相承的关系。

c．绝对理念　我刚才讲到绝对理念，作为一种方法。那么这个方法是一种什么方法呢？这个方法不是单独另外提出的一种方法，而是黑格尔在反思他整个逻辑学的过程中所看出的一种方法。当然实际上是黑格尔早就已经成竹在胸，在他写逻辑学的时候，已经预先有这样一种方法了。但是一开始并不说出来，打了埋伏。然后他按照这种方法把逻辑学写出来以后，他现在回过头来加以反思，从整个逻辑学里面体现出的规律，总结出逻辑学的一种方法。这种方法呢，实际上跟本体是分不开的。我们通常讲方法好像是一种工具的使用，从外面找来一种方法，用在我们的对象上，那么这个方法跟这个对象不必同构。经验派通常理解的方法就是这种工具主义的方法。我做实验，我用火来烧，或者加入硫酸，把它化成别的东西，等等，这一套程序跟客观世界本身的结构不必吻合，它是外来的一种处理办法。但是理性派通常认为方法就是世界的结构。世界是什么样的，你的方法就是什么样的，取决于世界本身是怎么构成的，方法取决于世界的结构。黑格尔也是这样看的。整个逻辑学所展示的是世界的逻辑结构，那么，我们要从里面提取出一种方法来，那就要看这个逻辑结构是怎么样结构起来的。所以方法必须放在最后来讲。康德也是把方法放到最后，也有点这个意思。理性派基本上都是从世界的结构里面去总结它的方法。

所以，方法就是本体的一种形式，或者本体的纯形式，存在的纯形式。前面存在论和本质论，包括概念论，都是讲存在的，都是本体论。那么这种本体论呢，我们如何从形式上对它加以界定？我们可以这样来界定，有三个比较重要的理解。

一个是否定之否定。所以我们讲，辩证法的三大规律，质和量的关系，质量互变，是在存在论里面讲的；对立统一，是在本质论里面讲的；那么否定之否定呢，是在概念论里面讲得最多。一般来说，这样的说法并没有错，大体上是这样的。但是你不能绝对地把它们对立起来，或者是割裂开来。否定之否定在每一个部分都有，每个三段论都是否定之否定。只有在绝对理念这个环节里面呢，讲得更集中，因为它是讲方法的嘛，所以它讨论了否定之否定。从否定之否定里面引出了一个概念，就是扬弃。什么是扬弃呢？扬弃当然是否定，因为在德文里面，Aufheben，它的第一个含义是取消。但是呢，它不是单纯的取消，它还有所保留。德文里面它还有另外一个含义，就是保留。这很奇怪，就是同一个词有两个完全相反的含义。一方面它是否定，另一方面它又是对这个否定加以否定，就是你不要完全否定了，你还要保留。在同一个词里面反映出来，就是这个Aufheben。Aufheben是由auf和heben两个词构成的，就是“捡起来”的意思。auf就是向上、在上面，是一个上升的意思，是个介词，那么它的动词就是heben，就是抬起来、抬高。所以这个词的日常的含义就是捡起来、拾起来，这个词的字面的含义就是捡起来。但捡起来又有两个意思，一个就是收起来，收起来就是取消。我们讲，“把你这一套收起来吧！”不要玩弄这一套，你把它收回去，就是这个意思，就是取消。但是另一方面还有一个含义，就是你把它保存起来，你把它束之高阁，束之高阁也可以说是不用它了，但是也可能是收藏起来，留作下次再用。所以它有两个含义，一个是取消，另外一个是保留，它们都是来自于“捡起来”这个含义的。所以，这个含义我们要保全它本来的意思呢，我们可以把它翻译成“悬置”。“悬”就是抬高了，“置”就是放在那里。放在一个高高的地方。放在高高的地方干什么呢？一个是取消它，一个是保留它。这是从否定之否定里面引出来的一个概念。一方面要取消，当然你首先要取消，要否定它；但是呢，这个否定不是完全绝对的否定，而是为了保留而否定。或者是在否定中有所保留。我们中文把它翻译成“扬弃”，也就是取农民晒麦子时候的扬场的意思：把麦子扬到很高的地方，风一吹，把秕糠吹掉，但是呢，麦子留下来了。取消一部分，又保留一部分。应该说还是比较形象的。但是在理解上呢，有点偏差。就是说，要保留的东西和要取消的东西并不是两个部分截然分离的，并不是说，有一部分是秕糠，要取消的，另一部分是麦子，要保留的。不是这样的。而是同一个东西，既要取消，又要保留。这个我们中文没有办法表述，我们只能用扬弃，还稍微能够沾点边。但是，一般地来说呢，这个概念非常难翻的，几乎是不可翻的。他是讲的同一个东西，不是说两部分，取消一部分，保留一部分。像我们通常讲的，取其精华，去其糟粕，它不是这个意思。通常理解的扬弃就是取其精华、去其糟粕，但它不是这个意思。它是什么意思呢？它是自我否定。自我否定是取消，但是它是自己取消自己，所以它这个自己还在。没有自己你怎么能够取消自己呢？取消自己的还是同一个自己嘛。所以这个扬弃你要理解它的真实的含义，你不能停留在表面上。中文没办法翻译，它是自我否定。

当然这个扬弃的过程，否定之否定的过程，总的来说，是从抽象上升到具体，这是他的一个方法论的原则。我们看存在论，最早的、最初的那个概念的最抽象的，后来就慢慢地越来越具体。有、无、变，变就比较具体了，因为它里面已经有两个概念了。有和无都只有一个概念，变里面就有了两个概念了。到后来，就越来越复杂，每一个后面的概念都包含有前面的概念，都不能把前面的概念抛开不管。只有把前面的概念都理解了，把它们综合到后面的概念里面，你才能看出这个概念的真正的含义是什么。所以一个概念分析自己的含义的过程，同时就是综合前面那些概念的过程，分析和综合是同一过程。这就是从抽象到具体的一个过程，而且是一个上升的过程，从抽象概念到具体概念的一个上升的过程。越到后来越高，越到后来越上升，但上升的过程跟下降的过程是同一过程，按照黑格尔的说法，就是说，虽然在上升，但是在某种意义上呢，又在下降。看你是站在哪个立场。你站在抽象的立场上来看，它是下降。最开始的概念，存在论，本体论。你到后来对它解释得越具体，那么它就离它的起点越远。但在另一方面呢，又越来越近。但是这个近呢，不是说回到起点，而是在一个更高层次上回到了起点。所以总的来说呢，是从抽象上升到具体。

那么，我们现在回过头来，从概念论里面的最后这个的具体概念、绝对理念，回过头来看前面的，从存在论、本质论发展过来的所有的概念，我们可以发现，概念论是存在论的顶点。存在论是起点，概念论是终点，绝对理念是最后的终点。那么，整个概念论是真正的存在论。本质论，我已经讲了，本质是存在的真理，本质是真正的存在。但是现在我们发现，只有概念，才是真正的存在。本质当然已经是真正的存在了，比起存在来说。但是，那种真正的存在呢，那还是抽象的，它超越了存在，但是还没有把存在包含在内。只有概念超越了本质，超越了存在，同时又把本质和存在包含在自身之内。所以概念论是真正的存在论、真正的本体论。以往的本质论和存在论呢，都是为概念论作准备的，虽然在历史上以往的形而上学里面，本质论和概念论被称为Ontologie，被称为本体论。但是通过概念论以后呢，人们意识到了，其实那些东西还不能称之为Ontologie。那些东西是为真正的Ontologie作准备的，甚至于是提供出来以便由概念论对它们加以批判的。所以，存在论和本质论呢，对于概念论来说，它们属于批判的对象，或者说超越的对象。它们里面所提出的那些原理，都是对某种东西的一种批判，比如说，我刚才讲的形式逻辑，它里面也包含形式逻辑呀，但是概念论里面充满了对形式逻辑的批判。当然不是否定，而是超越，是扬弃，是从内容角度来更深地理解形式的逻辑。所以，概念论才是真正的存在论，也才是真正的本质论，概念是真正的存在。那么这个概念呢，就是宇宙精神自我认识的一个过程。

我们前面讲，逻辑学整个来说是上帝创造世界的一个蓝图、一个规划，那么在这个规划里面，到最后阶段，上帝呢，开始达到了他的自我意识。那么上帝达到了他的自我意识，我要创造的世界，其实就是创造我自己。我通过最后这个方法论来创造我自己，上帝已经知道怎么创造自己了，那么，在他的逻辑学的最后阶段呢，他已经达到了一种高度的丰富性，最高的具体概念，已经充实得没有办法再停留于他的自身内部了。他达到了自我意识以后，他就有一种冲动，要把自己外化出来。因为他有了目的，同时也具有了手段和方法，他为什么不创造一个世界呢？那么他就可以把自己外化出来，创造世界。所以，逻辑学的最后阶段，就凝聚了一种外化为自然界的“决心”，决心把自己外化为自然界。我在前面讲到，逻辑学的开端就是决心，存在本身就被理解为一种决心，但是那个决心是抽象的。他还没有方法，他的方法还有待于发展。所以他仅仅是停留在一种冲动的决心，而没有任何办法把自己实现出来，他还不知道自己是什么。现在他知道自己是什么了，他又有了方法，所以，他就可以把自己现实地实现出来，直观地实现出来。这种决心就成为一种直观，成为一种真正的决心。这个开端和终点呢，就汇合了。当然它们汇合的层次是不一样的。他现在已经真正地可以进行直观的创造了。开始的时候，他只是有一种创造的意向，一种决心，但却是抽象的；现在上帝可以把自己外化为直观的自然界，使自然界成为直观。以前都是在抽象的概念里面，尽管是具体概念，但还仅仅是概念呐，还没有直观性呐，还没有具体的时间空间呐，那么在它的最后阶段，逻辑学的最后阶段，就外化为感性的自然界，具有时间和空间，具有我们通常讲的那种现实性。

四、自然哲学

所以我们下面就进入到黑格尔的应用逻辑学。首先是自然哲学。自然哲学就是应用逻辑学的第一部分，我们把它叫作应用逻辑学。也就是说，如果从逻辑学的角度来看待黑格尔的整个体系的话，我们可以说，黑格尔的整个体系都是逻辑学。他的《哲学百科全书》的体系，整个都是逻辑学体系。因为上帝就是按照这个逻辑学的构架来创造世界的，最后又根据这个构架从他所创造的世界中回到他自身。所以，逻辑学、自然哲学和精神哲学这三大环节都可以看作两种不同的逻辑学，一种是本来意义上的逻辑学，另外一种是应用的逻辑学。就是逻辑学按照这个蓝图所创造出来的世界，包括客观自然界和精神世界，都是逻辑学的一种应用。从这个角度我们可以比较一贯地把握黑格尔的体系。

首先我们看看黑格尔的自然哲学。黑格尔的自然哲学呢，当然比较简单，虽然有一大本，翻译过来有几十万字，但是他的思想呢，前面已经多次都触及到了。他的自然哲学包含三个环节，一个是机械论，一个是物理论，一个是有机论。这跟前面讲的客观性的环节有点大同小异。我们前面讲客观性环节，机械性、化学性和目的性。那么自然哲学呢，分为机械论、物理论和有机论。它们的区别，就是说，机械论呢主要讲的是力学了，这个跟机械性是一样的。物理论稍微有点区别，它包括化学，也包括光学、电学、磁学、热学，等等。这些都是跟机械力学稍微有点层次上不同。当然热学我们也可以把它归结为机械的观点，比如说热力学。机械论主要是力学。电学、磁学我们也可以说是一种电力学，或者磁力学。但是光学就不好这样说了，化学也不好完全归结为力学。所以，要把它们归结为力学的观点呢，就过分简单化了。当然今天的量子力学出来后，这些也都可以归结为力学，但这与机械力学还是不同的。所以他的物理论里面呢，不仅仅包括化学，而且包括很多很多内容，凡是超越于单纯简单力学的，都归结于物理论。有机论呢，当然就是目的性了，这个没有什么根本的区别。

但是，虽然他的自然哲学从结构来看比较简单，里面也有一些具体的分析，黑格尔的自然观，黑格尔的丰富的自然科学知识，都表现在自然哲学里面，但从哲学的角度来看呢，并不是很复杂。但是我们从黑格尔自然哲学里面，我们要发现他的闪光点，他的闪光点在什么地方，你要从它的内容看。表面上，它跟谢林的自然哲学区别不是很大，谢林也很渊博，也有很多知识，黑格尔在这方面呢，并没有超过谢林很多。但是，黑格尔的意图呢，主要是在于，他把自然哲学看作是向精神哲学的一个过渡环节。从这个角度来看，你就会发现，黑格尔的自然哲学不是要探讨自然界如何按照一种科学的原理产生出精神来的，这个问题我们一直到今天还没有解决。自然界如何产生出精神来的？自然界从机械论、物理论里面，如何能够就此产生出有机论来，这里头的科学道理何在？我们今天归结到基因学说，基因学说是不是就能够从机械论和化学性来解释生物体呢？当然可以解释一些，可以解释很多，比如说遗传病，这个人的遗传的性质，这个人的个性，这个人的生理上的一些特点，都可以用基因组合来加以解释，并且能够把它用在临床医学上，取得它预期的效果。但是呢，究竟是如何产生出生命出来的，这个我们至今还没有搞清楚。所以，至今除了基因学说里面的还原论倾向以外，还有另外一个倾向，就是说，生命是外来的，是从天外来的，是从宇宙的外空间掉到地球上来的。那么外来的当然还有个问题：它在其他的星球上又是从哪里来的，这还是要归结到上帝，还是要归结到神。是神创造出来的。所以这个科学的秘密在黑格尔这里并没有得到解决。

我们在读《自然哲学》的时候，往往会有这样一些预期，就是看他是怎么样解释自然界产生出生命来的机制。但是找不到。在他的自然哲学里面你是找不到答案的。他的立足点是反过来的，就是说，绝对精神，或者说，有机体的观点，或者说目的性的观点，是他的根本出发点；所以他要考察的只是，在机械论的阶段上面，在物理论的阶段上面，这个绝对精神的这样一种目的性是如何潜伏着的。你不要想从自然界里面去研究它如何产生出精神来的，而是要立足于精神，要看它在自然界里面如何从一种潜伏的阶段，逐渐逐渐地表现为现实的阶段，逐渐地显现出来。所以它是一种倒过来的观点。它要考察精神自身如何从潜在变成现实。所以，他就用不着去解释这个机械运动如何如何就产生出了生命体，如何最后产生出了精神。如果从这个角度来看，那就是还原论。既然机械运动通过这样一种机械关系就产生出了有机体的这种关系，那岂不是可以还原为机械论吗？可以还原为定量化的、精密化的、数学的分析吗？乃至于从有机体的合目的中产生出来的人类社会也可以还原为机械运动啊，人的精神也可以还原为机械运动啊，这是一种还原论的观点。我们想要在自然界里面去探讨一切生命体如何由一种机械的关系而产生出来，这本身就有一个前提，就是还原论。所谓还原论就是把一切现象都还原为数学关系、机械力的关系，都可以用数学-力学公式来加以解释，这就是还原论。

一直到今天，还原论还有非常强大的势力，特别在自然科学里面有很强大的势力。但是目的论呢，也始终没有被取消。当然这个目的论最后通常就是用上帝来解释，有机体的秘密掌握在上帝的手里面，上帝把生命带给了世界，是上帝把精神、把自我意识带给了人类，这种观点呢也没有取消。这两者互相之间谁也战胜不了谁。而黑格尔呢，是从后面这样一种观点出发的。所以他讲，上帝永远不会僵死，上帝在僵硬冰冷的石头里面也会呼喊起来，使自己超升为精神。上帝永远不会僵死，他就在运动中，他创造了自然界，所以自然界的那些创造物都是上帝造的，甚至于就是上帝本身。包括那些僵硬冰冷的石头，也是上帝。你不要看它是石头，你拿在手里把玩，扔掉又捡起，好像它是没有灵性的。但是实际上有一天它会在你的手里面突然呼喊起来，这个很恐怖啊，它突然会喊痛，突然会喊出精神的语言，使自己超升为精神。这个观点就是一种目的论的自然观，泛神论的自然观。万物都有目的，只是它是潜在的，这个谢林已经有了，他把自然界称为“冥顽化的理智”。这个我在前面已经提到了，是一种没有觉醒的理智。在自然的条件之下，万物表现为僵死的。石头、水、太阳光等等，这些东西是僵死的。它们是只有空间而没有时间的，没有历史的。看起来是这样的。但是对于这样一种僵死的自然界，我们要有双重的眼光。表面看，它是僵死的，但是从潜在的关系看，它是有生命的，它是有精神的。所以这里有一个概念非常重要，就是“潜能”，亚里士多德提出的潜能和实现这一对范畴，在黑格尔这里呢，大有用场。用他的表述就是自在和自为。潜能就是自在的，它在那里，但是它不知道，他“自在”，但是它不知道，它还没有“自为”。自为呢就是自己把自己实现出来，自觉地把自己实现出来，最后达到自在自为，那就完满了。所以，他这个观点呢，是从亚里士多德来的，就是潜能的概念。自然界里面有潜能啊，这是一个非常合理的概念。我们通常说潜能的概念也就是目的，目的论的观点，就是说它还没有实现出来，但是它是要实现出来的。它把它的潜能当作它的目的，一旦它实现出来，它就实现了目的。我们的目的都是潜在的嘛，你没有说出来，但是呢，你是想要有那么个意图。这就是潜能。

那么潜能这样一种目的论的眼光，把人的生命，以及精神，以及创造，以及自由，全部都看作是自然界本身的潜能。这个观点看起来很荒谬，实际上是非常合理的，是真正的唯物主义。为什么说是真正的唯物主义呢？我们看一块石头，我们用日常的眼光来看，它哪里有什么生命呢？它哪里有什么思想呢？但是马克思就说，物质能否思想？物质有没有思维？中世纪的邓斯·司各脱提出过这个问题，马克思的回答，当然是物质能够思维。人脑就是物质，但是它就能思维。而人脑的原子、分子跟石头的原子、分子有区别吗？当然有些区别，但是归根结底是一样的。就是物质世界嘛。它也不是什么幽灵，也不是上帝带给它的。物质世界本身就可以产生出意识，产生出精神出来，这种观点是唯物主义的。它不需要任何上帝，不需要外来的力量，把精神、把灵魂贯注到物质里面去，而是就在物质里面产生出精神来。你别看拿在手上这块石头没有灵性，你的思想就是从它里面产生出来的，没有别的来源。所以，这一块僵死的石头里面，潜在地包含着思想的可能性。一切可能性都在它里面。阳光、水分、无机物这些东西的里面就产生出了有机体、生命、自我意识和精神。就是这样来的。所以，黑格尔这个观点，目的论的观点，倒过来看这个自然界，里面包含有真正的唯物论的因素。所以自然界在人身上，实现了它的潜能，并且达到了自然界的自我意识。自然界有没有自我意识？这块石头肯定没有。但是这块石头作为自然界，它终有一天会达到自我意识。我们人死了以后也变成了泥土嘛，也变成了石头嘛，人死了不就变成石头嘛。那么石头也可以从里面产生出人。当然要经过一个非常遥远的历程，经过非常多的复杂的环节，但是它毕竟没有外来的来源，它就是在自然界里面包含着的。所以，自然界在人身上达到了自我意识，这个是马克思、恩格斯都承认的，恩格斯也这样说过。自然界在人身上达到自我意识，所以精神就是物质的自然界的本质属性，精神是物质自然界的属性，唯物主义当然承认这一点。但是我们要加上一句，精神是物质自然的一种“本质性的”属性。本质的属性，最高的属性。只有达到精神，自然界才显出它全部的本质。如果自然界还没有发展出人，还没有发展出人的精神，那么这个自然界是不完整的，还没有把人的精神显示出来，那它还没有完成。所以马克思讲，完成了的人本主义就是自然主义，完成了的自然主义就是人本主义。自然和人是一个统一体，不能分开的。合则两全，分则两亏。

所以黑格尔的自然哲学里面，体现出非常丰富的自然辩证法思想。通常我们从科学的眼光来看它呢，说它是伪科学，自然辩证法是伪科学。我们中国的马克思主义者呢，很长时期之内，把马克思的自然辩证法当作我们的一个科学门类，我们很多大学哲学系都有“自然辩证法教研室”，但是呢，我们现在不谈了，我们现在把自然辩证法教研室变成了“科学技术哲学教研室”、科技哲学教研室。但是实际上，这正说明我们以前对自然辩证法的理解是完全错误的。我们把它理解为科学技术的一种方法论，一种补充，甚至是一个科学门类。科学家要学点自然辩证法，那么他就能够出成果。不是的。往往科学家花很多时间去学自然辩证法，他就出不了成果了。很多成果，很多大成果都不是这些辩证法思想催生出来的。牛顿也好，爱因斯坦也好，你可以说他们有辩证法思想，但是他们从来没有想到过这是辩证法。所以自然辩证法对于科学发现、科学研究，的确没有什么用处。当然也不是说完全没有用处，但是没有什么大的用处。你有这些时间不如去学点别的。但是呢，自然辩证法有别的意义，你不能否认。它的意义在于它是有关人的，有关自然界如何发展出人，或者是有关在人的眼睛里面自然界是怎么样的，以及应该是怎么样的。它是人对自然界的一种把握，那么它跟自然科学就自然界本身来把握自然界是不一样的。它要把人的因素考虑进去。一旦你把人的因素考虑进去，那就是自然辩证法了。现代自然科学发展到它的顶尖级的阶段，像霍金的宇宙学说，这个时候，人们就发现，自然辩证法有用了。你必须把人的因素考虑进去，自然辩证法就有用了。所以，辩证法从根本上来说，它不是一种自然学说，而是一种人学。这个立场呢，很多人都没有发现。所以我们把自然辩证法取消了，而且现在很少有人谈，觉得一个人问你是研究什么的，我是研究自然辩证法的，好像羞于启齿。我不如说我是研究科技哲学的，那很牛。现在科技哲学很牛。但是科技哲学不就是自然辩证法嘛，原来就是自然辩证法教研室嘛。这样一说就觉得很丢人。其实不用感到自卑，就是我们原来的理解是错误的，你把自然辩证法理解为科技哲学是错误的。当然我们将错就错，现在把它改成科技哲学也可以，但是自然辩证法另有它的天地，这是我们以往的自然辩证法错过了的，没有对它加以研究。现在还有待于重新研究。这就是黑格尔的自然哲学真正表现出来的意义，我们要注意从里面吸收的它的闪光之处，就是这样一种自然辩证法，以人的眼光来看待自然的意义。

第十三讲　黑格尔的主观精神：精神现象学

那么我们再看他的精神哲学。精神哲学是从自然哲学里面发展出来的，体现了自然哲学中潜在的本质。精神哲学里头有主观精神、客观精神和绝对精神三个环节。我们先看看它的主观精神，主要就是他的精神现象学。主观精神共有三个环节，一个是人类学，一个是精神现象学，一个是心理学。人类学当然是从自然哲学的最后一个环节，就是有机论里面引出来的。有机界、植物界、动物界，发展到人。人当然是万物之灵长，人是有机界的顶点，最高点，同时呢，是精神哲学的起点。发展到人，整个有机界就达到了顶点，就结束了。那么，精神哲学就开始了。所以最初是人类学。而人类学里面呢，又发展出精神现象学。精神现象学是黑格尔的第二个阶段，而且是最重要的阶段。从精神现象学过渡到心理学呢，又是另外一个阶段。心理学呢，其实不如精神现象学那么重要。所以我们在主观精神里面，我们主要考察精神现象学。我们把人类学和心理学都把它忽略，当然真正地严格说起来，是不能忽略的，你要读懂黑格尔的书的话，那是不能忽略的。但是，从它的重要性来说呢，我们可以把它忽略。从现代哲学的眼光来看，精神现象学有它突出的地位，在黑格尔哲学的体系里面，它是最突出的。比如说胡塞尔的现象学，胡塞尔本人当然没有涉及黑格尔和精神现象学，但是胡塞尔的学派和他的弟子们纷纷都到精神现象学里面去寻求某些灵感。胡塞尔的现象学就是把心理学和人类学悬置起来，胡塞尔反对的就是心理主义和人类中心主义，黑格尔的人类学在胡塞尔看来，这个东西完全不算哲学了，心理学胡塞尔也认为不算哲学，真正能够算哲学的就是现象学。所以从这个眼光来看，我们就可以看出，精神现象学在黑格尔的体系里面呢，特别对于现代哲学有着很重要的地位。所以我们把它单独提出来，加以考察。

一、什么是精神现象学

首先我们看一看什么是精神现象学。精神现象这个概念我们首先要搞清楚。黑格尔认为，精神现象学是“意识的经验科学”。精神现象是研究什么的呢？是研究意识的，而且是由研究经验形态的意识的。意识是从经验中产生的，经验形态的意识，是研究这个的。但是它是一门科学，意识的经验科学。它是为意识的更高的科学奠定基础的，是最初级的意识的科学。但是马克思说，黑格尔的精神现象学是他的全部哲学的真正诞生地和秘密。马克思非常重视精神现象学，认为整个黑格尔哲学的根，可以追溯到精神现象里面。但就黑格尔自己来说，他在晚年不太重视精神现象学，甚至还想极力掩盖他的这个根。尽管黑格尔的《精神现象学》出版很早，在1797年就出版了，是他的最早的成名作。《精神现象》出来以后，给他带来了巨大的名声。原来还有一个副标题："科学体系，第一部分"。但是他后来把"精神现象学"收入在了他的《哲学全书》的大体系里面，去掉了副标题。在这里，他的体系的第一部分变成了逻辑学，第二部分是应用逻辑，包括自然哲学和精神哲学，精神现象学则成了精神哲学中的主观精神里面的一个环节。他的这个精神现象学呢，到了收入他的《哲学全书》里面去的时候呢，大大减轻了它的重要性，并且被肢解了。他把原来《精神现象学》的后一部分全部砍掉，让给其他的客观精神啊、绝对精神啊去解释，而在主观精神部分，纳入"精神现象学"之下的只有原来的《精神现象学》的前面四章。前面四章就包括意识三章，自我意识一章。其他的全部都砍掉了。但是在他早年呢，他是企图把精神现象学当作他的全部哲学的起点的，所以叫"第一部分"；而现在不叫第一部分了，第一部分被换成了逻辑学。所以马克思认为他的这个第一部分只是一个假的诞生地，真正的诞生地是精神现象学，现在变成了只是逻辑学应用到人类身上的一种现象形式。逻辑学当然是抽象的概念，不管他讲具体概念也好，讲绝对理念也好，它毕竟还是一种概念形式。有点像柏拉图的理念论，理念王国。上帝在创造世界之前的一个蓝图，但是还没有创造世界。它是一个抽象概念的体系。那么，逻辑学在应用中体现为现象的形式，其中就有精神现象学。当然这个精神现象学呢，已超出人类学了，但还不是心理学，它抽掉了那些精神现象的具体的内容，只留下了精神现象的那些结构的形式。

所以，后来恩格斯把精神现象学称为"精神的胚胎学"。胚胎当然还没有实现出来，但是，比如说人的胚胎，它已经呈现了将来人的一个总体结构。所以精神现象学是意识本身的一个结构层次。我们现实的人可以根据这个结构层次来为自己的精神定位。比如说，现象学里头讲到了很多不同的结构，历史的结构，奴隶啊，主人啊，中世纪的宗教意识啊，启蒙啊，等等，那么我们现实的每一个人都可以在里面找到自己的位置，我的思想已经达到了哪个层次。有的人思想非常原始，非常低级的，那就只是在感性确定性的层次。有的人已经达到了知性的层次，有的人达到了斯多葛派的层次，有的人达到了启蒙的层次了，等等。所以它是一个这样定位的结构。我们这样理解精神现象学就好理解了。他把那些具体内容都删掉了，那些历史人物，那些哲学家的名字，全部在里面都没有，所以我们读起来很困难，你真正要读懂它呢，你要掌握很多丰富的知识，历史知识，哲学史知识，法律知识，道德伦理等等。它这个里头非常抽象，就在于他回避这些东西，他只讲结构。但有了这个结构，你就可以对号，自己属于哪一个层次。它是起这样一个作用的。

那么意识的经验科学，他就要谈意识，意识是怎么来的。在这方面呢，黑格尔的精神现象学有一种入门的性质。就是说，黑格尔自己当然有一套观点，比如说，逻辑学当时已经形成了一整套的观点。但是怎么样使这一套观点一般的人都能够接受，或者说不同意他的观点的人怎么能够从他的入口处一步一步地被他诱导到他这些观点上来，那他就要从每个人内心的、最直接的事实出发。每个人内心的、最直接的事实，那就是意识的事实。不管你持一种什么样的观点，你总有意识。所以，黑格尔的精神现象学从意识出发，来探讨意识本身的发展层次、发展阶段，你一旦接受了他的前提，就是说，我们每个人都有意识，那么他就引导你顺着你的意识的线索来不断地上升，不断地提升，他给你讲道理，循循善诱，他也不强加于你。黑格尔最反对的就是一上来就强加于人家一个观点，他说我现在不强加于你，反正你有没有意识嘛，你有意识我就跟你谈，没有意识那你就是动物，那我就可以不跟你谈了。当然每个人都有意识，那么，我们就听听黑格尔怎么样讲意识，看是不是对路，是不是跟我们每个人的经验相吻合。这是国外某些人的观点，像德国的克拉玛就认为，精神现象学就是把普通人的意识引向哲学的一种入门。精神现象学的确有这种作用。

但黑格尔的主要意图并不在此，他实际上要讲的不是意识的经验，而是意识的经验现象。这个现象呢，就是说不特定于某个张三、李四的意识。张三、李四当然有意识，但是你要从你所具有的这个意识里面去看出它的那种现象结构。所以他跟后来的胡塞尔现象学有很多相近的地方。不是谈具体的某个人的经验，而是谈一般经验的结构。凡是有经验的人，凡是有意识的人，他的意识就会走这样一个套路，逃不了这个套路，不信的话，你试试看。所以精神现象学呢，就是来试一试，在这样一部大部头的著作里面把一般意识的各个不同的层次展示出来。我们人类，包括我们每个具体的个人，当然都可以拿他这一套体系来对号入座，我现在处于他这个意识体系里面的哪一个阶段。它有很多阶段，每个阶段都不同的。人也是各式各样的、五花八门的，那么，这些五花八门的人的性格、思想、观念、立场，究竟适合于精神现象学里面的一个什么样的阶段，你就大致可以把握了。你通过它这个阶段，你再反思，哦，这个阶段原来是从那里来的，是从前面来的。前面那些阶段我有没有。一般来说呢，你承认你处于其中一个阶段，那前面的那些阶段你也都很熟悉。那后面的阶段呢？你又可以预测了。我现在停留在这样一个思想水平，那么后面的阶段呢，是不是比我更高，也许你会接受，也许你不接受。但是在黑格尔看来，即算你不接受，你终归会接受的。因为这是意识本身的发展规律。所以恩格斯把它称为精神的胚胎学，类似于精神的胚胎学。精神是怎么发育起来的，每个胚胎都经过这一套发育的程序，少一个程序都不行，颠倒一个程序，你就是畸形了，你将来生出来的就是一个畸形儿了。所以这是不能颠倒的。在这个意义上，精神现象学有普遍性。但是最开始它的起点就是意识。意识经验科学的起点就是最通常的意识，在这方面，黑格尔多次强调，他在这个上面不加任何人为的干扰，而是让事情本身客观地、原原本本地显现出来。科学不可能有任何先入之见，科学要客观嘛，你先把一个观点强加于人，那人家不同意你的观点，你后面说的全都白费了。所以他一开始就要用一种纯粹客观的态度。我们不作为，我们只是描述我们的意识，我们每个人都有意识，那么我们首先来描述它，看它是怎么样的。那么这种描述呢，当然最开始是“感性的确定性”。

就是说，当你把自己一切先入之见，一切概念，一切观念，一切理想，全部抛在一边，你就原原本本地、实实在在地回到你的内心考察一番，现在有什么东西发生了，最初的现象是什么，把一切先入之见都排除，什么物质啊，精神啊，康德的物自体啊，先验自我啊，范畴啊，各种各样的概念啊，灵魂啊，这些东西全部，你先把它放在一边，你先不谈。你从最直接的、不言自明的东西出发，来看一看我们的内心有什么。那么我们就发现了，什么东西都可以抛弃，暂时不说，当然不等于以后不要，至少我们可以暂时不说，但是有一点是不能不说的，那就是感性。感性是意识的经验现象的第一个现象，也是意识的经验科学第一个要考察的对象。那么什么是感性？感性是作为意识的第一个环节，那么我们首先要了解什么是意识。感性意识也是一种意识。

二、意识

什么是意识呢？意识很明确，意识就是把自己和对象区别开来的一种感觉。我们通常讲，这个人丧失意识了，为什么呢？因为他不能区别自己和对象了。他还分得出他的对象，那么这个人还有一点意识，他能够对对象起反应。那么最基本的、最起码的意识就是我和对象之间的一种区分，这是意识的本质结构。首先要区分。如果不区分，那就丧失意识了。很多具有高度意识水平的人，在某些时候，也会丧失意识，比如说在迷狂的状态，高峰体验、艺术欣赏、艺术创作，都属于一种忘我的状态，我们就说，这个人已经丧失意识了。当然实际上还没有。艺术家还没有丧失意识，他还有一种背后的意识在控制，但是呢，这种现象我们可以说，他已经丧失了清醒的意识，陶醉了。

1. 感性确定性

所以，自我和对象的最初的区分是最直接的一种区分，那么最直接的区分就是感性的区分。自我和对象有会跟多层次上的区分，但是最低层次的，就是感性的区分。我感到有个对象。那么我感到了这个对象呢，首先还不是以对象的身份出现的，还仅仅是一个感觉。我感到我有一种感觉，你要抛开一切先入之见的话，你就只能这样说。你甚至于不能够说我感觉到一个感性的对象，你只能说我感到了一种感觉。这是最起码的。经验派最强调这个，休谟最强调知觉、印象，特别是印象，第一印象，这是最基本的。黑格尔也同意，可以呀，你从这里出发也可以，但是你最终会走到我的理性派立场上来，你等着瞧。所以感性的区分是最起码的区分。黑格尔认为，我们做出这种感性的区分呢，不是说我们要把自己跟感性一刀两断，从此就没有来往了。恰好相反，我们区分感性，就是为了保持我和感性之间的一种同一性。这种同一不是谢林所讲的无差别的同一，而恰好是有差别的同一。我在感性中，我意识到了我跟我的感觉是不同的，这就是有意识，这就是有清醒的意识。如果你连这个区别都感觉不到，那你就没有意识了，那就是谢林所讲的无意识的那种绝对同一了。但是黑格尔呢，是主张从意识出发。从无意识出发你怎么出发？它没有一种差别，你就没有办法出发了。

但是意识在这种不同的差异中又保持着同一，我和感性之间，既区别，又同一，这就是意识的结构。意识的结构就是这样一种又区别、在差异中又保持它的同一的这样一种意识，也就是我们通常所讲的清醒的意识。我在感性中我仍然保有清醒的意识，就是我意识到这个感性跟我不同，但是我又意识到它是我的感性。我们平常学习的时候、上课的时候打瞌睡，昏昏沉沉地，差不多有一点物我不分了，想睡觉了。这个时候呢，突然一声响，我惊醒了，这时候我就清醒了。为什么清醒了呢？那一声响，使我意识到，这个世界跟我不同。有的人为了刺激自己学习，悬梁刺股，或者点一根香，香烧到了手上，刚刚要打瞌睡的时候，香烧到了，突然一下惊醒了。就是说，这香是客观的，是实实在在的，是跟我不同的，这就回到了清醒意识。所以，清醒的意识就是，既跟我的感性区别，它不是我。一个东西惊醒了我，我马上闪出一个念头，这是什么？这个香刺激了我，我马上就意识到，这个痛是从哪里来的。原来是我自己点的一根香。这就叫作清醒意识。那么要保持清醒，就是说这个清醒意识不是一闪念呐，你清醒过来你要持续一段时间，才叫清醒。你清醒一下，马上又睡着了，那就不叫清醒了，那是半睡半醒。保持清醒就需要有确定性。所以为什么一开始就要讲感性确定性呢，感性如果没有确定性，那它是留不下来的，它也是感不到的。感性如果一点确定性都没有，它是感觉不到的。你必须要在一段时期之内，把这个感性保持下来，使它与你的自我处于一种同一的关系之中，处于既有区别又同一的这样一种关系之中。所以要寻求感性的确定性。

感性的确定性是什么呢？感性的确定性，我们找来找去，感性五花八门，变化万千，我们要确定它，很难确定，于是我们找到一个确定性，就叫“这一个”。“这个”，就是感性的确定性。所有的感性，所有的感觉，我们都可以说，“这个”。不管是香烧了我一下，还是一声响惊了我一下，我马上一个反应就是，这是什么？于是，我们就用这样一个“这”，把感性的确定性加以确定。当然“这一个”很抽象，它适用于所有的“这一个”，所有的感性都适合于“这一个”。我被香烫着了，我可以说“这一个”。我听到一声响，我可以说“这一个”，我出门看见一棵树，我可以说“这一个”。“这一个”内容是常变的，而“这一个”本身是不变的。我可以用“这一个”来描述所有的、变化无穷的这一个那一个。那一个也是“这一个”。所有，这也好，那也好，它们都可以归结为“这一个”。但是，这一个概念是最抽象的，它什么也定不下来。你当然可以用它来定所有的东西，你指着一个东西说，“这一个”，你好像就把它定下来了。但是当你指着的时候，它就已经发生变化了。你说，这一个大家快来看，结果大家跑来看，它已经不是的了。你就只好解释了，刚才它是那样的，现在已经不是的了。黑格尔举了很多例子，我指着一棵树说，这一个，我转过身来，这一个已经变了，它不是一棵树，是一幢房子。我说，这一个是白天，这时是白天，等一下它就成了晚上，等几个小时，这时就变成了晚上。这里、那里，这个、那个，都具有这种特点，就是，它是最抽象的。看起来好像是最丰富的，感性的东西是最丰富的嘛，但是你一旦要把它确定下来，你就会发现它是最抽象的。它什么也没说。你用手指头指着这个说“这一个”，好像是最具体的了，但是你所说出来的呢，也只是一个抽象的语词。他从你的话里面，丝毫也没有反映出这一个它到底是什么，它的感性的特点何在。所以，感性的确定性一旦进入到确定性，它就变成了不确定性。而它的确定性呢，就变成了一个非感性的确定性，就是语词。语词有确定性，但语词的内容、意蕴是没有确定性的，你确定不下来的。所以黑格尔讲，感性的具体，实际上是最抽象的，我在前面已经讲到，黑格尔讲的具体不是感性的具体，而是概念的具体。只有概念才能真正地具体。感性的具体呢，实际上只能归结为一个最抽象的“这一个”。

当然“这一个”的概念是亚里士多德提出来的，亚里士多德在《形而上学》里面就讲到了，作为存在的存在，作为是的是。什么是作为存在的存在？那就是实体。只有实体，才是作为存在的存在。那么什么是真正的实体呢？就是个别实体，第一实体。个别实体就是“这一个”。比如说，苏格拉底，他是特定的一个人，不可取代的，世上唯一的，只有一个苏格拉底。当然后来也有同名同姓的，但是他已经不是那一个人了。我们讲的苏格拉底就是生活在雅典时代的那个哲学家。那唯一的只有这一个。但是你经过这样的解释呢，那当然这个感性的对象就被你确定了，但是这只是一个命名，苏格拉底并不是一个概念，只是一个名称、符号。当你想用一个单一的概念把他确定下来，那就只有“这一个”，只能说是“这一个”。再没有什么可说的了。所以，亚里士多德的“这一个”是不可说的。当然后来亚里士多德还是想说，说来说去呢，就说颠倒了。真正的实体就不是“这一个”了，就是共相了，就是形式了。他要一说的话，就陷入悖论了，就走向反面了。这个我们先不谈它。

那么黑格尔在这里也有这样一种经历，他描述了这样一种经历，就是说，“这一个”当你想把它确定下来，确定来确定去，它就变成共相了，它就是形式，就是语词。只有语词是不变的，“这一个”这个语词是不变的。而其中的那些感性的内容呢，都在变化之中，都处于赫拉克利特的河流之中。赫拉克利特不是说，我们不能两次踏入同一条河流。万物皆流，无物常驻，它随时都在变，但是语词不变。所以语词在这个里头呢，它具有一种颠倒作用。黑格尔说，语词、语言具有一种颠倒的作用。有什么颠倒作用呢？就是把那种最实在的东西，变成最空洞的东西。而把人们认为是空洞的东西，比如说共相，把它变成实在的东西。这就是一种颠倒的作用，我把它称为“倒名为实”。这是用了中国哲学的术语，名实关系。中国人讲名实关系，通常都是讲名副其实。这是所有的儒家、道家、名家、法家、墨家，各家各派都要承认的。名副其实，实就是实，名就是名。你不能把名当作实，你把名当作实，你就搞颠倒了。但是在西方，从柏拉图开始就有这种传统，就是说，恰好就把共相、把名当作实，当作真正的实在。感性的东西，哪怕你是吃在肚子里吃饱了，哪怕你长了肉，那也不是真实的东西，因为你人的生命都是要消失的嘛，都是过眼云烟嘛，真正的永恒的、不变的东西才是实在的，那就是共相，就是柏拉图所讲的理念、概念。概念才是真正的实在的东西。而看得见、摸得着、具体的、拿在手里的东西都是不实在的，都是过眼云烟。这是西方哲学的一个传统，我们把它称为唯心主义。名副其实当然是唯物主义了，所有的概念、共相都是名，都是我来给它命名，这是主观的，主观要符合客观，要实事求是，这是唯物主义啊。当然这种唯物主义是很粗糙的。唯心主义在柏拉图那里也是粗糙的，但是发展到黑格尔这个地方呢，那就非常精致了。所以，倒名为实他认为是一个非常普遍的现象，就是语言本身有一种魔法，它能够把关系颠倒过来，把不实在的东西变成最实在的东西，把粗看起来是实在的东西变成不实在的东西。我举一个例子，我们看了很多很多的桌子，我们就给它命名为桌子。桌子是个共相啊。当然我们一般说，桌子作为一个共相，它只是个名称，它跟具体的桌子相比，当然比不上具体的桌子那么实在。但是下一次你如果再见到从来没有见过的一张桌子，你首先就要用桌子这个概念去衡量它，看看这个桌子像不像一张桌子。如果不像，你就可以否定它，这哪是一张桌子呢，这根本不符合桌子的概念嘛，这“不像话”嘛，这不像我们所说的话。为什么要说不像话呢？就是话可以成为实在的标准，它一旦被抽象出来，它就比实在的东西更实在，它能够用来衡量这个实在的东西是否真正的实在。你说这个桌子是一张桌子，它其实根本就不像桌子，你说错了。所以，感性的确定性也是这样，当我们看到了很多的感性的确定性以后，我们就用“这一个”来概括它。所有的东西我都可以指着说，“这一个”。但是，“这一个”一旦成立，它就成了真正的确定性。这个确定性呢，它本来是从感性中形成的，但是一旦形成，它就不再是感性的了。

2. 知觉

那么，既然不再是感性的了，意识就提高到一个更高的层次了。那就是知觉，知觉是意识的第二层次。感觉、感性是最初级的，那么知觉在心理学上面呢，是比感觉更加有意识的一个阶段。我们通常心理学的教科书上都是这样说的，所谓知觉就是有意识的感觉，或者是意识到了的感觉。知觉当然也是感觉，但是它是意识到了的感觉，就是能够把握共相的这种感觉，就是知觉。“这一个”是共相，但是呢，能够把这种共相把握住，而不是老是把它还原为那些过眼云烟的东西，你能够牢牢地把“这一个”这种共相把握住，然后再用它来看各种各样的感性对象，那么这种意识呢，就叫作知觉。所以知觉呢，是意识到了的感觉。那么意识到了的感觉，它就能把感觉当对象。当然最开始在感性确定性中感觉也是对象，但是他还没有意识到。这根香烫了我一下，我们马上觉得这个感觉是从哪里来的，起码它不是从我自己来的，它是外来的。我就想，“这一个”是什么，这是什么。但是知觉呢，就是自觉地把这样的感觉当对象来考察，把对象当作对象来考察，这就是知觉了。那么由此来考察就形成了一个概念叫作“物”。凡是刺激了我的都是物。那么被这个物所刺激呢就是我，知觉就是明确意识到了物我的差别。这个人有知觉，他就意识到了物我之别。这两者是对立的。与物相对立的是我，物刺激了我。那么我呢，就来观察这个物。在感性确定性的阶段，在前一个阶段，这个我当然也有，我们讲意识本身就是我和对象的区分嘛，但是这个我当时还不是自觉的，它还仅仅是一种意味，Meinung，英文里面是mining，意思，意味。这个我，仅仅是在这种当下的感觉的状态之下我的一种内心感觉而已。我一方面感觉到对象刺激到我，另一方面感觉到我自己痛，自己有痛感，这个痛感是我的，那个刺激是外来的。但是这个痛感是什么呢？你说不出来。你说痛啊痛啊，人家说怎么个痛法？你说不出来。小孩子得病的时候，大人总是说，你哪里痛啊？怎么痛法呀？说半天说不清楚。当然一般的人，我们每个人都有过痛的感觉，所以又是可以猜到，可以体会到。但是你体会到了，你也说不出来。这就是意味。意味是说不出来的，意义是说不出来的，它跟语词中间有一道鸿沟，就像感觉的内容跟感觉的“这一个”有一道鸿沟一样。但是在知觉的阶段呢，我不再停留于意味，而是具有了不变性。意味是五花八门的，各人不一样。同样地感觉到同一个对象，你的感觉跟他的感觉可能不一样，而且呢，每一瞬间可能都不一样，随着你的心情和各种环境的改变而改变，这个意味是变来变去的。你意味着什么，你认为这个东西有什么意思，那是你个人的，而且随时变化。但是我呢，就已经不变了。在知觉的阶段，我已经成了一个不变的共相，它与物这样一个不变的共相两者对立。在知觉的阶段有一个基本的对立，就是物我对立。物是不变的，我也是不变的，它们都是共相嘛，它们都不会随着感性确定性漂流。感性确定性是一条赫拉克利特的河流，但是在物和我这两个概念上面呢，它们遇到了障碍,物和我再不随着这个河流漂走了。所以知觉的结果就是两个不变的共相，物我相对。这是第二个阶段。

3. 知性

第三个阶段就是知性。什么叫知性呢？知性就是康德所讲的Verstand，就是一种认识能力，这种认识能力不能脱离经验和感性。什么叫认识呢？就是一个对象摆在面前，我对它有一个观念，能够与这个对象相一致。我要追溯这种一致何以可能，追溯它的根源。追溯到哪里呢？一方面追到了物本身，追溯到物自体。物自体我不能认识，但我知道物自体刺激了我的感官，才使我产生了感觉嘛。另一方面追溯到我自己，我摆在我的面前，我也要追溯我的根源，我的根源在哪里呢？先验自我意识。先验自我意识的根在哪里呢？还是物自体。先验自我意识是一种统觉的能力，是一种自发性，那么这个自发性的背后当然有它的根基。比如说自在之我在后面起作用。自在之我是什么，它如何起作用，这个我不能认识，我只能看到它所起的作用，那就是它的统觉能力，它有一种能动性。所以物也好，我也好，我们要追溯它们本身，这就是一种知性的态度了。要追溯它的原因呐，就是认识的态度了。亚里士多德讲，科学就是要追溯一切事物的原因嘛，我们要知其然，还要知其所以然嘛。要知道它在那里，还要知道它何以在那里，它何以可能。但是按照康德的说法，即使我们知道认识来自于物自身和我自身，我们也不能认识它们本身，只能认识它们对认识主体所造成的刺激和影响，这些刺激和影响都可以归结为“力”。如果去掉物自身这个累赘，就只剩下力了。

所以，认识何以可能呢？是由于某种力。这就是知性的认识态度，特别是近代以来的，伽利略、牛顿以来的物理学的态度，就是把一切归结为一种力。在哲学上也是如此。我们之所以知道有自在之物，是因为它刺激了我们的感官。那么刺激我们感官的是一种力呀。它如果无力，它怎么能刺激我们的感官呢？我们的先验自我意识之所以有能动性，也是因为它具有一种力，有一种统觉的能力。所以真正说来只有力是知性的观点，对此在康德那里是没有贯彻到底的。康德说物自体是刺激我们感官的一个原因，但是他拒绝把力、运动、因果性、实体性这样的概念运用到物自体的身上。不管是我们对象的那个物自体，还是我们的自我意识的物自体，他都反对运用到它们身上。但是黑格尔看出来，既然如此，那就用不着设定物自体的存在了，只需要承认我们的感官受到一种力的刺激，自我意识统觉也是力，一切都是力在起作用，就行了。所以康德讲现象和物自体之分，在黑格尔看来呢，其实没有什么物自体，一切都是由力所导致的现象。世上万物，不管是对象，还是自我，都是由力所导致的一种现象。所以一切现象都是力的表现。力和力的表现，这就是认识的观点、知性的观点。康德实际上也是这样做的，从力的表现去追究它后面的力。力已经表现出来了，它后面是一种什么样的力，那么我们就要去对它加以认识了。所以万事万物、什么东西都是力的表现，都是由力表现出来的。我们通常讲运动嘛，我们唯物主义讲物质世界都是表现为运动的，这个运动后面有一种动力。那么追溯到这个力呢，就追溯到万物现象底下的本质了。力是本质，力的表现是现象。而追溯到本质呢，就得出了一种规律性的东西。所以从力和力的表现呢，我们得出了规律这个概念。在自然科学中，我们就是要寻找规律，寻找规律我们就寻找到了原因。规律就是本质，那么这个本质它和现象是对立的，一方面是力，另一方面仅仅是力的表现而已。

这样一说呢，力和力的表现就对立起来了。怎么对立呢？现象是一个五花八门的世界，不断地变动，是一条赫拉克利特河流，而本质规律的世界呢，是一个静止的王国。规律是不变的，静止的王国是不变的，本质是不变的，现象变来变去，是处于这样一种对立之中。但是这种对立是相对的，黑格尔通过他的辩证思维揭示出来，其实，现象尽管变来变去，但是每一种现象不是随便变来变去的，每一种现象底下都有它变化的规律。我们通常要寻找一个事物的本质规律的时候，我们把那些偶然的现象撇开了，只去寻找其中的本质的现象。比如说伽利略的自由落体公式，每秒加速度9.8米，在地球上是这样的。但是你实际上去做实验的时候，它不是这样的。你从飞机上跳伞下来，每秒9.8米你不是摔死了，但是他有伞撑着，有别的东西，所以伽利略可以解释，那是有别的原因，那个现象我们可以撇开不计。你把一块石头从楼上丢下来，跟你把一片羽毛、一片纸从楼上丢下来，它们下降的速度远远不一样。即算是一块石头，在不同的纬度、不同的气候环境之下、不同的外部条件之下，它的下降速度也有一些细微的差别。空气的密度不一样啊，空气的阻力啊，突然吹来一股风啊，都会影响它下降的速度。但是伽利略认为，这些都是偶然因素，可以忽略不计。或者说，你可以把它和另外一种规律综合起来看。比如说跳伞，你可以和空气的阻力啊等等这些问题，把它综合起来考虑。所以，你之所以能够从现象里面抽象出一个本质规律，你不管任何情况你都断言，一般说来，在地球上自由落体的下降加速度是每秒9.8米，之所以这样，是因为你撇开了大量的偶然现象。你从现象里面区分出来，有些现象是本质的，另外一些现象是偶然的。但其实现象都是偶然的，这个时候没有风，是偶然的，有风也是偶然的。所有的现象都是偶然的。你把它都撇开来，那你这个本质就成了抽象的东西了。你要追求一个必然的本质，这个本质是一个静止的王国，一个抽象的东西；但是它如何能够表现出来？肯定离不开那些偶然现象。只是你主观地把某个适合于表现这一本质的现象定为本质的现象，而把其他那些都作为偶然现象排除掉了而已。

但是实际上，每一种偶然的现象，都有自己必然的规律，包括风吹来，或者大气的密度、纬度、高度等等，都有它自身的规律。所以，你要是不停留于某一个规律，而是把这个规律扩展开来看，那么一切现象都是规律。你能指出哪一个现象没有规律吗？所有的偶然现象都是有规律的。所以我们讲这个东西既是偶然的，又有它的必然性。为什么呢？因为任何偶然的东西都不是完全无规律的偶然的，它还是有它的规律，只不过它跟你所要探求的那个规律不相干，所以你把它忽略了。你说它没有规律，你说它是偶然的，但是实际上它只是没有你所要的那种规律，它自身还是有它自身的规律。那么你把它打开来看，所有的现象都有规律。那么规律的王国就不再是静止的王国了。规律的王国就要随着现象的变化而变化。这种随着现象的变化而不断变化的眼光和观点，就超出了一般知性的观点。一般知性就是要追求一个对象的原因，那么你要追求一个对象的原因，就必须把其他的东西撇开，你要把这个对象孤立起来考察。牛顿物理学、伽利略物理学就是这样，分析地考察对象，把一个对象孤立起来，其他的偶然的东西都撇开，我就这个对象的纯粹的形式来考察它。我要去做实验，我到比萨斜塔上面丢一个球下来，我要选择一个无风的天气。为什么要选择无风的天气？有风就不行吗？有风就会干扰嘛。所以，一般的知性，追求力和力的表现呢，都是孤立地看待一个对象。但是你如果把这个对象打开来看，你就会发现，在现实生活中，不可能有那种纯粹孤立的现象，所有的现象都是交织在一起的，所有的规律都是互相影响、普遍联系的，你不可能孤立地、静止地来看待一个对象，万物都处于运动之中。从这个眼光来看呢，那么你就找到了一条更高的规律，新的规律。什么新的规律呢？就是转化的规律，对立面的转化。万物都在变化，在万物的变化中，对立面往往是互相依赖、互相转化的。比如说前面讲到的谢林的两极性观点，就在这里派上用场了。两极性的观点，互相转化的观点，互相对立统一的观点，形成了一种新的规律。黑格尔称之为第二种规律。

应当说，这里前一种规律是知性的规律，第二种规律是理性的规律。前一种规律是孤立的、静止的、片面的规律，这一种规律呢，是辩证的规律。所以，前一种规律虽然已经超越了感官世界，黑格尔把它称为超感官世界，但是呢，第一个超感官世界还只是超越到了知性，第二个超感官世界才超越到了理性，就是辩证法，它超越到了辩证法。辩证法的规律是第二个超感官世界，它能够把握对立统一和矛盾的关系，万物在现象界所表现出来的对立统一和矛盾，只有根据辩证法才能够完全把握住。根据知性把握不了变动不居的现象界，它只能够把现象界切割一部分下来，然后孤立地去研究它的原因，但是整个现象界的普遍联系，知性是无能为力的。只有理性，只有辩证法，才能够把握住。那么，到了理性，我们的意识就进入了一个更高的层次了，那就是自我意识。

三、自我意识

理性是自我意识的阶段，它能够把握万物的运动，把握万物的矛盾。为什么能够把握万物的矛盾？因为自我意识本身就是一个矛盾。单纯的意识可以说还没有显出它的矛盾，它是在差异中把握同一，它在对立中把握统一，那是可以的。但是自我意识呢，发现这个对立恰好是它自己跟自己对立。它不是一个外部的对立，不是外部对象的对立，而是自己跟自己对立。自我否定，就是自我意识的结构了。

1. 自我意识的矛盾结构

现在到了自我意识的阶段呢，这个物我的对立呢，已经转向了意识的内部，也就是自我意识把自己当作一个物，当作一个对象。它不再把外在的对象当作一个对象，那是意识阶段的结构。现在自我意识的阶段呢，它开始把自己当作一个对象来看待，自己跟自己发生关系。什么关系呢？我把我自己和我区别开来，同时又意识到这种区别是没有区别。这跟意识的结构有点类似，意识就是说，我把我跟对象区别开来，同时意识到我跟对象的区别又是没有区别，是同一的，这才能够保持清醒嘛。但是自我意识呢，它不关心外在的对象，它关心它自己，我把我和我自己区别开来，同时又意识到这种区别是没有区别的。这不是一个矛盾吗？在形式逻辑上这不是自相矛盾吗？你把自己区别开来，你又认为这个没有区别，这在形式逻辑上是讲不通的。但是这就是自我意识的结构。自我意识的结构，就是一个矛盾的结构，意识到我和我自己有区别，因为我跳出我自己来看我自己嘛。我跳到一边来看我自己，那岂不是把自己区别开来了吗？一个被看的我和一个看的我，这不是两个我吗？其实这是一个我，是我自己在那里造成的。但是我把它当成两个我的关系，一个是主动的我，一个是被动的我。但是主动我和被动的我其实就是一个我啊。我又意识到其实我在考察的这个我，就是被考察的这个我。这个被考察的我就是正在考察的这个我，是同一个我。所以这就是自我意识的结构，自我意识的矛盾结构。我们可以用一个概念来通俗地理解它，就是“自欺”，自欺的结构。

当然这个概念不是黑格尔讲的，是后来萨特讲的，萨特在解释黑格尔的精神现象学的时候用了这个词。自我意识其实就是自欺，就是一种自欺的结构。所谓自欺就是说，我明明知道我就是我，是同一个我，但是我要姑妄言之，姑且把自己当作一个跟我不同的对象来考察。我们通常的自我意识表现为，比如说自我反省，用别人的眼光来看自己，其实还是我的眼光，但是把自己的眼光当作别人的眼光。我们在做一件事情的时候，我就想到别人会怎么看。其实别人没有看，还是我自己。我把自己当作别人，姑且把自己当作别人在看自己，去揣摩别人的眼光会怎么样的。这就是一种自欺。当然这个自欺没有贬义，而是说这种结构呢，就是我明明知道我就是我，但是呢，我还是要把自己当作不是我；我明明已经把自己当作不是我了，但是我内心里暗中还知道其实还就是我这个我，没有什么区别。这就是自欺。那么在艺术中呢，我们可以发现这种结构到处都可以用到。在艺术创作的时候，有个美学家，康拉德·朗格曾经说过一句话，艺术就是有意识的自欺，就是把自己当作一个对象，但又明明知道自己并不是对象。我写的那个人物，其实就是我自己，但是我又把他写成不是我自己。我非要把他当作不是我自己，我才能够把他写出来，才能写出我自己。如果你过分投入，你变成了一种自述，那个作品就写不成了。你真的把他当作你自己，那你写不成了。你要把他当作是别人，暗中把他又理解为自己，那这个作品才能够成功。所有的艺术品都是这样的。当然这是他的一种观点，可以用来解释我们这里的自我意识。

我刚才讲了自我意识的这样一种矛盾结构，那么这个矛盾结构，这种自相矛盾，这种自我欺骗是不是就很没有希望呢？人是不是就注定要陷入这种自相矛盾中，那岂不是太痛苦了吗？但是在黑格尔看来，你如果这样理解呢，你就是把这种矛盾当作是一种形式逻辑的静止的王国，那当然是解释不通的。形式逻辑的静止的王国来解释矛盾是理解不了的，会把矛盾当作一种错误，当然会很痛苦了。但是辩证法已经超出了静止的王国，它是一个普遍联系和运动的王国，或者它是一个历史的王国。所以黑格尔认为这样一种自欺的结构，这样一种矛盾的结构，它是可以调解的。怎么调解？就在历史中。我们可以看到这样一个结构，实际上它不是一次性的，自我意识，我们通常讲，就是反省，你好好反省一下自己，但是这个反省呢，在自我意识中，它不是一次性的反省。它是不断地反省，不断地后退，不断地追溯自己的另一个自我。我们不是讲“寻找自我”吗？我在这里为什么还要寻找呢？就是说，这个寻找是一个过程。当你找到一个自我的时候，你发现它后面还有东西。当你把一个自我看作是自己的对象的时候，你会发现，这个看的这个自我它本身又成了一个对象。被看的自我是一个对象，这个看的自我还可以成为一个对象。成为一个什么对象呢？成为一个更高的看的对象。那么这个更高的看呢，它是可以无穷后退、无穷上升的，它不断地上升。所以在这个不断后退、不断回溯的过程中，矛盾可以达到一种调解。当然不是消解，不是消失，而是运动。所以自我意识不是一个静态的结构，而是一个动态的结构，它成了运动，它造成了人的主体的能动性。具有自我意识的人就具有能动性。为什么具有能动性？不是因为它没有矛盾，而恰好是因为它的矛盾，使的它不断地跳出自身，来反省自身，不断地后退。这个就是西方自我意识的一个结构。

我们通常讲，中国人也有自我意识，“吾日三省吾身”，“慎独”，用天道来衡量自己，做对了没有，做错了没有，这当然也是自我意识，但是呢，它是初级的，它没有不断后退。它用一个固定的标准，天道，先人传下来的，周公传下来的，孔子传下来的这个天道，放在那里来衡量自己。当然它也可以跳出自身，但是跳到的那个地方呢，已经不是自己了。天道不是自己，天道是先人设定的。天道何以可能，这个是不能追究的。你再不能跳到天道后面去追究这个天道何以可能。我能不能批判天道？那是绝对不行的。天道是天经地义。所以中国式的反省是一次性的，用既定天道来衡量。但是黑格尔讲的自我意识呢，是不断后退，任何东西都没有绝对的权力可以用来衡量自我，可以用来测评。凡是你拿来一个标准，我就要从后面去考察这个标准，把它再当作一种对象。所以他的这个辩证法在自我意识上体现出来的是一种否定性的辩证法。马克思非常强调，他说精神现象学里面的最终成果，就是否定性的辩证法，作为能动原则和创造原则的否定性的辩证法。这是马克思对黑格尔精神现象学的最高评价。他的最高的成果、最后的成果就是这个否定性的辩证法，不断地否定自身，超出自身，所以，具有一种批判的锋芒。

2. 自我意识的三层次

那么，自我和对象在这种动态的结构中呢，表现出三个不同的层次，一个层次是欲望。自我不仅要把自己当作对象来看待，而且要把自己当作欲望的对象，要通过追求一个对象来追求自我。自我和对象的关系，要把那个欲望的对象，也看作是自我。我追求一个对象，表现出我的自我里面有一种冲动，要超出自我去追求自我。自我要超出自我，就是说你不能老是停留在自我，你要把那个对象据为己有，你才能够成为自我。这是自我意识最初级的层次，就是把对象看作应该是我的一部分，欲望对象本来应该是我的一部分，但是它现在在那里，我就要把它抓住，把它吃下去，把它消化，把它变成我的一部分。这是自我意识的第一个阶段，即最初级层次的。

第二个阶段就是生命。把对象变成我的一部分了，在动态的眼光看来呢，就是维系了生命。所以生命本身也是自我意识的一个环节，第二个环节。什么是生命呢？生命可以说是对欲望的欲望。欲望是用来维持生命的，但是生命本身可以理解为对欲望有一种欲望。为什么要维持生命呢？有了生命我就可以去欲望啊。生命其实并不在于那些具体的欲望对象，而在于我能够去追求欲望的对象，这就是生命。我们通常在一般做事的时候呢，我们赚钱呐，在商海里面我们有成功啊，也有失败啊，有苦恼啊，也有高兴啊，等等。但是我们最后悟出来了，其实这些都不重要，成功和失败都不重要，重要的是我能够发挥我的生命力，我这一辈子可以过一个轰轰烈烈的一生，有一种成就感。这个成就感并不是在于你赚了多少钱，而在于你有一个丰富的人生。这就是对生命的意识。所以，生命实际上是对欲望的欲望。不过，生命本身，虽然是生命，但是任何生命都要面临死亡。

那么有没有一种作为生命的生命，就是不死的生命呢？有，那就是类。个体是要死的，但是人类是不死的。你死了，你可以把你的生命延续下来，当然最初是表现在繁殖，传宗接代，家族延续。但是，实际上呢，到了类，就形成了一种类意识。所谓类意识，用黑格尔的一句话来说是："我就是我们，我们就是我"。这就到了真正的自我意识阶段了。前面都是做铺垫的，真正的自我意识就是这样一个意识，我就是我们，我们就是我。最开始是把自己分成两个人，两个人已经是我们了，但是我又意识到其实他就是我。那么在类里面呢，我就切切实实地看到了，我就是我们。我离开类，我什么也不是。我只有在类里面，我才是我。我要在与他人的一种关系中，在与人类发生关系中，我才是我。那么，与人类发生的所有这些关系呢，都是属于我的。马克思不是有句话吗，人所固有的我无不具有，人类所有的东西我都有。人类的优点、缺点、长处、短处，这些东西，在我身上都存在。因为人就是社会的动物嘛，人的本质在其现实性上是一切社会关系的总和嘛。在这里呢，黑格尔把它归结为"类意识"。作为生命的生命就是类，而类就是类意识。因为人类就是靠这种类意识而维系起来的。人类跟其他的类不太一样，黑格尔讲类的时候呢，通常地就是讲的人类。只有人才是真正的类，而其他的牛啊，马啊，狼啊，只能说是群。当然生物学上也把它们称为类，但是真正的类就是人。为什么呢？因为人的类不是单纯地通过生物学上面的一种关系——本能——联系起来的，而是通过意识，是通过我就是我们、我们就是我，我所需要的东西只有在别人那里才能取得，别人所需要的东西只有在我这里才能取得，我是整个类的一部分。是这样一种自我意识使类维系起来了。狼群有类但是没有类意识，饥饿使它们聚集起来，食物丰富它们就分散开了。蚂蚁或蜜蜂哪怕是同类，也不能容忍不同种群，没有一种类意识把它们团结起来、沟通起来。反之，所有的人类，不管是中国人也好，是西方人也好，还是非洲原始部落也好，只要是人，他们都已经有了类，有了自我意识，他们可以将心比心地和别人做生意。所以自我意识本身包含有一种无限性，自我意识当然是张三、李四体现出来的，它本来是有限的。但是在自我意识的结构中呢，它体现出一种无限性。就是说，我就是我们，有了这种意识，类才得以维系，人类才得以形成。

所以这种无限性呢，它要求有一种客观化。自我意识不能停留于内在结构，它必须要在现实生活中反映出来，要得到客观化。你把自己分成两个，那毕竟是你自己在自我意识里面分出来的，你把自己当作对象，但是这个对象毕竟还不是真正的对象，还是你想象中的对象。你想象着把自己当成对象，你想象着自己是另外一个人，用另外一个人的眼光来看自己。但是你还是你自己。那么如何能够把这种结构真正地在对象中实现出来呢？这个时候自我意识就转向外部了。前面是从意识转向内部，才获得了自我意识。把对象撇开，我们看我这个主体的内部是一种什么结构，我们就获得了自我意识。但是一旦获得自我意识，这个自我意识又要求转向外部，转向客观对象，要把自己客观化。前面讲的自我意识已经在自我的内部建立起了一个客观化的结构了，自我意识就是这样来看这个世界，看这个欲望对象，看这个生命，看这些同类的。但是，自我意识还没有把这种客观化结构现实地实现出来，宇宙本身还在我之外。我要把我的这种眼光在宇宙中实现出来，还必须经历一个过程。这个过程，首先就是主奴关系。

3. 主奴关系

主奴关系，我们也可以称之为主奴辩证法，主奴关系是一种辩证关系。主奴辩证法是现代西方哲学非常重视的，很多人都受过这个影响。自从科耶夫把这个观点阐发出来，后来像福科呀，德里达呀，哈贝马斯啊，这些当代哲学的大家们，都非常重视这个东西。特别是福科把这个关系延伸到一切人类社会，不光是奴隶制时代，一切人类社会都是主奴关系，都是权力支配一切，至今还是如此。一切社会规范，制约规训，教育感化，医疗体制，包括一切所谓话语权，都是霸权，都是主奴关系。这种观点当然有点愤世嫉俗，而且刻舟求剑，并不能反映现代社会的本质，但也有它的深刻之处。主奴关系涉及一个概念就是“承认”。自我意识在自己内部，已经把自己变成了类，我就是我们，我们就是我，但是这个观念是否能得到承认？承认就是说，不仅仅是我主观这样想，而且别人也承认，你是这样的，你就是我们的一员，你就是我们这个社会的，你也是我，我也是你，我们大家都是我们。这个要求要承认。但是要承认可不是那么简单。你要获得承认，你就必须向外部世界去探索。首先一个探索呢，就是试图把外部的对象，把一个他人，变成你的一部分。我就是我们，如何体现出来呢？我们就是我，如何体现出来呢？首先第一步，把他人变成自己，把他人变成自己的一个环节。那么他人是否能甘心把自己变成你的一个环节呢？肯定不甘心了，他也想把你变成他的一个环节。这就发生了自我意识的冲突了。各人都想把对方变成自己的一个环节。

我们在自我意识之前，在意识的阶段，也已经有这样一个关系，就是把对象当作自己的一个环节。在自我意识的最初的欲望阶段，就是把对象变成自己的一个环节。我看到一个对象，就扑过去，把它吃掉，使它成为我的身体的一部分，把它变成营养了，对象就消失了，它就变成我的一个环节了。但是现在你想把对象变成你的一个环节，又不让它消失，又要得到它的承认。对待动物你可以这样，你扑过去把它吃掉就是了。但是对待一个他人，当然最初还是把他吃掉，在原始社会的时代，类意识还很缺乏，人们互相之间还是把对方看作动物，把别的部落的人杀了就吃掉。但是有了自我意识以后呢，提升到了类意识的层次，人们除了把对方吃掉以外，还希望对方不被吃掉，而在同类的层次上变成自己的一个环节，变成自己的工具、手和脚，甚至变成自己的延长的脑。那就是把他人变成奴隶。那他人肯定不甘心了，于是就要进行生死斗争，来实现自我意识被他人所承认。当然你把他人吃掉了，他人也就谈不上承认你了，但是你之所以战胜他人，你不是为了把他人吃掉。最开始是的，但是后来你发现呢，你要得到承认，你的自我意识要得到满足，你把他人吃掉不行，你必须要他人能够活着，但是他又承认你，成为你的一个环节。于是呢，就发生了生死斗争，为了承认而进行生死斗争。我命都豁出去了，我要把你变成我的一个环节，他也要把你变成他的一个环节，于是呢，那我们就来决斗一番，就看哪个搞得赢。于是生死斗争里面有落败者，有成功者，有胜利者，胜利者就成了主人。落败者有两种选择，一种选择就是不自由毋宁死，那就死了，把你杀了，把你吃了；还有一种呢，就是你留我一条活命，我可以当你的奴隶。你有不杀之恩嘛，我可以用我整个一生来报答你，来为你服务。于是就形成了自我意识的对立面，就是奴隶。自我意识本身成为主人，他胜利了以后，他就成为为了主人，那么落败的一方呢，就成为奴隶。这个奴隶呢，就是自我意识的一个环节。

在奴隶社会，奴隶通常不被当作人的，奴隶只被当作“人手”，就是人的手。我使用奴隶，就像我使用我自己的手一样，我只用他的手。奴隶没有自己的人格，我差遣他去干这干那，就像我用我自己的手，我用我自己的工具，我用我自己的牛马，来为我自己服务。所以这就是主奴关系。在主奴关系中，主人具有高贵意识，因为我不怕死，我战胜了，我是英雄。奴隶呢，具有卑贱意识，我承认我是狗熊。卑贱意识就是，他本来就是因为怕死嘛，怕死才愿意为主人服务嘛，所以他只能有卑贱意识。高贵和卑贱，这是自我意识的两个环节。高贵意识代表自我意识的自我这个环节，卑贱意识代表自我意识的对象这个环节。自我是奴隶主，对象是奴隶。自我支配对象，然后呢，跟另外一个对象，就是大自然来做斗争，来改造大自然。但是奴隶主是不动手的，他是凭他的意志命令奴隶去改造大自然、去劳动。这就是自我意识的两个环节，自我和对象，分裂成了现实的人类的两个部分、两个阶级。自我意识的两个环节变成了现实的两个阶级，一个是奴隶主，一个是奴隶。奴隶主代表自我意识的自我这一个环节，主体的环节，奴隶代表对象的环节。但是这个对象还是自我的一部分。奴隶主对奴隶一开始还是非常爱护的，就像爱护自己的手足，爱护自己的牛马。当然有些奴隶主可能不爱护，我们就说这个奴隶主对他的奴隶连牛马都不如。但是一般来说呢，他是爱护的，因为是他的一部分嘛，他怎么不爱护自己的一部分呢。但是在这个关系中呢，只有奴隶接触大自然，他虽然没有自己的自由意志，他的自由意志寄宿在主人身上，但是他按照主人的吩咐去改造大自然。

所以，生死斗争之后，第二个阶段就是劳动。奴隶进行劳动，奴隶主呢，不劳动，奴隶主只支配劳动。你去干这，你去干那。但是劳动成果呢，奴隶主都占有了，奴隶只是分给他一点活命的必要的口粮。但是在这个劳动中呢，奴隶虽然没有自己的自由意志，但是他还是必须要服从主人的自由意志，用自己的双手去对付大自然，去改造大自然。于是在改造大自然里面呢，他逐渐逐渐形成了一种主体意识。我虽然是奉主人的命来做这件事情，但是做这件事情我是自己有自己的意志，我自己有自己的规划怎么做，我在这方面是行家，是能手，主人不懂。我们必须运用我的聪明才智、我的技能、我的经验来对付大自然。所以奴隶在与大自然的关系中呢，他又形成了他自己的自我意识。他是主体，大自然、工具是他的对象，他运用工具改造大自然。所以，在改造大自然的过程中间，奴隶开始形成了一种新型的自我意识。这个自我意识的主体本来是从奴隶主来的，奴隶以奴隶主的意志为自己的意志；但是奴隶顶着这样一个招牌，实际上是一个招牌，一个旗号，实际上把自己的意志贯彻到了他的劳动对象里面。他知道他的作品是他的作品，他的产物，他的产品，是他造出来的，显示了他改造大自然的能耐。于是，在这个里头呢，奴隶也有一种自豪感，有一种自尊感，逐渐产生了一种自尊感。而奴隶主呢，他不接触大自然，逐渐逐渐呢，他就变成了寄生虫。他什么也不干，他只知道饭来张口，衣来伸手。所以奴隶主呢，成天就是在那里享乐，他已经失去了作为自我意识的资格。所以这个关系就开始颠倒过来了，通过劳动，关系就颠倒过来了。高贵者变成卑贱的，他依赖奴隶生活；奴隶是卑贱者，却成为高贵的。这个世界是奴隶创造的，我们讲奴隶创造历史，为什么奴隶创造历史呢？最卑贱的人变成高贵的人，他变成了主人，变成了大自然的主人，最后变成了社会历史的主人。主奴意识从此就被扬弃了，人格平等的观念开始树立起来了。既然奴隶主到后来完全成了寄生虫嘛，那么要撇开他是很容易的。奴隶掌握了一切工具，掌握了跟大自然发生关系、起作用的一切手段，那么，他就能够把自己的人格树立起来。所以他们的关系发生了一种颠倒。本来是奴隶主高高在上，现在呢，奴隶已经获得了一种新型的人格，这种人格不是通过勇气，不是通过生死斗争，而是通过劳动，通过埋头跟自然界做斗争，然后产生出一种自尊。而这种自尊呢，是人的本质。劳动是人的本质嘛。不劳动你就失去了人的本质了，你就被边缘化了。你要体现人的本质，就必须在劳动中体现出来。而在劳动中体现出来的本质，是人的普遍的本质。不是说你打仗打赢了，你成了主人；他打仗打输了，他就成了奴隶，这个就可以反映你们的本质。不是的。还是得在劳动中才能反映人的本质。这是普遍本质。意识到人的普遍本质，就产生了人格的概念，以及建立在人格上的自由意识。

4. 人格和自由意识

人格是一个普遍概念。当然它又是个别的，我们说，你侮辱我的人格，那当然是指我个人的人格。但是这种个人的人格之所以不能侮辱，因为它是普遍的，每个人都有他的人格，而且每个人在人格上是平等的。所以，这个时候就产生出了人格的概念，人人平等的概念。在奴隶社会的晚期，特别是在古罗马社会的晚期，人人平等的概念已经开始产生出来了。这就是所谓斯多葛派。斯多葛派体现出的是自由意识，自由意识的产生是在斯多葛派的平等观那里表现出来的。黑格尔在他的书里很少提到历史人物和学派啊，或者事件啊，这里是一个例子，是很少的一个例子。他提到斯多葛派。当然他不是作为历史上的斯多葛派提出来的，而是作为精神现象学上的斯多葛精神，它是一个超越历史的层次。什么是斯多葛精神？就是一种平等观，人格的平等。每个人有一个灵魂，在上帝面前，在神面前，每个人的灵魂平等。人只不过是上帝安排你扮演的一个角色而已。人格的本来的意思就是角色、面具，古罗马的时候，人们在戏台上演戏都戴面具。每个面具代表一个人物，凭这个面具，你就可以确定这个人是什么人。至于谁来扮演不要紧。凭面具来辨别一个人的人格，他就是这个人，这个人不会错，你看看他的面具就知道了。斯多葛派呢，它的人格概念实际上就是从面具这个概念来的，就是每个人其实都是上帝派你到世间来扮演一个角色，你就得演好他。比如说你是皇帝，我是奴隶，我们的地位完全不同，天壤之别，但是只不过是上帝派你演了个皇帝，派我演了个奴隶而已。其实我们的人格是平等的，都是上帝派来的。我们演好我们自己的角色。所以，虽然我们的地位不同，但是我们的人格平等。有了人格平等的观念呢，真正的自由意识就产生了。

真正的自由意识是在人格的基础之上产生的。自由意志、权利，当然这个时候还没有产生权利，权利主要是近代才产生的，但是已经有这个萌芽。比如在罗马法里面，罗马法就是根据私有财产关系来确定人与人之间的关系，这里头已经隐含有权利关系。财产权嘛，私有制财产权的确立，这个里头已经有权利观点了。那么在这个基础上呢，就有了真正的自由意识，就是每个人都是自由的，人格自由。你可以剥夺我的各方面，甚至于我的财产，甚至于我的身体，你都可以伤害，你可以砍掉我的胳膊，但是我的意志，你是没有办法来支配的。你要我透露一个秘密，我就是不说，你把我杀了，我也不说。你拿我没办法，我只对上帝负责。在上帝面前，我跟你是一样的，我的灵魂跟你的灵魂是一样的。所以斯多葛派的这种观点呢，在当时的影响非常大，包括罗马皇帝马可·奥勒留也是斯多葛派。他写了一本书叫《沉思录》。何怀宏把它翻译过来，现在可能还有卖的。里面经常引用的，就是一个奴隶哲学家爱比克泰德的观点，他对爱比克泰德推崇得五体投地。因为爱比克泰德虽然是个奴隶，他是一个皇帝，但是爱比克泰德是一个伟大的哲学家，斯多葛派哲学家。所以他在学问方面，人生观方面，已经彻底地排除了等级呀、地位呀、财富啊、出身啊，等等，这些观念全不在话下。因为他们有了人格的概念。人格概念是超越所有这一切的，不管你是哪个种族，不管你犯了什么罪，不管你多么样的卑贱，但是我们不能侮辱一个人的人格。人格是超越的，超越一切世俗的区分之上。每个人都有一个灵魂，每个人的灵魂在上帝面前都是平等的，都是人格，这个是很重要的。真正自由意识应该说是从这里产生的。

但是这样一种意识一旦产生了，就带来了一种苦恼意识，就是说，这种人格既然是跟世俗生活完全隔绝，完全不受影响的，那么你要追求这样一种人格，是否能够追求到呢？所以，当时的古罗马时代除了斯多葛派，还有怀疑论，怀疑主义。怀疑主义就是想要追求这种个性人格，不惜牺牲世俗的一切。怀疑主义经常把世俗的生活作为一种试验，看能不能通过抛弃世俗生活的一切来达到那种彼岸的人格，但是达到不了。所以，怀疑论体现出一种苦恼意识。所谓苦恼意识就是灵肉分裂的意识，人格分裂。人本来是灵肉的统一体，但是在苦恼意识中呢，人分成了两部分，一部分在彼岸，那是我真正的人格。但是我在世俗生活中间，我受到种种的束缚，不自由，于是苦恼。这种苦恼意识呢，最后导致了灵肉分裂。于是呢，基督教出来，就把这个东西接过去了。基督教的一个最主要的矛盾就是灵与肉的分裂，此岸到彼岸的分裂，就是苦恼意识。经过基督教一千年的发展，西方精神才逐渐从这种苦恼中摆脱出来。靠什么摆脱出来呢？靠理性，近代的理性。当然中世纪已经有理性，古希腊也有理性。中世纪一直在纠缠这个问题，理性和信仰，理性和启示，哪个更重要。理性和自由意志，哪个更重要，哪个更根本。这个一直到了近代，理性才占据了最高的法庭。近代的文艺复兴啊，启蒙运动啊，才把这个建立起来，才把理性的法庭建立起来。但是在此前整个一千年的基督教呢，我们可以说它是一个教化的过程，我把它称为西方精神的一个课堂，一门功课。西方人要做一门功课，他们在一千年的苦恼中不断地压抑，不断地把自己的自由贬低，贬低到禁欲主义这样一种程度。但是这是一种功课，它为人超升到更高层次的自由、超升到一种彼岸的自由，提供了前提。它教化你，训练你，你要抛弃世俗的一切区分，包括你的自然血缘关系，你的家庭亲情。所以我们讲西方人不讲家庭亲情，“无君无父禽兽也”，最初我们是这样评价西方人的。但是西方人把这个东西贬低下去是为了突出上帝的那种纯精神的东西，在彼岸世界去追求一个更高层次的自由。如果不经过这个过程，那么你始终停留在血缘和各种世俗的束缚之中。穷人和富人，财富，血统，种族，这些东西束缚着你，你就意识不到一种普遍的自由。所以，真正的自由意识呢，必须要通过这样一个功课才能形成。当然中世纪的那种自由还没有在现实中立起来，只有一种观念。到近代，人们才把自由的意识真正地在现实生活当中立起来。

第十四讲　黑格尔的客观精神：法和历史哲学

我们今天开始进入到黑格尔的客观精神。前面主观精神我主要介绍了黑格尔的精神现象学，而且主要是精神现象学前面一部分，关于意识和自我意识的一部分。那么在黑格尔早年的《精神现象学》这本书里面，其实把后面的客观精神和绝对精神都包含在内了。所以，《精神现象学》这个专著的篇幅要比《哲学百科全书》里面的精神现象学这一部分要大很多。黑格尔是把《精神现象学》的前面一部分裁下来，放在他的《百科全书》里面作为主观精神的一个环节。所以我前面讲的还是精神现象学的作为主观精神的一个环节，意识的经验科学这个环节。其实在某种意义上面，客观精神和绝对精神，这后面两个环节也都可以看作是精神现象学里面所包含的，意识的经验科学里面所包含的。但是后来呢，黑格尔改变了主意，不把它放到主观精神里面来谈，而把它们独立出来，分派到客观精神和绝对精神两个环节中。

我上次讲到了精神现象学最后的归结点，就是自由意识的形成。通过斯多葛派和怀疑论，他们建立起了一种普遍的自我意识，这种普遍的自我意识体现为自由意识。那么这个自由意识应该说是在主奴关系以后，通过主奴关系，进到斯多葛派，才第一次产生真正意义上的自由意识，自由意识是普遍的、平等的，人人都有自由。以往呢，比如说在古希腊，或者在东方，只知道一个人或者是一小部分人是自由的。但是到了斯多葛派以后，乃至于进到基督教，人们就知道了，其实一切人都是自由的。人格的概念形成了，自由的概念也就形成了。人格是人人平等，不管你是罪犯，还是小人，还是我们通常讲的坏人，但是在人格上面，他跟你是平等的。在道德上，在法律上，他如果违背了法律，做了坏事，你可以惩罚他，但是你不得侮辱他的人格，因为按照人的本性，每个人都是自由的。这个概念是在斯多葛派那里第一次形成，而这样一种自由的概念在中国的传统中是没有的。中国传统中也有一些自由的概念，自由的说法，但是没有这样一种说法，就是人人有平等的自由，人人的人格上是自由的。这个概念在中国的传统中是没有的。但是自由意识一旦产生，它就要作用于客观世界。自由意识既然是一个人人普遍具有的意识，那么它就不再是一种仅仅停留于主观中的意识，不仅仅停留于主观自我意识的一种主体性，而是要把它实现出来。凡是讲到自由的地方，我们就要懂得，自由的含义里面包含着一种实践的含义，自由就是要把自己的欲望、目的、意志实现于外。你平时在脑子里面天马行空、耽于幻想，那个不叫自由。自由肯定是要跟客观世界打交道。当你在客观世界上碰到阻碍、碰到压制的时候，你就想要改变这个客观世界。这就叫自由。自由是主观见之于客观嘛，我们通常也这样讲，实践就是主观见之于客观，这就体现出人的自由的主体性。那么如何使主观见之于客观，你就必须要使得这个客观适合于你的主体性，适合于你的自由。你的自由受到阻碍了，阻碍的原因是因为这个客观世界不合理，于是呢，你就想到要改变客观世界，使它成为一种制度，这个制度应该是一种自由的制度，在这个制度底下，每个人都能够充分感觉到自己的自由，并且能够获得自己的自由。所以，从这里呢，就进到了客观精神。这个过渡应该是很自然的。最后一个环节自由,那么自由必然会要过渡到客观精神，它不再仅仅是一个主观的东西了，单纯主观的还不说是真正的自由。

那么我们现在进到客观精神。客观精神在黑格尔那里我们可以看到,就是在他的《法哲学原理》中展开的,他的《法哲学原理》就是谈客观精神的。黑格尔到柏林大学以后,自己所出版的唯一的一部专著就是《法哲学原理》。当然在此之前,他有《精神现象学》和《大逻辑》，《哲学百科全书》呢,也是把以前的东西收编。但是真正在柏林大学自己写出来的一部专著就是《法哲学原理》。

一、权利和自由

法哲学也叫作权利哲学，这个法的意思我们要斟酌，要搞准确。这个法并不是一般所讲的法律、法制、法规，它是指权利的意思。德文里面的Rechte在英文里面就是rights。那么这个概念有双重含义，一个是法，它体现正义，一个是权利。所以我们通常把它翻译成法权，想把它这两个含义综合起来，但是在中文里面很难表达。你译成法权，还是不太好表达它的意思，因为这个法权的意思有一点，不光是权利，而且是权力，汉语中这两个字在读音上是区分不开的，但是它的意思主要是前者，不是力量的力。我们翻译成法权，就容易被理解为法的一种力量。其实不是的，它就是法律上的权利。那么这个权利呢，实际上是一种自由权。法权，right这个概念实际上就是一种自由权。当然这个自由权不是说为所欲为，权利这个概念不是为所欲为。我有权干什么，这是依法而有权的。不是说，我想怎么样，我就有权怎么样。那不是的，除非你是皇帝。你口含天宪，你说出来的话就是法，所以你想怎么样你就有什么样的权力，生杀予夺都是你的权力，你是皇帝嘛，至高无上。但是在一般西方人心目中的权利，right这个词，跟法规是不可分的，它又有正义、正当、公正、公平的意思。所以严复在翻译穆勒的《自由论》的时候，拿liberty这个词不好怎么办。他说翻成称自由嘛，容易理解为为所欲为，中国古代就有这个概念，逍遥于权力之外，天马行空，无法无天。但是它恰好不是这个意思。liberty这个词后来赵敦华先生讲，最好翻译成自由权。它跟那个freedom是不一样的，freedom就是自由，德文里面就是Freiheit，没有束缚。但是liberty这个词，是个拉丁词，是一个法定用语，你没有束缚可以，但是你唯有一点，就是要受到法律的束缚。所以严复后来把这个词翻译成群己权界论。群己权界，个人和他人之间的权利界限。在这个界限之内，你有充分的自由，你可以为所欲为。但是要有界限，就是你不得侵犯他人的自由。这就是法律。

所以西方人通常讲，在法律的范围之内，你可以为所欲为。只要是在法律范围之内，你随便干什么，都没有人干涉你。这就是西方的法权思想，基本的思想就是这个，从这个概念里面体现出来的权利，正义就是权利。而这个概念在中国是没有的。一个义，一个利，义务和利益，在儒家思想里面，在中国伦理道德政治思想里面是严格区分开的。君子言义而不言利，利益你不要讲，你只讲义务，那你是君子，那你就是一个正派人。如果你忘记了自己的义务，你专门讲权利，那你就是个小人，君子小人之分是非常严格的。所以，具有权利的正义，建立在权利上的法，这个在中国的思想里面呢，是很缺乏的。在法的范围之内，你有你的为所欲为的权利，这个概念我们缺乏。我们要么是老庄的，我有权利，那就没有法，我有利害，道家学派、老庄学派后来发展出像杨朱，拔一毛利天下而不为，像申不害这些人，都是比较强调个人。但是一旦强调个人，就没有法。一旦强调法，一旦强调规范，强调义务，强调道德，那就没有权利，存天理而灭人欲。所以我们中国人要理解这个概念呢，要非常小心，搞得不好你就搞混了。严复当年就非常小心，群己权界，翻译得这么麻烦，他不嫌麻烦这样翻译，其实就是想切中西方人理解的自由，西方人理解的自由就是群己权界。

那么法哲学原理也就是权利哲学的原理，它是建立在自由之上的。人的自由意志体现于外，必须要形成一种制度，那就是法。对这种制度的研究，就叫作法哲学。这个制度是保障每个人的权利和自由的，也是每个人的权利和自由体现于外的一种形式。那么，权利在黑格尔看来是自由的一种外部体现，这一点呢，在康德那里其实也是这样认为的。康德认为，道德是自由的内部规定，法是自由的外部规定。这一点，康德和黑格尔没有什么区别。但是有一点区别，就是说，在康德看来，法是由道德制定的，是从内到外，法律本身要符合道德。由于道德建立在外，表现在外，就体现出了法律。但是在黑格尔看来恰好相反，正是因为法律、公正和正义内化于主体内心，才形成了道德。这个次序不能颠倒。首先没有什么道德，人与人之间没有什么道德，首先人与人之间就像狼一样，但是由于人有理性，所以人们为了自己的利益，建立了法制。建立了法制就有了原则，公平的原则，尊重每个人的人格，尊重每个人的权利。这样一种尊重，内化于人的内心，就成了道德。所以道德应该属于法律之后的一个中间环节。它也是人与人的关系，但是它是人与人的外在关系内化而来的。康德的观点相反，康德认为，法律关系是人与人之间的内在的道德意识外化出来的关系，体现在外，就成了法律关系。这个是他们的一个很显然的不同。但是无论如何，他们都认为法律是自由的一种外部规定，这个是共同的。

所以在《法哲学原理》里面呢，首先必须要把自由的理念搞清楚。在《法哲学原理》里面，黑格尔写了一个很长的导言，专门谈自由的概念。这个导言非常重要。什么是自由？自由在黑格尔那里分成三个层次。一个层次是抽象自由，抽象自由是一种否定性的自由。主体的自由意识要体现于外，首先要体现在什么方面呢？就是外部世界束缚着他，他要体现出自由怎么办呢？就要用否定来处理。所以是一种抽象的否定性来否定外部世界。这个世界不行，我们要砸烂旧世界。砸烂旧世界怎么办呢？还没有想好，反正先把它砸烂再说。它束缚了我嘛，束缚了我，我就要摆脱它。在这里，黑格尔举了法国革命的例子。法国革命的例子就是砸烂旧世界，但是新世界应该是怎么样的，这个还没有建立起来，还不知道。反正不如意了，我就把那个人送上断头台。一个一个全送上断头台，因为每个人都不如意呀，一直到罗伯斯比尔，最后还是不如意，所以把罗伯斯比尔送上断头台。那就是一个天下大乱的世界了，你把所有的东西都否定了。你自己好不容易刚刚建立起来的一个新东西，又被你自己所否定了。吉伦特派、雅各宾派相互之间残杀，特别是雅各宾派，走极端，极端的激进主义，就体现出一种完全抽象的否定性。这也是一种自由，你不能说它不是自由。他要摆脱束缚，要砸碎封建的桎梏，它在历史上应该说是起了非常重要的积极作用的。所以黑格尔哪怕一直到晚年，还是为法国革命说好话，为之欢呼，说是人类自由意识在近代第一次觉醒。这是体现出来的第一个阶段，当然是很幼稚的阶段，也很残暴，也很血腥，但是没有这个阶段，你就上升不到更高的阶段。

第二个阶段呢，就是任意的自由。任意的自由跟这个完全否定的自由有点区别，当然它也是抽象的。但是它不再是抽象的否定，而是抽象的肯定。也就是有目的性了，有利害的考虑了。你这样做，你会得到什么结果，你考虑考虑你的后果啊。所以，任意的自由呢，就是从自己任意所定下来的那个自由的目标出发，去考虑它是否能够实现。当然它也是为所欲为，但是它这个为所欲为呢，试图把它保持下来。不是说你束缚了我，我就把你砸碎。而是说，你到底要什么，你想要什么。你想要什么你得把它做成，你得把它实现出来。但是这个想要什么，肯定是每个人都不一样了。每个人的意图，每个人的动机，每个人对幸福的理解，都不一样，所以它是五花八门的，它还没有形成普遍的法规。很多人试图从中形成普遍的法规，比如说，英国经验派的那种政治学说，试图从大多数人的最大的幸福，最大多数人的最大利益来形成一个法规。但是这个法规不是法规，它不断地在变动。最大多数人的最大幸福这个标准看起来好像比较稳定，因为从统计学上来说，它的数字比较大嘛，它的基数比较大，所以它变动的范围相对而言要小一些。你考虑群众的利益，你考虑大多数人的利益，使他们都能够获利，这当然是对的。从自由的发展来说呢，也是一个必经的阶段。但是这个必经的阶段呢，仍然是停留在一个经验的层面，它不能成为法规。要么它就有无数个法规。我们今天的法制建设还停留在这个阶段，就是考虑每一件事情具体的，它的效果、它的功利、它的幸福，人们是不是得利，是不是激起了民愤。如果激起了民愤，就怎么样去采取一种临时的手段把它消除。所以法律就变得无限的庞大。无数的法规，不断地建立，不断地补充。补充了又废除，情况一改变，这个法律又得改，但是改来改去，没有基本原则。所以，在这样的社会中呢，人们还是没有保障，而且没有自由感。因为自由权利的标准无法把握。你做一件事情，今天大家都拥护你，但是说不定明天就触犯了人家的利益，因为你没有普遍标准。所以必须还是要有普遍标准，才能够成为法。那么什么是普遍标准？你在经验的层面中，你永远找不到。因为人的意志和任意，是永远在变化的，不断在变化的，不断地有要求。我们看到高票当选的美国总统，在执政了一两年以后，支持率大幅度下降，现在布什的支持率只有30%多，日本首相上任还不到一年，现在只有20%多。当初怎么把他选上去的，也是大多数人的意见，也肯定是为了自己的利益，为了自己认为是公平的投票，把他选上去的。就是说，大众的意见，是变动不居的，不断变化。所以，任何事情，一旦你实现出来，那很可能本来认为是公正的，一旦实现出来，大家都认为不公正。打伊拉克，本来是大多数美国人都赞成的，现在大多数美国人不赞成。不赞成你当时为什么拥护呢？他不负责，大众负什么责呢，你当总统的人就要负责了。

所以，黑格尔认为，还必须要提升到更高的层次。更高层次的自由，他称之为具体的自由。什么叫具体的自由？具体的自由要在他物中体现自身，你的意见，你要考虑到一旦实现出来，你得为之负责。就是说，你不能说你任意做一件事情，你就不负责了。然后你又换一个角度，你又换一副脸孔，你又指责你曾经同意的事情，这个是出尔反尔的事情，这个不叫作自由。所以必须是在他物中体现自身，主体和客体应该达到一种完美的统一。前面两个阶段都没有达到，一个是太主观了，一个是太执著于经验的客观效果。那么，主观上要有一贯，客观上呢，要体现为一个相对稳定的制度。这就叫作具体的自由。具体的自由不再是你为所欲为，你想否定什么就否定什么，你想肯定什么就肯定什么，不是的。而是你肯定也好，否定也好，你必须为你肯定和否定的这个事情负责，你有这种承担能力，那才体现出一种更高层次的自由。

那么，法哲学主要是在后面这个层次上面来展开的。就是怎么样把前面两个层次的自由提升到具体的自由。具体的自由就是自由权。它不是一种否定的自由，也不是任意的自由，它就是自由权。自由权也可以说是自由法，群己权界。这个是有普遍性的。由自由权所实现出来的东西是有普遍性的，所以自由权本身可以成为一种制度。所谓的法，就是自由欲望的一个合理的体系。自由，它当然体现为欲望和冲动，我想要什么就要什么，但是要合理。你想要什么，别人也想要什么。你想要的什么不能跟别人想要的什么相冲突。如何能够设计这样一种体制，就必须要有一种理性在里面起作用。它必须要设计一个合理的体系，一种规范，在这种体系规范底下，每个人都最大可能地获得自己的想要什么的那个满足。在这里，既有权利，又有义务。那么法如果提升到这个层次上面，它作为自由来说呢，它就是一种追求自由的自由。什么叫追求自由的自由？一般的自由，是追求某个具体的目标，比如说，我想获得某个东西，我想获得某种便利，我想追求某种舒适，这都是针对着具体的某个对象的。但是追求自由的自由呢，它就更高一个层次。就是说，这些对象当然可以追求，但是当你追求这些对象的时候，你的那种自由如何才能够是真正自由的，我们要考虑这一方面。要把我的追求任何东西的这种自由，放在一个自由的体系里面来加以考虑，这就叫作追求自由的自由。或者叫作对意志的意志。自由意志，里面已经有意志了，但是你是否有一种意志来支配你自己的这种意志呢？来衡量、来权衡你这种意志？你要追求实现最大的满足，可以。但是你要考虑你如何才能实现最大的满足。你如果要侵犯他人的利益，你实际上是适得其反，你会自我毁灭。你真正要实现自己最大的意志，你就必须考虑他人的意志，并且把自己和他人的意志放在一个合理的体系之中，这就需要理性。所以自由跟理性是分不开的，真正的自由必须要有理性的设计。那么一旦由理性设计出来这样一种追求自由的自由和对意志的意志，它就是一种客观的自由，它就不再是一种主观的自由了。在精神现象学里面最后得出的那个自由意识，还仅仅是主观的。但是在客观精神里面，它把自己实现出来，就形成了一种客观的自由。但是这个客观的自由，同时也是主观的自由。并不是你把自由交出去了，你就不自由了，不是的。只要你是真正地对自己的自由进行了一种限制，群己权界，那么你仍然是自由的，而且是你可能具有的最大的自由。这个时候，自由的概念就是具体的，它既是主观的，也是客观的，它是主客观的统一。如果仅仅是主观的，它是抽象的自由，如果仅仅的客观的，它也是抽象的自由。但是，主客观统一的自由，这个时候呢，就是一种具体的自由。

所以，法哲学里面讲的这个法，它本身体现为一个自由概念从抽象到具体的发展过程。这个过程分成三个阶段，一个是抽象法，一个是道德，一个是伦理。抽象法、道德和伦理，这是他的法哲学的大的三个阶段。

二、抽象法

我们先来看它的第一阶段，抽象法。我刚才讲了，从斯多葛派以来，西方人开始建立起了一个人格的概念。Persönlichkeit，人格性，这个概念是从古罗马来的。因为斯多葛派就是从古罗马晚期发展起来的嘛。他们用的person这个概念呢，原来的意思就是面具。罗马不是经常演戏嘛，在那个圆形的剧场里面上演戏剧，上演戏剧通常那些演员都要戴面具，都是戴着面具去演戏的。每一个面具代表一个人物，所以不管哪个演员来演，你只要戴上这个面具呢，人家就认，这个人就是这个人，不会搞错。宙斯就是宙斯，雅典娜就是雅典娜。那么，面具就代表一个人的人格。世上只有一个，这就是他，他的面具表明了他。所以，人格的概念，从面具这个意思出发，表现出个人对于一些外部标志的一种占有。我用这样一种外部标志来表达我自己，表达我的灵魂，表达我的自由。这就叫作人格。这个人格呢，不是说你内心想一想而已，而是肯定要表现在外的。那么表现在外呢，在演戏的时候当然就是表现在面具上面了。但是在日常生活中间呢，我们每个人都是一个演员，世界是一个大剧场，古罗马流行这样一种观点，特别是斯多葛派，鼓吹这样一种观点，世界是一个大剧场，每一个人都是上帝安排在人间扮演的一个角色。所以你得演好你的角色。那么这个角色呢，有他的面具。什么面具呢？每个人都有他的身体。所以person这个词，很多人都把它翻成人身，人的身体。翻译成人的身体当然有它的道理，但是严格说起来是不准确的，在某些场合下可以，某些场合之下，你侵犯了一个人的人身，就是侵犯了他的人格。比如说，你打了人家一个耳光，那你就得道歉。你侵犯了他的人格嘛。为什么打了他的耳光，就是侵犯了他的人格呢？因为他的脸是代表他的灵魂的。如果他什么也没有，如果他的脸都不是他自己的，都是他的身外之物，那就是阿Q精神了。你打了他的脸，他很高兴，是儿子打老子，如果是这样的话，那就是没有人格了。但是一个有人格的人的身体是不可侵犯的。你侵犯了他的身体，就是侵犯了他的人格。这就有人格意识。

那么，除了身体以外，还有，比如说他的财产。我们中国人也有打狗欺主的说法，你侵犯了他的财产，就是侵犯了他个人。但是，西方人的这样一种人格概念是建立在私有财产基础之上的，就是我的所有物。凡是我的所有物，都是我的，你不得侵犯。一旦侵犯，你就是侵犯我的人格。我们通常说，侵犯了我的一点财产，没什么关系，我们兄弟不分家嘛，我们感情很好嘛。但是西方人不是这样的，西方人认为这是人格问题，我的财产跟你的财产应该分得清清楚楚。我们一起去餐馆里面吃饭，AA制，你付你的，我付我的。如果有一个人说我来帮你付，那人家就怀疑了，你是不是别有用心，你怎么会让自己的财产随意被别人占有，那肯定是别有所图。所以为了避免这种别有所图，你还是老老实实地AA制，以免造成误会。中国人在国外感到不适应的地方这是一个很重要的方面。西方的人格概念体现在每个人私有财产神圣不可侵犯，包括儿子和老子，儿子到了18岁以后，他不再是父亲的一部分了，不再是父亲的财产了，不再受父亲的教育了，他已经独立了，那么就得分开。儿子向老子借钱也得打借条，也得签字，盖手印。这个在中国人看来是不可思议的，但是从古罗马以来，西方人已经有这样一种习惯，就是所有权。

所有权不单是利益问题，而且是人格问题。人格跟所有权息息相关，没有所有权的人是没有人格的。当然这个所有权也许仅仅是拥有他的身体，这是最起码的。如果连身体都不拥有，这个人就是奴隶。身体都是别人的，那就是奴隶。奴隶是没有人格的。当然在斯多葛派看来，任何人都不应该是奴隶，任何人在人格上都应该是平等的。所以，虽然我身为奴隶，但是我应该意识到，我具有占有财产的能力和权利。奴隶具有占有财产的权利。所以自从斯多葛派以后，古罗马的奴隶制社会就走向衰亡了。当这种观念普及以后，人们就开始意识到人都是独立的。当然后来又到了中世纪的农奴制，农奴制是一种封建制了，也有人身依附关系，但是毕竟跟罗马时代的奴隶制不一样。虽然有人身依附关系，但是在上帝面前人人平等。这个观念深入人心。所以，首先就是所有权的问题，人格的主体必须在它的一个对象上面体现出来，就是在他的财产上面。不管他的财产多么的可怜，那也是他的财产，你不得侵犯。人只有占有了自然物，才是一个有人格的人，也才是一个完全的人。

所以，私有制在黑格尔看起来，是人之为人的一种必然性。人之为人，如果他要在人格上独立，就必须承认他的物权。我们最近也颁布了《物权法》，我们现在开始承认了，每个人有他的物权。但是实行得怎么样，那还不是一个短期的事情，要看我们的观念是不是能够改变过来了。我们历来是不承认这个东西的，什么物权？普天之下莫非王土，都是皇帝的，都是公家的，你有什么？你的身体都是公家的。所以，这个观念在西方是一个起点，西方进入到法制社会，进入到一个权利的社会，必须以这个为起点。私有制，是人的必然权利，或者说它是人的天赋权利。所谓天赋人权，就是说，首先就是所有权，所有权是第一个天赋人权。当然黑格尔在这里对所有权和占有没有分得清楚，他把所有和占有混淆在一起了。他认为所有权就是一个自由意志的问题，就是我凭我的意志，我占有一个东西，那就是归我所有了。但是他没有考虑到，那还不尽然。卢梭曾经有这样的想法，就是说，有一天有一个人把一块地圈起来，向别人宣称，这是我的，于是私有制就产生了。这是卢梭的一个想法。黑格尔大体上也是这样想的。我把一个东西灌注了我的自由意志，我把它拿到手里，别人抢不走了，那就是我的了。但是，实际上这后面还有一个很重要的东西，就是承认。卢梭的解释是，一个人宣布说这是我的，同时又找到了一批傻瓜相信他的话，于是私有制就产生了。那么，人家怎么会相信他的话呢？这就是承认的问题。你的自由意志，你的占有，必须被别的自由意志所承认，它才能够成为你所有。最终必须由法律和国家承认，它才能成为你的所有。所以，印第安人在美洲，我们说他们占有了大片的土地，在那片土地上面打猎、捕鱼，但是白人跑到那里把他们都赶走了。赶走了他们在法律上面没有什么错啊，因为这片土地是印第安人占有的，但是并不是他们所有的，别人不承认啊。我就不承认，你有什么权利在那里打猎？你有权利在那里打猎，我也有权利把它圈起来种小麦。所以占有和所有的区分是到后来马克思才把它们严格地区分开来。在黑格尔那里，以及在重农学派，在亚当·斯密，都区分得不是很清楚。所有权不光是自由意志，还必须要有其他自由意志的承认。当然所有权包括占有，但是呢，黑格尔在这一点上看起来，把占有看作了所有权的一个基本概念，

但是还有个概念，就是使用。你占有了它还使用它。你把它围起来，围起来干什么呢？围起来放在那里，你不用，那还不是你的。你必须在那块土地上面耕作、种植，那才是你的。所以，黑格尔非常强调耕者有其田。在德国，当时正在进行农奴解放，就是说，大批的农奴，世世代代在那个地方耕作，那块土地本来早就应该是他们的了，但是领

主还是具有所有权。所以，农奴还必须受制于领主，领主叫他们干什么就干什么，因为这块土地是领主的。然后有一天领主说把这块土地卖掉了，卖给了一个工厂主了，那么这块土地上的农奴就被赶走了，赶走了就流离失所啊。在英国不是发生了羊吃人的现象嘛，那些领主把土地上的农民都赶走了来养羊，羊毛很赚钱，于是大批农民就涌入到城市，变成了无产者。但是从法律上来说呢，他并没有错，我们说很残酷，但是法律上来说，这个土地确实就是领主的，农民只不过是领主安顿在那里帮他种地而已。但是真正的农奴解放，就是说，应该把领主的土地无偿地分给那些农民，很多人这样做，很多受到启蒙思想影响的人，包括像俄国的托尔斯泰，就把这些土地无偿地分给农民。因为本来应该是他们的，耕者有其田嘛，你又没有耕作，你凭什么每年就在那里收租？所以这是不合理的。因此，黑格尔在这里讲道，除了占有那块土地以外，还要使用那块土地，谁使用那块土地，谁就有所有权。这就更进了一步了，不仅仅人自己的自由意志，而且人跟自然界的关系也被考虑在内了。人跟自然界打交道，谁跟自然界打交道，他就能占有自然界。但是还有一个环节，就是除了使用以外，所有权还包括第三个环节，就是转让。转让这个环节，黑格尔不是很重视，但是其实是非常重要的，而且应该说是本质性的。你能把这块土地卖掉，那才能说明这块土地是你的。我们今天单位分房子，你有没有自由买卖权？我现在住的房子是武大的，我出了一部分钱，有居住权，但是如果你要卖的话，只能卖给学校，不能卖给别人，所以这个房子还不是我的。如果你有了自由买卖权，你能够转让给任何你认可的对象，那么这个房子就真正是你的了。为什么这样说呢？因为转让涉及别人的承认，涉及另外一个自由意志的承认。所以后来马克思特别强调，就是在这个商品关系中，转让以及交换是最根本性的。所谓价值就是由交换价值所形成的，使用价值还不算，使用价值不是严格的经济学意义上的价值，当然它是基础，它是承担者，一个东西如果没有用的话，那它也就没有价值了。但是有用的东西，并不因为它有用，就有价值。空气很有用，但是空气没有价值。当然现在空气也有价值了，旅游点的空气比我们这里要贵，你得花钱。但是在马克思、黑格尔那个时代，空气是没有价值的，因为它不能转让，它也用不着转让，到处都是空气。只有当你能够把一个东西当作自己的东西转让，而且人家也认可、也承认这是你的，那才是私有制。我们今天的很多人转让的都不是自己的东西，是别人的东西，比如说那些贪官，卖的是国家的东西，他自己得，这就是私有制不健全的表现。所以黑格尔最后还是承认了，就是抽象法，私有制必须通过转让，通过别人承认，才可以成立，才能叫作私有制。所以，虽然他对所有和占有的区分搞得不算清楚，他最后还是意识到了这一点，但是他对这一点不太重视。

上面讲的是抽象法的第一个概念，所有权。现在再讲黑格尔抽象法的第二个环节，就是契约。首先有了私有制，有了所有权，所有权是自由意志的体现，表现在外，那么通过交换，通过转让，于是就有了契约，就是我要跟他人打交道。我有所有权，但是我这个所有权可以跟他人拥有所有权的那些东西相交换，那么这个交换呢，就必须有契约。契约就是两个自由意志之间的一种交换，或者一种转让。我把本来我的自由意志所有拥有的一个财物交给你，你把你的自由意志的财物交给我，我们换一换，我有钱，你有东西，那么我就买你的东西，这都是属于契约关系。契约就是自由意志之间的交换关系，但是自由意志本身是偶然的。每个人有什么样的自由意志，他把什么东西看作是跟那个东西是等价的，这些完全是偶然的。在交换中别的人认为，你这个买卖很不划算，但是他认为我很划算，我觉得不贵，在别人也许觉得太贵了，这个完全是偶然的。所以，契约跟契约之间的关系呢，完全是偶然的一种关系，它谈不上一种必然的关系。

当每个人从自己的经验的利害出发，去处理人际之间的交换的关系，这就是所谓的“众意”，就是每个人的意志、大众的意志。这是在互相交换的过程中产生出结果，完全是偶然的。当然它也不仅仅是在经济关系上体现出来，而且体现在政治上。在这里黑格尔就批判了卢梭的政治观点。卢梭在政治上把众意跟公意区别开来，卢梭的社会政治观点就是社会契约论。什么是社会契约，社会契约当然是通过众意所建立起来的，就是每个人发表自己的意见，每个人主张自己的意志，那么在这些众意里面呢，有一部分是大家公认的，那就是公意。社会契约真正说来是建立在“公意”之上的。每个人都有自己的意见，这个当然是事实，但是并不能得到社会的公认。只有那些大家都同意的那一部分意见，那才是大家的公意，就可以在这个上面建立起法制了。所以，卢梭的社会契约论是这样来区分的。一个社会的法制应该建立在公意之上。法国革命基本上就是这个原则。大家都同意的，那就是公意。或者说，绝大多数人都同意的，少数服从多数。少数服从多数的原则也是一个公意，大家都认为，法律应该是少数服从多数。所以，这个观点一般认为是社会契约论的一个基本原理，众意和公意的区分。

但是黑格尔对此提出疑义。就是说，众意是偶然的，公意其实也是偶然的。因为大众的意见，你从里面找出它的共同的那一部分，但是那个共同的一部分是变动不居的，今天是这样，明天大众可能就完全是另外一个样子啊，采取另外一种选择啊，所以，如果建立在这个上面呢，那这个国家是非常不稳定的。今天刚刚建立起来，又被大众所否定，比如说法国革命就是这样，强调公意，但是这个公意就是群众的意见，还是众意。公意还是众意，只不过是比较大家共同认同的，在某一时刻大家认同的一种众意，就称之为公意。但是在另外一个时刻，这个公意呢，又会被大众所否定，又会用另外一种公意来取代这个公意。那这个国家还有什么神圣性呢？还有什么稳定性呢？那就是不断地、每天发生革命、发生变化，大众的意见每天都在变化。所以黑格尔极力强调，除了众意和公意以外，还应该有更高的意志，那就是普遍意志。大众意志和公共意志之上，还应该有一个普遍意志。什么是普遍意志？所谓普遍意志就是说，它不会受到大众意见的支配，它甚至于可以凌驾于众意、包括公意之上。必要的时候，它可以强迫你自由。普遍意志体现了一切人的本质，它才是真正的自由，但是这个真正的自由并不是每个人都意识到的，也许你意识不到，但是它强迫你意识到。这是很多人都攻击黑格尔的一点。强迫人自由，这难道还是自由吗？像伊塞亚·柏林的自由观就是着重批判了黑格尔的这种强迫人自由。这个其实在卢梭那里也可以找到根据，就是，在某些情况之下，要强迫人自由。有些人就是不理性嘛，他就是想为所欲为嘛，那么你就得强迫他。强迫他是为了他好，并不是对他有害处。

当然黑格尔对卢梭的这种解读也不是很准确。严格说起来，你要仔细去研究卢梭的众意和公意的区分，你会发现，其实在公意里面，卢梭也有黑格尔的那种普遍意志的意思。就是说，社会的一切人，你要他自由发表意见的时候，他总有一些意见是大家共同的。这个是不会改变的，任何社会都不会改变。比如说，对于每一项法律条款，你都可以提出你的不同意见，但是有一点你不能够否认，就是“要有法律”。没有人愿意生活在一个没有法律、无法无天的社会中。哪怕那些无法无天的人自己，哪怕那些无政府主义者自己，他其实也不愿意生活在一个无法无天的社会中，他骨子里头是否定不了法律的。还有像伏尔泰所说的那句名言，我坚决不同意你的观点，但是我誓死捍卫你发表你观点的权利。这个是公意，也是普遍意志。因为如果连这一点都变了，那你就把自己否定了。你否定人家发表观点的权利，你同时也就把自己发表观点的权利否定了。所以这个是普遍的，你发表什么观点那是众意，那是都可以，但是有一点是不会变的，一个社会，如果人人都有理性的话，人是理性的动物，这一点是毫无疑问的，一个有理性的人组成的社会，必然会有它的公意，同时这个公意呢，就是普遍意志。要有法律，要有国家，每一个国家的公民，这一点都是承认的。国家怎么搞，怎么样建立这个法律，那我们可以讨论，但是你不能把这个前提也推翻了。这是公意呀。你看大家讨论问题的时候，每个人都有发言的权利，你发言讲什么，那你可以任选，但是你不能否定，每个人都有发言的权利，不然的话，你自己也没有发言的权利了。这个是卢梭的意思里面所包含的，当然卢梭说得不是很清楚，但是包含这个了。

比如说卢梭讲到少数服从多数。少数服从多数可以是众意，它可以不是公意。比如说在某些时候，大家一致同意我们多数要服从少数，因为只有少数人才有专业知识。比如说战争时期我们所有的人都要服从某个统帅，都可以的。但是在一般的时候，少数要服从多数。这也可以通过公意制定下来。所以，少数服从多数并不是卢梭所讲的社会契约论的基本原则，而是在少数服从多数之前，我们应该有一次讨论，要征求公意。就是说，我们是否把少数服从多数作为我们的投票的一个基本原则，作为我们决定这个社会意志的一个基本原则。如果大家同意，那么这个东西才得以确立下来。当然一般情况之下，没有人说多数要服从少数。因为他个人有比较大的可能性是被列入多数之列，一切人通常情况下都会认为自己有更大可能性属于多数之列，所以少数要服从多数，这不仅是大多数人肯定会同意的，而且呢，基本上是每一个人都会同意的，因为你不知道自己什么时候就变成少数了，你通常认为自己属于多数的可能性要大于属于少数的可能性。除非你有私心，你有私心别人也有私心啊，所以这个必须被排除。就是说，在一般情况下，为了我不受到太多的损害，最大可能地保护我的自由，那么，还是少数服从多数比较好一点。当然这个东西一旦确立，当你成为少数的时候，你就得服从，因为这是你的选择。所以它还是公意。我们经常说，集体的决定我不能否定，但是我保留我的意见。我可以按照这样去做，但是我保留我的意见。那可以。你保留你的意见可以，但是你得按照这样去做，集体的决定嘛。这个在卢梭那里其实已经有这个想法，但是黑格尔把它更加明确化了。就是普遍意志并不像卢梭所讲的，就是众意中间仅仅是大家所共同的那一部分，不是的。如果仅仅是这一部分，那还是停留在经验的层次。必须提升到理性的层次上面来，那就是普遍意志。它是更高的原则。这是契约。

那么抽象法第三个环节就是不法。不法就是违法，或者是侵权，Unrecht，这个词也可以翻译成侵权。黑格尔认为，抽象法作为一种法，作为一种权利，只有在不法中才能体现出来。这是他的辩证思维的一个特点了，法只有在不法中才能够体现出它的作用。为什么呢？如果所有的人都守法，没有不法现象发生，那这个法也就没有用了。如果大家都遵守法律，那这个权利就无从体现了。权利体现在什么地方呢？当有人侵权的时候，你可以对他提起诉讼。这种权利叫作诉讼权。当人家侵犯了你的时候，你可以告他，这才体现出你的权利。如果没有人侵权的话，那还体现不出来，那还是模模糊糊的。但是诉讼，黑格尔强调，它不应该是一种复仇。它是一种报复，就是说，你侵了权，你就得为此付出代价。这在法律上来讲，这是逻辑上的一个反身性的问题。就是说，这个法律本来是你自己参与制定的，那么你现在违背了，按照你原先的自由意志，你现在得付出代价，你要服刑，这就是报复。但是这种报复实际上是自己报复自己，因为这个法律是你制定的法律，每个公民都参与了制定这个法律，同意了的。那么按照你的自由意志，当你侵权的时候，你就得付出代价。这是你在制定法律的时候，已经预先预计到万一有人侵权就必须付出什么代价。罚款也好，坐牢也好。今天你侵了权，你违了法，那么就照此办理。所以黑格尔认为，这恰好是对于公民个人自由意志的一种尊重。这是尊重你的自由意志啊，尊重你的人格啊，你定的法律，现在你自己违背了，那么就按照你定的法律来惩罚你。如果这个法律不是你自己定的，那我们没有理由来惩罚你，因为不是你定的嘛，那顶多只能把你驱逐出境。如果是你作为公民自己参与制定的，你有投票权，你参与制定的，那么就可以用这个法来治你。治你不是把你当作一个有害的动物来惩罚，而是用你自己的法律来报复你自己，自作自受。那么你作为一个公民，你就应该敢作敢当，这就显出你的人格。所以西方有一句话就是说，罪犯服刑是他的权利。所以惩罚他是对他的人格的尊重。西方人，罪犯犯了罪，我们可以看到警察抓他的时候，如果他不试图反抗的话，警察对他是客客气气的，几乎没有身体接触。你自己把手伸出来，把手铐铐上，然后呢请你上车。尊重他的人格的。因为他不被看作是一个动物，而被看作是一个具有自由意志的人，原来这个法律是他自己制定的，不是你加之于他的，他自己服自己的刑，他虽然犯了法，他还是有尊严的。

所以黑格尔非常反对把这样一种报复理解为复仇。这不是复仇，报复跟复仇不一样，报复是法律上的自作自受，复仇是说，你做了这个坏事，损害了别人，别人心里有气，就要治你，就要判你死刑。最近正在讨论郑筱萸的案件，主张判死刑的有很大一部分不是从法律上的角度来谈的，而是从复仇的意义上来讲的，就是说“不杀不足以平民愤”，就是说民愤极大，很多人都受了他的害。凤凰卫视举办的世纪大讲堂专门讨论了这个问题，那个受害者就走到法庭上来说，我吃了他批准的那个药，结果肾衰，抢救，很多人都死了，我还幸免于难，活下来了。但是你们看看我这个手。他把手伸出来，疙疙瘩瘩的。就说，我还不知道哪一天就会死，所以这个郑筱萸杀无赦。这就是一种非常极端而且非常煽情的。在当场一说出来，几乎所有的人都群情激愤，哪怕反对的人都觉得自己理亏。他受了这么大的害，郑筱萸还不应该死？当然应该死了。但是实际上在法律上的规定，就是说，有什么责任就承担什么责任。郑筱萸是玩忽职守罪，当然他罪大恶极，但是他只是玩忽职守，他是批了很多药，但是真正要承担主要责任的是那些制造假药的人，还有贩卖假药的人，还有那些医院，那些医生，那些采购人员。他们要共同承担责任。谁担什么责任，谁就担什么责任，你不能说他的民愤极大，于是就把一个人枪毙了，其他人好像都没事了。所以黑格尔非常反对复仇。就是说，法律不是复仇，不是说他对我有损害，那么我就要以牙还牙，以眼还眼。刑法其实是自作自受，本质上是这样的。

这个观念是从意大利的一个著名的法学家培卡利亚那里来的。培卡利亚就有这种观点，就是说罪犯犯了法，但是你要尊重他，因为这个法是他自己原先制定的。现在你判他的刑是按照他的自由意志在判他的刑，所以他在人格上还是独立的。这样一种自作自受的观点如果一旦被人们所接受，比如说普法，普法我们要特别强调这一方面，一旦被人们所接受，就是说，我自己建立的这个法律，我自己违反了，我就得敢做敢当，就得服刑，那么这个里头就会有一种忏悔精神，我当初是不该那样做。虽然我做了，我应该承担责任，但是我反过来一想，我是在自作自受。这里头就包含有一种忏悔的精神，忏悔意识的萌芽。从忏悔意识里面，就生发出一种道德来。道德是从这个里头来的。道德是从不法、服刑，然后恢复到抽象的法权，从这样一种循环往复的过程中受到教育，人们才会有道德。不是先有了道德，然后我把这个道德付之于外在的一种人际关系，不是这样的。在黑格尔看来，道德是从这里产生出来的，从忏悔意识里面产生出来的。从外在的行为回到自己的内心，当我的身体受到惩罚，我坐牢，我服刑，哪怕是判我死刑，我都认了，但是道德上有一种反省，我这样做是不对的。我当初规定这个法律的时候也是看到这样做是不对的，那么我现在违背了，我应该受罚，这样一种思想呢，是罪犯的内心的一种反思。这就进到了道德意识。道德也是法的一个重要环节，这是法哲学的第二个环节。

三、道德

黑格尔把道德称为主观意志的法，抽象法是客观意志的法，那么道德和道德意识是主观意志的法。主观意志的法呢，就回到了动机。效果，在法律中它已经承担了，我造成了这样的祸害，那么我为此承担责任。但是在主观上面呢，它回到了它的动机。道德主要是涉及动机，当然也要涉及效果，所以黑格尔反对康德的那种形式主义，只强调动机不顾效果。黑格尔认为，凡是道德动机，当然要考虑效果。但是康德有一点说得对，就是即算考虑效果，它也是从动机出发的。从动机出发来考虑效果，不是孤立地考虑效果。一个人做了坏事，我们还要看他是不是故意的。如果他不是故意的，那么在道德上呢，我们不能够过分谴责他。所以，道德的三个环节，第一个环节就是故意。他是不是故意的，就是他动机上有没有故意。在法律上我们也强调这个，他有没有作案动机，他做这件事情是不是故意的。但是在道德上面呢，特别强调这一点。道德上面有道德上的后果，但是这个道德后果如果没有上升为法律上的后果，比如说对人家造成的损害非常小，几乎没有什么损害，但是在道德上是要不得的，那么，这个时候我们考虑他的故意，他这个事情是不是故意的。故意呢，这个动机呢，还是一种非常抽象的动机，不管他有什么意图，只要他是故意的，那么他就要负道德责任。这个是毫无疑问的。他是有意这样做的，而不是在无意识之中，不是在梦游之中，不是在昏睡之中无意识地做出这件事情，他是在清醒状况中做出来的，那么他就要负道德责任。这就是故意。

第二个环节呢，就是意图。意图跟故意有什么不同呢？意图当然也是故意，但是意图呢，是要考虑它的效果。故意有时候可以不考虑效果，我就愿意这样，我就是要这样，我这个人就是这么个人，我就故意做这件事情。有的不为了什么效果，他就是好玩、顽皮，他就是恶作剧，那么你也要负道德责任，你做了坏事。但是，我们经常对这样的人问他，你为什么要这样做。有的人回答不出来，因为他也没想好。因为他就是要搞破坏嘛，故意要做一点坏事情。但是，大多数情况之下，都有意图。意图跟故意不同的地方就在于，意图是考虑到后果，他想要达到某种目的。这是第二个环节。这个环节是道德特别关心的。故意，道德当然也要关心，但是在法律上面呢，关心故意，但是不太关心意图。只要这个事情是你故意做的，你就得承担法律责任。至于你意图本来是想干什么，这个法律上不太管。你可以说，我的出发点是好的，我做这个事情本来是想做件好事，结果做坏了。法律上不太考虑这个。他只考虑你做这件事情是不是故意的。至于意图呢，是道德上考虑的问题。你想做一件好事情，结果做坏了，当然法律上来说，你没有犯罪动机，但是你犯了罪，而且你是在清醒状态下犯了罪，那么还是要治你的罪。但是在道德上面呢，他就特别强调，你是不是有意图的，你的意图是好还是坏。是好事办成了坏事，还是本来就想干坏事，你想要达到你的个人的目的。这主要是道德所管的。法律和道德有的时候不太容易分得清楚，但是它们还是有分工的。我们经常说，他要负法律责任，那么道德责任呢，那由他自己去想，由他自己去内心受到谴责。这个要分开。

那么，更高的意图呢，就是良心，我凭良心做事。凭良心做事呢，一般来说都会做好事。一个人，我们说他做坏事，这个人不凭良心。一般凭良心都认为会做好事，但是也不尽然。你凭良心有时候也做坏事，而且往往有时候凭良心做出来的坏事更大。极左分子就是这样的，恐怖主义分子也是这样的，它们凭良心做出来的那些坏事呢，往往比那些不凭良心做出来的坏事要更大，要更加骇人听闻。我们在文革中的很多坏事都是凭良心做出来的。宗教极端分子，每个人都凭良心，但是做出来的事情是非常残酷的。所以良心是不是真的那么良，既要考虑动机，也要体现在效果上。在这方面，黑格尔认为，康德说的“为义务而义务”的那种道德动机是不存在的，没有什么单纯的为义务而义务，凡是一件道德的事情，都是既考虑动机又考虑效果。凡是一件道德的事情，当然要凭良心，但是良心的毛病就是标榜自己完全没有利害的考虑。它考虑效果，也是从良心主观意愿的效果来考虑。我做好事，要有好的效果。但是我做这件好事，我自己完全是没有利害考虑的，我不自私。黑格尔认为，这种唯动机论的良心，它最容易堕入伪善。不管是文革时期的那种凭良心干坏事，还是极端恐怖主义分子做的那些事情，其实都是伪善。就是形式的良心可以成为恶的出发点，做坏事的出发点。

黑格尔由此展开了对伪善的批判。伪善有两个层次，一个层次是日常的，就是伪装成好人，我本来做一个坏事情，或者我本来就有坏的意图，本来没有从良心出发，但是我把自己说成是凭良心的，这是一个层次上面的伪善。另外一个层次上的伪善呢，就是为了达到善的目的不择手段。他确实是凭良心，宗教极端分子和那种极左分子，他们确实是凭良心，他们的主观意图确实是好的，想要实现一个人类大同的社会，想要实现一个理想的目标。你一看他们，就会觉得他们是好人，善良无辜，甚至天真纯洁。但是呢，不择手段。而历史呢，它往往不是根据你的主观意图是好还是坏，而是根据你采取的手段、对社会的实际影响，来评价一个人的道德。所以你标榜自己的良心，标榜自己的优美灵魂——黑格尔多次提到这个所谓优美灵魂学说，我在主观上灵魂是优美的，至于它的效果怎么样，那我不考虑。只要我的目的是好的，那么我的灵魂并不受到谴责。黑格尔说，这是典型的伪善。为达目的而不择手段，那个目的实际上是你头脑里面的，手段才是现实的，是要对他人发生作用的，要对历史产生影响的。但是黑格尔对伪善的谴责并没有走向极端，他还是把握分寸的，就是人其实都是伪善的，都是有意地自欺，欺骗自己，人性本恶。人性本恶有一个好处呢，就是说当你意识到人性本恶的时候，你会有一种谦虚，你就不会把自己行为的道德评价完全建立在自己的主观意图上，我的灵魂啊，我的意图啊，我的良心啊，我的出发点啊。你的出发点是坏的，你不要以为你从良心出发你就是好的。当你自以为从良心出发的时候，你就是已经是伪善；你要认了这一点，那么就能够使你关注它的客观效果。你把自己的良心好不好先放到一边，你想一想你做了什么事，你想一想你做的这些事到底是好事还是坏事。所以道德意识呢，它有这样一个作用，一旦你意识到主观伪善不可避免的时候呢，你就可以从你的主观转向客观，你就可以建立一个客观自由的体制。那就是伦理。这就进到了伦理。

黑格尔对伪善的批判，并不是说他就认为我们可以把人的伪善都克服掉，他认为这个是没有办法的，人性本恶嘛。但是另一方面他认为，这种恶劣的人性恰好是历史发展的动因。这一点马克思是非常欣赏的。马克思认为说人性本恶要比说人性本善更深刻。人性本来是恶的，但是这个恶促成了善。善和恶之间恰好是一种辩证的关系。恶劣的人性导致了历史的进步，如果人性不是那么恶劣，说不定历史还不会进步。如果大家都是没有坏的动机，那么这个历史就会停留在它的原点，人们就会住在伊甸园里面。但是正因为人类有恶劣的倾向，所以人们就发展了历史和文明，并且建立起了伦理。伦理就是主观的法和客观的法的统一。抽象法是客观的，道德是主观的，那么伦理是主客观统一的法。

四、伦理

伦理也分三个阶段，就是家庭、市民社会和国家这三个阶段。家庭是自然形式的伦理，这是最初阶段，家庭的纽带是爱，这种爱不仅仅是一种情感——当然也是情感，它是自然的纽带嘛——但是呢，这个情感本身具有法的意义，具有权利的意义。你有爱他的权利，在一个家庭里面，每个人都有被对方爱的权利，当然也包含有爱对方的义务。爱既是一种权利，也是一种义务。如果这个权利或者这个义务不存在了，那个家庭就解体了。很多离婚的案子理由就是我不爱他了，或者说他没有给我爱，那么我们就可以离婚了。这是法治国家通常都认可的这样一种关系。爱，本身是一种自然情感，但是它具有法律的效力，具有法律的意义。那么它体现出在家庭里面，人与人的关系是两个独立人格的关系，爱就是这两个独立人格之间的矛盾。所谓爱就是说本来想要合为一体，夫妻两个非常相爱，想要合而为一，但是又不能够合而为一，总是有矛盾，总是有冲突。我们讲，吵架的夫妻是最稳定的夫妻，天天吵架的夫妻，其实是出于爱了。这是一种矛盾，但是又是对立统一体。但是这种爱不是契约，它就是出于爱。所以黑格尔反对用契约的方式来解释家庭，比如说两个自由意志，婚前我们财产公证，以便将来离了婚以后，你是你的，我是我的，这个是黑格尔非常反对的。既然是以一种自然的爱的情感来维持家庭，那就不能像两个路人一样，像市民社会那样，建立那样一种契约关系。虽然一夫一妻制表现出两个独立的人格，但是这种人格呢，是通过爱来维系它们的平等关系的。黑格尔反对多妻，或者多夫，他的根据就是说，它是两个独立人格之间的关系。我们经常听到有些人鼓吹中国古代的这种纳妾制度如何如何好，这恰好说明中国古代的这种婚姻关系不是两个独立人格之间的关系，而是一个人和他的财产之间的关系。那些妾都是他的财产嘛，都是他的奴隶嘛。

那么，家庭的使命就是培养教育子女，生儿育女。对子女的教育责任一旦完成，家庭就解体了。子女出去了，两老的任务已经完成了，就安度晚年了。那么子女到外面去了，到哪里去了呢？到市民社会去了。这就进入到市民社会。

到了市民社会，那就是陌生人之间的关系了，那就不是家庭了。陌生人与陌生人，他们的纽带是什么呢？他们的纽带是诚信。我们今天讲诚信，你做生意要讲诚信，一个市民社会要有诚信。但是诚信要有根据。诚信的根据不是道德，我们中国人讲诚信，之所以讲来讲去还没有诚信，就是因为他老是把诚信理解为仅仅是道德。但是诚信应该是一种制度。什么制度呢？在西方，传统的就是行业公会，行会组织。西方的诚信是行业的诚信，各行各业都有自己的诚信。各行各业都是建立在一种天职的观念之上的。天职，这个有宗教含义了，马克斯·韦伯特别强调这个，就是你干这一行，这就是上帝赋予你的使命。天职的观念形成了每一个行当的自尊、尊严。所以，一个行当当它不诚信的时候，那会感到很没有面子，就要被行会开除。《大宅门》里面就讲了老板的儿子卖假药，老板当众把数千两银子的假药在街上焚毁了，而且剥夺了他儿子的继承权、管理权。这叫清理门户哇。因为它破坏了行业的这种自尊，这种天职的观念。当然《大宅门》里面还不是天职，而只是道德，它还不是一种制度。白家完全可以用不着做得这么绝。但这样做可以树立道德信誉，以便将来财源滚滚，兴旺发达，所以有一种功利和道德混在一起。

在这里呢，黑格尔谈到了劳动和需要。劳动是行业的分工嘛，行业通过劳动分工满足人的各种需要。同时还谈到了司法、警察和同业工会，这个在我们中国人读起来觉得有点怪啊，在市民社会里面为什么要谈司法和警察？司法和警察不是国家的职能吗？但是黑格尔认为，司法和警察首先是市民社会的职能。这个很不同。社会和国家是不一样的。我们中国人理解社会就是国家，但是在西方，社会跟国家是两个层次。司法和警察都是属于社会的，国家的职能是捍卫国家独立的。比如说国防军。但是警察还是属于市民社会建立的，或者是半官方的。司法也是。司法有官方的，比如说叛国罪、泄露国家机密，或者是颠覆国家，这些都是由国家的职能来处理的。但是司法大部分是民法，是处理民众之间的财产关系和各种关系的，刑法则是处理人与人之间的侵害的。所以司法和警察，黑格尔把它放到市民社会里面来谈。警察不是一种国家机器，警察实际上是一种市民社会的管理部门。比如说我们打110，不一定是说现在出了一个犯罪分子，出了一个叛国分子。我们什么事情都找110，哪个地方的下水道堵住了，哪个地方的电灯泡没有了，哪个地方有小孩掉到井里了，都要打110。就是说它管理一切，管理人们正常的社会生活。所以黑格尔把这些都归于社会。当然司法权和警察权是属于国家的，但是司法和警察本身的职能是属于市民社会的。

最后是国家，国家是更高一个层次。黑格尔认为国家很神圣，他把国家称为地上的神。那么在国家的构成上面，他反三权分立，反对孟德斯鸠、洛克他们讲的三权分立，也反对卢梭的社会契约论，他认为国家不可能是契约。契约就是大众的一些众意、公意，国家则应该代表普遍意志。普遍意志不是每个人能够意识到的，但是确实又是每个人的本质。普遍的自由意志就是每个人的本质，但是每个人不一定意识到，它要由国家来代表。国家是一个有机体，它不是三权分立，一个有机体你怎么把它三权分立呢？你把它肢解了，好像互相之间互相监督，互相制约就构成了国家，黑格尔认为不是的。如果那样的话，那就容易造成法国革命那样的四分五裂。国家应该是一个有机体，什么样的有机体呢？也有三权，王权、立法权和行政权。这三者不是一个监督的问题，而是一个有机关系。他认为在其中，王权是最高的。但是呢，王权只能是君主立宪，而不是君主专制。所以黑格尔主张学习英国那样的王权。按照他的理解，行政权和立法权都只是王权的左膀右臂，它不能跟王权形成一种互相的制约，它只是王权实行自己权力的一种工具。就像一个人，王权代表这个人的灵魂，那么行政权和立法权代表他的手脚。当然王权不管具体的事，国王只审核由政府提交的提案，有最后决定权；但如何制定议案还是政府和议会的事。所以实际上又隐含有三权分立的内容，不完全是普鲁士的君主专制。那么在这样一种关系里面，黑格尔认为，官僚阶级以及形成官僚阶级的主要的成分，就是土地贵族，应该占主导作用，他们是精英。土地贵族，长子继承制，使得长子继承了领主的财产以后，他就可以衣食无忧，他就可以专门从政，专门学法律，学国家管理，成为国家的精英。他能够起到在王权和立法权、行政权之间的调和作用。他既代表国王来实行国王的意志，同时又代表立法权的大众来反映民意。上下沟通都要通过土地贵族这个中介、官僚阶层这个中介。所以马克思批评他说，黑格尔的法哲学保留了很多封建残余，包括长子继承制，以及君权神授这样一些观点。但是有一点他是激进的，就是他要求言论自由。其他的方面他很保守，人们说他是普鲁士王国的官方哲学家，维护普鲁士国王的这种王权统治。但是有一点就是说，言论自由应该没有限制，在这方面他是很激进的。国家利益高于一切，但是呢，人民有说话的权利。

所以王权代表一个国家的人格，一个国家也像一个人一样，它也有人格。在这样一个国家里面，国家利益高于一切，那么在国际关系中呢，一有利益冲突，就只能诉诸战争。既然国家利益高于一切，在国际关系中，别的国家也是国家利益高于一切，那国际间两个高于一切碰到一起，就只有诉诸战争。所以他认为国家的美德呢，应该是英勇。家庭的美德是爱，市民社会的美德是诚信，那么国家的美德是英勇。在战争中表现英勇是最高美德。所以他反对康德的那种永久和平的理想，他认为不可能永久和平，也不应该有永久和平。人们只有在战争中才能焕发出生命力。一个国家，如果长期没有战争，那就会是一潭死水，就会腐朽。在这方面他也受到了现代人很多的批评。黑格尔认为，战争使得一个民族能够保持它的生机，并且在与其他民族的关系中通过竞争，达到优胜劣汰，历史就是这样发展的。所谓历史，就是一个国家兴起了，一个国家衰亡了，每一个历史时期，都有一个国家作为那个历史时期的代表，它是最先进的，所以它是具有霸权的，世界历史因此就被推动了。

五、世界历史

那么世界历史是什么呢？世界历史就是自由意识的发展，自由意识层次最高的那个国家，它肯定在那个时代代表历史的方向，它就会被历史所青睐，就会成为那个时代的霸权。在历史上回顾一下，黑格尔的历史哲学认为，我们整个历史可以划为三个大的阶段。一个是东方，东方是一个静止的历史，因为东方人只知道一个人是自由的，要么是皇帝，每个人都想当皇帝，每个人都要去争夺皇位，争夺了皇位才有自由，没有当上皇帝就不自由。在普通老百姓里面，每个人心目中都有一个皇权思想，要是我能当皇帝就好了。所以中国人对皇家的象征有一种嗜好，特别在这上面追求一种心理满足，比如说我们街上卖的几乎所有的产品都尽量地向皇权靠拢，这个是贡品，那个是御制的，那个是皇家的，宫廷秘制的。我们的餐馆打的招牌都是什么帝王啊，什么王朝啊，什么太子啊，其实都不是的，都是老百姓。但是可以满足一下他们对自由的那种渴望，因为在中国除了皇帝，没有人是自由的。所以每个人都想当皇帝。当不成怎么办？当不成，我就当土皇帝，每个地方都有一个土皇帝，在那个地区他可以为所欲为。最没有用的人最后没有办法，就在家里面当皇帝，奴役自己的妻子和儿女。这是中国人，确实只知道一个人是自由的，从小就受到这种教育：小孩子不要输在起跑线上啊，要吃得苦中苦，方为人上人啊，都是这样一种教育，要人将来能够奴役别人。

那么到了古希腊呢，人们知道一部分人是自由的。古希腊奴隶制社会，奴隶主和自由民是自由的，奴隶是不自由的。但是在奴隶主之间或者自由民之间，要考虑人人都是自由的。这个已经提高一个层次了，不再是只有一个人自由了。黑格尔认为一个人的自由其实不是真正的自由，皇帝最不自由了，要想过一下普通老百姓的日子而不得。真正的自由首先必须让别人也自由，也就是严复讲的“群己权界”，与他人确定自由的边界，所以希腊人已经有点这个意思了。那么到了日耳曼世界，从斯多葛派进入到中世纪，黑格尔把它称为日耳曼世界，日耳曼世界才知道一切人是自由的。不管你是谁，奴隶也好，罪犯也好，贱民也好，都是自由的，和皇帝一样自由。那么你就得尊重任何其他人的自由。所以，正如“我就是我们，我们就是我”一样，真正的自由就是一切人的自由，这才是人类自由的理想。后来马克思也说，共产主义社会中“每个人的自由是一切人自由的条件”，只要有一个人不自由，这个社会整个就不自由，因为每个人都有可能沦为那个不自由的人。当我们这个社会上还有人不自由的时候，你不要幸灾乐祸，更不要落井下石，因为下一次你自己很可能就是那个不自由的人。当然，中世纪的自由观虽然已达到了一个很高层次，但这种自由观尚未在社会中实现出来，只是寄托于对彼岸世界的信仰。近代以来，以法国大革命为标志的历史进程无非是把人类追求了一千年的自由理念在现实中实现出来，对自由、平等、博爱的追求，在观念上都来自于基督教，而作为现实进程则构成了近现代历史的内容。谁能够把它们牢牢抓住并通过社会制度把它们在现实中实现出来，谁就能领导世界新潮流。

这就是历史的规律。历史虽然是自由意识的进展，但是这个自由并不是没有规律的。在黑格尔看来，只有那种最懂得自由的人类或民族，才能够在世界历史的某个阶段上占据主导地位。历史就是这样发展起来的。历史是进化的，历史不断地进步，就体现为人们的自由意识不断地提高。我们今天经常说的反霸权，说哪个哪个是霸权，但是我们没有考虑到它为什么是霸权。美国为什么会成为霸权？因为在美国很自由啊，所有的人都想到美国去啊，你反霸权的人，你也想到美国去拿个绿卡嘛，因为那个地方多自由啊。这就造成了它很强大嘛。黑格尔这种观点其实很对的。就是说，从历史发展总的趋势来看，越是自由的地方，它就越是在历史上占主导地位。所以我们要发扬中国的传统文化也好，实现四个现代化也好，跻身于世界民族之林也好，我们都要考虑这方面，就是在观念方面，你首先要是最先进的，如果你还是抱着那个老古董不放，你注定只能当配角，不能当主角。

第十五讲　黑格尔的绝对精神

今天我讲最后一课，黑格尔的绝对精神。前面我已经把黑格尔的精神哲学，主观精神和客观精神都讲完了。那么最后呢，到了他的绝对精神。为什么最后还要讲一个绝对精神？我们知道黑格尔的历史理性，最后把客观精神归结为历史的发展。历史的发展就是自由意识的进展，自由意识进展到什么程度，历史就发展到什么程度。在每一个历史阶段，都有一个代表当时最高的自由概念的这样一个民族或者国家占据历史的主导地位。在古代是古希腊，在中世纪是西欧法兰克王国、神圣罗马帝国。那么到了近代，是英、法、意大利等国，当然最后在黑格尔的时代呢，是由普鲁士王国所代表，由德国人所代表，代表时代精神。所以，自由意识的进展，不是靠国家的国力呀、暴力呀，能够走在世界历史的前列的，而是靠人的自由意识的发展的层次，发展的高度。你的自由意识发展到什么样的高度，你这个国家必然会强盛，然后呢，可以走在世界民族的前列。这是黑格尔的一个基本的历史观。也就是说，那些代表历史的主导地位的那样一些民族，他们的自由意识必定是发展到了这样一个高度。所以他不反对战争，战争决一高下，把所有的民族放在历史的天平上来称一称，究竟哪个高，哪个低，哪个先进，哪个落后，由历史来审判。这是任何国家，任何个人都没有办法做到的。而历史呢在这个时候呢，就表现为上帝，历史的审判就是上帝的审判。对国家嘛，你反正尽你最大的努力，国家利益至高无上，每个国家都是这样的，丛林法则，国与国之间都是丛林法则，都是弱肉强食，霸权主义。但是历史自有公论。

那么历史自有公论是不是就完全是偶然的，我们人就不可能知道了，就凭上帝的命运来支配了呢？黑格尔认为不是这样的。在人间，我们对上帝的标准，哪个民族代表最高层次的自由，我们是有所领会的。这个标准并不在于你的武力的强大，你的国力的强大，你的经济，你的政治地位，你的军事力量，比别人要强，那倒不一定。很多在军事力量方面很强的，最后落败。像古希腊和波斯的战争，波斯的武力要比希腊强好多倍，但是希腊人以少胜多。日本打败清朝和帝俄，也是由于他们引入了民主体制，他们在二战中失败则是由于他们的民主体制不完善，国民在精神上还受奴役。所以这个不是由这样一些世俗的力量来衡量。那由什么来衡量呢？谁更自由，哪个民族更自由，由什么东西来衡量呢？就由绝对精神来衡量。

绝对精神在每一个民族那里都有体现，它表现为一个民族的纯精神生活。这个纯精神生活表现在三个方面，一个是艺术，一个是宗教，一个是哲学。我们说一个民族兴起了，一个民族衰亡了，当然政治啊，经济啊，这些方面都可以作为标准，但是最重要的标准就是看它有没有发展出高度的文化。鸦片战争前中国的国民生产总值占世界几乎一半；中东的石油使一些国家富得流油，那都不算。艺术、宗教、哲学，这都是属于高度的文化，纯粹的精神生活。一个民族国力虽然不强大，但是如果它的纯粹精神生活非常丰富，那它就是文明的曙光。比如说古希腊，那么一个小小的半岛上面，它所发挥出来的文明的影响力，至今还是无可比拟的。所以黑格尔认为，谁最自由，要看他的绝对精神水平，艺术、宗教和哲学，这些是他的代表，这些都是绝对理念的体现，绝对精神的体现。但是艺术、宗教和哲学这些纯精神生活，它们相互之间也不一样。我们知道，每个民族在这方面都有艺术、宗教和哲学，只要是一个进入到文明的门槛的民族，这三方面都会有，但是呢，在不同的时代，它关注的重点是不一样的。艺术、宗教和哲学，它们分别以不同的方式来表现绝对精神，艺术是通过感性形象来表现绝对精神，宗教是通过表象，也就是象征和比喻的方式来表现绝对精神，那么哲学是通过概念的方式来表现绝对精神。所以绝对精神就分为三个部分，一个是艺术哲学，一个是宗教哲学，一个是哲学史。哲学史也就可以看作是有关哲学的哲学。

一、艺术哲学

那么首先我们来看一看黑格尔的艺术哲学。艺术哲学也就是美学，黑格尔也没有完全排斥美学Ästhetik这个用语，但是他特别声明，他认为美学就是艺术哲学。这个是跟很多人不一样的。很多人认为，所谓美学就是关于美的学问，而按照这个词的本意，则是关于感性的学问。当然是感性的学问，也是感性所感到的美的学问。但是美在什么地方呢？美在艺术上。艺术哲学是用艺术的方式，用感性的方式，用形象的方式来表达绝对精神。

1. 美和艺术的定义

那么，从这个里头呢，就引出艺术哲学的一个基本的定义，也就是美的定义。美是什么？美是理念的感性显现。这就是他的美的定义，同时也是他的艺术定义，艺术也是理念的感性显现。也就是说，既然艺术是绝对精神在感性上的一种体现，一种表达，所以自然而然就得出这样一个定义，凡是艺术，凡是美，它们都是用感性的方式来表现绝对理念。那么由这样一种感性的方式来表现的理念是什么呢？那就是理想，Ideal，它跟Idee是同源的。Idee就是理念，这是从柏拉图那里来的。把它变成一个Ideal，就是把它变成一个形容词化的名词，那就成了一个理想。就是把这样一个理念当作一个形象的东西，当作一种个性化的东西体现出来。这一点在康德那里已经有了这种说法，就是上帝，他是理念，但是他是一种特殊的理念，就是理想。理想跟理念不同就在于，它是一种个别化了东西，具体化了的东西。上帝只有一个，唯一的。那么艺术所创造出来的那些理念呢，也是唯一的，每一个艺术品所创造出来的那种形象是唯一的。所以黑格尔把它称为理想。那么理念的感性显现，这是艺术的定义了，在这个定义里面包含有一种特殊的观点，就是我们对自然美究竟怎么看。所谓自然美，通常都认为那就是自然界的美，但是根据这样一个定义呢，黑格尔认为，自然美也是以感性的方式来显现理念。它跟艺术美是相同的，或者说，自然美归根结底是艺术美。它是通过形象的方式所创造出来的一种理念的感性显现。所以对于自然美，黑格尔基本上是把它解构了。所谓自然美，我们认为是自然界的美，其实都是我们创造出来的，是我们艺术的心灵在观看自然界的时候我们所想象出来的。

那么由这个定义里面呢，我们就可以引申出它的两个环节。既然是理念的感性显现嘛，那么它就有两个环节，一个是理念，另外一个是感性显现。理念是属于美的内容，就是说你要显现什么，你要通过这样一种感性的方式来显现什么。所以显现出来的那个理念呢，就属于美的内容，或者艺术的内容。艺术分为内容和形式两方面，那么它的内容就是理念。而形式方面呢，就是感性显现。

2. 艺术的内容

而这个理念内容呢，里面包含有三个不同的层次，即一般世界状况、情节和动作、人物性格。

a. 一般世界状况　最一般的层次，普遍的层次，就是一般世界状况。一般世界状况就是讲的时代精神。一个时代，它的一般世界状况，它表达出那个时代的精神。这种精神呢，黑格尔有时候把它称为神。一个时代的精神就是神，就是那个时代神的历程，它走到那个阶段，它表现出来在一般社会状况中，当时社会状况是处在一种什么样的状况，这就是神的一种状况。那么一般社会状况表现在很多方面，比如说伦理，伦理精神，伦理实体、政治经济、文化信仰等等。这是最普遍的那种。所有的艺术品实际上都有这个背景。你要看一部作品，那么你首先要追溯这部作品产生于哪个时代，要根据那个时代的时代精神去体会这个作品内在的意蕴。你不能脱离那个时代。当然有些人故意混淆时代，我们经常把古代的东西拿来戏说，但是你要真正研究那个时代的艺术作品、文学作品，那你必须要把它还原到当时的时代背景，你才能理解，它要体现出一种什么精神。《红楼梦》里面体现了一种什么精神，要根据那个时代来体会。这是第一个层次。

b. 情节和动作 第二个层次比较具体一点了，就是情节和动作。我们说讲故事，作品要讲故事，一幅画，实际上里面也有故事，也有情节和动作，情境、冲突。你表现冲突，表现具体冲突，在一定的时代背景的前提之下，你要把一个故事讲出来，这个故事能够集中了那个时代的冲突。比如说悲剧，悲剧就是集中了一个时代的矛盾的焦点。一个好的艺术品就应该表达出这一点来，在那个时代有一种什么样的本质性的矛盾，那么你的作品能够把这种矛盾集中地表现出来。《红楼梦》可以说集中地表现了一种矛盾，比如儒家、道家和佛家之间的一种冲突，你到底是经世济民，还是任情使性，还是逍遥自在。那么，古希腊的悲剧，很多都是这样的，像安提戈涅，你到底是遵守家庭的这种传统的伦理，还是服从国王的法律。这些悲剧往往有剧烈的冲突，乃至于要牺牲主人公的生命，来成全两个具有同样价值的伦理原则。这是黑格尔悲剧理论的法则或基础。所谓悲剧就是这样的，就是同等合理的伦理原则，以主人公的牺牲作为代价而得到了成全，得到了调和。主人公牺牲了，他为了他的理想，为了他的伦理标准而献出了生命，那么他就成全了他的伦理价值。同时呢，他的对方也没有因此而受到损害。因为他牺牲了自己，使对方也得到了保全。这是他的悲剧理论。情节和动作，这是比较具体的。

c. 人物性格 第三个层次呢，就更具体了，就是个别了，那就是人物性格。我们看黑格尔的思维方式就是这样的。首先从最抽象最普遍的东西开始，然后越来越具体，一般世界状况；然后情节和动作，情境，冲突，这些是特殊；最后落实到人物性格，个别。个别人是如何体现出人物性格来的，他的主体性到底是怎么样的，你要把他描绘出来。后来的像马克思、恩格斯对他这一点非常赞赏，就是说，推崇他的性格理论、典型理论。所谓“典型环境中的典型性格”，就是马克思、恩格斯美学观点的一个美学现实主义理论的核心。典型环境中的典型性格，就是“这一个”，再没有别的人能够跟他相混淆。我们讲到典型人物，你讲林黛玉，大家都知道是怎么回事，你讲李逵，大家都知道是怎么回事，不会混淆的。顶多有一些人类似于他，或者模仿他，然后别人说她像林黛玉一样。我们说这个人像林黛玉一样，那个人有李逵的性格，那就是说林黛玉、李逵是一个标准了。每一个人心里都有这样的标准，很清楚，他就是一个不可替代的、独一无二的这样的个性。在这一点上，黑格尔强调人物的性格，这也跟当时浪漫主义的文艺思潮有一定的关系。康德也好，黑格尔也好，他们都是浪漫主义、古典主义两种不同思潮的调和者。我在前面也讲到了，康德鼓吹天才，但是他认为天才应该服从鉴赏力。鉴赏力代表古典主义的标准，天才代表浪漫主义的标准。那么黑格尔在这个地方把两者调和起来，他认为最具有个性的就是最美的。美和个性在当时是两个对立的标准，古典主义强调美，浪漫主义强调个性，但有个性就可能不美啊，就可能丑，可能怪，它就是特殊，独一无二。那么黑格尔在这里把它们调和起来，就是说，具有坚强个性的东西，那就是最美的；凡是美的东西都是有个性的。这是他的一个调和。

那么人物性格体现在什么方面呢？不是体现在他的认识能力，也不是体现在他的道德水平，而是体现在他的情感。他用了一个词，叫情致，Pathos。我们书上把这个词翻译成情致，应该说翻译得是很不错的。pathos是个希腊文，在希腊语那里，本来就是激情的意思。但是作为一个外来语引入到德语里面来呢，它就具有了一种抽象的含义。黑格尔在别的地方也讲到过，就是说，当我们使用外来语、希腊语的时候呢，它就有了抽象的含义。它在希腊语本身的语境里面那样一种具体的含义呢，作为外来语来说呢，它就被抽掉了。我们就可以把它理解为抽象意义上的情感，那就是情致了，那就具有情致的含义了。康德所讲的共通感也有这种意思，是情感，但不是那种特异的情感，而是可以交流的情感。所以他专门用了这样一个词，艺术的核心就是要把人物的情致表现出来。当然通过表现情致，你可以表达出动作、情节、情境，以至于一般世界状况，都可以表现出来。但是它集中在人物的性格之上。而如何表达人物的性格？就是表达情致。你不要表达他的别的方面，别的方面当然也可以，但是都作为附属、附庸的，比如说这个人如何地有理性，如何如何聪明，解决了什么问题，道德上如何高尚，这些当然都可以表达，但是最后你要落实到他的情感和情致方面。所以黑格尔说人物的情致是一根可以打动每个人的弦。艺术品要能够打动人，靠什么打动人呢？就靠的是情致。情致是能够感人的，一个人的作品写得再好，再准确，再高尚，但是如果不感人，它就不是艺术作品，它就可以是宣传品，也可以是科普读物。但是它不是艺术作品。所以他特别强调情致，他认为情致是艺术的中心。情致体现在人物性格上就是“这一个”，这一个就是典型。所谓典型，就是说“这一个”代表很多很多丰富的含义，这一个是最丰富的。亚里士多德最早提出“这一个”的概念，他讲，什么是实体，实体就是个别实体。个别实体是什么呢？就是“这一个”。这一个是万物的根本，但是它是尽在不言中，因为它的意谓太丰富了，所以没有什么可说的。你说出任何一个来都不行，都只是它的一个片面。你只有不说，靠情感去体会。黑格尔在“精神现象学”中把它看作是最抽象的，但在艺术哲学中又把它视为基本原理。所以后来的美学家们都把黑格尔当作是移情说的先行者。现代有立普斯他们的移情说，他们都追溯到黑格尔，就是他特别强调情感的动人之处，艺术作品就是要用情感来打动人，就是要移情。

3. 艺术的形式

上面说的是美的内容方面。理念的内容表现为这三个层次，一个是一般世界状况，一个是情节动作，一个是人物性格，越来越具体。这都是作为一个艺术品要表达的内容。那么在形式方面就是感性显现了。你要把这样一些东西用感性的方式显现出来。一个艺术品，要把一般世界状况，要把情节和动作，要把人物的性格，以生动的方式，以活生生的方式显现出来，这就涉及艺术的手法，艺术的形式，艺术的技巧。这就是艺术的形式方面。但是在黑格尔看来，感性的显现不仅仅是一个技巧问题，或者首先主要不是一个技巧问题。他把这个形式也内容化了。我们知道，黑格尔的辩证法反对把任何范畴孤立起来，虽然是形式，但是它是有自己的内容的。什么内容？古典主义艺术通常强调形式，比如说和谐啊，对称啊，黄金分割啊，比例啊，构图啊，这样一些原则，这样一些法则。你不按这些法则来创作的话，那么古典主义艺术就认为你是不成功的，你是扭曲的，畸形的。但是，黑格尔认为，这样一些法则，只是表面上看起来是一种客观的法则，实际上呢，它是人本身在作用于自然的时候的一些法则。它可以归结为“自然的人化”的法则。人把他面对的大自然人化了，才有了这些法则。因为大自然本身没有这些东西的。

的确，大自然本身有什么对称不对称呢？有什么黄金分割？有什么比例？是人看起来有比例。人在构图的时候，我们在照相的时候，我们要选景，要取景，大自然没有景，或者大自然有景，你没有看出来。怎么才能看出来？有经验的摄影师就会取景，这一棵树不能够放进来，要把它撇开，放进来就不对称了，就破坏平衡了，就破坏和谐了。那个地方，那个山头应该照进来。我们照埃及金字塔的照片，为什么看起来那么样的美，那么样的和谐？它配得很好，两个金字塔，一大一小，然后这边空出一点来，有两棵椰子树，一个人牵着骆驼从旁边走过，夕阳西下，作为背景，你一看这个就觉得很好，好像是画出来的。但它不是画出来的，它就是照出来的。你以为大自然就有那个东西。没有，大自然偶然碰上了，等一会大自然这个景色就消失了，太阳落山就一片黑了。所以，所谓的形式法则是人给它赋予的。人为什么要赋予它？因为人在自己的活动中改造大自然，使它符合自己的需要，并且符合自己的审美需要。人有这种本性。黑格尔举了一个有名的例子，一个小男孩往池塘里丢了一个石头，他看着池塘面上泛起了水波，一圈一圈的，觉得这是他的一个作品，感到很惊奇。我丢一块石头，大自然就显示出这样的东西出了，他很惊奇。所以，这样一个水波的图形在他的脑子里就会留下深刻的印象。他就会认为这就是一种形式。说不定他将来长大了，他就会用这样一种形式来创作。人类就是这样的，人把大自然人化了，而这种人化之所以能够人化，是因为他把自己的情感寄托在对象身上。他把大自然当作他本身的一部分，他尽量地要给大自然美化，也就是使他自己美化，适合于他自己的情感需要。为什么需要？为什么要把大自然看成一个整体？看作是有机的、没有任何一部分是多余的？因为人就是有机的。人喜欢看到大自然也是有机的，人把大自然看作是另外一个人，另外一个人也是有机的，没有任何一部分多余。一个人如果长了三只手，那就很丑了，因为他多出来一只手。但是大自然在人看来，没有任何一部分是多余的，它是非常和谐的，是因为人自己是和谐的。

所以在这方面呢，黑格尔把形式内容化了，就是说，形式其实是人造出来的，并不是有一个客观的、绝对的形式在那里，并不是大自然本身就有这样一种形式。大自然有什么形式？大自然的那种直线，那种圆形，都是不规则的，是通过人的加工，才使它接近于规则。并且通过人的想象，才想象出绝对的直线、绝对的圆和绝对的三角形。这都是人想象出来的，大自然没有。那么，所有这些形式其实都是人的创造的产物，这就是形式。黑格尔在形式方面，跟内容方面，他是从一种统一的、辩证的眼光看待它们的关系，不是把它们割裂开来的。包括黄金分割率，我在讲康德的时候已经讲到了，为什么黄金分割的东西看起来最美，一个冰箱，如果不符合黄金分割，你就觉得它不美。要么太长了，你就觉得它很瘦；要么太矮了，你就觉得太胖了，觉得这个冰箱不好看。四四方方的冰箱有什么好看呢，就像个大胖子。可见你是用人的眼光来看这个冰箱的。恰好这个冰箱的比例是黄金分割的，你就觉得好看，因为人体是符合黄金分割的。符合黄金分割的这样一个体型，你就会认为它匀称，不胖不瘦，看起来顺眼。这都是人化的产物。

4. 艺术家

那么第三个环节就是艺术家了。一个是理念内容，一个是感性体现的形式，这两者体现在艺术家身上。这两者都是人的产物嘛，都是人创造出来的。那么人是怎么创造出来的？所以第三个环节黑格尔就讨论艺术家的问题。当然这方面他讨论得很少。黑格尔基本上不太重视艺术家在艺术创作中的作用，他讲得比较少。但是黑格尔讲了，艺术家首先是要具有天才和灵感。但是他马上又强调，这种天才和灵感并不是神秘的东西，我们通常讲到天才和灵感都觉得是很神秘的，特别是灵感，灵感一来了，挡也挡不住；灵感去了，你追也追不回来。艺术家没有灵感一点办法也没有，他只有在那里等，等着灵感到来。但是黑格尔不太同意这一点，他认为灵感其实也是通过学习、训练和积累而造成的。当然这有一定道理，一个人不能光凭灵感，一个艺术家必须要训练，必须要学习、观察，不断地去揣摩，烂熟于心，这样他才能够有机会灵感到来。否则的话，他坐在屋子里去等灵感，那就太蠢了。另一方面呢，除了灵感和天才以外——这是主观的方面，那么在客观的方面呢，艺术家也应该描绘现实、描绘对象，应该具有客观性。艺术家不是完全发挥他的灵感，躲在屋子里面，他就可以用自己的天才创造出艺术作品来，不是的。凡是艺术家所创造出来的作品都是和现实世界有关系的，都是对现实生活的某一方面的反映，所以在这方面呢，黑格尔认为，艺术家应该注意观察现实生活，具有一种客观性和写实性。

但是他反对一般对客观性的解释，就好像是对客观事物的一种机械的模仿。他认为不是的。艺术品不是对事物的机械的模仿，艺术的客观性是一种艺术的真实，艺术的真实也就是在现实生活中间，也许这个东西是不真实的，或者是没有发生过的，甚至于是不会发生的，比如说神话故事啊，传奇啊，是你想象出来的，在那个时代也许根本就没有发生过那种事情，也不可能发生那种事情。但是，黑格尔强调的是艺术的真实，它不必是自然界本身，它只需要“好像”是自然界本身。当然这是从康德来的，康德就讲过艺术品像是自然的时候是美的。那么黑格尔就讲，艺术的真实不一定要是真正的自然界，但是它要好像是自然界，要是自然而然的。你在创作的时候要没有雕琢，它不是自然，但是它制作得很自然，它创作得很自然，行云流水，自然流露，看起来没有什么雕琢。这就是很高的艺术境界了。那么要达到这个境界呢，你不是简单地去模仿自然界。你看到了大量的自然的物，然后你把它模仿下来就行了？不是的。你要提高和综合自然，你要到自然界里面去揣摩那种精神。这一点中国艺术里面非常强调，中国的文人画、山水画，那些文人，那些画家，他们并不是模仿，他们就是游遍千山万水，看遍了千山万水，然后在内心里面已经打好了草稿，我回去怎么画，我已经胸有成竹了，那么回去把纸一摊开，我内心里面那种精神就喷涌而出，就体现在画纸上。他就是要体会自然界的精神，而自然界的精神是你自己通过掌握自然界，通过自己心里创造出来的。当然你如果不游遍千山万水，你也创造不出来。你看过了名山大川，你都游过了，为什么古代的文人喜欢到处去游呢？读万卷书，行万里路，为什么要到处走呢？他就是在揣摩自然界的精神，看我能不能体会得到。我到一个地方，到了桂林，到了云南，或者到了新疆，那么每一个地方的风土人情我心里都有一本账，我都体会得到。回来要画什么东西，我就把那种精神画出来。所以，这样一种客观的艺术的真实，实际上是一种主观和客观的统一，并不是完全客观的，它里面已经融会了主观的东西。那么融会了以后呢，黑格尔认为，这样一种作品应该表达时代精神。你去体会了那种当地的风土人情、那种精神，你为之而感动，那不就是时代精神嘛。你看见了千山万水，你看见了世态炎凉，所有的人情世故，你都烂熟于心。你每当经历一件事情，你心里面就要揣摩它，这些人到底怎么啦，这些人到底在想什么，他们的精神状态是怎么样的，我对这种精神状态如何评价。那么在你创作的时候，你心里面就有时代精神了，你就可以把它一挥而就。

当然这个时代精神可能是超前的，你的艺术作品是你对时代精神的一种体会，大众不一定体会到。大众就在这个时代精神中，但是他不一定像你一样体会到，也许他们的观念还是陈旧的，还是传统的，所以你的作品不一定要有广大的听众或者读者。关于这一点，黑格尔认为，那些名噪一时的作品不一定是好作品，而那些在当时默默无闻的作品，也可能是好作品。所以这个时代精神是超越大众之上的一种绝对精神。他反对那种媚俗之作。很多伟大的作品，比如说莎士比亚的作品，歌德的作品，在当时都不为人所理解。当然歌德还有风靡一时的作品，像《少年维特之烦恼》就风靡一时，它代表时代精神，那个时代的青年人都心领神会了。但是歌德的《浮士德》你能不能把它的思想都吃透呢？一直到今天我们还在体会，还在研究。所以这个表现时代精神，同时呢，你不媚俗，那么这个里头就有你的独创性了。就是说，独创性不是你标新立异，而是有它的根基，就是说，它是表达时代精神的，但是同时又是独创的，又是你个别的，别人没有表达过，别人甚至不理解。艺术的独创性就体现在这两方面的合一。一方面是表达了一个时代的总体的精神，另一方面是作为你的艺术家的个性表达出来的。这是艺术家。

5. 艺术史

黑格尔艺术哲学，对美的定义加以展开，就形成了美的理念，也就是艺术的概念——艺术的概念包含我刚才讲的内容和形式两个方面以及艺术家作为它们的合题这三个环节；那么艺术家把作品创造出来，在历史上就形成了艺术史。所以黑格尔美学的第二个很重要的环节就是艺术史。也可以说，黑格尔是有史以来第一个把艺术看作一个历史发展过程来加以描述的，他认为艺术的发展里面有规律。以往人们写的艺术史仅仅是一些资料，就是在历史上有哪些艺术家，他们创作了哪些作品，你把它按照年代搜集起来，这就是编年史，以往也有人做过。在黑格尔以后呢，也有大量的人这样做。但是，从里面探讨一种规律，探讨一种艺术精神的发展，这个是黑格尔第一个这样做的，而且好像后来者并不多。贡布里奇的《艺术发展史》想要模仿黑格尔的那种做法，但是实际上也没有模仿到。或者说根本上无法模仿。那就是黑格尔自己的一种看法，就是把艺术看作是艺术精神的发展史。

a．象征型艺术　黑格尔认为，艺术精神在最开始的时候是比较单纯的，最开始的时候，第一个阶段，黑格尔称之为象征型的艺术。他认为东方以及埃及——埃及也是东方了，埃及、波斯、小亚细亚，当然他不知道中国，那个时候对中国还不太熟悉，其实也可以把中国早期艺术包含在内，他认为都属于象征型的艺术。这是艺术的初级阶段，或者几乎可以说是前艺术阶段。这个时候的艺术还没有当作艺术品来创作，而是当作别的东西的一种表达方式，比如说宗教。为了宗教祭祀仪式，人们创造出一些东西来，但是后人看起来呢，这是一种艺术。比如说金字塔、斯芬克斯像、神庙，这样一些东西在当时不是作为艺术品创造出来的，它是作为宗教祭祀的一种产物。象征型艺术的特点是，它已经有理念，并且也有感性的显现；但是，这两方面作为内容和形式还处于互相分离的状态，互相在寻找。理念想找到它的形式，理念模模糊糊有了，但是理念还没有找到与它相应的形式，它在寻找。那么这个寻找是一个过程。所以这些艺术品中的理念是很模糊的，很含糊的，模棱两可，甚至于是一个谜。比如说斯芬克斯就是一个谜。埃及人认为斯芬克斯提出了一个谜，早上四条腿走路，中午两条腿走路，晚上三条腿走路，这是什么？其实就是人嘛。但是当时的这个谜呢，谁也猜不着，猜不着就被斯芬克斯吃掉了。后来，希腊神话里面讲到，俄底浦斯把这个谜猜破了，于是斯芬克斯就摔死了。所以，象征型的意义就说明在古代埃及的艺术里面呢，它的意识是很不明确的，很隐讳。它的那种表达，那种感性的显现，是以一种象征的方式在显现。象征着什么，你得去猜。它不是明白说出来的。你也可能猜中，也可能猜不中。不管你猜中了还是猜不中，它都是模模糊糊的。即使是人，也不能仅仅用几条腿走路来形容啊。所以，内容和形式双方在寻找。而作为艺术家来说呢，本来应该统一内容和形式的，但他们本身就分成两拨，一拨呢，是在那里设计理念，比如说埃及的祭司，祭司有很高的权力的，他来设计金字塔，应该怎么建，他来测量，祭司说应该怎么建，建成什么样的形象，建成多大，表达什么意思，他自己心里有数。当然也是很模糊的，但是别人都不知道。那么，动手的人是奴隶，建造金字塔的那些人，指挥者是祭司，但是动手的人都是奴隶。因为奴隶你不能说他们就是艺术家，包括建立斯芬克斯像的那些奴隶，你说他们是艺术家，那有几十万个艺术家了。他们都是做手，而设计这个作品的人，他是不做的，他指挥别人做。这就表明，理念和感性形式互相分裂，在艺术家身上就体现了这种分裂。那么这样一种象征型艺术特别体现在古代的建筑艺术上，神庙，巨大的神像，而这些艺术所体现出来的美呢，就是崇高，它们要尽量地表现的美就是崇高，这就是象征型艺术。

b．古典型艺术　艺术史的第二个阶段呢，就是古希腊艺术，黑格尔称之为古典型的艺术。一个象征型的艺术，一个古典型的艺术。古典型艺术的特点就是说，内容和形式双方达到了一种和谐，紧密地结合在一起。象征型的艺术是内容和形式双方是分裂的，互相在寻找，都没有找到对方，它的形式呢，不能够淋漓尽致地表达理念，它的理念也很隐讳，不能够通过一种外在的方式完全表现出来，所以它是处于一种不和谐的状态。那么古典型的艺术恰好在这两方面达到了和谐。古希腊的艺术，特别以雕刻为代表，我们在雕刻中看到，它没有任何一部分是多余的，没有任何一部分是不明确的，每一部分都很明确，人体雕塑上面的每一块肌肉、每一点、每一处里面都蕴涵着精神，而且这个精神是清晰的。比如说希腊的神，要表现美，要表现爱情，阿芙洛狄特，她就是表现爱的，她每一部分都表现爱情。要表现力量，赫拉克勒斯就是表现力量，他的每一块肌肉都表现力量。他所表现的理念非常清晰，没有误解，不可能有误解。所以古希腊的神都是分工很明确的，赫耳墨斯专门管交通和信息，所以他非常健美、非常轻盈。那么雅典娜是专门管法律、理性，所以她很庄严，很庄重。古希腊神每一个神所代表的性格都是很清晰的。他代表时代精神的某一个方面。那么每一个方面都通过一种感性的形式淋漓尽致地得到了表达。所以黑格尔认为这是一种美的理想，他把古典型的艺术称为美的理想。象征型艺术所体现的是崇高，那么古典型艺术就专门体现美。象征型艺术有些东西并不见得美，它是崇高，但是古典型艺术呢，就是体现美。

c．浪漫型艺术　那么第三个阶段就是浪漫型艺术。浪漫型艺术就是基督教以后的整个日耳曼世界，都属于浪漫型艺术，一直到现在，一直到黑格尔的时代。那么浪漫型艺术跟古典型艺术相比，就是本来结合在一起的内容和形式的两部分又重新分裂。怎么分类呢？就是它的理念的内容跟它的形式又不吻合了，观念大于形式，理念大于形式。浪漫型艺术经常是这样。表现一种理念呢，它就不顾形式了。观念化的创作，我们文革时候的样板戏就是这样。首先有一个观点，然后呢，拉出一个形式来凑数，主要是为了表达你的观念。那么这样一种观念化的创作艺术呢，其实是艺术走向衰亡的一个表现。你太观念化了，那就不成为艺术了，那就成为宗教了。我们的样板戏其实就相当于一种宗教的表演，宗教的仪式嘛。因为你就是为了表达那个观念。以种种方式，高大全的方式，三突出的方式（在一般人物中突出正面人物；在正面人物中突出英雄人物；在英雄人物中突出主要英雄人物），这样来表达一些理念，那么，形式完全不重要，是不是真实，是不是合理，是不是能够打动人的情感，这不重要。主要是要表达出你预定的那个概念。浪漫型艺术，中世纪基督教艺术就有这个特点，基督教艺术就是表达一种宗教的情感。那么到了文艺复兴以后呢，这两个方面有所缓和，但是呢，那是受古希腊的影响，文艺复兴嘛，向古希腊学习嘛。但是，接着后来呢，马上又分裂了。到了19世纪以后，黑格尔以后的印象派呀，后期印象派呀，象征派呀，立体派呀，野兽派呀，未来派呀，达达派呀，所有这些都出来了，按照黑格尔的标准，这些都是属于艺术解体的表现。艺术解体，其中一个重要的方面就是，观念从与形象的有机统一体中单独地走出来、分裂出来。艺术就只是为了表达观念了，这个时候呢，艺术就逐渐走向衰亡，并且过渡到宗教。那么，剩下的形式的方面呢，被作为艺术的碎片，抛在艺术之中。那些形式还是艺术，但是被作为碎片，已经解体了嘛，观念已经抽身而去了，融入宗教了，那么艺术就只剩下碎片了，就是一种形式化的东西，一种单纯模仿的东西，一种单纯炫耀技巧的东西。

所以，黑格尔对于近代以来的、19世纪以来的艺术很不满意。就是说，很多东西就是炫耀技巧，画一个风景画，画一个静物画，他不是体现里面的精神，他就是为了显示画家表现光、色、影的技巧。表现一个玻璃杯，玻璃杯上面的反光，如何真实，如何看起来像真的，使人产生错觉，很多艺术家以此为能事。那么另外一些呢，就是一味地表达自己的情感，那种意念，主题先行。这两方面呢，黑格尔都是不太欣赏的。黑格尔最欣赏的，就是古希腊的两方面互相调和的，以及文艺复兴向古希腊学习的那样一些美的理想。比如浪漫型艺术中的文艺复兴三杰、莎士比亚、歌德、席勒等人，他还是很赞赏的。但黑格尔对整个艺术的发展前景认为是艺术衰亡。很多人批评黑格尔的艺术衰亡论，认为黑格尔说的不对。但是现在看来呢，恐怕黑格尔不幸言中。我们现代艺术好像是有一种走向衰亡的趋势。特别是现代流行的所谓行为艺术，什么都是行为艺术，随便你做什么都是行为艺术。写诗，大白话也可以成为诗，没有什么界限了，艺术和非艺术没有任何界限了。那当然就是艺术的衰亡了。当然艺术衰亡是好事还是坏事，这个我们暂时不去评价它。也许是好事，因为艺术最早本来就没有独立性，现在衰亡了，但并不就是消失了。对于西方人来说，所有的艺术都保存着，在卢浮宫里面，你可以去受熏陶，你可以去提高自己的境界，但是以往那种意义上的单独分裂出来的艺术，艺术家的艺术，逐渐衰亡了。但是全民都成了艺术家。原始人的时候全民都是艺术家，现代艺术也是全民都是艺术家。我们不是返璞归真了嘛！当然艺术衰亡不光是一个事实判断，它也是一个价值判断。艺术衰亡到底是好事还是坏事，对于西方人来说呢，恐怕是一个必然趋势，西方人具有特权的那种专业艺术家恐怕以后会淡化，每个人都可以是艺术家。

这是黑格尔的艺术史。当然其他部分呢，还有艺术的分类，今天就不细讲了，他把各种艺术门类，建筑啊，绘画啊，音乐啊，戏剧啊，诗啊，悲剧啊，史诗啊，这些东西，把它排列起来，按照它的物质性的多少和精神性的多少，最开始的时候是物质性的最多，艺术性最少，到后来呢，是精神性越来越多，物质性越来越少。比如诗歌，诗歌的物质性最少，它是用符号来说话的，当然它的精神性最多，当时长篇小说还刚刚开始萌芽，所以，黑格尔最推崇的就是诗歌。当然前面的他也不否定，他认为这是艺术史的一个发展趋势，从重物质到重精神。但并不是说先有建筑，然后才有绘画，然后才有音乐，然后才有诗。倒不是这样的。但是，它们有一个等级和层次的区分。

二、宗教哲学

下面我们看看他的宗教哲学。黑格尔的宗教哲学，他的总的倾向是宗教越来越走向哲学化。那么宗教走向哲学化，它的一个反面效应就是哲学走向宗教化。第三个环节就是哲学史嘛，哲学史也变成了一种理性宗教。所以很多人把黑格尔哲学称为理性宗教。它既是哲学又是宗教。宗教和哲学这两者究竟哪个要放在后面，哪个要放在前面，黑格尔是有过犹豫的。有一段时间他曾经把哲学放在宗教的前面，最后以宗教为归结点。但是最后呢，在他的《哲学百科全书》里面，他还是倒过来了，就是把宗教放在前面，哲学还是最高的。因为哲学用概念来表达绝对精神，而宗教呢，是用表象，用象征和比喻的方式来把握绝对精神。

1. 自然宗教

那么宗教哲学也有三个层次，或者是三个阶段。第一个阶段是自然宗教。自然宗教包括巫术，自然崇拜，也包括祖先崇拜，祖先也是自然嘛，生殖崇拜，图腾崇拜，原始民族的那些宗教。黑格尔认为，中国的儒教以及佛教，都属于自然宗教这个范围，当然儒教和佛教与巫术还是有层次上的区别。他把儒教和佛教称为实体性的宗教。实体性的宗教还是属于自然宗教。因为儒教的这个“天”就是自然，它不是西方意义上的神。我们通常把儒教看作也是一种宗教，在某种意义上也可以这样说，但是你绝对不能把西方那种严格意义上的宗教概念引进来，认为它是那样一种宗教，那不是的。儒教如果说是一种宗教的话，那它就是一种自然宗教，它把天当作自然。它有没有精神性呢？有。但是这种精神性呢，仅仅体现在一个人身上，那就是皇帝。只有皇帝有精神，其他的人不得有精神，其他的人的精神都要跟着皇帝的精神，都要融化在皇帝的精神里面。其他人的自由意志都要以皇帝的自由意志为转移。所以这个宗教实际上是一种自然宗教。把天等同于自然，把皇帝看作是自然的精神方面的代表。东方人只知道一个人是自由的，那就是皇帝，每个人都模仿皇帝。所以在皇帝面前，每一个臣民只有恐惧和服从的份儿。皇帝代表实体，代表天，皇帝是天子嘛。所以这是一种实体性的宗教，皇帝就是一个实体。当然也有道德，皇帝的精神，天的精神，扩展为一整套的宗法道德体系，所以黑格尔也把儒教称为道德宗教。但是这种道德不是属于自由意志，而属于自然，一种自然的道德，天所规定的，天所生出来的，生生不息。天是一种生殖的实体，天生了皇帝，然后所有的臣民都是皇帝的子民，都是皇帝的儿子。是这样一种关系。所以它是一种自然的模式而形成的一种道德宗教。那么自然宗教还有一个更高的阶段，就是像埃及和波斯。埃及的这种宗教，阿顿神，崇拜太阳神；波斯教呢，像查拉图斯特拉，崇拜太阳，崇拜火。查拉图斯特拉是拜火教的创始人嘛。他们把火当作一种精神，但是它又是物质，又是火。所以在自然宗教里面，精神和物质是区分不开的。这是第一个阶段，自然宗教。这里头有对儒教的一些说法我们可以做参考。虽然黑格尔对儒教，对东方的东西，对中国的东西，可以说了解得非常肤浅，非常皮面，但是作为一个哲学家，他的判断基本上是准确的，是让人吃惊的。就是哲学家可以超越很多具体的感性的材料，一眼就看出它的本质在哪里。他只要听到几个说法，道听途说，他就可以判断出它的本质在哪里。当然是一种猜测，但是对我们是有启发的。

2. 精神个体性宗教

第二种宗教呢，就是精神个体性的宗教。精神个体性的宗教是超出了自然宗教，在这里，自然宗教成了精神个体性的一种附属物。在此之前，在自然宗教里面，精神是作为物质的附属物。比如说埃及宗教里面的斯芬克斯，黑格尔就讲到，斯芬克斯的形象代表什么？代表精神想要从物质的肉体里面突围出来，冲出来，但是又冲不出来。斯芬克斯是狮身人面像，它的头已经是人了，但整个身体还是狮，还是动物。就是代表人的精神想要从一种物质束缚里面冲出来，但是还没有冲出来，精神还要附属于物质之上。那么到了精神个体性的宗教呢，反过来了，自然界的物质成了精神的一种附属品。比如说犹太教，上帝已经没有任何物质的载体，上帝无形无象，但他可以发雷电大火洪水来惩罚人。又比如说希腊宗教，不再有埃及的那种斯芬克斯的形象，当然也有，斯芬克斯是从埃及来的，我们知道，希腊宗教的很多成分都是从埃及宗教来的，但是希腊宗教里面的斯芬克斯呢，并没有埃及的斯芬克斯那样的至高无上的威慑性，它长上了翅膀，不再那么笨重，希腊的斯芬克斯飞起来了，而且它已经不是人们宗教生活的主要部分。埃及的斯芬克斯是非常神圣的，但是希腊的斯芬克斯呢，没有那么神圣，它就是打哑谜，打哑谜被俄底浦斯猜出来以后，它就摔死了。所以它一点都不神圣，成为人的精神的一种附属物。它打哑谜叫人猜，也就是打了一个人的哑谜嘛，一旦人猜出了这个哑谜，人就可以抛开它了，就可以独立了。所以它是精神个体性的宗教。罗马宗教更加如此，罗马宗教是一种实用的宗教，它把所有这些神都看作是一种实用的工具，政治工具。罗马的万神殿，把所有的、它统治地区的那些神，都放到万神殿里面来供着。为什么供着？为了征服那些地方的人民。你看你们的神都在我的万神殿里面，都在罗马，你还不服从罗马的统治吗？它是非常实用的，它是政治上实用的宗教，在这一点上，我觉得儒家好像也有这个特点。儒家讲"神道设教"嘛。儒家自己不相信神，孔子自己不相信神，子不语怪力乱神。但是呢，老百姓需要，于是呢，他就去祭神。祭神如神在。就是说好像有神在那里一样。其实你根本就不相信嘛，你只是做出相信的样子，让老百姓跟着你去相信，民可使由之，不可使知之。所以它是一种神道设教的统治术。罗马宗教就有这个特点，他自己完全是不信的，我们说罗马人其实已经不信教了，罗马贵族都是唯物主义者，享乐主义者；但是他还是装作在信教的样子，信多神教的样子。基督教为什么后来能俘获罗马帝国那么多人的人心，就是因为罗马那种传统的宗教实际上已经没人信了。那么老百姓需要信一个神，所以基督教就趁虚而入了，就取得胜利了。这是罗马宗教。在罗马宗教里面，灵和肉从对立走向融合，并且呢，这种融合是以灵魂对肉体的支配作为它的模式的。就是精神的个体开始支配自然界，凌驾于自然界之上，使它为我所用。

3. 绝对宗教

第三种宗教就是绝对宗教，绝对宗教就是基督教。基督教是宗教的最后一个发展阶段。那么基督教本身也经历了三个阶段，这三个阶段就是旧约、新约和宗教改革的新教。这三个阶段表明了宗教的三个不同的层次。在旧约里面，基督教表现出它是一种启示宗教，旧约里面很多启示录。然后上帝对人说话，上帝给人以启示，托梦给某某人，或者上帝吩咐摩西要对那些人讲些什么话。所以这是一种启示的宗教，上帝高高在上，然后通过种种手段，把他的话告诉我们凡人。那么我们凡人听到他的话就得到启示了，然后就按照上帝的话去做。这就是启示宗教。但是这些话都是通过一些奇迹啊，神秘的手段啊，比如说做梦啊，通过这种方式来获得的，你要查起来呢，查无实据。你怎么去查？他说他做了个梦，你怎么知道他是不是做了一个梦？你怎么知道他是编造的？你又怎么知道他对这个梦的解释是对的？这些都是查无实据。

那么第二个阶段呢，就是新约，特别是福音书。福音书就是耶稣基督降世，作为救世主，现身说法，他称之为实证的宗教。启示的宗教是没有实证的，查无实据的，但是在新约里面，那是有实证的根据的。耶稣基督是个人嘛，是玛利亚的儿子，他父亲是木匠，但是他不是他父亲亲生的，他是圣灵受胎，他母亲是未婚先孕，圣母玛利亚的儿子。他很实在，可以找得到，有根有据，他的出身，等等，都可以查到，而且他所做的每一件事情都可以查到。他的使徒，哪个使徒做了什么事情，哪个使徒亲眼所见。还有物证，比如说他死的时候穿的血衣，耶稣上十字架的那几颗钉子，或者是埋在哪里，他的墓，等等。所有这些东西都可以实证。它不像旧约里面都是讲故事，都是神话、传说、诗歌，都是些流传的东西。那么新约里面讲的基督教呢，都是查有实据。虽然有些不可靠，比如说耶稣基督行奇迹，他一个面包让五百人都吃饱了肚子，那个面包还在他的手里。他让瞎子复明，让瘸子走路，这些东西实际上都明显地可以看出来是编的。但是他毕竟有名有姓啊，哪个哪个，本来是瘸子，然后他能够走路了，都是有名有姓的，可以查到的。从福音书、使徒行传那里口口相传。而至少人们都把它看作是实在发生过的事情，现实中发生过的事情。所以它被称为实证宗教。一实证那就有权威性了，所以这个实证性，Positivität，这个词究竟翻译成实证性还是翻译成权威性，有的人把它翻成基督教的权威性，其实它就是实证性。有实证你还不相信吗？那当然就有权威了。这就是新约里面、福音书里面讲的那个基督教。已经不满足于启示，而必须要活生生的，亲眼所见，亲耳所闻，而且有物证留下来。有很多教堂里面都有圣物啊，说这是耶稣基督留下来的什么什么，这是圣母玛利亚留下来的什么什么，这是耶稣基督的追随者哪个哪个留下的，圣徒的一些遗物，这些都属于圣物。这就是实证宗教。你不相信，你可以去看看。那么这还是属于第二个层次。

第三个层次就更高了，那就是自由的宗教。宗教改革以后的新教，黑格尔称之为自由的宗教。自由的宗教，就把这些东西都看得很淡了。为什么有自由的宗教？一个是基督教的堕落，天主教会的堕落；再一个呢，十字军以后，人们已经不太相信那些实证的东西了。十字军以后，人们跑到耶路撒冷去挖耶稣基督的墓，打开墓一看，什么也没有，不知道上哪里去了。有的人就说，耶稣基督升天了嘛，但升天了也应该有尸骨在这里。没有。所以虽然占领了耶路撒冷，打开了他的墓，但是没有意义。所以，人们对这些实证的东西已经开始淡化，而追求更高的精神生活。到了基督教的最高阶段，也就是新教的阶段，人们追求更高的精神生活，就是追求圣灵。

所以这三个阶段，启示的宗教，相当于把圣父看得最重要，把耶和华、圣父看得最重要。那么，实证的宗教呢，把耶稣基督、圣子看得最重要，依据于圣子。那么自由的宗教，是把圣灵看得最重要，最后的依据是圣灵。那么圣灵是什么呢？圣灵就是Geist，这个词有双重含义，一个就是圣灵，另外一个就是精神。基督教新教就是把精神看作是基督教的实质，是基督教的核心。圣灵才是核心。圣灵每个人都有，上帝的灵，每个人其实都赋有圣灵，只要你体会。那么，外在的东西都无关紧要了。实证的东西、启示，那些东西都不可靠。只有圣灵是最可靠的。那么圣灵就是精神。从这里呢，宗教就过渡到哲学了。因为外在的东西，启示也好，实证的东西也好，是宗教用来表达自己的一种手段，就是表象。需要外在的表象，需要象征，需要比喻，那就必须要有一个实实在在的东西在面前。那么这些东西都不重要了，人们就退回到自己的内心。退回到自己的内心是什么呢？如果把这些感性的外在的表象都去掉的话，剩下的只是概念。退回到内心，就是退回到概念了。退回到概念，那就是退回到哲学。退回到哲学，就是退回到哲学史。

三、哲学史

哲学就是哲学史，这是黑格尔的一个非常独特的观点。哲学就是哲学史，或者哲学史就是哲学。这是一个非常深刻的观点，这个观点被马克思、恩格斯所接受，它表达了历史和逻辑的一致。哲学是通过概念来把握绝对精神、把握上帝，那么哲学史就是在历史中发展起来的哲学，大写的哲学。绝对精神以概念形式、以哲学的形式表现出来，表现为一个历史，那么这个历史就是哲学史。而这个历史呢，和逻辑是一致的。在哲学史中，不是随便乱来的，哲学史中的那些哲学家，每一个人都代表一个哲学范畴。当然一个哲学家有很多哲学范畴，但是其中有一个最具代表性的，他独特的核心范畴。每个哲学家有一个独特的概念，就是他所提出来的，他能够把其他的那些范畴，那些概念全部统摄起来，构成一个体系。所以，哲学史上的那些哲学体系，都代表着一个一个的范畴。那么这些范畴的发展，就表现为哲学家一个超越一个，一个取代一个。哲学史为什么有一个一个的哲学家，而没有重复的呢？你想当一个重复的哲学家，那别人不承认的。你说我要在现在恢复斯宾诺莎的哲学，我现在恢复柏拉图的哲学，没有人承认的，那不是你的哲学。柏拉图早就讲过了，你讲的没有新意嘛。你必须要提出来一个新的东西。亚里士多德提出来柏拉图没有的东西，于是他就站住了。你如果不提出新的东西，你站不住。那么这个新的东西如何能够提出来？你必须在范畴的关系方面把它往前推进。以往的哲学家都是一个个的范畴，那么你能不能够提出一个新的范畴，把所有以往的哲学家都包容在、统摄在你的这个范畴底下，比他们都更高？如果你能做到，你就成功了，你就是哲学史上的一个哲学家。当然你也要被别人所取代，那个是没有办法的，但是你至少成为哲学史上的一环。

所以黑格尔讲，在历史上，没有任何一个哲学是死去了的。历史上那么多哲学家，你如果把他们的哲学都看作是一个范畴，那这个范畴是永恒的，而且在后来的哲学里面，如果有一个真正的、比较成熟的哲学体系的话，那它就会把这个范畴包含在它的里面，给它一个正当的位置。所以没有任何一个哲学是死去了的，但是呢，它们毕竟过去了。

为什么过去了呢，是因为后来的哲学家超越了它们。后来的哲学家在哪一方面超越了呢？并不是说把它们抛弃了，而是说，把以往的那个范畴不再看作是最高范畴了。当时的那个哲学家把它看作是最高的，但是后来的哲学家认为这个范畴不是最高的。于是就把这个范畴降为他自己的更高范畴底下的一个环节。它本来是最高的范畴，好像是无所不包，就是这个了。但是后来发现呢，它虽然讲的也有道理，但是只是一面的道理，还有另一面的道理，还有更高的道理。所以它只是后来的哲学范畴的中间的一个环节。作为这个环节，它还有它的合理性。但是作为最高的范畴，它已经没有合理性了，它被降下来了。哲学史就是这样发展的。所以以往的哲学史家把哲学史看作是一片死人的白骨，一片死人的战场，那些人在那里厮杀，一个杀死一个，全都死了，全都过去了，所以只剩下白骨累累。但是黑格尔使他们都复活了。他们没有死，你之所以能够超越他们，恰好是在他们的基础之上，恰好是因为你熟悉了他们的那些范畴以后，你才能够提出新的范畴。如果你不经过他们，你是提不出新的范畴来的，你还得补课。你如果连他们都不知道，那你得补课。你想一步登天，没门儿。那些人都是极聪明的人，哲学史上都是绝顶聪明的人，谁也不比谁更傻，为什么他就能够成为一个哲学家，就是因为他把那些极聪明的人提出的观点，都能够统摄在他自己的观点之下，那他就更上一层楼了。

所以，哲学史就是哲学。看起来好像历史上一个个哲学家不断地提出自己独创的观点，这些观点好像是他们自己的灵感，好像跟他们的个性有关，跟他们的特殊的经历有关。但是你宏观地来看，你会发现，他们表达的实际上是范畴的演绎，是范畴本身的逻辑推演，这些范畴在黑格尔逻辑学里面都有，是一个范畴取代另一个范畴往前推演的。所以哲学史的各阶段跟黑格尔逻辑学的各层次有一种对应关系。比如说存在论，逻辑学一开始讲存在，那就是哲学史上的巴门尼德。巴门尼德就讲存在就是存在，非存在即不存在。然后是赫拉克利特的非存在。所以它们都有一种对应的关系。你要去推敲的话，里面都有一种逻辑关系。哲学史是合乎逻辑地发展起来的。那么，发展成一个哲学史以后，你总体上来看，你就会发现，它是一个逻辑体系。哲学的历史成为一个逻辑体系，可以用一个逻辑体系来把握，甚至于还可以预测。这个哲学家已经提出来这个范畴了，但是下一个将是哪一个范畴会超越它呢？你可以到黑格尔逻辑学里面去查，看下一个范畴是哪一个范畴。当然最后是黑格尔的体系，是最高的。所以，整个哲学史是唯一的哲学从抽象到具体的一个发展的历史。哲学只有一个，所有的哲学家讨论的都是同一个哲学。海德格尔就是这个思想，认为真正的哲学家只讨论一个问题，就是存在问题。哲学只有一个，所有的人都要讨论那一个哲学，那么他们所讨论的那一个哲学，在这些哲学家身上体现为一个不断地从抽象到具体的进展。这就是黑格尔的哲学史观。

但是这个进展到黑格尔这里就终结了，这是所有的人不能同意的，黑格尔的哲学史观有很多很深刻的道理，但是唯独最后这个道理没有人能够接受。最后哲学史发展到你这里就终结了，人家都不要搞哲学了。所以，他的这个体系呢，最后导致了非历史化，导致了一个封闭性。本来是历史的进展不断地超越，不断地从抽象到具体的上升，但是到黑格尔这里打止，所以这就导致了黑格尔哲学的解体。

四、黑格尔哲学的解体

我们还有一点时间再看看黑格尔哲学的解体。黑格尔死后，他的学派分裂为两派，当然首先是青年黑格尔派和老年黑格尔派，老年黑格尔派基本上没有什么创建，主要是青年黑格尔派。青年黑格尔派也分成两派，分成大卫·施特劳斯和鲍威尔兄弟，布鲁诺·鲍威尔和埃德加·鲍威尔。那么大卫·施特劳斯是强调黑格尔体系里面实体这个环节，黑格尔不是讲实体就是主体吗？黑格尔的基本哲学精神就是把实体看成是主体，大卫·施特劳斯就是强调他的实体性。那么，鲍威尔兄弟就是强调他的主体性这个环节。他们是由于讨论基督教而产生的这种分歧。基督教的本质到底是什么？施特劳斯认为是实体，是一种实体精神，是一种宇宙精神，绝对精神，他强调这个整体性这一方面。但是鲍威尔兄弟强调它的自我意识的方面，强调自我意识的能动性，强调自我意识创造实体、并且冲破实体的束缚这一方面。所以他们各自强调了一个方面。但是他们合起来的力量呢，都是对基督教的一种解构，对基督教的一种重新解释。但是这种重新解释呢，就是一种解构。比如说把基督教解释为时代精神的一种反映，这是大卫·施特劳斯主张的，他认为当时的时代精神，使当时的人都希望有基督教产生，都希望有耶稣基督来救世，所以人们都相信有一个耶稣基督，于是呢，就产生了一种民众的信仰，相信有一个耶稣基督救世主。于是有些人就出来表达了这种民众信仰，这就形成了基督教。但是鲍威尔兄弟呢，反对这种说法，不是民众的信仰，而是个别人的自我意识，是个别人捏造出来的。耶稣基督，使徒行传，这些都是某些人捏造出来的，他们体现出一种自我意识的突破，在当时要突破罗马时代的那种社会环境，于是就创造出一个耶稣基督来。跟民众没有什么关系，跟实体没有什么关系。创造出来了，后来民众没有办法，只好跟随他们，这才形成了基督教。他们是在这个方面争论。但是争来争去呢，基督教就被解构了。基督教既然是这样一种东西，是人们造出来的东西，那它还有神圣性吗？

于是，从青年黑格尔派里面呢，就产生出费尔巴哈。费尔巴哈的思想首先是批判整个黑格尔哲学以及整个基督教。他把黑格尔哲学看作是基督教的最高阶段，就是理性神学。要批判理性神学。基督教的最后支柱，最后的支承点就是黑格尔的理性神学。黑格尔把基督教解释得那么样透彻，建立在理性的基础之上，那么你要反宗教，你要批判基督教，你首先要把这个支柱摧垮。那么，摧垮了理性神学以后呢，费尔巴哈建立了他的人本主义，要以人为立足点，来建立起一门新的哲学，未来哲学的原理应该是以人本主义为基点。那么，这个人本主义如何理解呢？必须把人理解为感性的、唯物的。所以费尔巴哈的哲学呢，是一种感觉论的唯物主义。他强调感觉。但是最后，费尔巴哈的这种感觉的唯物主义呢，他又把它当作是一种新的宗教，是新的哲学，又是一种新的宗教，这个新的宗教不是以基督教的那样一些原理为出发点，不是以自我意识啊，或者是抽象的理性啊，逻辑啊，而是以爱作为它的基点。普遍的博爱，人人、你我之间的那种互相的、直接的、感性的爱，特别是以男女两性之爱为代表的博爱，应该是一门新的宗教。所以他最后提出的是一种爱的宗教。

那么从费尔巴哈这里就产生出了马克思主义，这些我就不再详细地说了。马克思主义从费尔巴哈的对于黑格尔的批判，还有费尔巴哈的人本主义，以及费尔巴哈的感觉论的唯物主义这些东西里面，发展出了实践的唯物主义。当然抛弃了费尔巴哈的爱的宗教。把他的感觉论的唯物主义提升为感性实践的唯物主义。费尔巴哈的感觉论的唯物主义是静观的，感觉，我坐在那里感觉就可以了。但是，马克思的感觉是能动的，是感性的活动。你要去做，你要去实践，创造，改变世界，这才是真正的感觉，才是真正的感性。他们的区别就在这里。一个是感性的直观，一个是感性的活动，马克思强调的是感性的活动。

当然具体的大家还可以去看书，后面的还有一些。这个课的主要的部分就已经讲到这里了。这一个学期我们像马拉松赛跑一样的、马不停蹄地把它过了一遍，德国古典哲学的进程，实际上是很复杂的，我们只是大致上把线条理了一下，把主要的部分理了一下。这个课到这里就结束了。谢谢大家。

后记

本书是根据我2007年上半学期给哲学系本科生开设的“德国古典哲学”课的讲课录音整理而成的，整理者是我的好朋友王里先生。由于我的重点是讲康德和黑格尔的哲学，所以关于费希特、谢林和后来的黑格尔学派、费尔巴哈讲得很简略，显得各部分不太平衡。其实这些哲学家也是很重要的，尤其是费希特和谢林，本来还应该讲得更详细一些。但由于本人功力所限，以及时间不够，只好带过了。好在本书的宗旨不是严格的德国古典哲学断代史研究，而只是让本科学生大致了解一下这一段哲学史的概貌，启发他们的哲学思考，所以也就讲究不了那么多了。感谢湖南教育出版社的龙育群先生，多年来他给予我的帮助以及对学术事业的赤诚和热情是令人难以忘怀的。

由于有很多表述是现场发挥，书中免不了有讲得不到位甚至讲错了的地方，还望方家不吝赐正。

邓晓芒，2009年8月11日，于珞珈山

再版后记

本书再版没有作什么修改。之所以觉得还有再版的必要，是因为这本书具有某种教材的性质，本来就是给本科生上的“德国古典哲学”课的录音整理，按道理是应该每年重印的。也有不少人来打听我这里还有没有，但我的存书中最早消失的就是这一本，搞得我自己连一本样书都没有了。这次再版，正好补上了这个缺口，也可以给想要大致全面了解一下德国古典哲学这一段的读者提供一个比较通俗的入门书。

邓晓芒，2016年12月23日